集人文社科之思 刊专业学术之声

集 刊 名：法律与伦理
主办单位：常州大学史良法学院

Law and Ethics vol.11

编辑委员会

主任：芮国强　曹义孙

委员（按姓氏字母顺序）：

曹义孙	曹　刚	何怀宏	侯欣一	刘骁军
芮国强	孙　莉	童世骏	王淑芹	温金玉
吴玉章	谢　晖	於兴中	郑成良	

第十一辑

集刊序列号：PIJ-2017-207
中国集刊网：www.jikan.com.cn/法律与伦理
集刊投约稿平台：www.iedol.cn

法律与伦理

LAW AND ETHICS Vol.11

第十一辑

侯欣一 / 主　编
夏纪森 / 执行主编

社会科学文献出版社
SOCIAL SCIENCES ACADEMIC PRESS (CHINA)

目录

001　习近平法治思想专题

003　论新时代法治思想对毛泽东法制思想的创新发展

　　　——一种框架性的法哲学审视 / 姚选民

029　自然法专题

031　自然法理论 /〔澳〕乔纳森·克劳 著　刘乙瑶 译　杨天江 校

048　"自然权利"与"社会权利"

　　　——政府权力与个人权利关系之辩 / 聂越超

066　自杀权、安乐死与医助自杀的伦理辩护 / 申喆良

085　法治理论专题

087　人工智能应用于司法的伦理框架：欧洲经验与中国背景 / 段卓臻

104　论法律职业伦理课程体系建设的几个基本问题 / 刘坤轮　王姝雯

123　财税爱国主义论纲

　　　——兼论中国必须直面的挑战与对策 / 姚轩鸽

154　数字经济可持续发展中的次生风险：认知框架、生成机理

　　　与法治策略 / 汤建华

178　行政公益诉讼案件"等外"领域的实践探索与反思

　　　——以 M 区检察院 2021 年办案情况为分析样本 /

　　　何邦武　温家珠　王旭芳

194　我国轻罪扩张的规范反思与法律应对 / 黄　海

目 录

211 西方法律思想史专题
213 罗尔斯宪法哲学：问题与论证 / 邓　肆
231 西方修辞学及法律修辞学的理论述评 / 钟林燕
249 技术政治批判后的古典政治哲学回归：施特劳斯"哲人王"
　　言辞及其条件 / 胡宗亮　黄恩浩

285 人物访谈
287 中外物文主义民法观之系列批判
　　——徐国栋教授访谈 / 徐国栋　夏纪森

299 书评
301 《大国宪制》的社会学论证
　　——从自创生系统理论切入 / 骆正言
316 规制：何去何从？
　　——《规制政治的转轨》述论 / 陈宇照

334 Abstract

345 稿　约

习近平法治思想专题

论新时代法治思想对毛泽东法制思想的创新发展[*]

——一种框架性的法哲学审视

姚选民[**]

摘　要：历史地来看，新时代法治思想或习近平法治思想不是凭空产生的，其受惠于马克思主义法治理论的伟大理论和实践传统，亦是在一定程度上对毛泽东法制思想的创造性转化、创新性发展。毛泽东法制思想是基于推动新民主主义革命、社会主义革命和建设，以及捍卫革命和建设伟大成就之时代现实需要而产生的，在新中国法治史上产生了深远的历史影响和效应。在伟大的马克思主义法治理论传统中，习近平法治思想或新时代法治思想作为马克思主义法治理论中国化的最新成果，对毛泽东法制思想在"坚持党对全面依法治国的领导""坚持以人民为中心""坚持依宪治国依宪执政""坚持建设中国特色社会主义法治体系""坚持全面推进科学立法严格执法公正司法全民守法""坚持统筹推进国内法治和涉外法治"等方面进行了创新发展，并形成了系列重要启示。

关键词：习近平法治思想　毛泽东法制思想　马克思主义法治理论

纵观中外古今历史，法律和制度都是治国之重器，法治乃一个国家民族治国理政之基本方式。新时代法治思想或习近平法治思想是习近平新时代中国特色社会主义思想的重要组成部分，从历史和现实相贯通、国际和国内相关联、理论和实际相结合这三个维度深刻回答了中国特色社会主义新时代为什么实行全面依法治国、怎样实行全面依法治国等一系列重大问题，构成了一个富有开创性、实践性、真理性、前瞻性的科学思想体系。我们知道，"习近平法治思想是对党领导法治建设丰富实践和宝贵经验的

---

[*] 本文为湖南省社会科学院（省人民政府发展研究中心）重大课题"守正创新：习近平新时代中国特色社会主义思想与毛泽东思想研究"（项目编号：22ZDA02）的阶段性研究成果。厦门大学法学院郭春镇教授等师友为本文完善提出了宝贵建议，特此鸣谢，文责自负。

[**] 姚选民，湖南省社会科学院（湖南省人民政府发展研究中心）研究员，湖南省毛泽东研究中心研究员。

科学总结"①，而毛泽东法制思想（或"毛泽东思想之法制思想""毛泽东的法制思想"）亦是我们党领导中国法治建设的重要实践和经验的重要时代理论载体。历史地来看，习近平法治思想是马克思主义法治理论中国化的最新成果，它不是凭空产生的，同时受惠于马克思主义法治理论的伟大理论和实践传统。长期以来，我们党总结运用领导人民实行法治的成功经验，积极开展社会主义法治建设。早在新民主主义革命时期，以毛泽东同志为主要代表的中国共产党人就注重法治建设，创造了"马锡五审判方式"、人民调解制度等；新中国成立后，以毛泽东同志为主要代表的中国共产党人则在不长的时间内"确立了我国政治制度、法律制度、立法体制、司法体制，确立了社会主义法制原则，为巩固社会主义政权和进行社会主义建设发挥了重要保障和推动作用"②。社会主义实践包括法治实践，没有止境；理论创新包括法治理论创新，也没有止境。进入中国特色社会主义新时代以来，以习近平同志为主要代表的中国共产党人在继承和发扬优良传统的基础上，对我国社会主义法治建设的重要经验进行提炼和升华，以新的视野、新的认识赋予新的时代内涵和时代内容。在当代中国，坚持习近平法治思想，就是真正坚持和发展马克思主义法治理论，就是真正坚持和发展中国特色社会主义法治理论，亦是一定程度上对毛泽东法制思想的创造性转化和创新性发展。

一 毛泽东法制思想的主要观点

"刑法需要制定，民法也需要制定，没有法律不行"③，作为伟大政治家，毛泽东高度重视法制问题。众所周知，毛泽东是新中国的缔造者，亦是新中国法律制度的奠基人。研读毛泽东不可胜数的论文、讲话、报告、谈话记录以及为党中央起草的重要决议重要指示等，不难发现他始终恪守人民法制观念，铭记人民的根本意志及基于其上之根本利益。他的法制思想理论融汇于其政治思想理论，并附属于其政治思想理论，他把法制及其实践作为实现党和国家之政治目标任务的工具和手段来看待，即总是从宏观的战略全局出发，关注和解决的都是带有根本性、切合当时维护社会主义政治秩序实际需要的全过程法制问题。以毛泽东同志为主要代表的中国

---

① 《习近平法治思想学习纲要》，人民出版社、学习出版社，2021，第10页。
② 《习近平法治思想学习纲要》，人民出版社、学习出版社，2021，第2~3页。
③ 《毛泽东年谱（一九四九——一九七六）》第五卷，中央文献出版社，2013，第94页。

共产党人，根据中国国情，从中国革命和社会主义建设的实际出发，将马克思主义的基本原理具体运用于中国的法制建设之中，并创造性转化、创新性发展中华优秀传统法律文化中的"法治"智慧，在中华大地上率先探索形成"中国化"的马克思主义法律理论。

（一）建立人民民主专政的制度

新中国成立后，在以毛泽东同志为主要代表的中国共产党人看来，首要的法制问题乃是建立起人民民主专政的国家制度。一方面，对人民实行民主。毛泽东指出，人民这个概念"在中国，在现阶段，是工人阶级，农民阶级，城市小资产阶级和民族资产阶级"[1]。对人民实行民主，就是在人民群体的内部实行民主集中制。一者，人民群众享有各种自由，如言论自由、出版自由、结社自由、游行自由、示威自由、宗教信仰自由等；另者，国家机关实行民主集中制，意思是先要依靠广大人民群众，再来谈为人民服务。另一方面，对敌人实行专政。敌人，就是人民的对立面，主要是"向着帝国主义的走狗即地主阶级和官僚资产阶级以及代表这些阶级的国民党反动派及其帮凶们"[2]，还包括"那些盗窃犯、诈骗犯、杀人放火犯、流氓集团和各种严重破坏社会秩序的坏分子"[3] 等。对这些敌人实行专政，就是"只许他们规规矩矩，不许他们乱说乱动"[4]。所谓人民民主专政，毛泽东指出："在人民内部实行民主制度，而由工人阶级团结全体有公民权的人民，首先是农民，向着反动阶级、反动派和反抗社会主义改造和社会主义建设的分子实行专政。"[5] 人民民主专政国家制度的法理基础是马克思主义法治理论，它是和社会主义的经济基础亦即社会主义生产关系相适应的。在毛泽东看来，"法律是上层建筑。我们的法律，是劳动人民自己制定的。它是维护革命秩序，保护劳动人民利益，保护社会主义经济基础，保护生产力的"[6]。建立人民民主专政国家制度的有效途径，在毛泽东看来，是制定一部社会主义类型的宪法，就是"用宪法这样一个根本大法的形式，把人民民主和社会主义原则固定下来"[7]。并且，承载

---

[1] 《毛泽东选集》第四卷，人民出版社，1991，第1475页。
[2] 《毛泽东选集》第四卷，人民出版社，1991，第1475页。
[3] 《毛泽东文集》第七卷，人民出版社，1999，第207页。
[4] 《毛泽东选集》第四卷，人民出版社，1991，第1475页。
[5] 《毛泽东文集》第七卷，人民出版社，1999，第207~208页。
[6] 《毛泽东文集》第七卷，人民出版社，1999，第197页。
[7] 《毛泽东文集》第六卷，人民出版社，1999，第328页。

人民民主专政国家制度的宪法（草案）须坚持两项基本原则：一项基本原则是民主原则，就是"无产阶级领导的、以工农联盟为基础的人民民主专政"①；另一项基本原则是社会主义原则，就是"一定要完成社会主义改造，实现国家的社会主义工业化"②。

（二）坚持实事求是的立法原则

坚持实事求是的立法原则，是毛泽东法制思想的重要内容。就其基本内容和内涵而言，有两点。一方面，立法要符合实际。不适当、不合理、不科学的规定条款绝不能写进法律中去，不能落地实施的条款也不能写进法律中去。毛泽东说："现在能实行的我们就写，不能实行的就不写。比如公民权利的物质保证，将来生产发展了，比现在一定扩大，但我们现在写的还是'逐步扩大'。"③另一方面，立法要照顾地方特殊性。中国这么大，而且是多民族国家，不能不考虑各地的特殊情况和实际情况，不过一定要坚持立法权在中央，由中央掌握。毛泽东指出："在不违背中央方针的条件下，按照情况和工作需要，地方可以搞章程、条例、办法，宪法并没有约束。我们要统一，也要特殊。"④毛泽东坚持实事求是立法原则的法理基础，这主要有两方面。一方面，实事求是的立法原则是马克思主义法治理论的基本要求。在马克思恩格斯看来，"立法者应该把自己看作一个自然科学家。他不是在创造法律，不是在发明法律，而仅仅是在表述法律，他用有意识的实在法把精神关系的内在规律表现出来"⑤。毛泽东接受了马克思主义经典作家的立法理论思想，并说："搞宪法是搞科学。我们除了科学以外，什么都不要相信，就是说，不要迷信。"⑥不仅如此，他还明确反对立法过程中背离实事求是之思想原则的言行，指出："有人说，宪法草案中删掉个别条文是由于有些人特别谦虚。不能这样解释。这不是谦虚，而是因为那样写不适当，不合理，不科学。"⑦毛泽东的这种态度跟马克思恩格斯的法治态度也是一脉相承的，后者指出："如果一个

---

① 《毛泽东文集》第八卷，人民出版社，1999，第297页。
② 《毛泽东文集》第六卷，人民出版社，1999，第326页。
③ 《毛泽东文集》第六卷，人民出版社，1999，第327页。
④ 《毛泽东文集》第七卷，人民出版社，1999，第32页。
⑤ 《马克思恩格斯全集》第一卷，人民出版社，1995，第347页。
⑥ 《毛泽东文集》第六卷，人民出版社，1999，第330页。
⑦ 《毛泽东文集》第六卷，人民出版社，1999，第330页。

立法者用自己的臆想来代替事情的本质，那么人们就应该责备他极端任性。"① 另一方面，坚持实事求是的立法原则所制定出来的宪法法律才能得到人民的拥护，才能最终落地。在毛泽东看来，新中国制定的第一部宪法之所以得人心，之所以能够得到广大人民群众的高度拥护，很大程度上是因为在制定宪法的过程中很好地坚持了实事求是的立法原则方法。"这个宪法草案所以得到大家拥护，大家所以说它好，就是因为有这两条：一条是正确地恰当地总结了经验，一条是正确地恰当地结合了原则性和灵活性。如果不是这样，我看大家就不会赞成，不会说它好。"② 客观来看，"五四宪法"这部宪法的制定，不仅总结了新中国成立后政治建设、经济建设、文化建设、社会建设等领域的成功实践经验，而且总结了新民主主义革命后中国共产党人领导的反对帝国主义、封建主义、官僚资本主义实践的宝贵经验。

（三）法律面前人人平等及反对特权

法律面前人人平等及反对特权是马克思主义法治理论的重要内容，亦是其重要法治原则。毛泽东作为从半殖民地半封建社会成长起来的伟大马克思主义者，对封建特权有切肤之痛，对旧社会"官官相护"之恶习亦深恶痛绝，在走上共产主义革命道路的过程中接受了法律面前人人平等及反对特权的马克思主义法治价值原则，一生奉行、不移其志。在新民主主义革命时期，毛泽东曾旗帜鲜明地主张党员跟非党员在革命法律或法制的面前人人平等，党员没有超越革命法律或法制的特权；指出："在各抗日根据地内，凡与我党共事的党外人员，在法律上是与共产党员完全平等的。在工作上，应给以必需和可能的工作条件。在学习上，凡在一切有党外人员的机关、学校中，无论在职干部教育或学校教育，党外人员均与共产党员有同样的学习权利。"③ 在特定时期和特定情况下，以毛泽东同志为主要代表的中国共产党人对党员干部的要求甚至更高，这在毛泽东对红军干部黄克功因逼婚未遂枪杀陕北公学学员刘茜之刑事案件的处置中充分体现出来。在毛泽东看来，黄克功作为多年的共产党员、多年的红军，不能仅视为一个"普通人"，对其不容赦免的大罪在革命法制下要予以严惩。毛泽东痛心疾首地指出："以一个共产党员红军干部而有如此卑鄙的，残

---

① 《马克思恩格斯全集》第一卷，人民出版社，1995，第347页。
② 《毛泽东文集》第六卷，人民出版社，1999，第327~328页。
③ 《毛泽东文集》第二卷，人民出版社，1993，第398页。

忍的,失掉党的立场的,失掉革命立场的,失掉人的立场的行为,如为赦免,便无以教育党,无以教育红军,无以教育革命者,并无以教育做一个普通的人。因此中央与军委便不得不根据他的罪恶行为,根据党与红军的纪律,处他以极刑。"① 新中国成立前夕,毛泽东在党的七届二中全会上很有预见性地告诫全党同志要牢记"两个务必",但仍有同志甚至是党员领导干部没有倒在敌人的枪炮之下,却被敌人的糖衣"炮弹"所轰倒。新中国成立后严惩刘青山、张子善这些大贪污犯,毛泽东没有手软,而是力排说情干扰,严明社会主义法纪,这体现了他所坚持的在党纪国法面前人人平等及反对特权的社会主义法治精神,他指出,像刘青山、张子善等大贪污犯,不论他们有多大功劳,都是不可宽恕的了。对于这样的"叛徒和毒虫"②,有多少就必须清除多少。在毛泽东法制思想中,法律面前人人平等及反对特权的思想之所以占有重要地位,是因为革命法制或社会主义法制反映的是革命整体利益和人民根本利益,所有特权都是对革命整体利益和人民根本利益之不可饶恕的侵犯,他自己不仅是这样说的,也是身体力行这样做的。

(四)坚持严惩改造与宽大教育相结合

新中国成立后,党和国家面临着让旧社会出身成员特别是反革命分子转变为或进步为新生社会主义秩序拥护者之急迫问题,坚持严惩改造与宽大教育相结合的法制实践契合了当时社会主义政治建设需要,亦成为毛泽东法制思想的重要内容。一方面,对反革命分子"首恶者"以及严重罪犯予以严惩改造。在毛泽东看来,对于"东霸天""西霸天"这样一些老百姓非常仇恨、血债累累的反革命分子,要杀一批,极端说就是"不杀不足以平民愤";亦可说,对于负有血债或其他重大罪行而人民群众要求处死的罪犯,不处死就是错误的。毛泽东说,"凡应杀分子,只杀有血债者,有引起群众愤恨的其他重大罪行例如强奸许多妇女、掠夺许多财产者,以及最严重地损害国家利益者"③。另一方面,对反革命分子"胁从者"以及其他刑事罪犯予以宽大教育。在毛泽东看来,反革命分子"不甚严重者"和其他刑事犯罪分子属于被改造的客观世界的一部分,就是凡罪不至死的,都要对他们进行劳动改造,给以生活上的出路,他指出"他们

---

① 《毛泽东书信选集》,中央文献出版社,2003,第100页。
② 《毛泽东年谱(一九四九——一九七六)》第一卷,中央文献出版社,2013,第461页。
③ 《毛泽东年谱(一九四九——一九七六)》第一卷,中央文献出版社,2013,第336页。

中的多数，要交给农业合作社去管制生产，劳动改造"①，强迫劳动、以观后效。坚持严惩改造与宽大教育相结合的法制实践，其背后有深厚的法理基础。一方面，实行严惩改造才能快速确立起社会主义政治秩序。关于反革命是什么的问题，毛泽东指出，反革命是建立社会主义政治秩序过程中的消极因素、破坏因素，是积极因素的反对力量，必须"坚决地肃清一切危害人民的土匪、特务、恶霸及其他反革命分子"②，"不杀掉那些'东霸天'、'西霸天'，人民是不能起来的"③，"对于罪大恶极民愤甚深非杀不足以平民愤者必须处死，以平民愤"④。另一方面，实行宽大教育才能实现社会主义政治秩序的长治久安。在毛泽东看来，社会主义政治秩序最终还是建立在全体社会成员对它的衷心拥护，包括反革命分子和刑事罪犯改造成功后对社会主义政治秩序的衷心拥护上，"杀人不能太多，太多则丧失社会同情，也损失劳动力"⑤。在采取正确政策的情况下，反革命分子是能够转变的，可以改造好的，毛泽东充满信心地指出："在我国的条件下，他们中间的大多数将来会有不同程度的转变。由于我们采取了正确的政策，现在就有不少反革命被改造成不反革命了，有些人还做了一些有益的事。"⑥

（五）人人都要遵守社会主义法制

新民主主义革命以后，特别是新中国成立后，在加强革命法制建设和社会主义法制建设的过程中，毛泽东十分注重遵守社会主义法制，特别是党员干部的"守法"的重要性。在"五四宪法"正式通过前夕，毛泽东对其寄予厚望，说道："过几个月，由全国人民代表大会通过，就是正式的宪法了。今天我们就要准备实行。通过以后，全国人民每一个人都要实行，特别是国家机关工作人员要带头实行，首先在座的各位要实行。"⑦一方面，人民整体要遵守社会主义法制。在毛泽东看来，社会主义法制确立起来后，全国每一个人都要遵守实行。不过，社会上总会有少数不顾公共利益、蛮不讲理、行凶犯法的人，对于他们，我们当然不能放纵，而要

---

① 《毛泽东文集》第七卷，人民出版社，1999，第37页。
② 《毛泽东年谱（一九四九—一九七六）》第一卷，中央文献出版社，2013，第153页。
③ 《毛泽东文集》第七卷，人民出版社，1999，第37页。
④ 《毛泽东文集》第六卷，人民出版社，1999，第123页。
⑤ 《毛泽东文集》第六卷，人民出版社，1999，第121页。
⑥ 《毛泽东文集》第七卷，人民出版社，1999，第36页。
⑦ 《毛泽东文集》第六卷，人民出版社，1999，第328页。

给予必要的法律制裁。毛泽东说,"不实行就是违反宪法"①,"人民犯了法,也要受处罚,也要坐班房,也有死刑,但这是若干个别的情形"②。另一方面,国家机关工作人员要带头遵守社会主义法制。国家机关工作人员手握国家权力,掌握着社会主义法制运行的节奏和法度,不仅能够影响人民群众的切身利益,而且其言行亦影响着人们对社会主义法制权威性的观感。在毛泽东看来,国家机关工作人员要带头遵守社会主义法制,这集中体现为要认真按照法律办事。一者,要破除"遵守法制等于束手束脚"的错误观念。在肃反过程中,毛泽东指出:"肃反要坚持,有反必肃。法制要遵守。按照法律办事,不等于束手束脚。有反不肃,束手束脚,是不对的。要按照法律放手放脚。"③ 另者,遵守法制要准确领会立法意图和精神。在镇反工作中,毛泽东强调镇反工作要注意"讲规格",就是要打得稳、打得准、打得狠,让社会各界"没有话说"。他指出:"没有规格那是很危险的。要合乎标准才叫反革命,就是要搞真反革命,不要搞出假反革命来。也要估计到,可能会出假反革命,说不出,那很难。但是,我们要求出少一点,尽可能不出假反革命。要完全合乎规格,货真价实,硬是真反革命,不要冤枉好人。"④ 强调人人都要遵守社会主义法制,其背后的法理基础在于,社会主义法制关系着国家和人民的根本利益,严格遵守社会主义法制能够有效维护党和国家的长远利益以及人民群众的切身现实利益。在毛泽东看来,社会主义法制这个上层建筑是为国家和人民之根本利益这个经济基础服务的,他指出:"我们的法律,是劳动人民自己制定的。它是维护革命秩序,保护劳动人民利益,保护社会主义经济基础,保护生产力的。"⑤

(六)坚持用和平共处五项原则处理国际关系

中华人民共和国成立后,我们如何跟国际社会打交道以营造"有利于我"之国际外部和平建设环境,是新中国成立初期或新生社会主义政权站稳脚跟期亟须解决的问题,坚持用和平共处五项原则处理国际关系构成毛泽东法制思想中的重要方面和重要维度内容。和平共处五项原则的最终

---

① 《毛泽东文集》第六卷,人民出版社,1999,第328页。
② 《毛泽东选集》第四卷,人民出版社,1991,第1476页。
③ 《毛泽东文集》第七卷,人民出版社,1999,第198页。
④ 《建国以来重要文献选编》第七册,中央文献出版社,1993,第312页。
⑤ 《毛泽东文集》第七卷,人民出版社,1999,第197页。

形成和正式提出有一个较长的孕育和发展过程。在新民主主义革命时期，毛泽东成长为党的领导核心后，就初步形成了关于和平共处五项原则内容的萌芽，在宣告新中国成立时较正式地形成了关于和平共处五项原则的严肃文字表述，指出："向各国政府宣布，本政府为代表中华人民共和国全国人民的唯一合法政府。凡愿遵守平等、互利及互相尊重领土主权等项原则的任何外国政府，本政府均愿与之建立外交关系。"① 源于周恩来对毛泽东关于外交工作之重要论述的悉心总结和归纳，和平共处五项原则这一处理我国同他国交往关系乃至后来国际社会中国际关系的国际准则，其表述和内涵才最终圆满呈现，并不仅迅即产生巨大国际反响，而且为国际社会特别是"第三世界"发展中国家所广泛接受和认可。坚持用和平共处五项原则处理国际关系这一国际关系基本准则设计背后有深厚且现实之法理基础。一方面，坚持用和平共处五项原则处理国际关系对国家有利。在毛泽东看来，"己所不欲，勿施于人"，近现代中国受尽欺辱，新中国成立后不仅不允许别的国家民族再欺压我们，而且他以鲜明的态度表明，中国人民站起来后亦不会欺压他国人民，他指出："我们非常谨慎小心，不盛气凌人，遵守五项原则。我们自己曾是被欺侮的，知道受欺侮的滋味不好受。"② 同时，坚持用和平共处五项原则处理国际关系能够营造有助于社会主义中国发展的良好国际环境。毛泽东说："我们认为，五项原则是一个长期方针，不是为了临时应付的。这五项原则是适合我国的情况的，我国需要长期的和平环境……对我们来说，稳定比较好，不仅是国际上要稳定，而且国内也要稳定。"③ 另一方面，坚持用和平共处五项原则处理国际关系对他国乃至国际社会有利。坚持用和平共处五项原则处理国际关系也兼顾了他国乃至整个国际社会的利益。在毛泽东看来，处理国家之间关系或国际关系，就像处理人与人之间关系一样，其规则不能只对一方有利，应对双方或各方都要有利，而坚持用和平共处五项原则处理国际关系就是对双方或各方都有利，他指出："我们在合作方面得到一条经验：无论是人与人之间、政党与政党之间、国与国之间的合作，都必须是互利的，而不能使任何一方受到损害。如果任何一方受到损害，合作就不能维持下去。正因为这个原因，我们的五项原则之一就是平等互利。"④

---

① 《毛泽东外交文选》，中央文献出版社、世界知识出版社，1994，第116页。
② 《毛泽东外交文选》，中央文献出版社、世界知识出版社，1994，第256页。
③ 《毛泽东文集》第六卷，人民出版社，1999，第374页。
④ 《毛泽东外交文选》，中央文献出版社、世界知识出版社，1994，第167页。

二　新时代法治思想的基本观点

2020年11月，中央全面依法治国工作会议召开，这次会议最重要的成果就是顺应党心民心和时代要求，确立了习近平法治思想在全面依法治国工作中的指导地位。进入中国特色社会主义新时代以来，习近平总书记高度重视全面依法治国，以马克思主义政治家、思想家、战略家的深刻洞察力和理论创造力创造性地提出了关于全面依法治国的一系列具有原创性、标志性的新理念新思想新战略，形成了习近平法治思想。习近平法治思想或新时代法治思想，坚持马克思主义的立场观点方法，坚持科学社会主义的基本原则，植根于中华优秀传统法律文化，借鉴人类法治文明有益成果，同我们党长期形成的法治理论既一脉相承又与时俱进。"习近平法治思想内涵丰富、论述深刻、逻辑严密、系统完备，就其主要方面来讲，集中体现为'十一个坚持'"①，从伟大的马克思主义法治理论传统来看，或更确切地说从与毛泽东法制思想既一脉相承又与时俱进的角度来看，新时代法治思想或习近平法治思想主要呈现出六个方面的基本观点或思想原则。

（一）坚持党对全面依法治国的领导

习近平总书记说："党的领导是中国特色社会主义最本质的特征，是社会主义法治最根本的保证。坚持中国特色社会主义法治道路，最根本的是坚持中国共产党的领导。"② 回顾我国依法治国历程，不难发现，依法治国是我们党主动提出来的，把依法治国上升为党领导人民治理国家的基本方略也是我们党主动提出来的；不仅如此，而且我们党一直带领着全国各族人民在实践中不断推进依法治国。要全面推进依法治国，其法理基础主要有两方面：一者，改革和法治如"鸟之两翼""车之双轮"，持续推进正在进行的改革开放伟大事业需要法治来"保驾护航"；另者，全面推进依法治国有利于加强和改善党的领导，有利于巩固党的长期执政地位、完成党的执政使命任务。坚持党的领导，是社会主义法治的根本要求，是全面推进依法治国的题中应有之义。习近平总书记说："全面依法治国，

---

① 《习近平法治思想学习纲要》，人民出版社、学习出版社，2021，第7页。
② 《习近平谈治国理政》第二卷，外文出版社，2017，第114页。

核心是坚持党的领导、人民当家作主、依法治国有机统一，关键在于坚持党领导立法、保证执法、支持司法、带头守法。"① 一方面，要坚持党总揽全局、协调各方的领导核心作用，统筹依法治国各领域工作，确保党的主张贯彻到依法治国的全过程和各方面。要把党的领导贯彻到依法治国的全过程和各方面，坚持党的领导、人民当家作主、依法治国的有机统一。另一方面，要改善党对依法治国的领导，不断提高党领导依法治国的能力水平。只有在党的领导下依法治国、厉行法治，人民当家作主才能真正充分实现，国家和社会生活的法治化才能科学有序推进。党不仅要坚持依法治国、依法执政，自觉在宪法法律的范围内活动或开展工作，而且要积极发挥好各级党组织和广大党员、干部在依法治国中的政治核心作用和先锋模范作用。

（二）坚持以人民为中心

习近平总书记说："我国社会主义制度保证了人民当家作主的主体地位，也保证了人民在全面推进依法治国中的主体地位。这是我们的制度优势，也是中国特色社会主义法治区别于资本主义法治的根本所在。"② 回望百年党史，我们党自成立之日起就致力于建设人民当家作主的新社会，提出了关于未来国家制度建设的主张设想，并领导各族人民为之进行斗争。正因为此，我国的国家制度深深植根于人民之中，植根于中华优秀传统文化，能够有效体现人民意志、保障人民权益、激发人民创造力。全面依法治国要坚持以人民为中心，其法理基础包括两方面：一者，法治的基础在人民，其权威性要靠人民来维护和拱卫；另者，人民权益要靠法治来保障和捍卫，法治是人民根本利益之载体。全面推进依法治国，我们要紧紧依靠人民创造历史，坚持全心全意为人民服务的根本宗旨，站稳人民立场，贯彻党的群众路线，尊重人民首创精神，发展全过程人民民主，维护社会公平正义，着力解决发展不平衡不充分问题和人民群众急难愁盼问题。一方面，全面依法治国要充分依靠人民。习近平总书记说："支持和保证人民通过人民代表大会行使国家权力，保证各级人大都由民主选举产生、对人民负责、受人民监督。支持和保证人大及其常委会依法行使立法权、监督权、决定权、任免权，健全人大对行政机关、监察机关、审判机

---

① 《习近平谈治国理政》第二卷，外文出版社，2017，第39页。
② 《习近平谈治国理政》第二卷，外文出版社，2017，第115页。

关、检察机关监督制度，维护国家法治统一、尊严、权威。"① 要把以人民为中心的发展思想贯穿于立法、执法、司法、守法、监察各个环节和全过程，依法治国各项工作都要贯彻群众路线，密切同人民群众的联系，切实做到法治为了人民、法治依靠人民、法治成果由人民共享。另一方面，全面依法治国要切实维护好人民利益。习近平总书记说："让老百姓过上好日子，是我们一切工作的出发点和落脚点，是我们党坚持全心全意为人民服务根本宗旨的重要体现。"② 全面推进依法治国，就是要切实解决人民最关心最直接最现实的利益问题，想群众之所想，急群众之所急，办群众之所需；就是要增进全体人民的经济、政治、社会、文化、环境等方面的权利，努力维护社会公平正义，促进人的全面发展。

（三）坚持依宪治国依宪执政

习近平总书记说："宪法是国家的根本法，坚持依法治国首先要坚持依宪治国，坚持依法执政首先要坚持依宪执政。"③ 党领导人民制定宪法法律，领导人民实施宪法法律，党自身首先要在宪法法律的范围内活动，任何公民、社会组织和国家机关都要以宪法法律为行为准则，依照宪法法律行使权利或权力，履行义务或职责。坚持依宪治国、依宪执政背后有深厚的法理基础。一方面，法是党的主张和人民意愿的统一体现。党领导人民制定宪法法律，党领导人民实施宪法法律，党和人民在实践法治的意志上是融为一体的，党和法、党的领导和依法治国之间都是高度统一的。另一方面，这源于我国社会主义法治建设的实践经验。在深刻总结改革开放以来我国社会主义法治建设实践的基础上，我们把依法治国确定为党领导人民治理国家的基本方略，把依法执政确定为党治国理政的基本方式，走出了一条中国特色社会主义法治道路。坚持依宪治国、依宪执政，有两点要注意。一方面，要坚持党总揽全局、协调各方的领导核心作用。我们要善于使党的主张通过法定程序成为国家意志，善于使党组织推荐的人选成为国家政权机关的领导人员，善于通过国家政权机关实施党对国家和社会的领导，支持国家权力机关、行政机关、审判机关、检察机关依照宪法法

---

① 习近平：《高举中国特色社会主义伟大旗帜　为全面建设社会主义现代化国家而团结奋斗——在中国共产党第二十次全国代表大会上的报告》，人民出版社，2022，第38页。
② 《习近平谈治国理政》第三卷，外文出版社，2020，第173页。
③ 习近平：《在庆祝全国人民代表大会成立60周年大会上的讲话》，人民出版社，2014，第8页。

律独立负责、协调一致地开展工作。另一方面，各级党组织和党员领导干部要带头厉行法治，不断增强和提高依法执政能力和水平，不断推进各项治国理政活动的制度化法律化。权力是一把"双刃剑"，在法治轨道上行使当然可以造福人民，而在宪法法律之外行使则会产生祸害；每个党员、干部，特别是领导干部都要服从和遵守宪法法律，不能把党的领导作为个人以言代法、以权压法、徇私枉法的"挡箭牌"。

（四）坚持建设中国特色社会主义法治体系

习近平总书记说："全面推进依法治国涉及很多方面，在实际工作中必须有一个总揽全局、牵引各方的总抓手，这个总抓手就是建设中国特色社会主义法治体系。"① 建设中国特色社会主义法治体系，是我们党率先提出的具有原创性、时代性的法学概念和理念。中国特色社会主义法治体系是中国特色社会主义制度的法律表现形式，其外延包括法律规范体系、法治实施体系、法治监督体系、法治保障体系以及党内法规体系。坚持建设中国特色社会主义法治体系亦有其法理基础。法治体系是国家治理体系的骨干工程，全面推进依法治国总目标是建设中国特色社会主义法治体系、建设社会主义法治国家；建设中国特色社会主义法治体系、建设社会主义法治国家是坚持和发展中国特色社会主义的内在要求，是实现国家治理体系和治理能力现代化的必然要求。坚持建设中国特色社会主义法治体系，是全面推进依法治国的工作重点和总抓手，对于全面推进依法治国具有纲举目张的意义。就是说，依法治国各项工作都要围绕总目标来部署、来展开，"必须抓住建设中国特色社会主义法治体系这个总抓手，努力形成完备的法律规范体系、高效的法治实施体系、严密的法治监督体系、有力的法治保障体系，形成完善的党内法规体系，不断开创全面依法治国新局面"②。坚持建设中国特色社会主义法治体系，要做好五个方面工作：其一，要形成完备的法律规范体系；其二，要形成高效的法治实施体系；其三，要形成严密的法治监督体系；其四，要形成有力的法治保障体系；其五，要形成完善的党内法规体系。

（五）坚持全面推进科学立法严格执法公正司法全民守法

习近平总书记说："落实依法治国基本方略，加快建设社会主义法治

---

① 《十八大以来重要文献选编》中，中央文献出版社，2016，第147页。
② 《习近平谈治国理政》第三卷，外文出版社，2020，第285页。

国家，必须全面推进科学立法、严格执法、公正司法、全民守法进程。"①要紧紧抓住全面依法治国的关键环节，完善立法体制，提高立法质量；要推进严格执法，理顺执法体制，完善行政执法程序，全面落实行政执法责任制；要支持司法机关依法独立行使职权，健全司法权力分工负责、相互配合、相互制约的制度安排；要加大全民普法力度，培育全社会办事依法、遇事找法、解决问题用法、化解矛盾靠法的良好法治环境。坚持全面推进科学立法、严格执法、公正司法、全民守法有其厚实之法理基础：一者，是解决好立法、执法、司法、守法等领域之突出矛盾和问题的现实需要；二者，是让法治真正成为经济社会发展重要保障的客观需要；三者，是全面落实依法治国基本方略、坚持法律面前人人平等、加快建设社会主义法治国家的时代需要。全面依法治国是国家治理的一场深刻革命，要坚持厉行法治，全面推进科学立法、严格执法、公正司法、全民守法。坚持全面推进科学立法、严格执法、公正司法、全民守法，要扎实实现"四轮驱动"：其一，要扎实推进科学立法，关键在于完善立法体制，深入推进科学立法、民主立法，抓住提高立法质量这个关键；其二，要扎实推进严格执法，重点是解决执法不规范、不严格、不透明、不文明以及不作为、乱作为等突出现实问题；其三，要扎实推进公正司法，秉持大司法理念，以优化司法职权配置为重点，健全司法权力分工负责、相互配合、相互制约的制度安排；其四，要扎实推进全民守法，着力培育和强化全民法治观念，坚持把全民普法和守法作为依法治国的长期基础性工作，采取有力措施加强法治宣传教育。

（六）坚持统筹推进国内法治和涉外法治

习近平总书记说："法律的生命在于付诸实施，各国有责任维护国际法治权威，依法行使权利，善意履行义务。法律的生命也在于公平正义，各国和国际司法机构应该确保国际法平等统一适用，不能搞双重标准，不能'合则用、不合则弃'，真正做到'无偏无党，王道荡荡'。"②坚持统筹推进国内法治和涉外法治，对各国关系和利益要以制度和规则协调，不能谁的拳头大就听谁的。坚持统筹推进国内法治和涉外法治有其法理基础。一方面，这是平衡国家利益和国际公共利益的现实需要。我们应该共

---

① 习近平：《在首都各界纪念现行宪法公布施行30周年大会上的讲话》，人民出版社，2012，第8页。
② 《习近平谈治国理政》第二卷，外文出版社，2017，第540页。

同维护国际法和国际秩序的权威性和严肃性,各国都应该依法行使权利,反对歪曲国际法,反对以"法治"之名行侵害他国正当权益、破坏和平稳定之实。另一方面,这是创造奉行法治、公平正义之未来的需要。发达国家和发展中国家群体之间的历史责任、发展阶段、应对能力等都不同,甚至存在较大差距,共同但有区别的责任原则不仅没有过时,而且应该得到遵守。坚持统筹推进国内法治和涉外法治,要做到三点。其一,要坚持和倡导和平共处五项原则。和平共处五项原则生动反映了《联合国宪章》宗旨和原则,并赋予这些宗旨和原则以可见、可行、可依循的内涵,既代表了亚洲国家对国际关系的新期待,也体现了世界各国权利、义务、责任相统一的国际法治精神。其二,要推动规则、规制、管理、标准等制度型开放。加强国内重大制度创新,实现国内治理和国际治理充分联动和衔接配套,放大改革综合效应,打造市场化、法治化、国际化的一流营商环境。其三,要毫不动摇地维护国际法在全球治理中的地位和作用。推动各方在国际关系中遵守国际法和公认的国际关系基本原则,用统一适用的规则来明是非、促和平、谋发展,没有"只适用他人、不适用自己"的法律,也没有"只适用自己、不适用他人"的法律。

三 新时代法治思想对毛泽东法制思想的创新发展及重要启示

　　进入中国特色社会主义新时代以来,以习近平同志为核心的党中央从坚持和发展中国特色社会主义的全局和战略高度定位法治、布局法治、厉行法治,把全面依法治国纳入"四个全面"战略布局,放在党和国家事业发展全局中来谋划、来推进,作出一系列重大决策,提出一系列重要举措,在此基础上形成了习近平法治思想,它是基于统筹实现中华民族伟大复兴的战略全局和世界百年未有之大变局这"两个大局"之新时代现实需要而产生的。毛泽东法制思想是基于推动新民主主义革命、社会主义革命和建设,以及捍卫革命和建设伟大成就之时代现实需要而产生的,其实践经验和教训对于我们党领导社会主义法治实践是为先行探索,在新中国法治史上必然会产生深远的历史影响和效应。在伟大的马克思主义法治理论传统中,习近平法治思想或新时代法治思想作为马克思主义法治理论中国化的最新成果,对毛泽东法制思想在"坚持党对全面依法治国的领导""坚持以人民为中心""坚持依宪治国依宪执政""坚持建设中国特色社会主义法治体系""坚持全面推进科学立法严格执法公正司法全民守法""坚持统筹推进国内法治和涉外法治"等方面进行了创新发展,并形成了系列重要启示。

（一）从发挥党对法制建设的引领作用到坚持党对全面依法治国的领导，为依法治国思想的创新发展提供了根本政治条件

在毛泽东法制思想中，建立人民民主专政国家制度的思想观点、坚持实事求是立法原则的思想观点、法律面前人人平等及反对特权的思想观点、坚持严惩改造与宽大教育相结合的思想观点、人人都要遵守社会主义法制的思想观点以及坚持用和平共处五项原则处理国际关系的思想观点等的部分论述内容，较集中地反映了以毛泽东同志为主要代表的中国共产党人注重发挥党对法制建设，包括国际法制建设的引领作用。尽管如此，以毛泽东同志为主要代表的中国共产党人注重发挥党对法制建设的引领作用，主要还是"默会"性的、自发性的。随着党长期执政经验的丰富和日益成熟，进入中国特色社会主义新时代后，以习近平同志为主要代表的中国共产党人鲜明、自觉地理论性地提出了坚持党对全面依法治国的领导。一方面，这表明，以习近平同志为主要代表的中国共产党人坚持党对全面依法治国的领导的思想观点跟以毛泽东同志为主要代表的中国共产党人注重发挥党对法制建设的引领作用的思想观点是一脉相承的，是习近平法治思想对毛泽东法制思想中坚持党的领导之思想观点或思想原则的承继；另一方面，这意味着，以习近平同志为主要代表的中国共产党人坚持党对全面依法治国的领导的思想观点或思想原则为新时代依法治国思想的创新发展提供了根本政治条件，亦即新时代中国特色社会主义法治理论的创新发展要在坚持党对全面依法治国的领导的思想原则轨道上前行。新时代中国特色社会主义法治理论的创新发展坚持党对全面依法治国的领导，要做好五个方面。其一，要深刻领悟"党的领导是中国特色社会主义法治之魂"的精神要旨。党的领导是中国特色社会主义最本质的特征，是中国特色社会主义制度的最大优势，是社会主义法治最根本的保证。习近平总书记指出："党的领导是中国特色社会主义法治之魂，是我们的法治同西方资本主义国家的法治最大的区别。"[1] 其二，要坚持党的领导、人民当家作主、依法治国有机统一的思想原则。习近平总书记说："全面依法治国，核心

---

[1] 《习近平关于全面依法治国论述摘编》，中央文献出版社，2015，第35页。

是坚持党的领导、人民当家作主、依法治国有机统一……"① 党的领导是人民当家作主和依法治国的根本保证，人民当家作主是社会主义民主政治的本质特征，依法治国是党领导人民治理国家的基本方式，三者统一于我国社会主义民主政治伟大实践中，这也是我国社会主义法治建设的一条基本经验。其三，要坚持党领导立法、保证执法、支持司法、带头守法的思想观点。习近平总书记说："坚持党的领导，不是一句空的口号，必须具体体现在党领导立法、保证执法、支持司法、带头守法上。"② 一者，我们党自身要坚持依法治国、依法执政，自觉在宪法法律的范围内活动及开展工作；另者，要充分发挥好各级党组织和广大党员、干部包括领导干部在依法治国中的政治核心作用和先锋模范作用。其四，要坚持健全党领导全面依法治国的制度和工作机制的思想观点。习近平总书记说："全面推进依法治国是一个系统工程，是国家治理领域一场广泛而深刻的革命，必须加强党对法治工作的组织领导。"③ 要不断完善党的领导体制和工作机制，把党的领导贯彻到全面依法治国的全过程和各方面，不留死角和间隙。其五，要坚持依法治国和依规治党有机统一的思想观点。习近平总书记说："坚持依法治国和以德治国相结合，依法治国和依规治党有机统一……"④ 依规治党深入党心，依法治国才能深入民心。全面依法治国，要坚持依法治国和依规治党的有机统一，加快形成覆盖党的领导和党的建设各方面的党内法规体系，增强党依法执政本领，提高管党治党水平，确保党始终是中国特色社会主义事业的坚强领导核心。

（二）从镇压犯罪分子、保护人民利益到坚持以人民为中心，为依法治国思想的创新发展丰富了根本立场内涵

在毛泽东法制思想中，建立人民民主专政国家制度的思想观点、法律面前人人平等及反对特权的思想观点、坚持严惩改造与宽大教育相结合的思想观点以及人人都要遵守社会主义法制的思想观点等的部分论述内容，较集中地反映了以毛泽东同志为主要代表的中国共产党人镇压犯罪分子、保护人民利益的根本价值立场。尽管如此，以毛泽东同志为主要代表的中国共产党人镇压犯罪分子、保护人民利益，主要还是实践经验层面上的、

---

① 《习近平谈治国理政》第二卷，外文出版社，2017，第39页。
② 《习近平谈治国理政》第二卷，外文出版社，2017，第114页。
③ 《习近平谈治国理政》第二卷，外文出版社，2017，第124页。
④ 《习近平谈治国理政》第三卷，外文出版社，2020，第18页。

社会主义"政治本能"上的。随着党长期执政经验的丰富和日益成熟，进入中国特色社会主义新时代后，以习近平同志为主要代表的中国共产党人鲜明、自觉地理论性地提出了坚持以人民为中心。一方面，这表明，以习近平同志为主要代表的中国共产党人坚持以人民为中心的思想观点跟以毛泽东同志为主要代表的中国共产党人镇压犯罪分子、保护人民利益的思想观点是一脉相承的，是习近平法治思想对毛泽东法制思想中保护人民利益之思想观点的承继；另一方面，这意味着，以习近平同志为主要代表的中国共产党人坚持以人民为中心的思想观点为新时代依法治国思想的创新发展提供了根本价值立场遵循，亦即新时代中国特色社会主义法治理论的创新发展要在坚持以人民为中心的根本价值立场下前行。新时代中国特色社会主义法治理论的创新发展坚持以人民为中心，要做好四个方面。其一，要深刻领悟"坚持法治为了人民、依靠人民"精神要旨。习近平总书记说："我国社会主义制度保证了人民当家作主的主体地位，也保证了人民在全面推进依法治国中的主体地位。这是我们的制度优势，也是中国特色社会主义法治区别于资本主义法治的根本所在。"① 纵观党百年来的历史，我们干革命、搞建设、抓改革，以及新时代各项工作，都是为人民谋利益，让人民过上好日子的。法治的根基在人民，全面依法治国最广泛、最深厚的基础也是亿万人民群众。其二，要坚持积极回应人民群众新要求新期待的思想观点。习近平总书记说："要积极回应人民群众新要求新期待，坚持问题导向、目标导向，树立辩证思维和全局观念，系统研究谋划和解决法治领域人民群众反映强烈的突出问题，不断增强人民群众获得感、幸福感、安全感，用法治保障人民安居乐业。"② 基于历史和现实的多方面原因，立法、执法、司法、普法等方面工作还有一些薄弱环节和改进空间，有一些人民群众不满意甚至意见不少的地方或领域，这必然要成为今后厉行法治的聚焦点、发力点和作为点。其三，要坚持牢牢把握社会公平正义的价值追求的思想观点。习近平总书记说："必须牢牢把握社会公平正义这一法治价值追求，努力让人民群众在每一项法律制度、每一个执法决定、每一宗司法案件中都感受到公平正义。"③ 平等是社会主义法律的基本属性，也是社会主义法治的基本要求；公正是法治的生命线，全面依法治国要紧紧围绕保障和促进社会公平正义来进行和拓展。其四，要

---

① 《习近平谈治国理政》第二卷，外文出版社，2017，第115页。
② 《习近平谈治国理政》第四卷，外文出版社，2022，第289页。
③ 《习近平谈治国理政》第三卷，外文出版社，2020，第284页。

坚持依法保障人民权益的思想观点。习近平总书记说："推进全面依法治国，根本目的是依法保障人民权益。"① 要切实尊重和保障人权，依法保障全体公民享有广泛的权利，比如保障公民的人身权、财产权、基本政治权利等各项权利不受侵犯，保证公民的经济、文化、社会等各方面权利得到切实落实等，努力维护最广大人民的根本利益，保障人民群众对美好生活的向往和追求。

（三）从建立人民民主专政国家制度到坚持依宪治国依宪执政，为依法治国思想的创新发展提供了新的任务导向

毛泽东说，"无产阶级政党和无产阶级专政，现在非有不可，而且非继续加强不可。否则，不能镇压反革命，不能抵抗帝国主义，不能建设社会主义，建设起来也不能巩固"②，"用宪法这样一个根本大法的形式，把人民民主和社会主义原则固定下来，使全国人民有一条清楚的轨道，使全国人民感到有一条清楚的明确的和正确的道路可走"③。在毛泽东法制思想中，建立人民民主专政国家制度的系列重要论述反映了以毛泽东同志为主要代表的中国共产党人建立人民民主专政国家制度的时代任务导向。尽管如此，以毛泽东同志为主要代表的中国共产党人建立人民民主专政国家制度之言行，主要还是探索性的、"实验性"的。随着党长期执政经验的丰富和日益成熟，进入中国特色社会主义新时代后，以习近平同志为主要代表的中国共产党人鲜明、自觉地理论性地提出了坚持依宪治国依宪执政。一方面，这表明，以习近平同志为主要代表的中国共产党人坚持依宪治国依宪执政的思想观点跟以毛泽东同志为主要代表的中国共产党人建立人民民主专政之国家制度的思想观点或思想原则是一脉相承的，是习近平法治思想对毛泽东法制思想中按照人民制定之宪法治理国家的思想观点的承继；另一方面，这意味着，以习近平同志为主要代表的中国共产党人坚持依宪治国依宪执政的思想观点为新时代依法治国思想的创新发展提供了新的任务导向，亦即新时代中国特色社会主义法治理论的创新发展要在坚持依宪治国依宪执政的时代任务导向下前行。新时代中国特色社会主义法治理论的创新发展坚持依宪治国依宪执政，要做好四个方面。其一，要深刻领悟"宪法是治国理政的总章程"精神要旨。宪法是国家的根本大法，

---

① 《习近平谈治国理政》第四卷，外文出版社，2022，第289页。
② 《毛泽东文集》第七卷，人民出版社，1999，第35~36页。
③ 《毛泽东文集》第六卷，人民出版社，1999，第328页。

是我们党和人民意志的集中体现，是国家各种制度和法律法规的总依据和总章程。习近平总书记说："坚持依法治国首先要坚持依宪治国，坚持依法执政首先要坚持依宪执政。"① 我国宪法确认了中国共产党领导，这是中国宪法最显著的特征，我们讲坚持依宪治国、依宪执政，首要的内容就包括坚持宪法确定的中国共产党领导地位不动摇，坚持宪法确定的我们的国体和政体不动摇。其二，要坚持全面贯彻实施宪法的思想观点。习近平总书记说："宪法的生命在于实施，宪法的权威也在于实施。"② 全面贯彻实施宪法，是建设社会主义法治国家的首要任务和基础性工作。保证宪法实施，就是保证党和人民之根本利益的实现，要更加注重发挥宪法的重要作用，把国家各项事业和各项工作全面纳入依法治国、依宪治国的轨道，把实施宪法提高到新的水平和新的高度。其三，要坚持推进合宪性审查工作的思想观点。习近平总书记说："要加强宪法实施和监督，推进合宪性审查工作，对一切违反宪法法律的法规、规范性文件必须坚决予以纠正和撤销。"③ 完善宪法监督制度，加强备案制度和能力建设，依法撤销和纠正违宪违法的规范性文件；有关方面拟出台的法规规章、重要政策和重大举措，要同宪法规定、宪法精神相符合。其四，要坚持深入开展宪法宣传教育的思想观点。习近平总书记说："要以设立国家宪法日为契机，深入开展宪法宣传教育，大力弘扬宪法精神，切实增强宪法意识，推动全面贯彻实施宪法……"④ 加强宪法学习宣传教育是实施宪法的重要基础，要在全社会广泛开展尊崇宪法、学习宪法、遵守宪法、维护宪法、运用宪法的宣传教育，大力弘扬宪法精神，不断增强人民群众的宪法意识，要使宪法真正走入日常生活、走入人民群众。

（四）从着力建设社会主义法制体系到坚持建设中国特色社会主义法治体系，为依法治国思想的创新发展明确了新的目标内涵

毛泽东说："社会主义制度终究要代替资本主义制度，这是一个不以人们自己的意志为转移的客观规律。"⑤ 在毛泽东法制思想中，建立人民

---

① 《习近平谈治国理政》第四卷，外文出版社，2022，第291页。
② 习近平：《在首都各界纪念现行宪法公布施行30周年大会上的讲话》，人民出版社，2012，第6页。
③ 《习近平谈治国理政》第四卷，外文出版社，2022，第291～292页。
④ 《习近平关于全面依法治国论述摘编》，中央文献出版社，2015，第91～92页。
⑤ 《毛泽东文集》第七卷，人民出版社，1999，第315页。

民主专政国家制度的思想观点、坚持实事求是立法原则的思想观点、坚持严惩改造与宽大教育相结合的思想观点以及人人都要遵守社会主义法制的思想观点等的部分论述内容，较集中地反映了以毛泽东同志为主要代表的中国共产党人着力建设社会主义法制包括国际法制的体系。尽管如此，以毛泽东同志为主要代表的中国共产党人着力建设社会主义法制体系，主要还是先行性的、探索性的。随着党长期执政经验的丰富和日益成熟，进入中国特色社会主义新时代后，以习近平同志为主要代表的中国共产党人鲜明、自觉地理论性地提出了坚持建设中国特色社会主义法治体系。一方面，这表明，以习近平同志为主要代表的中国共产党人坚持建设中国特色社会主义法治体系的思想观点跟以毛泽东同志为主要代表的中国共产党人着力建设社会主义法制体系的思想观点是一脉相承的，是习近平法治思想对毛泽东法制思想中着力建立健全社会主义法制的思想观点的承继；另一方面，这意味着，以习近平同志为主要代表的中国共产党人坚持建设中国特色社会主义法治体系的思想观点为新时代依法治国思想的创新发展明确了新的目标内涵，亦即新时代中国特色社会主义法治理论的创新发展要在坚持建设中国特色社会主义法治体系的目标导向下前行。新时代中国特色社会主义法治理论的创新发展坚持建设中国特色社会主义法治体系，要做好六个方面。其一，要深刻领悟"全面依法治国的总抓手"的精神要旨。习近平总书记说："全面推进依法治国涉及很多方面，在实际工作中必须有一个总揽全局、牵引各方的总抓手，这个总抓手就是建设中国特色社会主义法治体系。"① 依法治国各项工作都要围绕这个总抓手来谋划和推进，要抓住建设中国特色社会主义法治体系这个总抓手，不断开创全面依法治国新局面、迈上全面依法治国新台阶。其二，要坚持加快形成完备的法律规范体系的思想观点。习近平总书记说："经过长期努力，中国特色社会主义法律体系已经形成，我们国家和社会生活各方面总体上实现了有法可依，这是我们取得的重大成就，也是我们继续前进的新起点。"② 要加快完善中国特色社会主义法律体系，使之更加科学完备、统一权威，全方位切实做到有法可依。其三，要坚持加快形成高效的法治实施体系的思想观点。习近平总书记说："法律的生命力在于实施，法律的权威也在于实

---

① 《习近平关于协调推进"四个全面"战略布局论述摘编》，中央文献出版社，2015，第95页。
② 《十八大以来重要文献选编》中，中央文献出版社，2016，第56页。

施。"① 要加强宪法实施特别是法律实施，维护社会主义法制的统一、尊严、权威，形成人们不愿违法、不能违法、不敢违法的法治环境，做到有法必依、执法必严、违法必究。其四，要坚持加快形成严密的法治监督体系的思想观点。习近平总书记说："要更好发挥人大监督在党和国家监督体系中的重要作用，让人民监督权力，让权力在阳光下运行，用制度的笼子管住权力，用法治的缰绳驾驭权力。"② 只要公权力存在，就要有制约和监督，全面依法治国要抓紧完善权力运行制约和监督机制，规范立法、执法、司法机关权力行使，构建党统一领导、全面覆盖、权威高效的法治监督体系。其五，要坚持加快形成有力的法治保障体系的思想观点。习近平总书记说："各级党组织和领导干部要适应科学执政、民主执政、依法执政的要求，支持政法系统各单位依照宪法法律独立负责、协调一致开展工作。"③ 建设法治中国，要加强政治、组织、队伍、人才、科技、信息等方面的保障，为全面依法治国提供重要支撑和有力支撑。其六，要坚持加快形成完善的党内法规体系的思想观点。习近平总书记说："严肃党内政治生活，持续开展党内集中教育，提出和坚持新时代党的组织路线，突出政治标准选贤任能，加强政治巡视，形成比较完善的党内法规体系，推动全党坚定理想信念、严密组织体系、严明纪律规矩。"④ 加强党内法规制度建设是全面从严治党的长远之策、根本之策；党内法规制度建设只有进行时、没有完成时，要与时俱进、改革创新，使党内法规体系更加完善、党内法规制度更有活力。

（五）从立法执法司法守法的经验观点到坚持全面推进科学立法严格执法公正司法全民守法，为依法治国思想的创新发展提供了系统思维内涵

在毛泽东法制思想中，建立人民民主专政国家制度的思想观点、坚持实事求是立法原则的思想观点、法律面前人人平等及反对特权的思想观点、坚持严惩改造与宽大教育相结合的思想观点以及人人都要遵守社会主义法制的思想观点等的部分论述内容，较集中地反映了以毛泽东同志为主

---

① 《十八大以来重要文献选编》中，中央文献出版社，2016，第 56 页。
② 《习近平谈治国理政》第四卷，外文出版社，2022，第 254 页。
③ 《习近平关于全面依法治国论述摘编》，中央文献出版社，2015，第 70 页。
④ 习近平：《高举中国特色社会主义伟大旗帜　为全面建设社会主义现代化国家而团结奋斗——在中国共产党第二十次全国代表大会上的报告》，人民出版社，2022，第 13 页。

要代表的中国共产党人关于立法、执法、司法、守法的经验观点。尽管如此，以毛泽东同志为主要代表的中国共产党人之立法、执法、司法、守法的经验观点，主要还是经验性的、尝试性的。随着党长期执政经验的丰富和日益成熟，进入中国特色社会主义新时代后，以习近平同志为主要代表的中国共产党人鲜明、自觉地提出了坚持全面推进科学立法严格执法公正司法全民守法。一方面，这表明，以习近平同志为主要代表的中国共产党人坚持全面推进科学立法严格执法公正司法全民守法的思想观点跟以毛泽东同志为主要代表的中国共产党人关于立法执法司法守法的经验观点是一脉相承的，是习近平法治思想对毛泽东法制思想中关于立法执法司法守法的思想观点的承继；另一方面，这意味着，以习近平同志为主要代表的中国共产党人坚持全面推进科学立法严格执法公正司法全民守法的思想观点为新时代依法治国思想的创新发展提供了系统思维内涵，亦即新时代中国特色社会主义法治理论的创新发展要在坚持全面推进科学立法严格执法公正司法全民守法的系统法治思维轨道上前行。新时代中国特色社会主义法治理论的创新发展坚持全面推进科学立法严格执法公正司法全民守法，要做好四个方面。其一，要坚持推进科学立法的思想观点。习近平总书记说："良法是善治之前提。"① 全面推进依法治国，要坚持科学立法，越是强调法治，越是要提高立法质量。一者，我国进入新发展阶段，发展要高质量，立法也要高质量，要以高质量立法保障高质量发展、推动全面深化改革、维护社会大局稳定；另者，要抓住提高立法质量这个"牛鼻子"，推进科学立法、民主立法、依法立法，努力使每一项立法都符合宪法精神、反映人民意愿、得到人民拥护，以良法促进发展、保障善治。其二，要坚持推进严格执法的思想观点。"国无常治，又无常乱，法令行则国治，法令弛则国乱。"（《潜夫论·述赦》）习近平总书记说："全面推进依法治国，必须坚持严格执法。"② 严格规范公正文明执法是一个整体，要准确把握、全面贯彻，不能畸轻畸重、顾此失彼；严格执法要抓住关键环节，完善执法权力运行机制和管理监督制约体系，努力让人民群众在每一起案件办理、每一件事情处理中都能感受到公平正义。其三，要坚持推进公正司法的思想观点。习近平总书记说："深化司法体制综合配套改革，全面准确落实司法责任制，加快建设公正高效权威的社会主义司法制度，

---

① 《十八大以来重要文献选编》下，中央文献出版社，2018，第665页。
② 《习近平关于全面依法治国论述摘编》，中央文献出版社，2015，第57页。

努力让人民群众在每一个司法案件中感受到公平正义。"① 公正司法事关人民切身利益，事关社会公平正义，要坚持以提高司法公信力为根本尺度，坚持符合国情和遵循司法规律相结合，坚持问题导向，勇于攻坚克难、坚定信心、凝聚共识、锐意进取、破解难题，坚定不移地深化司法体制改革，不断促进社会公平正义。其四，要坚持推进全民守法的思想观点。习近平总书记说："全面推进依法治国，必须坚持全民守法。"② 任何组织或者个人都要在宪法法律范围内活动，任何公民、社会组织和国家机关都要以宪法法律为行为准则，依宪法法律行使权利或权力、履行义务或职责；坚持把全民普法和守法作为依法治国的长期基础性工作，通过群众喜闻乐见的形式宣传普及宪法法律，不断提升全体公民法治意识和法治素养。

（六）从坚持用和平共处五项原则处理国际关系到坚持统筹推进国内法治和涉外法治，为依法治国思想的创新发展明确了新的迫切任务

毛泽东说："应当把五项原则推广到所有国家的关系中去。"③ "我国的外交政策是以和平共处五项原则为基础的。"④ "五项原则也是适合你们国家的情况的，适合亚洲、非洲绝大多数国家的情况的。"⑤ 在毛泽东法制思想中，坚持用和平共处五项原则处理国际关系的系列重要论述较集中地反映了以毛泽东同志为主要代表的中国共产党人坚持用和平共处五项原则处理国际关系的时代迫切任务。尽管如此，以毛泽东同志为主要代表的中国共产党人坚持用和平共处五项原则处理国际关系，主要还是探索性的、自发性的。随着党长期执政经验的丰富和日益成熟，进入中国特色社会主义新时代后，以习近平同志为主要代表的中国共产党人鲜明、自觉地理论性地提出了坚持统筹推进国内法治和涉外法治。一方面，这表明，以习近平同志为主要代表的中国共产党人坚持统筹推进国内法治和涉外法治的思想观点跟以毛泽东同志为主要代表的中国共产党人坚持用和平共处五项原则处理国际关系的思想观点是一脉相承的，是习近平法治思想对

---

① 习近平：《高举中国特色社会主义伟大旗帜 为全面建设社会主义现代化国家而团结奋斗——在中国共产党第二十次全国代表大会上的报告》，人民出版社，2022，第42页。
② 《习近平关于全面依法治国论述摘编》，中央文献出版社，2015，第87页。
③ 《毛泽东外交文选》，中央文献出版社、世界知识出版社，1994，第165页。
④ 《毛泽东外交文选》，中央文献出版社、世界知识出版社，1994，第246页。
⑤ 《毛泽东外交文选》，中央文献出版社、世界知识出版社，1994，第187页。

毛泽东法制思想中国际法制或涉外法制思想观点的承继；另一方面，这意味着，以习近平同志为主要代表的中国共产党人坚持统筹推进国内法治和涉外法治的思想观点为新时代依法治国思想的创新发展明确了新的迫切任务，亦即新时代中国特色社会主义法治理论的创新发展要在坚持统筹推进国内法治和涉外法治的时代迫切任务的指向下前行。新时代中国特色社会主义法治理论的创新发展坚持统筹推进国内法治和涉外法治，要做好四个方面。其一，要坚持统筹考虑和综合运用国际国内两类规则的思想原则。习近平总书记说："运用国际经贸规则的本领也不够强，需要加快弥补。"[1] 中国走向世界，以负责任大国的身份参与国际事务，要善于运用法治；谋划改革发展要统筹考虑和综合运用国际国内两个市场、国际国内两种资源、国际国内两类规则。其二，要坚持加快涉外法治工作战略布局的思想观点。习近平总书记说："要加快涉外法治工作战略布局，协调推进国内治理和国际治理，更好维护国家主权、安全、发展利益。"[2] 面对新一轮对外开放，涉外法治工作要加快战略布局，掌握主动权；在对外斗争中，我们要拿起法律武器，占领法治制高点，坚持用规则说话、靠规则行事，维护我国政治安全、经济安全，维护我国企业和公民合法权益。其三，要坚持加强对外法治交流合作的思想观点。习近平总书记说："国与国之间开展执法安全合作，既要遵守两国各自的法律规定，又要确保国际法平等统一适用，不能搞双重标准，更不能合则用、不合则弃。"[3] 在对外交往中，要加强多双边法治对话，推进对外法治交流；要积极参与执法安全国际合作；要推进对外法治宣传，讲好中国法治故事。其四，要坚持为构建人类命运共同体提供法治保障的思想观点。习近平总书记说："人类生活在同一个地球村里，生活在历史和现实交汇的同一个时空里，越来越成为你中有我、我中有你的命运共同体。"[4] 世界各国要顺应时代发展潮流，作出正确选择，齐心协力应对挑战，开展全球性协作，构建人类命运共同体；要坚定维护以联合国为核心的国际体系，坚持维护以国际法为基础的国际秩序，为运用法治思维和法治方式推动构建人类命运共同体贡献中国智慧和中国方案。

---

[1] 《习近平关于总体国家安全观论述摘编》，中央文献出版社，2018，第82页。
[2] 《习近平谈治国理政》第四卷，外文出版社，2022，第296页。
[3] 《习近平关于总体国家安全观论述摘编》，中央文献出版社，2018，第251页。
[4] 《十八大以来重要文献选编》上，中央文献出版社，2014，第259页。

自然法专题

自然法理论

〔澳〕乔纳森·克劳 著[*] 刘乙瑶 译[**] 杨天江 校[***]

摘 要：本文探讨法本质的自然法观点。自然法理论由马克·墨菲所称的自然法论题统一起来，即法律必然是行为的理性标准。自然法的立场共有强弱两种形式：强形式的观点认为一个在规范之中存在的理性缺陷会使该规范在法律上无效，而弱形式的观点认为一种法律规范的理性缺陷使该法律规范具有法律缺陷。本文在思考文献当中的三条自然法论证路径之前，先探讨自然法立场的一些考虑。最后，我考察了约翰·菲尼斯和墨菲为支持弱自然法观而进行的论证。而他们提出的论点未能质疑强自然法论题。其实，墨菲所勾勒的功能论证提供了一条通往融合强弱主张的混合自然法观的合理路线。

关键词：自然法理论 法律实证主义 强自然法 弱自然法

根据约瑟夫·拉兹（Joseph Raz）的说法，法律理论旨在确定那些解释法律是什么的关于法律的必然真理（2005，324）。什么类型的关于法律的主张可以合理地归入这个范畴呢？这里有两个可能对象：

（1）法律必然是由社会承认的行为标准；

（2）法律必然是行为的理性标准。

主张（1）几乎被当代法哲学家普遍接受。然而，（2）是有争议的。马克·墨菲（Mark Murphy）将（2）称为自然法命题（2003，244；2005，

---

[*] 乔纳森·克劳（Jonathan Crowe），澳大利亚邦德大学法学院法学教授，著有《调解伦理：从理论到实践》（*Mediation Ethics: From Theory to Practice*）（2020）、《自然法与法律的本质》（*Natural Law and the Nature of Law*）（2019）和《自然法理论研究手册》（*Research Handbook on Natural Law Theory*）（2019）。曾在《牛津法律研究杂志》（*Oxford Journal of Legal Studies*）、《现代法律评论》（*The Modern Law Review*）、《法理学》（*Jurisprudence*）等杂志发表多篇学术论文。本文原载于 *Philosophy Compass*（2016：91-101），系作者在昆士兰大学任教时所著。

[**] 刘乙瑶，南京师范大学法学院法学理论专业博士研究生，中国法治现代化研究院研究人员。

[***] 杨天江，西南政法大学行政法学院副教授，法哲学编译研究中心主任。

15），支持这一观点的主张被称为自然法理论（natural law theories）。①

关于主张（1）的基本思想如下。社会习俗（social conventions）认定特定的人、机构和实践具有制定或修改法律规范的能力。例如，立法机关被承认有权制定新法，而法官被承认有权作出具有法律约束力的判决。法律官员在确定对其行动的法律限制时寻求适用这些习俗。一个规范只有在被这些来源承认的情况下才具有法律地位。因此，法律的存在和内容是一个社会事实问题。正如我所说的，这个基本的描述是被普遍接受的。然而，对于它是否说明了一切，人们却意见不一。

其中一个争议涉及立法的理性限制问题。（2）背后的基本思想涉及法律在共同体中所扮演的角色。法律的功能似乎是指导行为。它的存在是为了划定被允许的社会行为的界限。法律若不能提供充分的理由来按其行事，那么就很难与该角色相匹配。这表明，法律发挥其功能的能力取决于它参与人类理性的能力。进一步来说，法律通常声称指引行为以服务某些更高的目标，如正义或者共同善。因此，一项与正义或共同善的标准背道而驰的法律似乎是有缺陷的。

一　强与弱自然法

在自然法传统下工作的当代领军的法哲学家，其中包括约翰·菲尼斯（John Finnis）（2011a）、墨菲（2006a，2013）、迈克尔·S. 穆尔（Michael S. Moore）（1992，2001）、罗伯特·阿列克西（Robert Alexy）（2008，2010a，2010b）、郎·富勒（Lon Fuller）（1969）和迈克尔·德莫德（Michael Detmold）（1984），都支持（2）的某些变体。然而，这种主张有强弱两种形式（Murphy 2006a，ch. 1；Murphy 2013；Crowe 2012，164 - 166）。② 自然法论题认为，法律必然是理性的行为标准。那么，对于一项不符合这一标准的推定法律，我们该如何说呢？

强自然法观（strong natural law view）将自然法论题解释为法律的存在条件。法律是理性的行为标准，如同正方形是四边形一样，即任何不符合这一标准的东西都无法成为法律。相比之下，弱自然法观（weak natural

---

① 本文仅讨论自然法关于法本质的观点。"自然法理论"一词在伦理学和政治哲学中也有独特的观点。关于当代自然法核心主题在伦理、政治和法学方面的概述，参见 Crowe 2011。

② 关于自然法命题的不同形式的详细讨论，参见 Crowe 2012。

law view）将该主张解释为陈述法律的无缺陷条件。按照这种观点，法律是理性的行为标准，就像闹钟是早上叫醒人们的设备：任何不符合这一标准的东西要么不能算作法律，要么就是有缺陷的法律。

因此，强自然法观认为，在一项规范中的理性缺陷必然使该规范在法律上无效；而弱自然法观认为，法律规范中的理性缺陷必然使该法律规范在法律上有缺陷。当代两位领军的自然法理论家菲尼斯和墨菲都支持弱自然法观，尽管他们的理由有些不同。（我将在本文后面更深入地讨论他们的观点。）当代强自然法观的捍卫者主要是穆尔（1992，2001），但富勒（1969，39）和阿列克西（2008，281；2010b，177）也为这一主张的形式进行了辩护。[①]

二　自然法与法律实证主义

自然法理论和法律实证主义历来相互对立。我们已经看到，自然法理论强调法律是理性的行为标准。相比之下，法律实证主义传统关注的是将法律作为社会承认的标准。与自然法理论相同，法律实证主义主要有两种立场。包容性法律实证主义（inclusive legal positivism）认为，社会来源是决定法律地位的唯一必要因素（例见 Hart 2012，250–254；Coleman 2001，67–148；Waluchow 1994）。然而，在一些法律体系中，社会承认的来源可能将理性标准纳入法律有效性的检验中。一个经常被引用的例子是美国宪法第八修正案，该修正案禁止"残酷而异常的刑罚"。这一规定的一种观点是，它使得与惩罚有关的法律有效性取决于法律的正确理性。

因此，包容性法律实证主义同意，在一些法律体系中，法律是否能作为法律不仅取决于其来源，还取决于其内容的合理性。然而，这是一个取决于社会实践的偶然性问题。另一方面，排他性法律实证主义（exlusive legal positivism）认为法律的存在和内容只能取决于社会事实（例见 Raz 1979，ch. 3；Raz 1995，ch. 10；Shapiro 2001）。因此，法律作为法律不取决于其合理性是必然的事实。根据这种观点，像第八修正案这样的条款并没有将合理的标准纳入法律。相反，它赋予法官自由裁量权，以创造关于"残酷而异常的刑罚"含义的新的法律规范。因此，法律的内容仍然取决

[①] 关于富勒观点的讨论，参见 Crowe 2014b；Crowe 2012，164–166，175。关于阿列克西观点的讨论，参见 Crowe 2012，176–180。强自然法观还有另一种辩护，参见 Soper 2007。

于法律的来源，而不是法律的价值（merits）。

包容性和排他性法律实证主义是被一个主张统一起来的，即社会来源是赋予法律地位的唯一必要因素。排他性法律实证主义也提出了一个更有力的主张：一个事物是否具有法律地位必然只取决于社会来源。这会产生以下两个观点：

LP^I 在决定重要的事情是否算作法律的唯一必要因素是社会来源的承认；

LP^E 重要的事情是否算作法律只取决于社会来源的承认是必然的事实。

强自然法观认为规范的理性缺陷必然使其在法律上无效，法律实证主义的两种形式都与强自然法观相矛盾。然而，法律实证主义的两个描述却在技术上与弱自然法观兼容，即规范的理性缺陷使其在法律上有缺陷。LP^I 和 LP^E 都关乎法律的存在条件；当一个法律标准有缺陷时，它们却无话可说。而弱自然法理论和法律实证主义之间的潜在融合在来自这两种传统的学者著作中是显而易见的。例如，菲尼斯有力地肯定 LP^I 作为法律存在条件的一种解释（2011a，ch.10；2011c，185）。而尼尔·麦考密克（Neil MacCormick）则在法律实证主义的框架内支持弱自然法的主张（1992，108）。

然而，在自然法和法律实证主义观点之间存在着明显的方法论差异（cf. Murphy 2006a，23-24）。自然法理论关注法律是行为的理性标准这一理念，倾向于认为若没有对法律如何具有理性约束力的全面考察，就不可能有一个富有完整性的描述性法律理论。因此，一个描述性法律理论需要考察法律在伦理和政治方面的规范性基础。法律实证主义关注法律作为社会承认的标准，倾向于认为一个完整的法律描述性理论并不取决于对法律合理性的考察。这种方法论上的分歧可以说构成了两种传统之间的主要分歧。

三 驱动的自然法

法律实证主义是当代法哲学的主流观点。由于其广泛的接受度，以至于人们有时很难看出自然法立场的考虑为何。正如我们所看到的，自然法用（2）对（1）进行了补充。然而，除非法律中有（1）不能捕捉到的重要东西，否则这一举动是没有动机的。那么，将法律的必要特征扩展到社会来源之外的动机是什么呢？法律的哪些方面是法律实证主义无法解释的呢？

自然法理论和法律实证主义都可以被视为试图解释和系统化我们可能称之为法律的大众观点（the popular view of law），即普通人在系统性反思之前对法律持有的信念。这两种学派都试图对大众观点的两个核心方面进行解释。第一个核心组成部分是，法律是一套社会规则，即它是被共同体成员接受并具有约束力的规范性标准的集合。例如，大多数人很容易能理解不同司法管辖区域的法律是不同的，这是由于当地来源在确定其内容方面所起的作用。第二个核心组成部分即流行观点认为法律具有很强的规范性（law holds serious normative weight）。① 人们经常认为他们有某种义务遵守法律，只是因为它是法律。他们不认为这种义务是绝对的，即人们经常无视他们认为愚蠢的法律，并赞同对不正义的法律的反抗。尽管如此，他们认为按照法律的要求行事通常是正确的，即使这与他们的自身利益相悖。

法律的大众观的内容虽说是一个经验性问题，可是，自然法理论家和法律实证主义者都经常对上述两个特征勾勒出大众理解这一概念的核心（例见 Finnis 2011a, ch.10; Murphy 2006b, 4-11; Crowe 2014a, ch.1; Hart 2012, ch.5; Raz 1999, 149-154; Postema 1982, 165-166; Coleman 1989, 66）。这些学派之间的争论点在于如何从民间的法律理论走向一个统一而连贯的解释。有一个初始问题是，上面提及的两个特征似乎相互矛盾。许多哲学家认为没有遵循实在法的一般义务。然而，这意味着主张法律是一套社会规则的观点与主张法律具有很强规范性的观点是相悖的，因为有些实在法的确缺乏规范力。

正如（1）中所述，法律实证主义对这一困境的回应是关注社会来源在确定法律地位方面的作用。这意味着法律实证主义毫不费力地适应法律是一套社会规则的观点。然而，法律实证主义者也一直在努力解释法律具有很强的规范性这一普遍观念。当代法律实证主义的创始人哈特试图通过一种专门的法律义务概念来解释法律的一般规范力，这种法律义务完全建立于遵守法律规则的社会压力的基础之上（2012, 82-91; 1982, 147-161, 262-268）。② 然而，这种法律义务的弱观点只不过是那种民间理论的

---

① 关于这一主题的实证研究概述，参见 Tyler 2006, 30-39。关于大众观点这方面的进一步讨论，见 Murphy 2006b, 6-9; Crowe 2014a, 3-4。
② 哈特还从公平竞争原则的角度阐述了遵守法律的义务。然而，这只是覆盖积极的法律规则的子集。参见 Hart 1955。

影子。当代法律实证主义的领军人物拉兹则采取了一种不同的方法。他主张,恰当理解的法律是仅仅要求其具有一般的规范力,即人们认为的法律实际上具有普遍规范力的观念是错误的(1999, 149 – 154; 1979, ch. 12)。[1]

一个良好的法律理论的指标之一当然是它能够解释民众对这一概念的理解。当然,我们不应该要求法律理论家们毫不怀疑地赞同法律的大众观点的所有要素,尤其是当它们被证明是错误的或不连贯的时候。然而,如果民众观念被证明是错误的,一个良好的法律理论应该提供一个解释以说明它是如何产生的。法律实证主义者已经尽力来减轻这种麻烦了,他们诉诸制裁、社会压力和法律官员的主张来解释为何人们认为法律具有约束力。尽管如此,法律实证主义还是不能容忍任何类似于法律规范性的大众观点。因此,它仅仅对法律的民众理论的一个核心方面提供了一个弱解释。

另一方面,自然法理论证明了前文勾勒的民众理论的两个组成部分。它既认为法律是一套社会规则,又认为法律必然具有理性力(从某种意义上说,缺乏理性力的规范要么不是法律,要么在法律上有缺陷)。因此,自然法观点在解释法的规范性方面没有任何困难。然而,这种优势是有潜在代价的,即如果实践合理性对法律有效性或缺陷进行检验,那么似乎至少有一些(也许是很多)实在法会无法满足这一标准。除非自然法理论家能够解释为什么人们通常有理由去遵守实在法,否则他们的理论有可能破坏法律是由社会来源定义的概念。正基于此,自然法理论经常将一个法律根据的描述性理论与一个实证法律规则理性力的规范性解释结合起来。

四 道德性或合理性?

自然法理论通常被认为是一种关乎法律与道德关系的理论。它普遍与"不正义的法律根本不是法律"(lex iniusta non est lex)这一口号联系在一起,其最早出现于奥古斯丁(Augustine)的著作中(1993, bk Ⅰ, pt Ⅴ)。[2] 然而,如上所述,自然法的论点关注的是法律与实践理性的联系。墨菲特别反对,自然法法理学的核心主张是通过涉指道德来恰当构建的。相反,他认为,自然法思想始终更关心法律的理性问题。因此,对于墨菲

---

[1] 另一位主要的法律实证主义者朱尔斯·科尔曼(Jules Coleman)甚至更不支持这种大众(popular)观点。他认为法律实证主义者应该接受这样一个结论,即没有完整的法律理论能够解释其独立的规范性。

[2] 同时参见 Plato 1975, bk Ⅳ, 715b; Cicero 2009, bk Ⅱ, pt Ⅴ。

来说，自然法法理学的核心是，不是若一个标准不符合道德检验就具有法律缺陷，而是一个标准若没有决定性遵守理由作为后盾，则具有法律上的缺陷（2006a，3）。

道德和理性在这里的区别虽然很微小，但非常重要。一项法律可能是合乎道德的，但无法为其主体提供遵守它的充分理由。例如，这项法律可能具有程序上的缺陷。或者，它可能不是基于任何道德的缺陷而缺乏理性力，而是因为它在促进其目标方面不如现有的社会规范。① 反之亦然，尽管一项法律具有道德上的缺陷，但它可能为遵守提供决定性理由。一个人可能有理由遵守道德上有缺陷的法律，如果它有强制制裁作为后盾。同样地，一项法律尽管在道德上是有缺陷的，但它可能在对一个重要的社会协调问题提供唯一可行对策上具有约束力。

认为自然法传统更关心法律的合理性，而不是法律与道德或正义的一致性的绝非墨菲一人。菲尼斯将不公正法律的地位定性为"自然法理论的从属关系"时也提出了一个类似的观点（2011a，351）。菲尼斯认为，没有一位领军的自然法学者将不正义的法律作为讨论的中心话题。相反，他认为：

> 自然法理论的主要关注点是探索与人类善相关的实践合理性的要求，因为人类彼此生活在一起，都面临着正义与权利、权威、法律和义务的问题。并且自然法理论的主要法理学关注点是确定法治的原则和限度，在健全的法律的实证性与可变性中，追溯其是如何从不可变的原则中推导出来的……（2011a，351）

换言之，自然法理论主要关注的是探索法律如何建立在实践理性原则的基础上，从而发挥法律主体的理性能动作用。这种考察显然包含了关于法律与道德和正义关系的问题，同时它也涵盖了一系列其他问题。

菲尼斯在这段话中引用了托马斯·阿奎纳（Thomas Aquinas）的著作，这种做法贯穿于他整个作品中。阿奎纳在《神学大全》中关于法律的专题关注不公正的法律相对较少。相反，其重点在法律如何具有理性约束力上。

---

① 可能有人会认为，任何在这些方面存在理性缺陷的法律必然在道德上也具有缺陷，因为要求某人做他缺乏充分理由做的事情在道德上是错误的。然而，在这种情况下，德性和理性似乎至少有可能产生分歧。想象有一种法律在道德上比现有的社会规范更健全，但在社会实践方面无法获得重视。这样人们就有理由遵循现有的规范，即使法律在道德上更胜一筹。更多讨论，参见 Crowe 2007，786–788；Crowe 2013。

阿奎那著名的论点是，人法可以通过两种方式建立在自然法基础之上：一些法律是从自然法的令式中逻辑推导出来的，而另一些则是这些令式的规范（1948，Ⅰ-Ⅱ，q.95，art.2）。人法若不是以上述任何一种方式建立在自然法的基础上的，那就是对法律的歪曲，在良心上没有约束力（Aquinas 1948，Ⅰ-Ⅱ，q.95，art.2；q.96，art.4）。它们是对法律的歪曲，这主要不是在丧失其法律效力的意义上，而是因为它们没有恰当地说明法律秩序的目的。

因此，自然法法理学的永恒主题是，法律的本质在于为共同体成员提供共同的理性行动标准。认为自然法理论是狭隘地注重对法律有效性进行道德检验的观点是对传统的误解。自然法理论感兴趣的是法律如何以这种方式发挥作用，使人类理性参与进来。这是一个比避免不正义的法令更广泛的主题。一项不正义的法律可能无法提供一个理性的标准，但是说法律不应当是不正义的只会对解释法律是如何与人类行动能力结合在一起起到微乎其微的作用。

五 三条论证路径

自然法理论家们为以上讨论的他们偏爱的观点形式已经提出了各种论据。最突出的论证可以分为三类。第一条论证路径将法律作为一个诠释学的（hermeneutic）概念：它的作用是解释和证明规范性的社会实践，只有我们赋予这个概念规范性的意义时，它才能做到这一点。这种观点是菲尼斯在《自然法与自然权利》（*Natural Law and Natural Rights*）的开篇章中提出的（2011a，ch.1）。菲尼斯对比了人们可能用来定义法律的两种方法。一种可能的方法是研究历史上曾经存在过的每一项法律或法律体系，并试图找出它们的共同特征。如果这是可能的，这种共同特征将产生一个非常广泛的定义。共同特征将会诉诸所有法律的最小公分母。

菲尼斯认为，更有成效的方法论是侧重于确定一种视角，从中我们可以区分法律的中心情形和边缘情形。我们可以通过关注法律的实践点来确定这一视角。法律的中心情形（central case）是一个充分涉及人类理性的情形。现实法律或法律体系在或多或少的程度上类似于法律的中心情形。菲尼斯把我们通过确定中心情形的特征而获得的法律定义称为法律的中心意义（focal meaning）。因此，我们可以说，具有中心情形的所有特征的法律或法律体系就是中心意义上的法律。也可能有一些法律或法律体系具有中心情形的部分特征，但不是全部特征。我们可以将这些描述为"在某种意义上"或在某种"限定意义上"的法律（2011a，10－11）。

菲尼斯运用他的中心意义的方法论对法律的中心情形进行了定义（2011a，276－277）。菲尼斯的定义包含了一系列关于法律的社会事实。例如，法律是一套规则，由一个坚定而有效的权威机构依照社会认可的程序制定，并以有效制裁为后盾。不过，他补充说，法律从核心意义上讲是为了社会的共同善。换言之，要创造一个所有成员都能追求基本人类价值的环境。因此，菲尼斯的核心法律情形既通过一个基础来源的检验（如果它要作为一种有效的社会协调手段，这是必要的），又通过促进共同善来调动人类理性。具有这一定义的所有要素的法律就是中心意义上的法律。相比之下，只有其中一些要素的法律仍然可以算作法律，但只是在弱意义或部分意义上。

第二种自然法论证路径将法律视为一种功能的（functional）概念或性质：法律的独特功能是通过一种特定的方法或特殊的目的指导人类行动的，所以任何在这一功能上失败的都不能作为法律。关于自然法功能论证的形式可以在穆尔（1992，2001）、富勒（Fuller）（1969）和墨菲（2006a，29－36；2011，2013）的记述中找到。[①] 这些论点对法律的功能提供了不同的解释。穆尔认为法律的功能是协调以某种独特善为名的行动（1992，223－224）。而富勒则主张，法律的功能是按照规则指导人类行动（1969，96）。最后，墨菲认为，法律的典型功能之一是提供有决定性理由作为后盾的指示（2006a，32－36）。[②] 然而，法律的功能是以某种特定的方式指导行动是这三位学者的共识。一个推定的法律规范如果不适合以合法律的方式引起理性能动性（rational agency），就会被恰当地视为具有法律缺陷。

自然法论题的第三条论证路径将法律视为言语行动（speech act）的一种形式，即除非法律符合其向接受者提出的要求，否则它就是有缺陷的。言语行动的论证方式在阿列克西（2008，2010a，2010b）和墨菲（2006a，37－56；2013）的著作中以不同方式呈现出来。阿列克西认为，所有的法律体系都必须要求道德正确性；因此，一种规范或其体系若不能成功实现这一要求，那么它作为法律要么是无效的，要么是有缺陷的，这取决于理性缺陷的程度（2010b，177；2008，287－288）。相比之下，墨菲认为，强制性法律规范可以被理解为法律对那些在其管辖范围内的人提

[①] 关于该论点的个人延伸，参见 Crowe 2014c。
[②] 我在其他地方论证过，法律的功能是通过创造一种社会义务感来作为一种道义标记。参见 Crowe 2014c。

出的要求（2006a，44-47）。他认为，除非有决定性理由，否则要求 A 人做某种 φ 行为作为一种言语行为是有缺陷的。由此可见，如果强制性法律是一种需求，那么这种没有决定性理由作为后盾的法律是有缺陷的。墨菲继续将类似的论点扩展到其他类型的法律规范，将它们与诸如声明或承诺的以言行事的行为相提并论。

六 菲尼斯论自然法的强弱

菲尼斯的解释学论证表明，这个术语的中心意义上的法律必须通过基本来源的检验，并具有参与理性的行动能力。一个无法促进共同善的法律是法律，但只是在一种限定的意义上。因此，菲尼斯的论证产生了自然法命题的一个弱形式。菲尼斯进一步认为，正如"不公正的法律根本不是法律"这句口号所表达的那样，强自然法观是"纯粹的无稽之谈"和"自相矛盾的"（2011a，364）。[①] 尽管如此，例如像阿奎纳一样，即那些看似支持这一主张的作者，他们仍然将所讨论的标准描述为"法律"（2011a，365）。他得出这种观点不连贯的结论。

菲尼斯认为，在"不正义的法律根本不是法律"这句话中，第一次对"法律"的提及是解释性的或社会学的，而第二次是将其作为一种规范性评价（2011a，365）。在这种解读中，这句话仅仅断言，一个被社会承认为法律但不正义的标准缺乏合法的权威且无须得到遵守。菲尼斯显然认为，为了使"不公正的法律根本不是法律"免于自相矛盾，这种紧缩结构是必要的。然而，这并不是唯一的解释。例如，人们可以将该口号第一次提到"法律"理解为指的是通常意义上的法律，而第二次使用则是指可用的最佳法律理论。

当然，以这种方式理解的强自然法观认为，就最佳的法律理论来说，一个通常被称为"法律"的标准，若不能通过理性的检验，则其根本就不是法。这一主张没有前后矛盾之处。一个术语的普通用法与最佳技术理解相背离的情况并不少见。每个澳大利亚的学童都知道，那种俗称"无尾熊"（koala bear）的动物，根据现有的最佳物种分类，根本就不是熊。"无尾熊根本不是熊"的说法可以直接理解为"熊"一词的普通用法与其

[①] 随着时间的推移，菲尼斯对此问题的评论基调已经弱化了。在后来的一篇文章中，他评论说，"对不正义的法律不是法律这句老话激动和对抗是完全没有必要的"，尽管这一评论与他早期的言论不符。参见 Finnis 2011b，30。

更专业的生物学意义的对比。这并非自相矛盾。

在哲学分析中很容易找到与之类似的例子。例如，考究一下因果关系的形而上学。大卫·刘易斯（David Lewis）对因果关系的反事实分析认为，当且仅当 A 导致 B 时，大致在与 A 不发生的实际世界最接近的可能世界中，B 也不会发生（1973，2000）。然而，"原因"一词在日常话语中有更广泛而不那么细致的含义。这可能经常会出现这样的情况：日常讨论中所谓的"原因"不属于刘易斯的定义范围。刘易斯的观点认为，根据最好的因果关系理论，一个非反事实的原因根本就没有原因。这一点并无矛盾。

七　墨菲论自然法的强弱

菲尼斯的反对理由未能质疑强自然法论题。该论题可以理解为，理性上有缺陷的法律，虽然也许属于普通意义上的"法律"，但并没有被最佳法律理论所涵盖。从这个意义上说，它们根本就不是法律。然而，菲尼斯的解释学论证只产生出一种弱自然法观。就墨菲而言，他采取了一种不同的路线来站在弱自然法立场上。他承认，这种强观点是连贯的，而且在某种程度上是具有吸引力的。然而，他认为弱观点给出了一幅关于自然法前景的更有说服力的画面（2011，2013）。墨菲认为，弱自然法论题比强类型更能解释问题。强自然法观最合理的辩护是依靠弱自然法观，而弱自然法观具有独立的力量。

墨菲认为，法律的独特功能之一是为行为提供有决定性理由作为后盾的指令（2006a，32-36）。他声称，一项法律在这种功能中失效，作为法律就是有缺陷的。墨菲通过诉诸其他在独特功能上失败的实体的例证来捍卫这一立场（2006a，57）。例如，闹钟就是一个合理的功能性例子。那么，坏了的闹钟在早上不响是什么情况呢？尽管是有缺陷的，它似乎还是闹钟。墨菲认为，这种分析拥护了弱的自然法论题，而削弱了其强的对立观点。一个闹钟功能失效但它仍然是闹钟；同样，一项法律如果不能发挥其功能，它仍然是法律。

由此，墨菲进一步认为，弱自然法论题相对于强类型具有解释的优先权。自然法论题最言之有理的论证是通过识别法律的无缺陷条件开始的。这就产生出以下弱自然法观的表述：

（3）法律必然是理性的标准，因为任何不是理性标准的东西要么

不是法律，要么就是有缺陷的法律。(2013，43)

那么问题就变成了是否某些理性缺陷从根本上削弱了法律的功能，以至于推定的法律根本就不会成为法律（Murphy 2013，59）。墨菲个人的论证也可以用这种方式加以延伸。一个不可靠的闹钟是有缺陷的，但一个闹钟如果被设计成无法履行其功能的样子，那它似乎根本就不是闹钟。至此，弱自然法观可能为强论题的另一个形式铺平道路。

上述论证的路径代表了通往强自然法观的一条路线。然而，这一策略能否表明弱观点的解释优先于强观点是值得怀疑的。在这种解释中似乎优先考虑的是法律作为一种功能类型的观念。法律作为一种功能类型的观点，在补充了这种非缺陷性条件理论的情况下，可以为弱自然法观提供论证。然而，在补充了对这种存在或成功的条件的解释后，它也可以为强自然法论题提供论证。这些论证不一定是累加的。这两个论证的基础是功能类型的组成部分，而不是非缺陷条件的作用。因此，墨菲的策略并不是唯一的解决方法。

八　混合自然法理论

我在前一节中论证过，一个人基于对法律功能性的分析而肯定弱自然法论题，那么他可能也有理由肯定强自然法论题的某个形式。这将导致一种观点，即一些有理性缺陷的法律只是在法律上有缺陷，而另一些在法律上无效。当代最杰出的自然法理论家——菲尼斯、墨菲和穆尔——都避免采用这种方法，他们更倾向于与弱自然法观（菲尼斯和墨菲）或强自然法观（穆尔）保持一致。然而，正如我们所看到的，由墨菲和穆尔以不同的形式为功能论证背书，使其成为一种混合理论，弱强论题在这种理论中都起了作用。

阿列克西的工作为这类混合自然法理论提供了一个例证。阿列克西认为，法律对道德正确性的要求意味着，未能实现这一要求的法律在法律上是有缺陷的。然而，他在这一背景下区分了理性上有缺陷的规范，这些规范高于或低于"极端不公正"的阈值（2010b，177；2008，287 - 288；2006，172 - 173）。[①]

[①] 阿列克西受益于古斯塔夫·拉德布鲁赫（Gustav Radbruch）。参见 Radbruch 2006a，7；Radbruch 2006b，13。

那么，低于这个阈值的规范在法律上是有缺陷的，而高于这个阈值的规范在法律上是无效的。阿列克西对极端不正义和轻微不正义的区分是为了体现他所说的"法律的双重性质"，也即该法律既具有以法律确定性和必要性为代表的事实之维，又具有以正确性为代表的关键之维（2010b，176－177；2006，172－173；2007，52－53）。阿列克西认为，他的混合自然法观在法律的事实维度和关键维度之间取得了正确的平衡。

富勒的理论为混合自然法观提供了另一个例证。① 富勒的论证始于对法律的目的性定义，即"将人类行为置于规则治理之下的事业"（1969，96）。因此，法律是一个功能概念，法律和法律体系有其独特的目的。有些法律比其他法律更好地实现了这个目的；在这个意义上，就有善法和恶法之分（1969，41－44）。然而，富勒认为，法律在其功能失效的情况下仍能被这一概念所背书的程度是有限的。因此，他为法律制定了一系列的程序尺度，他称之为法律的内在道德。若一项法律完全无法尊重法律内在道德的一个或多个组成部分，它就不能履行其使人类行为服从规则的功能。它被概念排斥在外，不能被认为是合法有效的（1969，38－39）。然而，在程序上有缺陷而没有显示出完全失败的规范或其系统只是在法律上有缺陷（1969，122，198－200）。

富勒的观点提供了一个例证，说明混合理论是如何建立在自然法的功能论证之上的。他首先明确了法律的独特功能；若法律不能很好地与该功能相适应，就会根据其法律适应程度而被判定为无效或有缺陷。我在另一篇文章中为混合自然法观提供了自己的功能性论证（Crowe 2014c）。我的建议是，法律的功能是通过创造一种社会义务感来进行一种道义标记的。一项推定的法律如果是不能创造一种义务感，就不能发挥法律的功能。这将是一种法律资格的错误类型。这适用于那些难以理解的标准，强加相互矛盾的要求或其他不可能遵循的要求。它还包括了那些不正义或不合理的规范，这些规范无法使人们的动机达至普遍接受具有约束力的程度。

其他法律可能能够发挥法律的功能作用，但很难适应该角色。这类法律就会被恰当地认为具有法律上的缺陷。这包括那些起草得非常糟糕以致极难遵守的法律。这也适用于那些综合各种理由的人民倾向于不遵守的法律。以这种方式定义的不合理的法律，并不一定不能产生普遍的义务感。然而，法律很难与这种方式相适应，因为它必须克服人们不遵守它的原因以

---

① 关于更多讨论，参见 Crowe 2014b；Crowe 2012，164－166，175。

使人们接受它。从这个意义而言，这是一项有缺陷的法律的例证。因此，在理性上有缺陷的法律可能在法律上无效或有缺陷，这取决于缺陷的程度和性质。

致 谢

我要感谢西西莉·博宁（Cicely Bonnin）、康斯坦斯·杨元·李（Constance Youngwon Lee）、罗布·马林斯（Rob Mullins）和匿名审稿人的宝贵意见以及西安·利特尔代尔（Siân Littledale）出色的研究协助。

参考文献

Augustine. *On Free Choice of the Will*. Trans. Thomas Williams. Indianapolis, IN: Hackett, 1993.

Alexy, Robert. 'Effects of defects-action or argument?' Ratio Juris 19 (2006): 169 –179.

Alexy, Robert. 'An answer to Joseph Raz.' *Law, Rights and Discourse: The Legal Philosophy of Robert Alexy*. Ed. George Pavlakos. Oxford: Hart, 2007. 37 –55.

Alexy, Robert. 'On the concept and the nature of law.' Ratio Juris 21 (2008): 281 –299.

Alexy, Robert. *The Argument from Injustice*. Oxford: Oxford University Press, 2010a.

Alexy, Robert. 'The dual nature of law.' Ratio Juris 23 (2010b): 167 –182.

Aquinas, Thomas. *Summa Theologica*. Trans. Dominican Fathers. Notre Dame, IN: Ave Maria Press, 1948.

Cicero, Marcus Tullius. 'De Legibus.' *The Republic and the Laws*. Trans. Niall Rudd. Oxford: Oxford University Press, 2009.

Coleman, Jules. 'On the relationship between law and morality.' Ratio Juris 2 (1989): 66 –78.

Coleman, Jules. *The Practice of Principle*. Oxford: Oxford University Press, 2001.

Crowe, Jonathan. 'Natural law in jurisprudence and politics.' *Oxford Journal of Legal Studies* 27 (2007): 775 –794.

Crowe, Jonathan. 'Natural law beyond Finnis.' *Jurisprudence* 2 (2011): 293 –

308.

Crowe, Jonathan. 'Clarifying the natural law thesis.' *Australian Journal of Legal Philosophy* 37 (2012): 159–181.

Crowe, Jonathan. 'Normativity, coordination and authority in Finnis's philosophy of law.' *Jurisprudence as Practical Reason*. Eds. Mark Sayers and Aladin Rahemtula. Brisbane: Supreme Court Library Queensland, 2013. 95–102.

Crowe, Jonathan. *Legal Theory*, 2nd ed. Sydney: Thomson Reuters, 2014a.

Crowe, Jonathan. 'Between morality and efficacy: reclaiming the natural law theory of Lon Fuller.' *Jurisprudence* 5 (2014b): 109–118.

Crowe, Jonathan. 'Law as an artifact kind.' *Monash University Law Review* 40 (2014c): 737–757.

Detmold, Michael. *The Unity of Law and Morality: A Refutation of Legal Positivism*. London: Routledge and Kegan Paul, 1984.

Finnis, John. *Natural Law and Natural Rights*, 2nd ed. Oxford: Oxford University Press, 2011a.

Finnis, John. 'Describing law normatively.' *Philosophy of Law: Collected Essays Volume IV*. Oxford: Oxford University Press, 2011b. 23–45.

Finnis, John. 'The truth in legal positivism.' *Philosophy of Law: Collected Essays Volume IV*. Oxford: Oxford University Press, 2011c. 174–188.

Fuller, Lon L. *The Morality of Law*, rev'd ed. New Haven, CT: Yale University Press, 1969.

Hart, H. L. A. 'Are there any natural rights?' *Philosophical Review* 64 (1955): 175–191.

Hart, H. L. A. *Essays on Bentham: Studies in Jurisprudence and Political Theory*. Oxford: Oxford University Press, 1982.

Hart, H. L. A. *The Concept of Law*, 3rd ed. Oxford: Oxford University Press, 2012.

Lewis, David. 'Causation.' *Journal of Philosophy* 70 (1973): 556–567.

Lewis, David. 'Causation as influence.' *Journal of Philosophy* 97 (2000): 182–197.

MacCormick, Neil. 'Natural law and the separation of law and morals.' *Natural Law Theory: Contemporary Essays*. Ed. Robert P. George. Oxford: Oxford University Press, 1992. 105–133.

Moore, Michael S. 'Law as a functional kind.' *Natural Law Theory: Contemporary Essays*. Ed. Robert P. George. Oxford: Oxford University Press, 1992. 188–242.

Moore, Michael S. 'Law as justice.' *Social Philosophy and Policy*. 18. 1 (2001): 115–145.

Murphy, Mark C. 'Natural law jurisprudence.' *Legal Theory* 9 (2003): 241–267.

Murphy, Mark C. 'Natural law theory.' *The Blackwell Guide to the Philosophy of Law and Legal Theory*. Eds. Martin P. Golding and William A. Edmundson. Malden, MA: Blackwell, 2005. 15–28.

Murphy, Mark C. *Natural Law in Jurisprudence and Politics*. Cambridge: Cambridge University Press, 2006a.

Murphy, Mark C. *Philosophy of Law: The Fundamentals*. Malden, MA: Blackwell, 2006b.

Murphy, Mark C. 'Defect and deviance in natural law jurisprudence.' *Institutional Reason: The Jurisprudence of Robert Alexy*. Ed. Matthias Klatt. Oxford: Oxford University Press, 2011. 45–60.

Murphy, Mark C. 'The explanatory role of the weak natural law thesis.' *Philosophical Foundations of the Nature of Law*. Eds. Wil Waluchow and Stefan Sciaraffa. Oxford: Oxford University Press, 2013. 3–21.

Plato. *The Laws*. Trans. Trevor J. Saunders. Harmondsworth: Penguin Books, 1975.

Postema, Gerald. 'Coordination and convention at the foundations of law.' *Journal of Legal Studies* 11 (1982): 165–203.

Radbruch, Gustav. 'Statutory lawlessness and supra-statutory law'. Trans. Bonnie Litschewski Paulson and Stanley L. Paulson. *Oxford Journal of Legal Studies* 26 (2006a): 1–11.

Radbruch, Gustav. 'Five minutes of legal philosophy.' Trans. Bonnie Litschewski Paulson and Stanley L. Paulson. *Oxford Journal of Legal Studies* 26 (2006b): 13–15.

Raz, Joseph. *The Authority of Law*. Oxford: Oxford University Press, 1979.

Raz, Joseph. *Ethics in the Public Domain*. Oxford: Oxford University Press, 1995.

Raz, Joseph. *Practical Reason and Norms*. Oxford: Oxford University Press,

1999.

Raz, Joseph. 'Can there be a theory of law?' *The Blackwell Guide to the Philosophy of Law and Legal Theory*. Eds. Martin P. Golding and William A. Edmundson. Malden, MA: Blackwell, 2005. 324 – 342.

Shapiro, Scott J. 'On Hart's way out.' *Hart's postscript*. Ed. Jules Coleman. Oxford: Oxford University Press, 2001. 149 – 191.

Soper, Philip. 'In defense of classical natural law in legal theory: why unjust law is no law at all.' *Canadian Journal of Law and Jurisprudence* 20 (2007): 201 – 223.

Tyler, Tom R. *Why People Obey the Law*. Princeton, NJ: Princeton University Press, 2006.

Waluchow, Wil. *Inclusive Legal Positivism*. Oxford: Clarendon Press, 1994.

"自然权利"与"社会权利"

——政府权力与个人权利关系之辩

聂越超[*]

摘 要：西方古典自然法学派遵循《大宪章》开创的尊重个人基本权利的传统，详尽地阐释了个人权利中的"自然权利"，也就是在不存在政府权力的自然状态下人人生而具有的权利。这种权利传统上包括生命权、自由权和财产权，其中的自由权最终涵盖了在不损害他人自然权利的前提下基于自身意愿行事的广阔领域。政府权力只能承认和保护自然权利。由于政府权力的运用可以发挥积极的社会效果，人们并没有像古典自然法学派呼吁的那样把政府权力的适用严格限制在保障自然权利上，而是允许它创设与自然权利相对应的个人权利——"社会权利"，赋予个人在满足某些条件的情况下取得自己所意愿的法律状态的权利。这种创设行为不仅不能侵犯传统的三种自然权利，还需要做到公正、平等地对待不同社会群体。厘清以上复杂的关系，不仅具有法理学意义，也有重要的实践价值。

关键词：自然权利　自由权　社会权利　政府权力

本文将个人权利分别划归为"自然权利"和"社会权利"[①]。前者带有自然属性，其存在的根据是人的本质，先于国家与实在法，而后者完全是政治社会建立后政府立法权创设的产物：这是按照来源和在概念上赖以存在的基础对个人权利进行的划分。"自然权利"的概念是古典自然法学派提出的，而借鉴这一概念将个人权利根据是否来源于政府而进行分类的做法之灵感来源于德国"公法权利"（subjektive öffentliche Recht，又译

---

[*] 聂越超，美国康奈尔大学法学院硕士研究生，研究方向为法学理论、宪法学和行政法学。

[①] "社会权利"概念中的"社会"，不是与"经济"和"文化"并列的狭义的社会，而是在哲学中与"自然"相对的广义的社会。洛克认为，"最初的社会是在夫妻之间，这是父母与儿女之间社会的开端；嗣后又加上了主仆之间的社会"，而"这些社会，不论个别地或联合在一起，都不够形成政治社会（political society）"〔英〕洛克：《政府论》下篇，叶启芳、瞿菊农译，商务印书馆，1964，第48页）；只有在政治社会中，才有政府权力、实在法、法律权利和法律义务。所以，更准确地说，"社会权利"中的"社会"一定是政治社会，其最主要的特征就是出现了拥有至高的立法权、行政权和司法权的政府。

"主观公权利",或简称"公权")理论的代表——格奥格·耶利内克(Georg Jellinek)的"地位理论"(Statustheorie)。在这一理论中,耶利内克对"法制与个人意志之间的关系"①的"消极地位"(negativer Status,又称"自由地位"[status libertatis])和"积极地位"(positiver Status,又称"市民地位"[Status civitatis])进行了区分;这两种地位是政府权力与个人权利的两种关系:前者指政府权力对个人在法定范围内的自由不进行侵犯,后者指政府赋予个人要求其履行积极作为和消极不作为义务的请求权。②本文所用"自然权利"概念的核心——"自由权"——和"消极地位"中的自由概念相近,只是站在自然法学派的立场上排除了实在法的限制;所用的"社会权利"概念,大体上是排除了"积极地位"的请求权中对消极地位的保护的请求权。

一 政府权力认可并保护的个人权利——自然权利

1. 自然权利概念解析

"自然权利"(natural right)通常指"人生而具有的平等的权利"③。这类权利在根本上不因人的行为而产生与消灭,是与人的个体存在本质密切相关性的权利。其内容主要指生命权、自由权和财产权。在张文显主编的《法理学》中,与之对应的概念是"消极人权"("仅凭主体自身的存在和活动,无须相对方即义务人积极作为便可享有和实现的人权"④)中的"公民权"("主要是指生命权、人身自由权"⑤)。

自然权利的概念之所以会具有这样的内涵,是因为这一概念的提出主要是为了反对政府的暴政对个人的侵害和侵扰。自中世纪以来,西方的政治形式主要是封建制,国王作为世俗社会的最高统治者,集政府的三种权力——立法、行政和司法——于一身,严重威胁、侵害着贵族和平民的生命、自由、财产等最基本的权利,这种现象在中世纪后期民族国家兴起、王权在与罗马天主教会的斗争中逐渐占上风后更为明显。为了对这种公权

---

① 〔德〕格奥格·耶利内克:《主观公法权利体系》,曾韬、赵天书译,中国政法大学出版社,2012,第42页。
② 详见〔德〕格奥格·耶利内克《主观公法权利体系》,曾韬、赵天书译,中国政法大学出版社,2012,第四章、第七章、第八章和第九章。
③ 严存生主编《西方法律思想史》,法律出版社,2017,第97页。
④ 张文显主编《法理学》,高等教育出版社,2018,第350页。
⑤ 张文显主编《法理学》,高等教育出版社,2018,第350页。

力的滥用进行合理的限制以保护根本权利，中世纪以来的西方人开始论证这些权利是上帝赋予的（后来演变成是自然赋予的[①]），是任何人，包括至高无上的国王都无权剥夺和侵害的（这些权利最终在古典自然法学派那里被抽象成"自然权利"的概念），并不惜颠覆古希腊、古罗马时期"城邦是大写的人"的观点，将以王权为代表的政府视为一种"必要的恶"（necessary evil），认为良好的政府首先应该做到的，是消极地限制自己权力的行使以避免对个人基本权利的损害，而非积极地拓展自己权力的边界以达致其他在重要性上次于保护自然权利的目的。

2. 自然权利中的自由权

本文重点描述自然权利理论中的自由权。西方法学家对于自由权概念的理解纷繁复杂，本文按照大概的历史发展顺序，着重介绍其中的三种：第一种是狭义的自由权观，认为自由权是"活动不受束缚的自由"；第二种是广义的自由权观，认为其是"在法律允许范围内基于自身意愿行事的自由"；第三种是最广义的自由权观，认为其是"在不损害他人自然权利的范围内基于自身意愿行事的自由"。

3. 活动不受束缚的自由

自然权利概念的雏形最早可以追溯到1215年英格兰的《大宪章》（*Magna Carta*）。阿尔弗莱德·丹宁（Alfred Denning）认为这一文献是"历史上最伟大的宪法性文件——个人自由对抗暴君恣意权威的基础"[②]。其第39条写道："任何自由人将不受逮捕、监禁、没收财产、剥夺法律保护、流放或以其他任何方式受到伤害，朕亦不会对之施加暴力或派人对之施加暴力，除非通过其平等人士之合法裁决或通过英格兰法裁决。"[③]

威廉·布莱克斯通（William Blackstone）在其《英格兰法律评述》（*Commentaries on the Laws of England*）中认为，《大宪章》的这一条款保护了"所有英国人的绝对权利（absolute rights）"，并把这些权利表述为"个人安全权利"（the right of personal security），包括生命权、"个人自由权"（the right of personal liberty）和"私人财产权"（the right of private property）。后来美国联邦宪法（如第5条修正案、第14条修正案）以及

[①] 在17~18世纪，随着以牛顿力学、光学为代表的自然科学的兴起，宗教上的"上帝"最终被世俗化为科学实证意义上的"自然"，这一思潮被称为"自然的神化"。参见〔美〕卡尔·贝克尔《论〈独立宣言〉：政治思想史研究》，彭刚译，商务印书馆，2017，第二章。

[②] See Danny Danziger and John Gillingham, *1215：The Year of Magna Carta*, Simon and Schuster, 2004, p. 268.

[③] 《大宪章》，陈国华译，商务印书馆，2016，第44~45页。

各州宪法中"生命权"、"自由权"和"财产权"的表述基本来源于此,其内涵与布莱克斯通的解释相差不大。生命权和财产权都比较容易理解,即人的生命和财产不经正当法律程序不可以被剥夺;相对来说,自由权的概念较为模糊,但布莱克斯通还是给出了一个相对明确的定义,"个人自由权"指"运动、改变现有状态,或者把某人身体移动到他自己的意愿所指定的任何地点的权利;不被监禁和限制,除非通过法律的正当程序"①。

可以看出,无论是《大宪章》还是布莱克斯通,都认为"自由"即是人的物理活动不受束缚,主要指人不能被政府非法监禁。这是对自由的一种比较狭义的理解。可是,如前所述,这种理解也被长期广泛用于美国宪法的相关条文（特别是当"自由权"和"生命权""财产权"搭配使用的时候）中,并多次用以指导美国最高法院的相关案件判决②。

4. 在法律允许范围内基于自身意愿行事的自由

在《大宪章》等文献所展现的反对暴政、争取自由的理念影响下,17世纪古典自然法哲学派（classical law-of-nature school）的理论家最终建立起了最成熟、最系统的自然权利学说。相对于《大宪章》和布莱克斯通的狭义解释,他们把自由这一概念的外延进行了扩展,使其涵括了政府以法律③规定义务之外的所有行为领域。在这些对于自然权利和自由的理论中,尤以约翰·洛克（John Locke）的理论为典型且对后世影响深远。

洛克认为,要了解政府存在的合理性和其理想的权力范围,就一定要研究人类在没有政府的情况下是怎样的一种生活情况。因此,他假设人类存在一个前文明、前政治的"自然状态"（state of nature）。那时候没有任何政治权威,人人生而平等,拥有着包括生命、自由、财产在内的自然权利。对于这种自由,洛克的描述是,人们"……在自然法的范围内,按照他们认为合适的办法,决定他们的行为和处置他们的财产和人身,而无须得到任何人的许可或听命于任何人的意志"④,"而理性,也就是自然法,教导着有意遵从理性的全人类:人们既然都是平等和独立的,任何人就不得侵害他人的生命、健康、自由或财产"⑤,而且,"人人都享有惩罚罪犯

---

① W. Blackstone, *Commentaries on the Laws of England*, 1769, p. 130, 转引自 Thomas J., Dissenting, *Obergefell v. Hodges*, 576 U. S. 644 (2015), p. 4。
② Thomas J., Dissenting, *Obergefell v. Hodges*, 576 U. S. 644 (2015), pp. 6 - 7。
③ 这里的"法律"指立法机关以宪法和国际强行法（jus congens）为准绳制定的法律。
④ 〔英〕洛克:《政府论》下篇,叶启芳、瞿菊农译,商务印书馆,1964,第3页。
⑤ 〔英〕洛克:《政府论》下篇,叶启芳、瞿菊农译,商务印书馆,1964,第4页。

和充当自然法的执行人的权利"①。

但是,由于在自然状态下,"(对自然权利的)这种享有是很不稳定的,有不断受别人侵犯的威胁","缺少一种确定的、规定了的、众所周知的法律,为共同的同意接受和承认为是非标准和裁判他们之间一切纠纷的共同尺度","缺少一个有权依照既定的法律来裁判一切争执的知名的和公正的裁判者","往往缺少权力来支持正确的判决,使它得到应有的执行",② 因此,自然状态中的理性人最终会出于自身利益的考虑,通过签订社会契约的方式进入"社会状态",自愿将自己在自然状态下所拥有的"自然法理解权"(对自然法的内容是什么,什么样的行为违反自然法的认定)和"自然法执法权"(决定对违反自然法的行为的惩罚力度并予以执行)交给一个新创立的机构——政府,希望它能够以公益(public good)为导向、运用自己巨大的力量去统一保护每个公民在社会状态下仍保留的生命权、自由权和财产权。和自然状态不同,在社会状态下,这些权利经合法程序可以由政府剥夺;其中的自由权,即社会自由(civil liberty),范围比自然自由要小,不包括洛克所讲的"自然法理解权"和"自然法执法权"以及每个公民因放弃"自然法理解权"而随之放弃的其他自认为享有而社会中大部分人不认为应该享有的自由(洛克对社会自由的定义是"处在社会中的人的自由,就是除经人们同意在国家内所建立的立法权以外,不受其他任何立法权的支配;除了立法机关根据对它的委任所制定的法律以外,不受任何意志的统辖或任何法律的约束"③,简言之,"这是在规则未加规定的一切事情上能按照我自己的意志去做的自由,而不受另一人的反复无常的、事前不知道的和武断的意志的支配"④)。

总之,洛克认为,人们联合形成国家和置身于政府之下的重大的和主要的目的,是保护他们的所有权(the preservation of their property,在洛克的大部分论述中,"property"不仅仅指财产[estate],还包括生命[life]和自由[liberty],这些都是为人天然所有、所支配的,基本等同于"自然权利")。⑤ 其中,自由是人在法律允许的范围内可以依据自己的意愿去做任何自己能力范围内的事情的自由,不仅仅包括在物理上移动、运动自

---

① 〔英〕洛克:《政府论》下篇,叶启芳、瞿菊农译,商务印书馆,1964,第6页。
② 〔英〕洛克:《政府论》下篇,叶启芳、瞿菊农译,商务印书馆,1964,第77~78页。
③ 〔英〕洛克:《政府论》下篇,叶启芳、瞿菊农译,商务印书馆,1964,第15页。
④ 〔英〕洛克:《政府论》下篇,叶启芳、瞿菊农译,商务印书馆,1964,第15页。
⑤ 〔英〕洛克:《政府论》下篇,叶启芳、瞿菊农译,商务印书馆,1964,第77页。

己的身体。

洛克古典自然法学说中的根本权利观、自由观和政府观是对《大宪章》的传承和发展。但是，他仍然把自由严格局限在实在法的范围内，他所谓"多数人暴政"（tyranny of the majority）也是指多数人运用法律之外的手段肆意妄为，而不是后来被普遍理解的运用法律的手段欺压少数群体。自由权的概念仍有向外延伸的可能性和必要性。

5. 在不损害他人自然权利的范围内基于自身意愿行事的自由

虽然西方国家自17世纪开始纷纷建立了民主政体，政府的权力再也不独归国王所有，而是被分成了三份——立法权、行政权和司法权——交由不同的受公民制约的机构行使，其中立法权尤其代表全体公民而非少数人的意志。但是，西方人对于政府的忌惮并没有随之减轻，政府是自然权利最大的威胁的观念流传至今。

相比于君主制政府，民主政府可能产生的最大弊端，就是群氓政治和"多数人暴政"。美国的国父们警示后人，相比于与公民利益一定程度上脱节、集于一人之手的行政权和集于少数人之手的司法权，最为代表公民利益、掌权者最多的立法权反而更容易走向专制[1]："在所有人数众多的议会里，不管成员的成分如何，感情必定会夺取理智的至高权威。如果每个雅典公民都是苏格拉底，每次雅典的公民集会也仍然会是暴民一团。"[2] 如果像洛克所主张的那样，只有基于多数人的意见的政府立法权的运用才能为社会中的所有人确定自然权利和自由权的界限，而针对立法权没有任何限制，这一权力就很容易沦为多数人观念和行事偏好侵犯少数人思想、行为模式的工具，即使少数人异于常人的所作所为并不会侵犯多数人的自然权利：多数人会打着少数人的所作所为"不符合自然"的旗号，轻则用巨大的舆论力量对他们加以贬低和侮辱，重则剥夺他们进行此种"非正常"行为的自由，甚至殃及他们的其他两种自然权利——生命权和财产权，对这些"非正常人"进行罚款、将其投入监牢甚至判处其死刑。历史上对于宗教异端等的迫害就是这类例子。

这种做法真正地体现了自然权利的"自然"属性了吗？正如前文所述，西方人之所以会将生命权、自由权和财产权冠以"自然"这样令人肃

---

[1] See Alexander Hamilton, James Madison, and John Jay, *The Federalist Papers*, Bantam Dell, 1982, No. 48.

[2] Alexander Hamilton, James Madison, and John Jay, *The Federalist Papers*, Bantam Dell, 1982, p. 339.

然起敬的雅名，是因为专制君主常常会肆意剥夺他们的这些权利。这些权利是如此重要，又常常遭受巨大的威胁，正因如此，西方人才以"自然权利"来警告专制君主：这些权利来源于自然而非凡人，任何人随意践踏这些权利，就是违反自然、违反上帝的意志，一定会遭到报应。所以，"自然权利"的概念被利用的目的是保护提出者的"自然"的权利而非进一步禁止其他人"非自然"的行为。相比于社会上的非主流，自然权利的提出者们显然更认为凌驾于所有人——无论是主流还是非主流——之上的国家公权力是更大的威胁；正因如此，很少有他们的著作去严格界定什么行为是自然的、什么是非自然的，其他人的行为只要不侵犯自己的自然权利，就是可以接受的。而后人却硬要进行这种界定，并在打倒了暴君、保证了自己的自然权利不受威胁的情况下，转而成为新的暴君去打压更加弱势的少数群体，这难道不是扭曲了自然权利学说创立的本来意义吗？

因此，洛克等人的"权利法定主义"早在美国革命时期就被人们所摒弃。沿着不断拓宽自由范围的道路，约翰·穆勒（John Stuart Mill）提出了功利主义的"伤害原则"，将自由权的范围进一步扩大，使其只需满足一个条件：不对他人造成实质伤害。在他的理论下，许多在此前与多数人的习惯相抵触、让多数人心里感到一定程度的不悦但并不实质侵害他们自然权利的行为被当作探索人类多样、全面发展可能性的实验对象而进入了自由的范畴。相比于《大宪章》和洛克的思想，穆勒的理论实际上将严格限制政府权力、保障公民基本权利的趋向发挥到了极致：在他这里，政府彻底被剥去了界定道德上的善与恶的功能，它要做的仅仅是避免人与人之间所造成的实质性伤害（相当于避免对自然权利的侵害），以使社会"和而不同""求同存异"，给予每一个公民按照自己的想法随心所欲地拓展自己生命可能性的自由。虽然穆勒明确指出自己所使用的并非自然权利的概念，但他的理论的实质和自然权利概念的实质却是不相冲突的，甚至可以说，其理论是对自然权利所代表的理念和理想的进一步发展。

自然权利的这种理念和理想至今仍然有着强大的生命力。在当代，政府权力行使所秉持的最重要的原则是"消极自由之保障原则"，即"保持对主体行为最大的不干预；仅当主体行使自由损害他人和社会利益时，得将干预施于该主体之上；即使是为了促进被干预者的福利也不构成对干预的授权"[1]。即使是为了保护公共利益或促进重要的公共福利而对个人自

---

[1] 张文显主编《法理学》，高等教育出版社，2018，第331页。

由进行干预，也必须"其一，证明干预的依据的确是公共利益；其二，证明对自由干预是最后的不可替代的选择"①。总而言之，只要一个人所主张的自然权利不损害他人的自然权利，政府一般都会对其加以认可，为其提供一切权力范围内的工具以对其进行保护，并时刻提防自己不要侵害它。

二 政府权力创设的个人权利——社会权利

1. "社会权利"概念解析

然而，在现实中，政府的全部职能并不仅限于保护人的自然权利，它还会创设人生而不具有的权利，这就是"社会权利"。社会权利在根本上是以政府权力的存在为前提的，换言之，如果不存在政府权力，社会权利从本质的定义来说就不复存在；这点和自然权利完全不同，自然权利不经政府立法权的认可和行政权、司法权的保护，在其本质的定义上仍然存在。② 相较于有着近千年悠久历史的"自然权利"以及与之相似的概念，与"社会权利"类似的概念产生晚，关注度低，且充满着极大的模糊性，其判定标准有着很大的争议。

"社会权利"的概念其实与英美法学界"赋权性法律规则"（power-conferring legal rule）中的"权力"（power）、欧洲大陆法学界"能力规

---

① 张文显主编《法理学》，高等教育出版社，2018，第331页。
② 需要再次强调，本文的"社会权利"概念不等同于"积极人权"中与"经济权利""文化权利"相并列的"社会权利"。首先，后者指"参与社会活动的权利，主要是劳动与社会保障权"（详见张文显主编《法理学》，高等教育出版社，2018，第350页）。其次，"积极人权"是指需要权利主体的相对方（义务人）的积极作为才能实现的权利，其中的"相对方"不仅包括政府，还包括其他人和组织，范围非常广泛。最后，"积极人权""消极人权""社会连带人权"的分类只关注权利在实践中得以实现的权利相对方（作用方式）而非权利在概念上赖以存在的基础（产生来源）。本文所用"社会"专指"政治社会"，所探讨的是全体公民与政府的关系而非公民个人与公民的集合体的关系，"社会权利"专指在政治社会下才产生的、政府创设的权利，与政治社会产生之前就已经存在的自然权利相对应，既非主要依靠公民集合体创设和保障的权利，也非在政府产生之前概念上就存在而单纯由政府所保障的权利（或者，按照耶利内克的说法，公民个人要求政府积极作为以保障自己消极地位的请求权）。另外，马克思在其著述中也经常使用"社会权利"（die Rechte der Gesellschaft）的概念。比如，他在开始思考和探究政治国家的本质、内涵及其作用时，写作了5本《克罗伊茨纳赫笔记》（*Kreuznacher Hefte*）。他把第1、第2本笔记的内容概括为16个议题或范畴，其中就包括"社会权利"（Karl Marx, *Kreuznacher Hefte · Inhaltsverzeichnis zu Heft* 2, MEGA² IV \ 2, Dietz Verlag, Berlin, 1981, S. 119）。

范"（norm of competence/competence norm）中的"能力"（competence）和张文显主编《法理学》所述"授权性法律规则"中的"权"是基本相同的（这三种规则所指基本相同，因此后文统称它们为"授权性规则"，而如果没有明确说明，后文中的"授权性规则"也仅代表这三种规则的统称）。有学者认为，"授权性规则"是和"义务性规则"（duty-imposed rule）相对的，①政府依据前者所授予的权利是和具有强制性的义务相对的，这种权利的主要性质是人的自由，即依据人自身意愿而不是法律的强制性规定去作为或不作为，因此这种权利应该包括政府权力所承认的自然权利和政府权力所创设的社会权利，其范围比社会权利广。但我不同意这一说法。只需看看有关学者对于授权性规则的阐释，如"授权性规则的作用在于赋予人们一定的权利去构筑或变更、终止其法律地位或法律关系"②，"（授权性规则）通过赋予（confer）他们（个人）法律权力的方式去创造（create）……权利和义务的框架（structures of rights and duties）"③，就可以知道，政府权力依据授权性规则所授予的权利绝对不包括自然权利。这些阐释中至少有以下两个关键表述。

（1）根据授权性规则授予的权利是在人本来没有的前提下由政府给予的。而政府无法授予人生来就有的自然权利，只能对其认可或者不认可。

（2）授权性法律规则允许人们对原有的法律地位（权利义务关系）进行调整。这意味着：第一，这种规则所授予的权利的出现一定是以法律和社会状态的存在为前提的，而这正是社会权利而非自然权利的特征；第二，人们可以改变的权利义务关系一定不是自然权利所规定的，因为自然权利是不为任何人的意志所左右的，由它而产生的权利义务关系在理论上不应该更改，至少这种更改应该由政府而不是由个人决定。

因此，授权性规则中所体现的权利就是本文中的社会权利。虽然"义务—权利"和"自然权利—社会权利"的划分标准不同，前者根据"权利—义务集合体"（或者说是"规则集合体"）中分子的不同内容（根据其具有强制性还是任意性而划分义务和权利），是法理学视角下的划分；

---

① 赫伯特·哈特（Herbert L. A. Hart）和张文显都对法律规则进行了这种"义务—权利"的划分（其实，张文显将哈特分类中归属到赋权性规则中的赋予国家机关公权力的规则另分出一类，称为"权义复合性规则"，但对这类规则性质的讨论与本文无关）。详见 H. L. A. Hart, *The Concept of Law*, Oxford University Press, 2012, ch. Ⅲ, sec. 1；张文显主编《法理学》，高等教育出版社，2018，第117~118页。
② 张文显主编《法理学》，高等教育出版社，2018，第117页。
③ H. L. A. Hart, *The Concept of Law*, Oxford University Press, 2012, pp. 27-28.

后者根据这一集合体中分子的不同来源（对这一集合体中的权利和义务不做区分，而是根据各分子在本质上是否来源于政府权力而划分自然属性的权利义务和社会属性的权利义务），是公法学领域中的划分，但是，这两种划分下的两个概念却描述了同一个法律现象。①

这样，引进有关授权性规则的学说来对社会权利的概念进行阐述的做法便是可行的了。在相关学说中，我最认可约翰·塞尔（John Searle）、阿尔夫·罗斯（Alf Ross）和赫伯特·哈特（Herbert. L. A. Hart）的理论。② 本文借用这些理论对社会权利的特性作如下概括。

（1）社会权利是一种由政府权力建构（constitute）的、定义（define）的权利。这意味着，社会权利在不存在政府的自然状态下是不存在的，它所允许的行为不是"事实行为"（factual action）而是"法律行为"（act-in-the-law）。例如，结婚权在自然状态下不存在，因为"结婚"这个行为的概念本身是政府创设的，在自然状态下人们之间结成的稳固的性关系或者家庭关系不能称为婚姻，而只能称为"同居"，这是一种"准婚姻"现象，是婚姻制度赖以建立的自然依据。与之相反，"积累财产"就是一个事实行为，它在自然状态下就存在，政府权力不能创设它，只是对它加以许可，称之为"财产权"；"盗窃""抢劫"等也是事实行为，政府权力也不能创设它们，而是将它们直接禁止，称之为"尊重他人财产权的

---

① 有人质疑，认为如果授权性规则所授予的权利仅是社会权利，那么"义务—权利"的划分中似乎就没有了自然权利的踪影。笔者认为，在这种划分中，自然权利实际上全部被隐藏在了义务的后面，因为每一个自然权利必定对应着一个确定的义务，知道了义务也就知道了自然权利。而社会权之所以没有完全被隐藏在义务之下（隐藏的例子有：某人在满足某些条件下有自由结婚的权利，相应地其他人就负有不侵犯其婚姻自由的义务），其主要内容被单独拎出来和义务构成并列，是因为社会权利的边界是随着权利享有者的意愿而改变的，与社会权利相应的大部分义务是社会权利的因变量，没有固定的范围（例如，某人享有处置自己遗产的权利，他可以选择运用这种权利使其遗产以不同于法定继承的方式得到继承，也可以放弃这种权利使其遗产被法定继承。按照前一种情况，他的儿子可能就不能得到他的遗产，负有不使用、处分其遗产的义务；按照后一种情况，他的儿子就没有这种义务。简言之，在他的意愿被最终确定前，我们不可能知道他的儿子针对他的遗产有着怎样的义务），因此不能由确定的义务去反推社会权利的界限。这再次体现了自然权利和社会权利的一个重要不同：自然权利的内容不能够由人去规定，而社会权利的内容必须由人去规定；在这一层意义上，社会权利相比于自然权利更有"权利""自由""意志"的色彩。

② 塞尔和罗斯的理论详见 Eugenio Bulygin, "On Norms of Competence," *Law and Philosophy*, vol. 11, no. 3, 1992, pp. 201-216。另外，耶利内克有关法律上的可为（das rechtliche Dürfen）和能为（das rechtliche Können）的理论与塞尔、罗斯、哈特的理论在很大程度上是一样的，在此不再赘述。详见〔德〕格奥格·耶利内克《主观公法权利体系》，曾韬、赵天书译，中国政法大学出版社，2012，第42~45页。

义务"：这些就形成了自然权利和与之相对应的自然义务。

有些学者举不动产概念的例子，试图从根本上否认根据一个权利的概念是否以政府的存在为前提而判断其是自然权利还是社会权利的做法："不动产……需要国家认定，那么能说明财产权不是自然权利吗？……不能因为一个实证法权利预设了国家存在，就说这里不存在自然权利。"可是，应该看到，"不动产"概念的存在以政府权力的认定为前提并不意味着"财产权"的概念也如此。将财产进行"不动产"和"动产"的分类确实是政府的发明，没有立法权的存在就根本不存在"不动产"和"动产"这样的下位概念，但是这两种财产的上位概念和实质——"财产"，不依靠政府权力的定义而在自然状态下就存在。洛克认为："尽管原来是人人所共同享有权利的东西，在有人对它施加劳动以后，就成为他的财物了。被认为是文明的一部分人类已经制定并且增订了一些明文法来确定财产，但是这一关于原来共有的东西中产生财产权的原始的自然法依旧适用。"财产概念的出现无疑是早于实证法的，良好的实证法是在传承了这种自然属性的财产概念的前提下对具体的财产进行分类的，这种分类的社会属性和分类对象的自然属性很显然是不矛盾的。我们在判断任何权利的自然或者社会属性时，应该对这个权利的本质的、上位的概念而非人们对其的各种花哨的称谓进行研究，否则，难道因为描述事物所必需的语言文字具有社会属性而非自然属性，就将山川河泽乃至整个宇宙都视为人类的创造而非自然的神工吗？

（2）不遵守授权性规则对社会权利的条件和程序要求而运用社会权利的后果是无效（nullity），即当事人不能达成自己所欲求的法律结果，而不是制裁（sanction），即对自然权利的减损。不遵守义务性规则对公民自然权利的限制而运用自然权利的后果很严重：如果这个人肆意扩大自己的自然权利的边界，产生的后果必然是违反自己应尽的自然义务、侵犯他人的自然权利，在社会状态下会随之受到政府的制裁，其生命、自由和财产会受到减损甚至被剥夺。

正是因为社会权利与自然权利不同，是政府积极作为而创造的产物，所以很多希望严格限制政府权力范围的自然权利支持者认为社会权利的存在不具有合理性，其中以霍布斯、洛克等古典自然法学派理论家为代表。但是，也恰恰由于社会权利是对自然权利的一种有益补充，社会实践与这些人的理论产生了较大的分歧。

2. 社会权利不应存在的理论论据：思想史的梳理

从古典自然法学理论上来说，社会权利背后所体现的政府权力范围由消极地保护自然权利扩展到积极地赋予权利（这种赋予很有可能是给予某些人而非所有人的）的现象，本身与西方自《大宪章》以来保护个人自然权利、限制政府权力的传统相左。但是，除此之外，以托马斯·霍布斯（Thomas Hobbes）和洛克为代表的古典自然法学派反对社会权利还有其特殊的历史和地域原因。

那是罗马天主教衰落、西欧的资产阶级民族国家逐渐崛起的年代。在之前的中世纪，签署《大宪章》的"暴君"约翰国王跟罗马天主教会相比根本算不上什么。后者既有世俗的权力（统治着教皇国），又是西欧各国至高无上的精神主导。为了使各国服从自己，它运用自己有限的世俗力量鼓动各国内乱和相互征伐，使西欧长期处于分裂和混乱之中。

宗教改革后，各种新兴教派如雨后春笋般冒出，这虽然在一定程度上摆脱了天主教会的精神独裁，带来了思想自由的气息，但是，"新教并没有消除宗教与世俗政治之间的冲突，因为它仅仅用所谓的良知或个人信仰取代了教会，却没有从根本上否定和消除精神和世间的二元对立"[1]。虽然每个人都应该有信仰宗教的自由，但如果对某种宗教的偏好渗透在政治中，使得政治仅仅以一种宗教的目的为其目的，这一方面会使这种宗教的信仰者以政府权力为武器迫害其他宗教，另一方面会造成其他宗教信仰者对政府的不认同、不服从：他们会想，如果一个政府在基本的三观问题上都和"我"持对立的意见，"我们"为什么要臣服于它、受它指示呢？他们会转而投到自己宗教领袖的麾下，正如中世纪的西欧人将自己的身心交给罗马教皇一样，最终造成世俗国家的权威旁落，其内部各种宗教势力争斗不止。

针对这种乱象，霍布斯提出："消除宗教战争的唯一方法就是反其道而行之，将宗教作为私人信仰同国家划清界限：国家仅仅维持外在的政治和平与安宁，而对不同宗教或教派的'诸神之争'完全保持中立。"[2] 这是因为，尽管不同宗教的信仰者对于意识形态领域的问题有不同的看法，但其有着同样的保护自己的自然权利——生命、自由和财产——的愿望，这才是宗教和政治的共同起点，这才是人性所在。所以，政府只有做到仅仅处理这些世人能够普遍达成一致的问题，才能获得不同群体的一致支持

---

[1] 吴增定：《利维坦的道德困境：早期现代政治哲学的问题与脉络》，生活·读书·新知三联书店，2017，第95页。

[2] 吴增定：《利维坦的道德困境：早期现代政治哲学的问题与脉络》，生活·读书·新知三联书店，2017，第98页。

和服从。

因此，按照古典自然法学派的逻辑，消除宗教冲突的方法，也能扩展到消除一个国家内拥有不同理念和观点的人之间产生的分裂上。政府应该只对保护公民的自然权利负责，这包括维护国内秩序和抵抗外敌，而不应该任由其权力范围扩展到规制和促进公民的意识形态上；公民选择怎样的意识形态作为自己生活和思想的向导，应当完全作为他们的私事，政府和其他公民都不应该干涉。这样一来，一方面可以更好地保护公民免受专制的立法权的侵害和侵扰；另一方面能够让国内拥有不同意识形态的各种群体各行其是、互不干扰，共同拥戴至高无上的世俗政府。

但是，这种认为政府应该完全意识形态中立化的观点无疑是很荒谬的，甚至古典自然法学派自身也不能自圆其说。按照洛克的说法，政府创建的原因之一就是不同的人对于自然法（law of nature，也即理性法〔law of reason〕）① 有着不同的理解。什么样的行为违反了自然法？什么样的行为违反了人类理性？在涉及人的生命、自由、财产等自然权利这样基本的问题上人们都无法达成一致，难道可以期待人们能在任何意识形态的问题上达成一致吗？洛克也明确指出，在任何立法议程上，全部人的认同是不可能实现的，民主立法能够保证的是多数人统治，而永远无法达成所有人统治的目标。虽然政府可以在设立国教等少数问题上采取不闻不问的态度来换取尽可能多的公民的支持（这也是其政治智慧的体现），但不可以为了照顾所有公民的观点而干脆"无为而治"。所以，政府权力本身一定会带有意识形态色彩，在保障自然权利和创设社会权利上都是如此，而且必然会在满足一部分公民的需求的同时舍弃另一部分公民的需求。古典自然法学派的这种反对社会权利创设的理由是站不住脚的。

3. 社会权利存在的现实解释：以结婚权为例

另外，从实践层面来说，社会权利能产生非凡的意义，具有很多单独个人或少数人组织不具有的现实功能。这些功能固然并不直接涉及对公民个人的自然权利的保护，但对于个人和社会的发展仍然会有很多的积极作用，这一点是古典自然法学派所没有看到的。事实上，包括古典自然法学理论在内的任何理论都不能完全指导和解释实际，因为它们大多是理论研

---

① "自然状态有一种为人人所应遵守的自然法对它起着支配作用；而理性，也就是自然法，教导着有意遵从理性的全人类：人既然都是平等和独立的，任何人就不得侵害他人的生命、健康、自由或财产。"引自〔英〕洛克《政府论》下篇，叶启芳、瞿菊农译，商务印书馆，1964，第4页。

究者思想和逻辑的产物，与现实状况有着一定程度的脱节。正如历史学家卡尔·贝克尔（Carl Becker）所说："洛克就像是18世纪论述政治问题的作家一样，并不关心政府是如何成其为政府的，他想知道的是它们之称为政府有无合理性。"①

下文以政府所创设的结婚权为例，阐释其通过稳定自然状态中的配偶关系而发挥的至少三方面功能。

第一，满足人的社会性需求，即希望有相对稳定的陪伴。小约翰·罗伯茨（John Roberts Jr.）大法官在欧伯格菲尔诉哈吉斯一案中认为："婚姻回应了世人共有的一种恐惧，即孑然一身，对外呼叫却没有人帮助。它满足了人们对有人陪伴和理解的期待，保证当两人都在世时一方总会关心另一方。"这种对稳定陪伴和理解的期待是人类社会性的直接体现。婚姻制度规定夫妻双方有相互扶持的义务，对于出轨方有着较为严厉的制裁，甚至将重婚定为犯罪，以法定权利义务的方式为配偶双方的关系拉开安全网。

第二，维护社会秩序。托克维尔在《论美国的民主》中写道："全世界确实没有国家像美国一样尊重婚姻对人的联结……当美国人从公共生活的漩涡中退回到家庭的港湾时，他就在其中发现了秩序和和平的景象……他之后带着这幅景象跟他一起回到公共事务中。"② 儒家讲天地间有"五伦"：父（母）子（女）、兄弟（姐妹）、夫妻、朋友、君臣。这五伦如果按照礼和乐的要求进行规范，社会就会和谐而稳定。其中最重要的是父（母）子（女）和兄弟（姐妹），但这两伦的源头归根结底还是第三伦"夫妻"，是稳定的婚姻制度。

第三，维护父权制度，保障男性财产顺利继承给后代。恩格斯在《家庭、私有制和国家的起源》以及巴霍芬在《母权论》中都提到，婚姻制度是母系社会转向父系社会的标志。在婚姻制度下，男性和孩子的关系得以确定和建立，男性的财产也能顺利地传承给其法定意义上的后代。（例如，拿破仑《法国民法典》第312条规定："子女于婚姻关系中怀孕者，夫即取得父的资格。"③）

---

① 〔美〕卡尔·贝克尔：《论〈独立宣言〉：政治思想史研究》，彭刚译，商务印书馆，2017，第48页。
② Alexis de Tocqueville, *Democracy in America* (Revised Edition), trans. by H. Reeve, 1990, p. 309, 引自 Opinion of the Court, *Obergefell v. Hodges*, 576 U. S. 644 (2015), p. 16。
③ 《拿破仑法典（法国民法典）》，李浩培、吴传颐、孙鸣岗译，商务印书馆，1979，第45页。

结婚权的功能远远不止以上几点。需要注意的是，这些功能中不包括保证所生育的孩子得到相应的照顾并使种族延续。这并不是因为配偶双方共同抚养孩子不重要，而是因为结婚权在本文的定义下是一种社会权利，只涉及配偶双方之间的关系，不涉及配偶和子女之间的关系，因而后者不在本文的讨论范围内。在洛克看来，配偶共同抚养未成年的子女，是一种天经地义的义务，① 可以理解为保护的是未成年子女的自然权利，因而属于自然法的范畴，是对配偶自然权利中自由权的一种正当的约束；相反，抛开对子女应尽的义务来看，配偶之间保持长久、稳固的关系，并不是一种自然法所做的硬性要求，② 配偶根据自己的意愿分分合合恰恰符合其自然权利中的自由权。所以，政府权力创设结婚权和婚姻制度以稳固配偶之间的关系，并不是对某种自然权利的保护，而是意欲达成额外的、社会属性的目标。

4. 政府权力创设社会权利的原则

虽然社会权利的存在于理论上没有十分有力的反驳论据，在实践中有着诸多为人所称道的社会功能，但是其浓厚的公权力属性决定了它的创设并不能无拘无束，而应该遵循一定的原则。

因为社会权利并不是个人生而具有的，而是由政府后天创设的，所以它的存在与否不取决于社会中的个人，而取决于政府。又因为社会权利关系到每个公民的切身利益，所以政府应该采用民主制来决定社会权利是否要创设、要怎样创设。这点和自然权利形成了鲜明的对比：自然权利并不来源于政府，所以政府是否对其加以承认和保护并不能否定它的存在；对自然权利的法外保证是个人生命和尊严的底线。

尽管政府对于社会权利的创设有着较大的自由，但有两条边界是不可逾越的：一是和普遍意义上的政府权力一样，不能侵犯个人传统的三种自然权利（生命权、自由权和财产权）；二是其特有的，需要保证"社会正义"③，即政府所创设权利在社会中的分配一般而言应该是平等的，除非有充分的理由证明这种平等会导致不合理的社会后果。而本文认为这点也应该被归纳到更广义的自然权利中。本文在上一部分已经在一般意义上对第一条予以阐述，本部分着重论述第二条。

---

① 详见〔英〕洛克《政府论》下篇，叶启芳、瞿菊农译，商务印书馆，1964，第79~80页。
② 参见〔英〕洛克《政府论》下篇，叶启芳、瞿菊农译，商务印书馆，1964，第81页。
③ "社会正义适用于社会及其基本的经济制度、政治制度和法律制度，指一个社会基本制度及其所含规则与原则的合理性和公正性。"见张文显主编《法理学》，高等教育出版社，2018，第338页。后文所出现的"正义""公正"，均是根据具体语境对这一概念的不同称呼。

法律面前人人平等（Equal Justice under the Law）可谓宪法领域的"帝王条款"，例如，在美国《独立宣言》中证成革命合理性的"不言自明的事实"中，第一条就是"人人生而平等"。但是人们对于这一崇高的理念有着不一样的理解。美国国父们会说，人人在拥有"生命、自由和追求幸福的权利"上是平等的；洛克会说，人人在拥有"生命、自由和财产权"上是平等的。这似乎是在说，人人是在拥有生命、自由、财产权和追求幸福的权利中三种或四种——列举的自然权利上是平等的，基于立法权所制定的法律只要做到认可所有公民的这些自然权利就达成社会正义的目标了。

　　这样的一种对平等和正义的理解是可以被接受的吗？让我们设想以下一种情形：一个国家立法规定，公民中的多数族裔甲有权向政府申请补助金，而少数族裔乙不可以，而作出这种对不同族裔的区别对待仅仅是因为族裔甲在立法机关里的席位占多数。虽然根据洛克等人的理论，这条法律似乎没有宪法上的硬伤：立法权并未侵犯任何公民（包括族裔甲的公民）的生命权、自由权和财产权，甚至也没有阻碍任何人主动追求幸福的自然权利；它做的仅仅是创设了并非普遍适用的社会权利。但是，大部分人的直觉应该都是：这条法律毫无疑问地违背了社会正义的原则，是绝对不可以被容忍的。

　　因此，洛克等人的枚举并没有穷尽自然权利的所有内容。笔者在本部分所讲的社会正义，是指平等、公正地受到他人对待，具体到政府的所作所为，尽管这种平等和公正是对其积极创设权利的要求，但这一要求在本质上来源于人的自然属性，因为它与人格和尊严密切相关。而这正是自然权利自然属性的体现，政府要做的并不是创设它而是遵循它。所以，笔者认为，这种获得社会正义的权利理应被纳入人人生而具有的自然权利中。这样，更广义的自然权利，就包括了传统的三种自然权利和平等、公正地受到他人（包括政府）对待的权利。

　　具体而言，对于如何判断一项法律是否符合社会正义，法学家哈特和政治哲学家约翰·罗尔斯（John Rawls）有不同的观点。

　　根据哈特的正义理论，衡量对不同人群区别对待的法律是否正义的标准，是这种区别对待与法律所要达到的目的（我认为，这种目的必须是正当的）是"相关"（relevant）的。而这种相关性的判断，取决于不同人群的"能力"（capacity）是否相同。[①] 这种能力不仅包括做某种事情的"积

---

① See H. L. A. Hart, *The Concept of Law*, Oxford University Press, 2012, p. 163.

极"能力，还包括有某种需求，即"消极"能力。

举例来说，民法中把人分为"完全民事行为能力人""限制行为能力人""无行为能力人"的规定，就不是不正义的，因为后两种人在民事行为能力上逊于第一种人，而拥有足够的民事行为能力是享有民事权利、承担民事义务和责任的前提条件，或者说，是获得民法赋予权利的不可或缺的条件。但是，像上文所举的补助金的例子，不同族裔既然没有需求上的不同（反之，如果一个多在某山区生活的族裔因为泥石流灾害而陷入极端贫困，它就显然比别的族裔更需要补助），族裔的区别和获得补助金之间就没有正当的联系（相反，这种联系还是基于对少数族裔的歧视），因此这种区别对待的法律就违反了正义的原则。

除了哈特之外，罗尔斯在《正义论》（A Theory of Law）中也对正义发表了极具影响力的观点。他假设了一种情况：人人在出生前都处于"原初状态"（original position），对自己在人世间的可能出现的情况，包括社会角色、性别、种族、性取向等一无所知，换句话说，处在"无知之幕"（a veil of ignorance）背后。正是因为并不知道自己在人世间可能处于哪一群体中，他们若被要求为人世间制定法律，就会将最大最小值原则（maximin）作为自己的标准，使人世间各种群体的利益尽量都得到满足和照顾。笔者粗浅地认为，罗尔斯理论的实质是以法律和制度的平等弥补天然资质（natural asset，即一个人先天的、不可以主观改变的性质）上的不平等，从而满足人们朴素的愿望：一个人不应该为自己能力范围外的事情承担过多的责任。在这一理论下也很容易得出结论，完全依据族裔这种先天性的特征去创设区分地发放补助金的法律的做法是不正义的。

结　语

以上观点仍然有很多或招致批评的地方，其中最重要的就是本文所选用的古典自然法学派理论。这种有关自然权利和有限政府的理论自《大宪章》而肇始、经洛克等人而臻于完善，虽然在千年后的今天仍一定程度上主宰着西方乃至全世界的宪法学界，但是其本身也是问题重重。其一度坚持的"权利法定主义"对自然权利不能做到有效保护、曾经遭否定的社会权利大行其道、忽视政府创设权利的平等和公正等，都是它在与复杂现实的交融与碰撞中遇到的问题。甚至，自这一理论出生之时起，就有数不清的理论试图从根本上推翻它，而且都取得了长足的进展。

但是，任何人论述任何问题总会有一套先入为主的理论框架作为支撑，否则其论述总会难以为继，如同一个抽离了骨架的人瘫倒在地。因此，本文虽然尽力关注程序问题而非实体问题，力图如一个法官一样不偏不倚地划出立法权的界限，但也只能是在接受了自己所选用的法学理论的
·········
精华和偏见的前提下进行方向性很明确的探究。

自杀权、安乐死与医助自杀的伦理辩护[*]

申喆良[**]

摘　要：自杀权、安乐死与医助自杀的内在逻辑联系在于，自杀权是权利基础，安乐死、医助自杀是权利落实途径。三者涉及的伦理之争相互联系而又有区别，阻碍了实践中上述权利的正当化与落实。本文从自杀权的辩护开始，以自杀权的合理性为基础，进一步为安乐死或医助自杀的合理性做辩护。安乐死或医助自杀是建立在自杀权的基础上的，而自杀权是建立在人对自己生命的所有权和处置的自主性上的，这也是人按照自己的意愿处置自己生命的尊严所在。安乐死或医助自杀的意义为那些确实需要实现自杀权利者开辟了一条兼顾自杀权与尊严死的道路。他们可以按照自己的意愿简便、自主、无痛苦、有尊严地放弃生命，不再需要为此承受常规自杀手段的痛苦，也不再需要为此承担遭到欺骗和"无尊严死"的风险。自杀权、安乐死与医助自杀的伦理辩护有助于为三者提供法理基础，把控实践中的发展方向并为规避各种问题提供指引。

关键词：自杀权　安乐死　医助自杀　尊严　自主性

引　言

随着经济社会的发展和社会知识水平的提高，人们对死亡问题的避讳越来越少，讨论越来越多。尤其是经济发展加速社会老龄化进程，社会老龄人口比例逐年提高，越来越多的人不得不直面是否即将死亡、何时死亡、以何种方式死亡等问题。尤其是当人们考虑到死亡过程中的痛苦以及尊严问题后，关于自杀权、安乐死与医助自杀的讨论也在增加，一些人提出诉求的同时另一些人也在提出疑问。

---

[*] 本文获中国国家留学基金委高水平大学国家公派研究生项目（CSC）（项目编号：2021 06200041）资助。
[**] 申喆良，南开大学—格拉斯哥大学联合培养博士研究生。

2021年2月9日，国家卫健委网站发布的对十三届全国人大四次会议第6956号《关于加快推进尊严死立法进程的建议》的答复提到，对于尊严死立法，将继续广泛听取有关专家及社会各界意见，加强与相关部门的沟通，深入开展相关工作。2022年6月底，经修订的《深圳经济特区医疗条例》第78条对"临终决定权"做了大胆突破，规定病人如果生前预嘱，医生应当放弃"无谓的抢救"，深圳市在"尊严死"立法上为全国作出表率。由此可见，在当今社会，有关自杀权、安乐死与医助自杀的学术讨论已经引起有关部门关注，在学术理论意义之外更有重要的现实意义。

本文的出发点在于人的生命权，落脚点在于人的尊严本身，目的是更好地维护人本身的意志、权利、尊严。本文为自杀权、安乐死与医助自杀提供了一种支持性理论视角，也为进一步的现实实践提供了伦理方面的参考依据。简而言之，自杀权是一项有待得到更好的保护和实现的权利，安乐死与医助自杀都是痛苦程度相对较低、尊严得到保障的自杀权行使途径。而作为自杀权的行使途径，安乐死与医助自杀的不同体现在最后一步的执行者上，即自杀者亲自执行抑或由医生执行。显然，三者相互区别而又相互联系。从逻辑角度讲，自杀权、安乐死、医助自杀三个概念呈现出一种从理论到应用、从合理性论证到操作性保障的逻辑递进关系。本文后续部分按照自杀权、安乐死、医助自杀的顺序，为自杀权的理论基础和实现手段分别进行伦理辩护。在纯理论的伦理辩护之外，本文的结语不仅对伦理辩护进行总结，也对解决问题的思路和方案给出简略提议。

一 自杀权的质疑与伦理辩护

历史上的哲学家对自杀权利的探讨由来已久。斯多葛学派的学者认为人有结束自己生命的权利，该学派的哲学家塞尼卡（Seneca）指出："用我们喜欢的方式结束生命是最理想的死亡方式。"[1] 虽然斯多葛学派的学者主张自杀的基本权利，但是不主张轻率的自杀方式。德国哲学家叔本华（Schopenhauer）认为每个人都有自杀的权利。他说："很明显，在这个世界上没有什么比人拥有对自身与生命的权利更值得肯定了。"[2] 这些观点对后世关于自杀的讨论产生了很大的影响。

---

[1] 转引自 Margaret Pabst Battin, *Ethical Issues in Suicide*, Prentice Hall, 1995, p.181.
[2] 转引自 Margaret Pabst Battin, *Ethical Issues in Suicide*, Prentice Hall, 1995, p.181.

（一）自杀权的质疑

关于自杀的权利主要有三种不同的解释，每一个解释都有相应的支持或者反对自杀权的争议。[①]

第一种主要观点把生命视为"不可转让的所有权"[②]，所以每个人都有按照自己的意愿处置生命的权利。反对该观点的学者提出两方面的原因：一方面，一个人的生命并非属于自己，而是属于上帝或者朋友、家人、国家或者社会；另一方面，生命不同于财产，生命毁灭以后，相应的所有权人也不存在。

第二种主要观点是自主权，即康德（Kant）提出的"做自己或按照自己意愿行动而不受干涉"[③]的权利。在自主权的基础上，有学者进一步提出了死亡权的概念："假如没有伤害他人或违背他人的权利，人们可以自主地选择死亡。"[④] 美国著名哲学家彼得·辛格（Peter Singer）在他对人的理解的基础上提出了"命主"的概念，"权利的一个根本特征就在于权利拥有者如果选择放弃就能够放弃之"，[⑤] 辛格主张一个人的愿望构成他的道德理论的基础，所以没有必要认为自杀不道德，阻止"命主"自杀更是不合理的。[⑥] 诉诸自主性原则观点支持以下观点：一个患者在具有行为能力的前提下，可以通过医生的协助来安排自己的死亡。[⑦] 而反对自杀的自主性的学者，也恰恰依据强调自主性的康德的观点，即"这看起来像是自由的选择，其实是各种各样内在的、外在的因素所造成，亦即这样的选择都是他律的"，认为自杀并非不受控制的自由，甚至会导致"这个生命故事里的创造性投资遭到浪费"。[⑧]

第三种主要观点把自杀视为一种自然权利。[⑨] 针对这种观点，玛格丽

---

① 陈雯：《安乐死的伦理辩护——功利主义视角》，《学理论》2012年第3期。
② Richard W. Momeyer, *Confronting Death*, Indiana University Press, 1988, p.111.
③ 转引自 Agich G. J., "Key Concepts: Autonomy," *Philosophy, Psychiatry and Psychology*, vol.1, 1994。
④ Cyndi Bollman, "A Dignified Death? Don't Forget About the Physically Disabled and Those Not Terminally Ill: An Analysis of Physician-assisted Suicide Laws," *Southern Illinois University Law Journal*, vol.34, 2009, p.409.
⑤ 〔美〕彼得·辛格：《实践伦理学》，刘莘译，东方出版社，2005，第190页。
⑥ 罗艳：《伦理视野下的自杀权》，《北京社会科学》2014年第8期。
⑦ Dworkin R., *Life's Dominion: An Argument About Abortion, Euthanasia, and Individual Freedom*, Knopf, 1993, p.181.
⑧ 白超：《尊严死的伦理困境及解决方案探究》，昆明理工大学2019年硕士学位论文。
⑨ 陈雯：《安乐死的伦理辩护——功利主义视角》，《学理论》2012年第3期。

特·帕布斯特·巴庭（Margaret Pabst Battin）指出，这种权利与其他方面义务之间存在一定的权衡取舍关系。① 具体而言，人除了自杀的自然权利之外还有其他多方面的责任和义务，比如对家人的义务。

除了上述三种主要观点以外，反对自杀权利的观点还有精神障碍与姑息治疗两种。在欧洲和美国，90%的自杀死亡者存在不同形式的精神障碍。② 有学者因此质疑要求安乐死的人的选择是不是理性的。③ 另外，因为姑息治疗使俄勒冈州的一些患者改变了他们要求协助自杀的主意，④ 有学者提出姑息治疗是协助自杀以外的另外一种方案。

（二）自杀权的伦理辩护

虽然关于自杀权利的三种主要观点有诸多的争议，但是自杀作为人的一项权利仍然具有合理性。

第一种解释的两方面的反对理由实际上都是不成立的。

一方面，个人的生命属于自己而不属于上帝、朋友或者家人等，这不仅涉及"不可转让的所有权"，更涉及自己对自己的生命的控制权。首先，以上帝的名义给个人打下服从的烙印，干涉个人的权利和自由，本身就是中世纪教会践踏人类尊严的表现，这样的论调早已在文艺复兴时期被批判和摒弃。⑤ 其次，并不能简单要求自杀者单方面考虑其家人与朋友，家人与朋友也应当尊重自杀者的尊严与意志。如"我希望家人和朋友把我的死亡视为每个人都必须经历的自然生命过程，这可以使我的最后日子变得有意义"这样的生前预嘱，是有理由也应当得到家人与朋友的尊重的。⑥ 一个人自然地拥有对自己生命的从所有到控制的各方面权利，这不仅是一种自由，更是人的一种尊严。一个决定自杀的人可以按照自己的意志自杀并消灭生命，而无须征求上帝的意见，这种选择权也是人的尊严。反之，如果自杀必须建立在上帝的同意的基础之上，如果没有上帝的同意就没有自杀的正当性，则按照自己的意志支配自己的生命也就是不正当的，这样延

---

① Margaret Pabst Battin, *Ethical Issues in Suicide*, Prentice Hall, 1995, p. 181.
② 李占江：《积极关注：精神疾病与自杀》，《心理与健康》2006年第10期。
③ 刘小平、杨金丹：《死亡权利：自主的迷思与权利的限度》，《医学与哲学》2015年第9期。
④ Ganzini L., Nelson H. D., Schmidt T. A. et al., "Physicians' Experiences with the Oregon Death with Dignity Act," *N Engl J Med*, vol. 342, no. 8, 2000, pp. 557–563.
⑤ 陈云良、陈伟伟：《临终医疗的人权法理——"尊严死"概念与边界的思考》，《人权》2021年第3期。
⑥ 苏小凤、刘霖、韩继明：《生前预嘱中的优逝理念探讨》，《医学与哲学》2021年第13期。

续的生命也是不自由且没有尊严的。所以上帝对人的生命的所有权是自然而然地不成立的。从朋友或者社会的角度看，虽然一个人的生命对于朋友、社会等确实具有一定价值，但是生命的价值属性不能证明生命属于朋友、社会等。生命仍然属于自己，一个人可以在延续生命的过程中用其生命的价值属性满足朋友、社会的需求，但是也可以按照自己的意志结束生命而不考虑这些价值。正如自杀不需要征求上帝的意见，因为自己的生命不属于朋友或者社会，所以自杀也不需要征求朋友或者社会的意见。

另一方面，生命毁灭的同时有所有权人毁灭只是生命所有权的特殊性质，自杀权仍然具有财产权的多方面共性特征。霍布斯认为，"人类可以运用一切其自身判断和理性认为最合适的手段来保全自由"，如果把生命视为自己的财产，那么人就应当像自由支配自己的财产一样自由支配自己的生命。① 显然在这个逻辑下，如果按照自己的意志弃置自己的财产是人的一项基本权利和自由，那么按照自己的意志自杀也应当如此。更进一步地说，正是这种毁灭的过程体现了寻求自杀者对其生命的所有权、支配自由与生命的尊严。有国外学者指出，在国际法视域下，虽然没有"自杀权"这样的一项明确表述，然而自杀权可以内在地成为人权的一部分，其重要依据就是人的尊严。②

第二种解释也无法消除自杀权的合理性。首先，如果更深入地挖掘康德的自主性观点，会发现康德的尊严观支持有尊严的自杀权。具体而言，"当我们在尊严死视域中谈论尊严"，作为一种自主而理性的选择的自杀就"使自己成为自身得以可能"，而不应该是"依仗某些外在条件"的。③ 虽然康德自己确实是反对自杀的早期代表人物，但范伯格（Feinberg）认为康德的自主与自杀两个概念并无冲突，反对自杀是"强迫症般的奇谈怪论"；此外，法律过度干预自杀自由也被范伯格认为有"法律家长主义"之嫌。④ 其次，考虑到植物人、重症患者等特殊情况，这些病人可能尤其无法施行自杀，或者无法表达自杀意愿，但这不代表其没有自杀的意愿或自杀意愿没有合理性。如果反对自杀的观点诉诸表达同意的能力，则这种观点混淆了自杀意愿的存在与自杀意愿的表达能力。只要自杀意愿存在，

---

① 转引自刘佳《死亡自主权的伦理依据》，上海师范大学 2022 年硕士学位论文。
② A. Fellmeth, N. Abourahma, "The Human Right to Suicide Under International Law," *Human Rights Law Review*, vol. 21, no. 3, 2021, pp. 641–670.
③ 转引自白超《尊严死的伦理困境及解决方案探究》，昆明理工大学 2019 年硕士学位论文。
④ 李兆阳：《尊严死的理论证成与制度构想》，吉林大学 2021 年硕士学位论文。

具有自杀意愿的自主的人自杀就有合理性,而该合理性并不为自杀意愿者的表达能力所制约。实际上,现代医学大背景下的正向优逝理念倡导"患者通过个人意愿表达自己对于'死的向往和具体要求'",这也是一个促进"死得好"的正向理念。① 在这种考虑下,无行为能力的人的表达能力的缺失不但没有消除自杀的合理性,反而成为行使自杀权利必须消除的障碍。换言之,帮助行使自杀自主权不仅可以符合伦理,还可能合法。甚至有学者尖锐地指出,如果病人一心寻死,而医生强行维持病人生命,不仅是对病人尊严的侵犯,更是对刑法的触犯。② 对该问题涉及的安乐死或者医助自杀,笔者在下文进行更详细的探讨。

第三种解释仍然无法消除自杀权的合理性。虽然其他方面的义务可能与自杀权之间存在一定的权衡取舍关系,但是个人继续活下去的痛苦可能超过这些义务,从而可能使得为了行使自杀权利而放弃履行其他义务是正当的。有学者讨论了"值得称道"与"道德上被允许"的区别,即自杀可能虽然不为人称道,但在道德上是被允许的。③ 当一个人对他人没有任何义务,或者他所承受的肉体或者精神上的痛苦超过了对他人的义务,那么自杀就可以是在道德上合理的。虽然反对自杀者往往提出一种义务论,但这种所谓的"义务"可能只是一种道德绑架。比如家人只考虑了寻求自杀者的存活对家人的利用价值,而忽视了寻求自杀者延续生命的痛苦以及寻求死亡的意志,则这种"义务"实际上也是可以视情况而舍弃的。或者家人并没有很好地履行家人对寻求自杀者的义务,比如通过限制自由、精神折磨等损害寻求自杀者的尊严,则这种"义务"的合理性也是可以消除的。在上述条件下,寻求自杀者的家人使用"义务"来反对寻求自杀者的自杀权是不合理的,相反这只是一种道德绑架。实际上,对于安乐死这一种特殊形式的自杀,上述问题正是一种以功利主义审视的多种尺度的存在与优先认定的问题。④ 该问题是一个复杂的问题,不能简单地一概而论,所以此处的观点也得到了类推式的支持,即不应当因为其他方面的义务而简单粗暴地否定自杀权,应该容许一定的抉择与权衡取舍的余地。

除了以上三种主要的反对自杀权的理由,即使考虑到精神障碍与姑息

---

① 苏小凤、刘霖、韩继明:《生前预嘱中的优逝理念探讨》,《医学与哲学》2021 年第 13 期。
② 鲍博:《论医生死亡协助在我国刑法中的正当化——从比较法的视角》,《中国卫生法制》2021 年第 1 期。
③ 徐家琦、罗艳:《论自杀的道德合理性》,《东莞理工学院学报》2014 年第 2 期。
④ 陆璐、张潇:《刑事一体化视野下医生实施安乐死的出罪化探讨》,《中国卫生法制》2022 年第 2 期。

治疗两方面，自杀权的合理性仍然成立。诚然，在某些条件下，精神障碍导致的自杀不一定是理性的。从精神病学的角度而言，精神病人自杀的情况有多种，可能是在命令性幻听支配下奋不顾身发生的，也可能是在恢复期的孤立无援状态下发生的，有些自杀还伴随有长期的计划和多次的尝试。① 显然，第一种情况并不是理性的。然而第二种情况由于认清病情的无尊严感和病耻感而自杀，第三种情况有较为周密的预谋，二者属于理性的范围。由此可见，存在精神障碍不等于自杀选择的非理性，甚至恰恰可能成为自杀合理性的理由。精神障碍不代表智力障碍或者逻辑判断障碍，自杀者可能有清醒且合乎逻辑的判断和思考，而精神障碍只是精神痛苦的根源。寻求自杀者可能正是因为无法承受精神折磨，而在清醒且合乎逻辑的决策中选择了自杀，这样的自杀无疑是理性的。与其相反，常人质疑有精神障碍的自杀者的理性，可能是因为不了解精神障碍所带来的痛苦。姑息治疗虽然在某种程度上消除了因为痛苦而选择自杀的合理性，但是没有从根本上消除自杀权利的合理性。减少痛苦并不意味着挽回尊严，甚至可能只意味着在减少痛苦同时没有尊严的状态下延续生命。有学者指出，当死亡是维护活着的尊严的唯一方式时，人仍然有选择自杀即尊严死的权利。②

（三）自杀权的法理基础

实际上，从宪法规定的生命权的角度来讲，自杀权作为一项基本权利也有法律依据。有宪法学学者指出，"权利首先是一种资格，同时也是一种主张，是围绕利益的，是有价值的利益，不符合这两种特征的就不是权利"；并据此得出结论，自杀"不是一项权利"，因为"自杀不具有客观价值"。③ 然而事实上，由前半部分对权利的定义得出后半部分的"自杀不是权利"的结论，不免有些简单粗暴。归根结底而言，"价值"的涵盖范围远远不只物质利益，同时也可以涵盖尊严；此外，把尊严视为一项利益也不失合理性。从宪法的角度来讲，自杀之所以能够成为一项权利，是因为个人可以按照自己的自由意志处置自己生命，这是一种资格和主张；当自杀的目的是维护生命的尊严时，尊严就是自杀权利所围绕的利益，尊严的价值就是自杀权所对应的利益的价值。虽然这并不直接与经济利益挂

---

① 陈美平：《精神病患者自杀的预防》，《基层医学论坛》2015年第36期。
② 陈雯：《安乐死的伦理辩护——功利主义视角》，《学理论》2012年第3期。
③ 韩大元：《自杀权的宪法学思考》，载韩大元《感悟宪法精神：演讲自选集》，法律出版社，2008，第139页。

钩，但是权利所对应的利益范畴并不局限于经济利益，正如人格尊严权对应的是尊严利益而非经济利益。① 如果把生命视为自己的财产，那么人就应当自由支配自己的生命。有学者指出，允许处于生命末期的病人对自己的生命进行预先处置，体现了人道主义精神，使其在生命的最后一刻也可以保全自己的尊严。② 显然，如果全盘否定人处置自己生命的权利，则这种尊严与人道主义都无从谈起。从这种意义讲，生命权的正当性意味着自杀权的正当性，人类放弃自己生命的权利与维护自己生命的权利都是重要的。

有学者认为自杀无法构成一项基本权利，原因可以分为几点：第一，自杀本身是没有价值的；第二，认可自杀权就不利于保护生命权；第三，自杀权有权利滥用的可能性。③ 这些观点仍然有待商榷，这里逐一进行讨论。第一，自杀是有价值的，其价值在于人类维护尊严利益的价值，以及支配自己生命的自主性的价值。第二，认可自杀权是对生命支配权的肯定，有助于全面、完整地保护生命权，不应该借着"善"的名义绑架生命的支配权。第三，任何权利都有滥用的可能性，这不意味着权利就不应该得到保护或者救济。正如一位学者指出的："法律的理性在于不能因为害怕权利被滥用而不敢赋予或承认公民权利，这好比害怕游泳会淹死人就禁止全民游泳一样荒谬！"④

综上所述，人应当有自杀权。因为人的生命是不可转让的所有权，人应当可以按照自己的意愿有自主权地放弃生命而不受干涉。虽然自杀权利有僭越的可能性，但是同样也有通过道德绑架干涉自杀自由的可能性，所以不能简单粗暴地否定自杀权。

二 安乐死的质疑与伦理辩护

安乐死源于希腊语 Euthanasia，即"无痛苦的、幸福的死亡""无痛致死术"。显然，安乐死是一种痛苦程度较低的自杀权的行使方式，相比其他痛苦程度较高的自杀方式有特殊的优越性。16 世纪的莫尔（More）

---

① 邢玉霞：《人格利用中的经济利益与尊严利益辨析》，《东岳论丛》2014 年第 6 期。
② 余文诗、高云、朱国清等：《"尊严死"还是"赖活着"？——我国生前预嘱的伦理困境分析及对策研究》，《中国医学伦理学》2018 年第 6 期。
③ 肖迹：《论自杀的国家干预》，苏州大学 2012 年硕士学位论文。
④ 邢玉霞：《人格利用中的经济利益与尊严利益辨析》，《东岳论丛》2014 年第 6 期。

在《乌托邦》中提出有组织地对老弱病残的人群实施安乐死。17世纪的培根（Bacon）则在《新大西岛》中提出医生的职责不仅有治愈病人，还有在病人需要时使病人安逸地死去。19世纪后期，欧洲兴起了"安乐死"运动。① 而瑞士甚至有"安乐死胜地"的"美誉"。② 很多个国家的安乐死组织组成了世界联合会，争取安乐死的权利。③

安乐死不仅是对传统生死观的超越，而且是更高层次的人性关怀；安乐死的本质是驾驭消除和缓解痛苦的机制和规律，对人的死亡过程进行科学调节，使死者死得安乐。④ 如果这种痛苦是不治之症引起的，则安乐死不只有减轻患者的病痛的作用，还有减轻家属的经济负担的作用。在自杀权合理性的语境下，安乐死作为自杀权行使的一种手段，更有一种独特的优越性。常见的自杀手段，比如自缢、割脉、服用砒霜或敌敌畏等毒性药物，往往伴有巨大的痛苦。另外，逐渐死亡过程中的行为失控、大小便失禁等更会给自杀者带来屈辱和精神伤害。自杀者为了行使与实现自杀权，不得不强忍由生向死过程中的剧烈的生理之痛和尊严损失，这构成了上述常见自杀手段的固有缺陷。与之相比，安乐死具有无痛与平静死亡的特点，既保证了自杀权的实现，又大大减少了肉体之痛与尊严受损，其作为自杀权实现的途径的优越性是非常明显的。

（一）安乐死的质疑

但是也有反对安乐死的观点，理由大致可以分为三种。

第一种理由从医生职责的角度反对安乐死，医生的天职是救死扶伤，安乐死不符合医生的天职，⑤ 也有人说安乐死可能错过救活病人的机会，从而不利于医学科学的进步。

第二种理由是功利主义可能导致道德滑坡。可能有患者的亲人因为经济负担拒绝继续治疗患者，并劝说患者接受安乐死，导致病人"非自愿"同意安乐死。⑥ 历史上有过斯巴达人把老弱病残弃置荒野的野蛮行为，也

---

① 陈雯：《安乐死的伦理辩护——功利主义视角》，《学理论》2012年第3期。
② 环讯：《瑞士安乐死胜地还能持续多久》，《现代养生B》2011年第6期。
③ 广兴：《"安乐死"在日本》，《国际展望》1992年第14期。
④ 林弘月、黄力伟、雍丹丹等：《安乐死中冲突的伦理构想》，《牡丹江医学院学报》2012年第6期。
⑤ 余文诗、高云、朱国清等：《"尊严死"还是"赖活着"？——我国生前预嘱的伦理困境分析及对策研究》，《中国医学伦理学》2018年第6期。
⑥ 林弘月、黄力伟、雍丹丹等：《安乐死中冲突的伦理构想》，《牡丹江医学院学报》2012年第6期。

有二战德国纳粹以"安乐死"之名实行大屠杀的反人类罪行,① 这些都可以作为安乐死"道德滑坡"问题的典型。这也是安乐死问题上经济因素与伦理因素的冲突所在。②

第三种理由是传统文化与习俗,在中国比较有代表性的是传统孝道或者儒教的观点。具体而言,孝道文化导致孝子贤孙对父母的安乐死持消极态度,③ 而"身体发肤,受之父母"的孝道传统也不允许子女主动选择安乐死。④

(二) 安乐死的伦理辩护

上述三种观点不足以消除安乐死的正当性。

第一种理由虽然考虑到了医生的职责,但是忽视了医生承担职责的根本目的。医生并不是为了救死扶伤而救死扶伤,而是为了减少病人痛苦、增进病人幸福而救死扶伤,所以救死扶伤的职责是建立在病人的幸福的基础之上的。如果病人一心寻死,而医生强行维持病人生命,甚至是对病人尊严的侵犯与对刑法的触犯。⑤ 如果病人的幸福不在于治疗疾病或者延长生命,而在于尽快走向死亡,那么医生出于上述根本目的就应该帮助患者选择安乐死。这同样达到了减少病人痛苦、增进病人幸福的根本目的,因为这不只达成了病人尽快死亡的愿望,而且安乐死避免了常规自杀手段的痛苦。另外,虽然持续治疗患者可能推动医学进步,但这违背了那些寻求安乐死者的自主愿望。把他们作为推进医学进步的实验品,则患者生命的"不可转移的所有权"和"自主权"都没有得到尊重,他们作为"实验品"也失去了生命的尊严。而且已有学者指出,生前预嘱既可以节制过度医疗,又可以推动医学发展。⑥ 持续治疗未必推动医学进步,而可能导致过度医疗以及无效医疗。医生可能为了单方面攫取高额医疗利益而延长患者的生命,而这个过程中没有对医学或者疾病的探索。这不但没有达到推

---

① 陆璐、张潇:《刑事一体化视野下医生实施安乐死的出罪化探讨》,《中国卫生法制》2022年第2期。
② 周德新:《安乐死:经济与伦理的博弈》,《江汉论坛》2012年第3期。
③ 周悦:《当代中国安乐死实施不可行性分析——从传统伦理道德角度》,《云南社会主义学院学报》2013年第2期。
④ 陆璐、张潇:《刑事一体化视野下医生实施安乐死的出罪化探讨》,《中国卫生法制》2022年第2期。
⑤ 鲍博:《论医生死亡协助在我国刑法中的正当化——从比较法的视角》,《中国卫生法制》2021年第1期。
⑥ 苏小凤、刘霖、韩继明:《生前预嘱中的优逝理念探讨》,《医学与哲学》2021年第13期。

动医学进步的目的，而且可能导致医生通过折磨垂死的生命而攫取高额利益，这显然是违背伦理与道德的。

第二种理由所陈述的"道德滑坡"的可能性虽然确实存在，但是在21世纪的文明社会，安乐死的最终决定权在患者。即使患者可能遭到逼迫，或者少数人可能遭到多数人的逼迫，但是他们仍然有理性而可以自主选择坚持延长生命。换言之，患者作为自己生命的所有者，其自杀权的正当性决定了其安乐死权利的正当性。而且不能仅考虑"家属逼迫患者尽快死亡"这一种可能，还有另一种可能是"患者自愿寻死而家属强行延续患者生命"，毕竟家属仅仅是患者意愿的代行者。① 既然是代行，那作为代行者的家属完全有可能为一己私利违背患者的原本意愿，在患者无法确认和约束家属行动的情形下尤其如此。无论如何，如果认为患者有权按照自己的意志理性地处置自己的生命，那么允许安乐死是更优的，相比于无法选择安乐死，这至少减少了寻求死亡的患者延长生命的痛苦。

第三种反对的理由不仅是不充分的，而且是不符合逻辑的。虽然中国传统孝道优先考虑父母的生命长度，然而在现代社会，生命的质量也应当受到高度重视，不应当为了传统的"孝"而让病痛晚期的父母毫无尊严地延续生命。② 儒家观点虽然对积极地活在当下有一定的启发作用，但实际上是对阐述生死意义的一种回避，并没有从根本上消除选择安乐死的正当性与合理性。人们是否理性面对死亡，直接决定了人们是否能够谈论临终的生命意愿，③ 所以要首先学会直面生死问题，而不是回避问题，这是非常重要的。

三 医助自杀的质疑及伦理辩护

安乐死虽然提供了自杀权行使的一种较好的途径，却回避了实际操作层面上的伦理问题。在这种情况下，医生的帮助自然而然地就成为一种解决策略，这就是医助自杀。换言之，医助自杀即医生帮助寻求自杀者准备有助于减少自杀痛苦的器械或者药剂，而由寻求自杀者执行自杀的最后

---

① 刘建利:《晚期患者自我决定权的刑法边界——以安乐死、尊严死问题为中心》，《中国社会科学院研究生院学报》2018年第3期。
② 黄玉莲、姚中进:《尊严死对中国传统孝道文化的挑战及应对》，《中国医学伦理学》2019年第12期。
③ 邓仁丽、陈柳柳、史宝欣等:《中国文化背景下预立医疗照护计划的研究进展》，《中华护理杂志》2015年第9期。

一步。

医助自杀属于医生帮助下的"无痛苦死亡",如果把安乐死定义为"无痛苦死亡",那么医助自杀也属于"安乐"的死亡。反对安乐死的观点并非反对消除痛苦,而主要反对一种非自然的死亡,这与反对协助自杀如出一辙。但是医助自杀与安乐死的重要区别在于,医助自杀由患者执行死亡的最后一步,而安乐死由医师执行死亡的最后一步。[①] 比如在美国的任何州,实施安乐死的医师都有故意杀人的刑事责任,但是在医助自杀合法化的州,虽然实施安乐死负刑事责任,但是医助自杀不产生刑事责任。[②] 已有学者指出,反对主动安乐死的理由同样适用于反对医助自杀,如果使医助自杀合法化则主动安乐死也可以合法化。[③]

虽然学者往往从绝症患者的角度讨论安乐死的合理性,但是该合理性不局限于使绝症患者解脱,而应当基于自杀权的合理性看待医助自杀的合理性。根据第一部分的讨论,自杀权是自然而然成立的,但是使用常规手段自杀往往难以避免逐渐死亡过程的痛苦。虽然试图自杀的人已经理性地克服了生物本能的对死亡的恐惧,但是在某种程度上说,常规自杀手段伴随的痛苦构成了行使自杀权的阻碍因素。而医助自杀导致的死亡过程是无痛苦的,这相对于常规自杀手段无疑是更优的,提供了一种行使自杀权的优化方案。

少数国家或者地区充分认识到了上述合理性,从而使得医助自杀合法化。华盛顿州的法官芭芭拉·罗斯坦(Barbara Rothstein)在废除华盛顿州禁止医助自杀的法律的过程中指出,该法律是违反宪法的,因为决定生死是个人的权利。[④] 但是这种例子并不多见,在大多数情况下,医助自杀在推行和普及的过程中会遭遇诸多困难。寻求自杀者有医助自杀的需求,而医生受传统观念或者法律的约束拒绝提供医助自杀的服务,则寻求自杀者可能考虑别的方法。中国已经有通过擅自调配药剂,并欺骗医务人员达到自己安乐死目的的案例。[⑤]

[①] 孙也龙:《安乐死、尊严死和医师协助自杀的世界立法趋势与我国选择》,《中国卫生法制》2015年第3期。
[②] Agich G. J., "Key Concepts: Autonomy," *Philosophy, Psychiatry and Psychology*, vol.1, 1994.
[③] 王德顺:《医生协助自杀与主动安乐死的差别》,《医学与哲学》2000年第4期。
[④] 揭智才:《死亡医生》,《健康博览》1996年第9期。
[⑤] 陈雨、宋涛:《欺骗医务人员协助注射丙泊酚和维库溴铵自杀1例》,《中国法医学杂志》2017年第5期。

（一） 医助自杀的质疑

反对医助自杀的理由主要有三种。第一种理由利用有关上帝的观点反对自杀或者协助自杀，因为自杀或者协助自杀是一种道德上的傲慢。反对医助自杀的第二种理由是，如果病人得到临终关怀和疗护，安乐死可能就等于没病的人想要让别人杀死自己。反对医助自杀的第三种理由是，这可能导致故意杀人。帮助自杀在很多国家负担刑事责任。① 在俄罗斯、日本和中国有网络自杀事件中的"协助自杀"案例，即一些有故意杀人意图的人教唆、诱使一些有自杀倾向的人玩"自杀游戏"，或者假扮同样有自杀倾向的人"共同赴死"。② 这些人利用有自杀倾向的人的心理，以达到故意杀人的目的。

（二） 医助自杀的伦理辩护

反对医助自杀的第一种理由是站不住脚的：因为同选择自杀一样，选择不自杀也是在扮演上帝的角色；如果医生真诚地为了减缓一些人的痛苦而协助自杀，则这也不是傲慢的，所以不是道德上有缺陷的。③ 另外，虽然美国等西方国家在讨论自杀问题时偶尔引入关于宗教信仰的讨论，④ 但是宗教信仰不能作为合理性的一种依据。更进一步地讲，以上帝的名义干涉个人的权利和自由实际上是中世纪教会践踏人类尊严的表现。⑤

虽然反对医助自杀的第二种理由提到的可能性存在，但这取决于病人能够得到何种程度的关怀和疗护，以及这种关怀和疗护是否真正能够使病人解脱。病情往往伴随着各种症状，而症状发作的痛苦不只在于不快乐或行动不便，更在于病情导致的失去尊严的痛苦和无助，临终关怀和疗护对此治标不治本。临终关怀的目的在于缓解病人的精神痛苦，疗护的目的在于缓解身体痛苦，这种缓解的程度是有限的。而且这种缓解仍旧无法赋予病人一般意义上的健康而有尊严的生活，因为根本在于病情，而病情已经

---

① 陈兴良：《教唆或者帮助他人自杀行为之定性研究———邵建国案分析》，《浙江社会科学》2004 年第 6 期。
② 靳婷、郭莉：《网络自杀事件中"协助自杀者"刑事责任认定之比较》，《中国检察官》2017 年第 12 期。
③ 邱仁宗：《论"扮演上帝角色"的论证》，《伦理学研究》2017 年第 2 期。
④ 丁唯一、袁兴萍：《试析我国尊严死立法之阻力》，《医学与法学》2021 年第 1 期。
⑤ 陈云良、陈伟伟：《临终医疗的人权法理——"尊严死"概念与边界的思考》，《人权》2021 年第 3 期。

无法缓解。临终关怀甚至可能起到反作用，因为它可能强化病人对"自己患病"这一现状的意识，增强病耻感和尊严丧失感。如果病人认为，与其在临终关怀和疗护之下苟延残喘，尽快安乐死是更有尊严的选择，那么帮助病人安乐死是一种更高层次的关怀，因为这是对病人生命尊严的更好的维护。

关于反对医助自杀的第三种理由，诚然有借"协助自杀"的名义达到谋杀目的的案例，但这种案例中不道德的并不是寻求自杀者，而是故意杀人者；不在于故意杀人者的"协助自杀"，而在于"协助自杀"的过程和手段。根据第一部分讨论的自杀权，人有自主选择自杀的权利，所以协助自杀是对这种权利的实现的一种帮助。但是第一部分也讨论了尊严死，人有权选择有尊严地死亡，或者通过死亡来挽回尊严。上述"协助自杀"案例的问题不在于自杀权，而在于尊严死，"协助自杀"在帮助自杀权利实现的过程中没有体现寻求自杀者的尊严。问题在于后者对前者的欺骗，以及在前者死亡过程中后者施加的虐待。换言之，这种案例的不道德不在于"协助自杀"，而在于"协助"过程中的欺骗与施加的额外痛苦。所以问题不在于"协助自杀是不是符合道德的"，问题在于"如何协助自杀才是符合道德的"。

四 合法化、潜在的伦理问题及相应的管控对策

自杀权是安乐死的权利基础，医助自杀是安乐死的一种特殊形式，即当安乐死寻求者无能力自行自杀时由医生帮助自杀。前三个部分依照自杀权、安乐死、医助自杀的逻辑脉络为对三者的质疑进行了伦理辩护。前述讨论说明了自杀权、安乐死、医助自杀具有一定的合伦理性，同时也带来了更进一步的疑问，即如何在现实社会中落实，以及落实的过程中如何尽可能避免潜在的伦理问题。

虽然自杀权、安乐死、医助自杀都有潜在的伦理问题，但是考虑到其也有伦理正当性，其两面性决定了一刀切的禁止是不合理的。恰恰相反，自杀权、安乐死、医助自杀的合法化和标准化不仅有助于实现其伦理价值，而且有助于潜在伦理问题的解决。本部分从法律层面、执行层面两个方面进行探讨。

（一）法律层面

在法律层面上，自杀权作为权利基础决定了安乐死与医助自杀在底层

逻辑上的正当性，所以应当被首先考虑。有国外学者指出，国际法虽然没有"自杀权"这样的明确表述，然而人的尊严决定了自杀权可以内在地成为人权的一部分。[1] 然而对于国内学者而言，"国家无法承认自杀权"，[2] 甚至"自杀"根本不能称为一项权利。[3] 由此可见国内外学者的分歧，也不难看出，在我国国内法律层面将"自杀权"明确化与正当化的阻力相较于国外是更大的。

也有国内学者在否认一般意义上的"自杀权"的基础上，退而求其次，试图承认更特殊的"尊严死"权利的正当性。[4] 然而即便将视野缩窄到"尊严死"，类似的国内外分歧仍然存在。尊严死的立法在美、德、加等西方国家都已经具备法律基础，然而在国内仅台湾地区于2000年将"安宁缓和医疗"合法化，大陆的有关法律非常匮乏。[5] 所幸正如引言提到的，2021年中国已出台文件要求加快尊严死立法的研究与研讨，2022年深圳市已经作出表率。即便如此，国内尊严死立法仍然面临巨大的阻力，比如与多种国内已有法律冲突，如果立法，则不得不配套修改多种法律，因此尊严死的高立法成本进一步提高了立法的困难程度。[6]

自杀权作为权利基础与底层逻辑，是安乐死与医助自杀的前提。虽然仍然面临大量争议和阻力，但是如果自杀权不在法律上正当化，则安乐死与医助自杀的合法推行也无从谈起。国内不妨先从"尊严死"权利的合法化开始，摸着石头过河，抱着审慎与探索的态度循序渐进地尝试为自杀权构建法律依据。

（二）执行层面

正如一切法律规定的权利一样，自杀权应当是一项有约束的权利。在安乐死与医助自杀实施的过程中，为了避免潜在的伦理问题，应该在执行

---

[1] A. Fellmeth, N. Abourahma, "The Human Right to Suicide Under International Law," *Human Rights Law Review*, vol. 21, no. 3, 2021, pp. 641–670.
[2] 黄小飞：《自杀违法的辩护与新论说——作为参与自杀处罚路径的探讨》，《刑事法评论》2019年第1期。
[3] 韩大元：《自杀权的宪法学思考》，载韩大元《感悟宪法精神：演讲自选集》，法律出版社，2008，第139页。
[4] 丁唯一、袁兴萍：《试析我国尊严死立法之阻力》，《医学与法学》2021年第1期。
[5] 宫晓艳、张佳佳、隋佳静等：《现代医学情境下尊严死研究进展》，《现代实用医学》2022年第7期。
[6] 宫晓艳、张佳佳、隋佳静等：《现代医学情境下尊严死研究进展》，《现代实用医学》2022年第7期。

层面上进一步确定适当的边界。典型的反面案例是二战德国纳粹以安乐死之名实行屠杀的罪行，① 以及俄罗斯与日本的假借"协助自杀"的幌子而故意杀人的案件。② 显然这些情况是应当避免的，为此应当在执行层面上确定一个框架，保障安乐死与医助自杀在符合伦理的范围内实施。

国内学者给出的基本原则是"自我决定"与"社会决定"相结合，既充分尊重和保障尊严死寻求者的"自我决定权"，又允许"社会决定权"排除一些自我决定的伦理正当性不充分的情况。③ 这一原则诚然是正确的，然而仅仅有原则显然是不够的，在现实社会落实则需要更加严密的规范与程序。对于安乐死的执行程序，国内学者给出的建议是：第一，对患者安乐死的意愿进行反复确认与重重把关；第二，确认患者确实已经无法治愈；第三，在安乐死执行之前设置冷静期。④ 对于自杀权的实现程序，国外学者给出的建议是：一是确保自杀者已经成年，二是确证自杀者没有罹患精神疾病，三是设置一定的冷静期。⑤ 不难看出，在确保自杀权或安乐死的执行不违背伦理的问题上，国内外学者在很大程度上是不谋而合的。

上述讨论并未涵盖一种可能，即如果寻求自杀者已经无法清楚地表达其意愿，应该如何做。对于高龄或者重症晚期患者而言，这种情况尤其常见，也尤其需要解决。一种解决思路是由家属代行，虽然这不如患者自己表述意愿，但在患者无表达能力的情况下未尝不是一种更好的选择。⑥ 另一种解决思路是未雨绸缪，在患者清醒的情况下及时确认安乐死的意愿，避免在患者已经无法表达意愿时无谓延命。⑦

假设安乐死与医助自杀已经合法化，那么这两种服务帮助寻求自杀者实现了自杀权，而相应的职业标准、行业规范和社会监督有助于避免潜在

---

① 陆璐、张潇：《刑事一体化视野下医生实施安乐死的出罪化探讨》，《中国卫生法制》2022年第2期。
② 靳婷、郭莉：《网络自杀事件中"协助自杀者"刑事责任认定之比较》，《中国检察官》2017年第12期。
③ 刘建利：《晚期患者自我决定权的刑法边界——以安乐死、尊严死问题为中心》，《中国社会科学院研究生院学报》2018年第3期。
④ 王植尧：《刑法视域下的安乐死问题研究》，《中国卫生法制》2022年第5期。
⑤ A. Fellmeth, N. Abourahma, "The Human Right to Suicide Under International Law," *Human Rights Law Review*, vol. 21, no. 3, 2021, pp. 641–670.
⑥ 刘建利：《晚期患者自我决定权的刑法边界——以安乐死、尊严死问题为中心》，《中国社会科学院研究生院学报》2018年第3期。
⑦ 黄玉莲、姚中进：《尊严死对中国传统孝道文化的挑战及应对》，《中国医学伦理学》2019年第12期。

的伦理问题。相比于偷偷寻求不规范、不完善的"协助自杀"而导致恶性"协助自杀",安乐死与医助自杀作为服务产业,其标准化和完善化是非常有价值也有必要的。具体而言,向个人出售安乐死药物需要专业的医学伦理机构认证许可,提供医助自杀的医师需要进行职业训练与资格考核。这样将有助于把安乐死与医助自杀控制在合伦理的范围内,避免安乐死与医助自杀产业无序扩张,防范潜在的道德滑坡等伦理道德问题。

五　结语

随着社会发展和理念进步,自杀权、安乐死、医助自杀引起学术界和社会的关注,然而三者都伴有伦理争议。在社会实践层面上,自杀权、安乐死、医助自杀的逐步推进需要更加完善的法规去保证,而为三者进行伦理辩护有助于为新的法律法规提供法理支持。

自杀权、安乐死、医助自杀三者,以及围绕三者展开的伦理辩护,有内在的逻辑层次和联系。自杀权是人的权利基础,安乐死与医助自杀是权利实现手段。从伦理依据角度而言,安乐死或医助自杀是建立在自杀权的基础上的,而自杀权是建立在人对自己生命的所有权和处置的自主性上的。人可以按照自己的意愿用自己想要的方式走向死亡,这不只是人生命的自主权的一种实现,更是人按照自己的意愿处置自己生命的尊严所在。

安乐死或医助自杀是一把双刃剑,一方面为自杀权与尊严死的实现提供了高效的支持与帮助,另一方面也增加了一些道德问题上的风险。诚然,安乐死或医助自杀的合法化增加了故意杀人的风险,但是不应该因此就简单地禁止一切安乐死或医助自杀。如果安乐死或医助自杀的潜在问题在于这种风险,那么重要的是如何在帮助寻求自杀者实现权利的同时,最大限度地控制这种风险。这种风险实际上是可以控制的,途径就是安乐死或医助自杀应当充分尊重寻求死亡者的主观意愿,并把最终决定权真正交到寻求死亡者手中。这种决定权也是一种选择权,既可以是自主地选择延续生命,也可以是自主地选择迅速死亡。如果寻求安乐死或医助自杀者确实是经过冷静的思考之后自主选择了死亡,那么他应当有实现自杀权的自主性,不应该遭到其他的阻碍或者各种形式的道德绑架。

安乐死或医助自杀的意义在于,对于那些确实需要实现自杀权利者而言,这为他们开辟了一条兼顾自杀权与尊严死的道路。他们可以按照自己的意愿简便、自主、无痛苦、有尊严地放弃生命,不再需要为此承受常规自杀手段的痛苦，也不再需要为此承担遭到欺骗和"无尊严死"的风险。

从解决实际问题的角度来讲，上述伦理辩护也在法律层面与执行层面上提供了思路。自杀权作为权利基础，需要明确与完善的权利法律法规作为支撑，而相应的法律制定与法律完善工作需要更深入的伦理探讨作为法理依据。安乐死与医助自杀作为权利实现途径，需要在执行层面上与时俱进的完善的行业法律法规，尤其是医药生产与服务领域的法律法规作为保障。一方面，要为相应商品与服务的供应创造法律前提；另一方面，要对可能的伦理道德风险进行有效防范。

法治理论专题

人工智能应用于司法的伦理框架：
欧洲经验与中国背景[*]

段卓臻[**]

摘　要：人工智能技术的应用对传统司法过程所追求的核心价值如司法公开、公平带来挑战。学界虽普遍认为人工智能在司法中只能用于辅助法官工作，但"辅助"边界仍有待清晰。本文通过分析算法过程与传统司法过程本质上的区别，区分了人工智能自身固有属性和技术不成熟带来的两种不同挑战，在此基础上进一步明确人工智能"辅助"司法的边界，以探讨如何建立伦理框架以规范人工智能在司法中的应用，从而保障人权与促进法治。具体规范应根据人工智能的应用是否会实质性地影响当事人权利义务关系这两种情况有所区别。在应用人工智能推动实现类案同判时，也应审慎避免造成司法过度标准化而影响司法公正。人工智能的应用应当提升而非降低司法公开水平，司法体系也应继续致力于提升公开司法数据的数量和质量。

关键词：人工智能　智慧法院　司法公开　技术伦理

引　言

在展开论证之前，先在此界定本文如何使用人工智能这一核心概念。人工智能是一项数据驱动的技术，大致可以分为两类：弱人工智能和强人工智能。弱人工智能已处在研发、试用阶段，以机器学习（如神经网络）和自然语言处理为主要特征，运用数据科学和计算机技术，通过输入大量模型化数据来训练人工智能系统，典型的如辅助检索案例和法律条文的系统、量刑辅助系统、诉讼结果评估系统（搜集特定类型案

---

[*] 本文为辽宁省社科基金项目"辽宁省智慧法院建设背景下司法人工智能技术的应用规则研究"（项目编号：L22BFX003）的阶段性研究成果。

[**] 段卓臻，英国赫尔大学法学博士，大连海事大学法学院讲师。

件判决以预测同类案件判决结果）。与弱人工智能相比，强人工智能最显著的特点是自主学习，自动理解外部世界信息并作出判断。目前，强人工智能尚未成为可应用的成熟技术，关于人工智能应用的讨论多在弱人工智能范畴下展开。本文使用"人工智能"这一概念时也将其限定为弱人工智能。

在讨论人工智能应用于法律实践的伦理框架时须区分两种应用场景：私人部门和公共部门应用人工智能。第一种情况包括：律所利用人工智能系统辅助提供法律服务，例如检索案例、起草和初步审阅法律文件、预测诉讼结果；保险公司利用人工智能系统评估诉讼风险和赔偿金额；科技公司研发法律服务应用软件，代替律师向用户提供便捷和价格更为低廉的法律咨询服务；等等。第二种情况包括：司法部门应用人工智能技术辅助开展工作，例如国内部分法院使用智慧量刑辅助系统以促进实现量刑规范化，美国部分州法院利用人工智能系统评估再犯可能性以辅助决定保释和量刑以及使用网上争议解决软件，等等。

同类型人工智能系统可能在这两种场景中同时被使用。例如，律所和法院都可能使用诉讼风险评估系统。律所用来辅助决定是否接受客户委托提起诉讼。国内有法院在立案大厅提供诉讼风险评估系统，目的在于劝阻胜诉概率较低的人，使其放弃诉讼，为法院减轻案件负担。爱沙尼亚司法部决定委托数据治理专家开发一款"机器人法官"以解决诉讼请求在7000欧元以下的小额诉讼，当事人如果不服人工智能系统的审判结果可以上诉由人类法官审理。[1] 区分这两种使用场景的意义在于：人工智能在这两种场景中的应用所应受到的法律与伦理限制有所不同。司法运作会对司法公信力以及人权状况产生深刻影响，尤其是司法机关在人工智能技术辅助下所作出的决定具有法律拘束力，不同于律所等私人部门提出的法律建议可供当事人自由采纳，人工智能在司法过程中的应用因此应当受到更加严格的约束。本文讨论的议题属第二种场景，即司法部门使用人工智能所应遵循的伦理框架。

人工智能在案件检索等方面表现高效出色，其应用有助于提升司法体系运作的效率，促进智慧法院建设。但是，人工智能也给司法过程所追求的核心价值带来挑战，如算法过程的封闭性与司法公开的矛盾、算法歧视

---

[1] Tara Vasdani, *Estonia Set to Introduce "AI Judge" in Small Claims Court to Clear Court Backlog*, The Lawyer's Daily (10 April 2019), https://www.thelawyersdaily.ca/articles/11582/estonia-set-to-introduce-ai-judge-in-small-claims-court-to-clear-court-backlog.

与司法公平的冲突、算法决策对司法责任制的挑战。本文主张，在司法实践中使用人工智能技术与司法过程一贯追求的价值可能发生冲突，这并非简单地由人工智能技术尚未成熟造成，而是由人工智能的固有属性决定。**这就意味着，人工智能在司法中的应用应当受到审慎的规范和限制，毕竟法治与人权保护状况并非仅由司法体系运作的效率决定，根本上是由司法体系的公平与公正程度决定的。**本文的研究问题就是人工智能在司法中应用的边界在哪里和所应遵循的伦理框架是什么。

本文分析人工智能由于其固有属性而可能给传统司法过程所追求的价值带来的挑战，首先探讨人工智能在司法中应用的边界，再从如下两大方面探讨人工智能在中国司法中应用的伦理框架：第一，在类案同判背景下反思人工智能系统的表现以及人工智能是否有助于促进类案同判，讨论如何规范此类人工智能的应用以防止法律僵化和司法过度标准化等问题；第二，由于算法过程的封闭性，除开发商和研发技术人员外，法官和诉讼当事人作为产品使用者难以获知人工智能得出结论的过程与原因，而司法实践中的法律适用和具体案件的判决过程是开放式的，或者至少应当是开放式的，本文在此背景下讨论如何规范人工智能的应用以防止给司法公开带来不利影响，并促进司法公开。

一　应用的边界

智能化司法在许多国家已成趋势。例如，英国在2016年启动了一项包括建立数字化案件管理系统、网上离婚平台、远程开庭等在内的法院改革计划，预计于2023年完成，旨在提供更多线上服务并推动建设数字化法院，以提升司法体系的运作效率并完善公众寻求司法救济的途径。[①] 我国也在推进智慧法院建设，重要内容之一就是利用大数据与人工智能技术促进司法裁判智能化。早在2017年，国务院就印发了《新一代人工智能发展规划》，指出要建设智慧法庭，"建设集审判、人员、数据应用、司法公开和动态监控于一体的智慧法庭数据平台，促进人工智能在证据收集、案例分析、法律文件阅读与分析中的应用，实现法院审判体系和审判能力智能化"。实践中，2017年，上海开发了全国首个刑事案件智能辅助办案

---

① HM Courts & Tribunals Service, *HMCTS Reform Programme Projects Explained*, GOV. UK (20 June 2018), https://www.gov.uk/guidance/hmcts-reform-programme-projects-explained.

系统即"206"刑事案件智能辅助办案系统,以解决证据适用标准不统一等程序问题,防范冤假错案。①2018年,北京法院也依托北京法院的法律知识图谱,利用机器学习技术开发了"睿法官"系统,并在投入使用后按照法官的使用习惯和案例引用情况持续改进算法,以促进实现类案同判。②人工智能对司法过程的介入程度成为需要审视的重要议题之一。目前,国内主流观点是,人工智能在司法中应处于辅助地位,而不应取代法官。③这初步划定了人工智能应用的边界,但也引出了更为具体的问题:"辅助"的具体边界在哪里?

这个问题的意义在于:讨论人工智能在司法中应用的边界及具体的技术伦理时,必须区分这种应用是否会对公民权利义务关系产生实质影响。一种应用不会对权利义务关系产生实质影响,例如审判流程智能管理软件、辅助书记员做庭审记录的语音识别技术、辅助法官或法官助理查找法律条文和司法解释以及案例的系统;而另一种应用则可能会对当事人权利义务关系产生实质影响,例如网上争议解决系统、法院提供的帮助当事人参与法律程序并给出建议的聊天机器人、分析和预测软件(如分析再犯可能性的软件)、辅助法官起草判决等文书的智能系统。这两种类型的应用在司法中受到的限制于规范层面应当有所区别。本文主张,后一种应用应当受到更加严格的限制,并且必须建立在案件当事人自愿的基础上,因为受到公开公平的审判被普遍认为是一项基本的人权。也就是说,当事人有权拒绝人工智能的裁判或决定,而要求由法官进行审理和裁判。在这一问题上,欧盟的经验也是如此。根据欧盟《数据安全监管计划》第22条的规定,除了特定的例外情况,任何人均有权拒绝接受仅由自动的算法过程作出的决定。保障人权是讨论人工智能应当如何在司法中应用的重要考虑因素,欧洲司法效率委员会在2018年末发布了《欧洲司法体系与环境中应用人工智能的伦理宪章》(以下简称《欧洲伦理宪章》),初步提出了人工智能在司法中应用所应遵循的原则和伦理框架,并在2021年进一步提出路线图,以保障此类应用不会侵犯《欧洲人权公约》和《个人信息保护公约》所载明应保护的人权。

---

① 上海法院:《揭秘"206":法院未来的人工智能图景——上海刑事案件智能辅助办案系统154天研发实录》,《人民法院报》2017年7月10日。
② 《2018全国政法智能化建设智慧法院十大创新案例(一)北京市高级人民法院——"睿法官"系统》,法安网,2019年3月27日,https://www.faanw.com/zhihuifayuan/58.html。
③ 黄京平:《刑事司法人工智能的负面清单》,《探索与争鸣》2017年第10期。

除考虑保障人权外，讨论人工智能介入司法过程之边界的另外两个重要相关问题是：人工智能是否能够介入以及是否应该被允许介入司法裁判过程？第一个问题实质上是人工智能决策过程是否可以模拟传统司法决策过程。人工智能的决策过程是基于数理生成的判断过程。司法决策过程并非简单的形式逻辑推演过程，更非被诟病的"自动售货机式"的事实—结论这种决策过程。人工智能系统将逻辑作为法律论证的唯一因素。目前，人工智能还是计算机的数据处理过程，无法模拟人类推理和在社会背景下决策的能力。①《欧洲伦理宪章》指出，计算机既无法模拟实在的法律体系，也无法模拟法官的说理过程，因为法官的说理过程是在评估和解释案件事实、适用法律。②国内学者也认为司法裁判过程无法避免价值判断，而人工智能难以作出价值判断，尤其是在具有高度争议的案件中，例如安乐死案。③考虑到中国司法实践情况，调解也是法官的重要工作内容。国外研发了辅助争议解决的人工智能系统，但大都是调解商事纠纷或者一些事实简单且赔偿数额不大的人身损害诉讼。国外也有研发在线争议解决系统，将之用于在离婚案件中协助配偶双方讨论处理财产分割和子女抚养权事项，以便作出更为公平且可持续的安排，例如荷兰开发的 Rechtwijzer Uit Elkaar 系统，是为了减轻诉讼过程的对抗性并让当事人可以更容易地理解和参与程序。④但是，中国法官在调解中会考虑在其他国家法官看来似乎超越法律但又对解决纠纷、实现"案结事了"、维护"社会稳定"有益的因素，这也是目前的人工智能技术难以做到的。

如果人工智能无法模拟司法决策过程而仅能由算法得出结论，这样的结论的正当性及遵守人工智能裁判结果的义务来源便成为问题。这并不是个全新的问题，它涉及法哲学的经典议题——法律的强制力以及守法义务来源。奥斯丁的将法律建立在对主权者权力服从基础上的概念在当今影响

---

① Dennis J. Baker & Paul H. Robinson, "Emerging Technologies and the Criminal Law," in Dennis J. Baker & Paul H. Robinson, eds., *Artificial Intelligence and the Law: Cybercrime and Criminal Liability*, Routledge, 2021, pp. 2–3.

② European Commission for the Efficiency of Justice (CEPEJ), *European Ethical Charter on the Use of Artificial Intelligence in Judicial Systems and Their Environment* (3–4 December 2018), p. 36.

③ 孙海波：《反思智能化裁判的可能及限度》，《国家检察官学院学报》2020年第5期。

④ Roger Smith, *Rechtwijzer: Why Online Supported Dispute Resolution Is Hard to Implement*, Law, Technology and Access to Justice (20 June 2017), https://law-tech-a2j.org/odr/rechtwijzer-why-online-supported-dispute-resolution-is-hard-to-implement/.

已经十分有限。法律的强制力需要正当性，否则法律将与暴徒的命令没有区别。仅仅基于强制力而要求公民接受人工智能系统得出的裁判结论会遭受质疑，也很可能会对司法公信力产生不利影响。

除利用人工智能辅助开展审判工作外，另一种会对公民权利义务关系产生较为实质影响的人工智能使用场景是立案前的诉讼风险评估，尤其是如果此种智能评估系统和结果由法院提供。国内有法院在立案大厅安装诉讼风险智能评估系统终端供前来立案的当事人使用，[1] 或是在线开放诉讼风险智能评估系统，[2] 意图通过评估结果来劝阻败诉风险较高的当事人立案以减少法院的案件负担，缓解"案多人少"的矛盾。这也反映出中国法律人工智能系统的开发、应用呈现出浓厚的政府主导色彩，多由公共部门需求驱动。而在美国等国家，此类系统更多由律所、保险公司等私人部门使用，呈现出市场驱动的特征。如果中国法院要实现其初衷，则需当事人信任诉讼风险评估系统的评估结果。同样由于算法的封闭性，当事人可能难以理解为何得出某一评估结论，这可能影响当事人对预测结论的信任。目前也尚未有实证研究证实此类智能诉讼风险评估系统对法院立案数量的影响。本文主张，此种情况下应严格限制法院工作人员对预测结果从法律专业角度作出解释，因为有"未审先决"之嫌。当事人仍需借助律师和法律援助工作人员的专业服务来理解预测结论。这反映出的仍是长期以来困扰司法体制的效率问题以及法律服务的普及性和法律援助的可获得性问题。如果允许公益组织在法院立案大厅或附近开展法律援助工作，就使用诉前风险评估系统作简单解释，并辅以人工咨询，则可以更低成本并更广泛地提供法律援助，并避免以法院名义提供这种系统可能招致的伦理争议。更重要的是，出于保障人权以及司法公正的考虑，在司法过程中应用人工智能，必须保障公民了解自己的权利与选择，其可以拒绝人工智能系统得出的任何结论，选择向法官寻求救济并获得公平审判，而且法院对法官使用"辅助系统"的规定也必须尊重法官在司法决策过程中的独立性。刑事司法对人权影响更为深刻，尤其应当审慎对待人工智能的应用，落实前述原则。

---

[1] 王娜、鲍志刚：《新密法院诉讼风险智能评估自助系统上线》，郑州市中级人民法院网，2017年11月17日，http://zzfy. hncourt. gov. cn/public/detail. php? id = 25327。
[2] 《"北京法院微诉讼平台"上线 15类纠纷可在线评估诉讼风险》，中华人民共和国最高人民法院网，2019年1月3日，https://www. court. gov. cn/zixun-xiangqing-137901. html。

二 算法歧视、法律僵化与类案同判

促进实现"类案同判"是近年来司法改革的重要目标之一,法院也在探索建立、完善类案检索制度。《最高人民法院司法责任制实施意见(试行)》于2017年发布,明确要求法官在审理案件时,依托办案平台、档案系统、中国裁判文书网、法信、智审等进行全面的类案检索,如果会形成新的裁判尺度、改变裁判尺度或发现裁判尺度存在重大差异的,需要提请审判委员会讨论。① 2018年,最高人民法院印发了《关于进一步全面落实司法责任制的实施意见》,其中指出要"建立类案及关联案件强制检索机制,确保类案裁判标准统一、法律适用统一"。② 支持人工智能技术在司法中广泛应用的一个重要动力是:期待借助人工智能实现类案同判,而类案同判又被认为是司法公正的必然要求。虽然目前国内研发的类案检索与推送系统还难以实现这一初衷,原因包括公开的判决文书有限导致数据数量与质量受限以及现有技术还难以准确识别何为类案。③

然而,事实远比这样的论点复杂。首先,这个问题的讨论是在未清晰厘定这一问题的情况下展开:类案同判隐含的前提是不是全部案件。对于法院处理的大多数事实与法律关系相对简单、法律适用争议不大的日常案件以及法律适用存在极大争议或者引起媒体与公众高度关注的少数案件,应当分别讨论。部分现有研究在讨论这一问题时将两类案件混合讨论,通常会以人工智能算法难以解决法律关系复杂、争议较大的案件中的价值判断问题,可能形成忽视法律规则背后的立法目的与社会价值走向的"机械化司法"为由而主张人工智能仅能在实现类案同判中处于辅助地位,并批判性地反思将类案检索设定为法官裁判案件过程中的一项义务。④ 其次,反思这个论点也需重新审视类案同判这个传统议题:传统司法过程是否有可能践行、实现类案同判。回答这个问题的前提是审视法律本身是否有足

---

① 《最高人民法院司法责任制实施意见(试行)》(法发〔2017〕20号),2017年7月25日发布,第40条。
② 《关于进一步全面落实司法责任制的实施意见》(法发〔2018〕23号),2018年12月4日发布。
③ 何春芽、管俊兵、陈国平:《类案强制检索结果的司法适用规则研究——基于从类案到类判的功能主义视角》,《法律适用》2020年第18期;左卫民:《如何通过人工智能实现类案类判》,《中国法律评论》2018年第2期。
④ 孙海波:《反思智能化裁判的可能及限度》,《国家检察官学院学报》2020年第5期。

够的确定性,这也是法哲学经典议题之一。

  法律的确定性已被质疑。例如,哈特认为法律具有开放性(模糊性),这是由人类语言本身的开放性(模糊性)所决定的。① 霍姆斯则认为法律从来没有确定性,因为法律的确定性取决于人的行为和对法律的解释的确定性,而这两者都是不确定的;也就是说,法律的确定性是动态的且需要花费功夫去维护的,而这就意味着法律的确定性不会僵化为阻碍正义的问题,因为法律的可预期性和开放性都是和对法律文本的严格解释相矛盾的。② 如果考察法律在现实中是否总是具有明确性,则情况十分复杂。即使是在大陆法系国家,部分法律渊源也不是完美的相互衔接的,而且部分法律规则的含义也并非十分明确的;普通法系虽然被认为更能适应新的法律需求,但是法律也在变迁中并且无法提供更大的确定性。③ 利南也指出法律的复杂性在于它的目的性和可能引起争论的本质,也就是说,两个一致的论点却可能基于不同的优先考虑的事项而推导出不同的判决。④

  至此,可以看出,虽然传统上法治追求法律具有更大程度的明确性,但是法律在现实中很难总是明确的。许多学者持此观点,并认为人工智能也难以实现类案同判。例如,希尔德布兰特认为这种观点混淆了人工智能对于判决的模拟和判决本身的区别,因为判决是基于对法律确定性的探讨推演出来的,而不仅仅局限于类似于数学推演的一致性。⑤ 欧洲司法效率委员会在考察成员国后更是直接指出:类案同判从未在传统司法过程中完全实现过,现实中更常见的是法官在推理过程中由果及因地考虑;人工智能也无法实现类案同判,虽然人工智能可以预测法官在类似案件中或类似情况下的决定,但是因为法官的说理过程包含许多因素从而无法形式化成简单的由

---

① 〔英〕哈特:《法律的概念》,许家馨、李冠宜译,法律出版社,2018,第 187~201 页。
② Mireille Hildebrandt, "Law as Computation in the Era of Artificial Legal Intelligence: Speaking Law to the Power of Statistics," *University of Toronto Law Journal*, vol. 68, no. 12, 2018, p. 20.
③ European Commission for the Efficiency of Justice (CEPEJ), *European Ethical Charter on the Use of Artificial Intelligence in Judicial Systems and Their Environment* (3-4 December 2018), pp. 35-36, pp. 443-455.
④ European Commission for the Efficiency of Justice (CEPEJ), *European Ethical Charter on the Use of Artificial Intelligence in Judicial Systems and Their Environment* (3-4 December 2018), p. 36.
⑤ Mireille Hildebrandt, "Law as Computation in the Era of Artificial Legal Intelligence: Speaking Law to the Power of Statistics," *University of Toronto Law Journal*, vol. 68, no. 12, 2018, p. 23.

因及果的过程，加之自由裁量情况，机器学习无法模拟法官的整个说理过程。① 这些发现从根本上动摇了人工智能有助于实现类案同判的论点。

人工智能处理数据的方式和现有数据的质量、数量也决定了它对实现类案同判作用有限。人工智能是一项数据驱动的技术，数据的选择对结论的可靠性至关重要。人工智能也未必可以回溯解释法官的决定。因为人工智能需要一定数量的背景数据并进行分析，而且这一分析过程需要分离出那些真正构成原因的数据，例如，大部分法官在离婚案件中倾向于将孩子的抚养权判归女性无法得出大部分法官歧视男性的结论，真正原因可能是父母的工作时间以及收入等许多文化、经济和社会因素，所以输入大量数据并不必然意味着人工智能可以准确解释法官的决定。② 更进一步讲，中国长期以来缺乏大量优质的法律数据，③ 作为数据驱动的技术，人工智能在采集数据阶段就存在问题。这让此类人工智能系统在开发时就面临重重困难，开发后也难以实现类案同判这一初衷。

以刑事司法为例，人工智能在国内应用于刑事司法实践的初衷是统一证据标准和量刑标准。随着量刑规范化的推进，已有二十多种罪名的量刑规定较为细致，即使没有人工智能技术作为辅助，依照量刑规则法官也可以大致实现量刑的标准化。但是对于其他罪名，由于没有量刑规则，智能量刑系统的研发者在设定算法规则时也会面临和法官一样的困难：缺乏数据。目前，人工智能在中国刑事司法实践中的应用显现出"简易案件不需要、复杂案件不敢用"的问题，因为简易案件中事实清楚、证据确实充分，办案人员不需要人工智能辅助就可以熟练处理；而复杂案件中办案人员并不理解人工智能的技术原理并更倾向于相信自己的判断，而且人工智能系统的工作表现比办案人员逊色许多，甚至提出了一些不是问题的"问题"要求办案人员解释，反而加重了办案人员的工作负担。④ 造成这种情况的原因既包括人工智能本身的技术原理，也包括我国缺乏大量优质法律数据。后者涉及人工智能与司法公开的关系，本文会在第三部分详细

---

① European Commission for the Efficiency of Justice（CEPEJ）, *European Ethical Charter on the Use of Artificial Intelligence in Judicial Systems and Their Environment*（3 – 4 December 2018）, pp. 36 – 37.

② European Commission for the Efficiency of Justice（CEPEJ）, *European Ethical Charter on the Use of Artificial Intelligence in Judicial Systems and Their Environment*（3 – 4 December 2018）, pp. 39 – 41.

③ 左卫民：《关于法律人工智能在中国运用前景的若干思考》，《清华法学》2018 年第 2 期。

④ 谢澍：《人工智能如何"无偏见"地助力刑事司法——由"证据指引"转向"证明辅助"》，《法律科学（西北政法大学学报）》2020 年第 5 期。

展开。

通过人工智能实现类案同判的尝试可能带来的问题并不局限于上述工作表现乏善可陈的人工智能系统给法官工作效率带来负面影响，还可能包括：影响法官决策的独立性并导致司法决定过度标准化进而造成法律僵化，算法处理个人背景数据的程序对某些人群造成歧视，以及此类数据和技术被私人部门用来分析法官和法院的偏好以制定诉讼策略。

第一个问题的具体表现包括：在搜集相当数量的判决之后，如果根据特定类型案件判决的主流趋势总结出规则，可能会让特定类型案件的司法决定变得过于统一，以及如果出现这种情况，不同层级的法院尤其是国内的最高法院的决定在保证法律解释的统一性方面的重要性会受到影响；这些主流趋势推导出的规则被法官不加质疑就予以采用，可能会导致司法决定过度的标准化。[①] 这再次说明，讨论人工智能在司法中应用的伦理框架时需要考虑的问题并不全是技术革新带来的新问题，一些情况是在新视角下审视已经存在的问题。例如，欧洲人权法院明确强调需要在法律的确定性或者说司法决定的可预期性与司法解释的弹性空间之间找到平衡。[②] 目前国内已有法院关联案例智能推送、裁判偏离预警（或"同案不同判预警平台"）等系统，目的是辅助法官决策，实现类案同判。如果政策要求法官决策须原则上符合系统推送结果，例外情况下需要作出说明，那么人工智能的应用就可能会侵蚀法官决策的独立性，并造成司法决定过度标准化的问题。这种问题尤其影响法官在有高度争议的案件中解释法律以实现个案正义。

关于第二个问题，技术本身是中立的，但是开发算法的技术人员却可能存在偏见，被录入的数据也可能会反映真实世界中存在的偏见与歧视问题。这些问题可能因为人工智能系统严格执行算法而进一步被放大。国内外已普遍意识到人工智能可能带来的算法歧视问题，但算法歧视在中国和英美的现实风险与具体原因却有所不同，应对的方式与规范也应有所不同。人工智能在国内刑事司法中的应用多见于辅助实现量刑规范化和类案同判，而在英美刑事司法中的应用多见于再犯可能性的评估。美国一些州法院会使用人工智能系统辅助评估犯罪嫌疑人或被告人的再犯可能性，并

---

① European Commission for the Efficiency of Justice (CEPEJ), *European Ethical Charter on the Use of Artificial Intelligence in Judicial Systems and Their Environment* (3-4 December 2018), p. 24.

② European Commission for the Efficiency of Justice (CEPEJ), *European Ethical Charter on the Use of Artificial Intelligence in Judicial Systems and Their Environment* (3-4 December 2018), p. 23.

决定是否准许他们的保释申请以及决定刑事被告人的刑期。在研发评估再犯可能性的系统时，可能涉及公民个人性别、种族、收入、职业等个人数据，因此如果算法处理不慎，很有可能会造成针对某一类人群的歧视。英国在刑事司法实践中使用人工智能技术时也考虑到了这样的风险并采取了审慎态度。例如，杜伦警方在2018年开展了一项为期两年的试点工作，使用剑桥大学根据杜伦当地2008年至2012年被羁押人的数据开发的一项人工智能系统（名为"Harm Assessment Risk Tool"，以下简称"HART"），用来辅助其评估再犯可能性。为了防止警察可能存在的对特定种族或社会群体的偏见进入警察使用HART的工作中，警察在培训中被明确告知HART在开发时并没有将种族背景数据编入算法，并且HART只是辅助他们作出决定的工具。① 即使如此，杜伦警方使用HART评估再犯可能性的做法仍然遭到了批评和质疑，理由是所用数据仍可能是具有歧视性的。② 开发人员也表示，人在决策时可以根据变化的情境调整思维，但是算法未必能做到这一点，最终，杜伦警方在2020年停止HART试点。③ 但是，在量刑规范化实践中，这些个人背景数据很少与量刑有关，并且在量刑规则中将这些作为影响量刑的因素的可能性也很低。如果此类数据不被编入算法，造成歧视的风险会得到一定程度的控制。如果未来中国也引入风险评估系统或其他可能会采集性别、民族、种族等个人背景数据的人工智能系统，应当在这一过程中落实不歧视的原则，避免对特定人群造成歧视。

第三个问题目前在国外更为突出，并已引发讨论。律所这些私人部门有动力去尽可能了解不同法官和法院的裁判风格。因为对于诉讼律师来说，了解法官和法院的裁判风格和倾向十分重要，前文也提及类案同判从未在现实中实现过，律所会希望减少不确定性并最大化客户利益。此种基于法官和法院偏好的诉讼策略在人工智能出现之前的时代也存在。例如，在美国和法国的媒体侵犯隐私案件中，律师或者原告会根据法院可能判决的赔偿数额去挑

---

① Centre for Public Impact, *Durham Constabulary's AI Decision Aid for Custody Officers*, Centre for Public Impact (October 2018), https://www.centreforpublicimpact.org/assets/documents/ai-case-study-criminal-justice.pdf.

② Centre for Public Impact, *Durham Constabulary's AI Decision Aid for Custody Officers*, Centre for Public Impact (October 2018), https://www.centreforpublicimpact.org/assets/documents/ai-case-study-criminal-justice.pdf.

③ *Helping Police Make Custody Decisions Using Artificial Intelligence*, University of Cambridge (26 February 2018), https://www.cam.ac.uk/research/features/helping-police-make-custody-decisions-using-artificial-intelligence.

选法院。① 但是，大数据和人工智能的应用会让当事人和律师更为方便且准确地发现法官的风格和倾向性，这会加剧上述情况。② 法院又不能因此不公开法官姓名，因为这是司法公开的要求，当事人也有权知道审判自己案件的法官是谁。欧洲已经有公司开发出人工智能系统用来预测法官的决定，虽然没有在欧盟大规模应用，但是这种软件的大部分客户都来自私人部门，包括保险公司、律所等，因为它们希望减少不确定性以及法官决定的不可预测性。③ 目前，欧洲人权法院的做法是，允许根据某个法官的名字查找他/她的判决，但是不允许统计某个特定法官的相关数据；但是这些数据一旦公开，是否会有机构或者个人私下利用这些数据去进行相应的分析是难以完全控制的；可能涉及的另一个问题是，尤其是在一些没有反对意见制度的国家，判决以整个合议庭的名义作出，公开某个法官持有反对意见是否给持反对意见的法官增加了责任与压力。④ 法国也对私人部门可能利用人工智能系统制作用于了解法官裁判风格的"法官画像"明确发布了禁令。⑤ 目前，国内尚未针对这一问题作出规定。虽然我国没有反对意见制度，合议庭评议意见收入不公开的法院副卷，私人部门也难以拿到这方面的数据。但是大量法官独任裁判的判决书仍然会提供可用于制作"法官画像"的数据，对这个问题，在完善司法人工智能应用的伦理框架时仍需作出规定。

三　算法过程的封闭性与司法公开

司法公开是司法过程所追求的核心价值之一。说理过程与判决依据公开并且可以被法律职业从业者理解是实现司法公开的重要条件，说理以及

---

① European Commission for the Efficiency of Justice (CEPEJ), *European Ethical Charter on the Use of Artificial Intelligence in Judicial Systems and Their Environment* (3 - 4 December 2018), pp. 26 - 29.

② European Commission for the Efficiency of Justice (CEPEJ), *European Ethical Charter on the Use of Artificial Intelligence in Judicial Systems and Their Environment* (3 - 4 December 2018), pp. 26 - 29.

③ European Commission for the Efficiency of Justice (CEPEJ), *European Ethical Charter on the Use of Artificial Intelligence in Judicial Systems and Their Environment* (3 - 4 December 2018), pp. 14, 16.

④ European Commission for the Efficiency of Justice (CEPEJ), *European Ethical Charter on the Use of Artificial Intelligence in Judicial Systems and Their Environment* (3 - 4 December 2018), pp. 26 - 29.

⑤ 王禄生：《司法大数据应用的法理冲突与价值平衡——从法国司法大数据禁令展开》，《比较法研究》2020 年第 2 期。

基于说理的决定可以被质疑也是司法决定正当性的来源之一。作为一项数据驱动的技术，人工智能的表现取决于数据的数量与质量。公开的判决文书等司法数据的数量与质量本身就会影响人工智能的表现。人工智能技术的使用也并不必然会提升司法公开水平。人工智能基于算法得出结论，由于算法过程的封闭性，人工智能在司法过程中的应用可能与司法公开产生冲突。造成人工智能算法和代码封闭性的原因有多种，既可能是开发商主动保密，也可能是因知识产权或商业秘密等而不公开；而且考虑到研发成本，开发商可能也不愿公开。[1] 即使以神经网络技术为基础的机器学习已较为成熟，开发成本仍然高昂，开发商难有动力去公开算法。

虽然机器学习类型的人工智能日趋成熟，但是市场化开发的人工智能系统可能受到开发商、用户或者训练人工智能的法律专业人士的特点影响而复制了他们的缺点。[2] 若在司法过程中使用人工智能，一个很重要的问题是如何评估人工智能结论的可靠性。法律工作者和其他普通用户既不了解算法，也缺乏专业背景，很难从技术角度去验证人工智能系统及其结论的可靠性和准确度。人工智能开发商和技术人员既具备专业能力，又了解算法过程，但是未必有足够动力去做这件事情。此外，我们也难以保证人工智能系统的开发商和技术人员可以在没有其他外部监督程序时，不受经济利益等因素影响，客观中立地验证自己所开发的人工智能系统的可靠性并公布验证过程。

法律推理是可以被法律工作者认知、讨论和检验的，也可以由律师帮助让当事人理解，而以机器学习为基础、通过算法得出的结论却难以被检验和挑战。这也是经常被学者提到并且需要警惕的算法黑箱问题。[3] 这就意味着，如果人工智能在司法决策中扮演决策制定者或者决策依据这类核心角色，司法过程很可能变得封闭，与司法公开冲突，也与多年来最高人民法院致力于提升司法公开水平的政策目标相悖。

---

[1] Mireille Hildebrandt, "Law as Computation in the Era of Artificial Legal Intelligence: Speaking Law to the Power of Statistics," *University of Toronto Law Journal*, vol. 68, no. 12, 2018, p. 28.

[2] European Commission for the Efficiency of Justice (CEPEJ), *European Ethical Charter on the Use of Artificial Intelligence in Judicial Systems and Their Environment* (3 – 4 December 2018), p. 31.

[3] 季卫东：《人工智能时代的法律议论》，《法学研究》2019 年第 6 期，第 48 页；马长山：《人工智能的社会风险及其法律规制》，《法律科学（西北政法大学学报）》2018 年第 6 期，第 51 页；马长山：《司法人工智能的重塑效应及其限度》，《法学研究》2020 年第 4 期，第 33 页；李飞：《人工智能与司法的裁判及解释》，《法律科学（西北政法大学学报）》2018 年第 5 期，第 35 页。

这里还有一个重要背景，中国法官的判决文书长期呈现出说理极为简略的风格。这种风格使合议庭成员或独任法官之外的人无法确切得知推理过程，只能大致依据法官所援引的法律条文去推断。在大部分较为简单的日常案件中，这样简略的说理过程在上诉审和法律监督中不会带来太多不便，也不至于使对推理过程的审查与挑战变得无法操作。考虑到相当数量法院案多人少的问题以及日常案件的简单程度，也很难苛求法官在日常案件中详细说理。让一些学者感到赞叹的英国法官长达几十页甚至上百页的判决书以及反对意见，只存在于小比例的疑难复杂案件中，英国法官在处理日常案件时作出的判决也是简要的。但是，在高度争议的复杂疑难案件中，细致翔实的说理对于司法公开的意义就格外重要。近年来最高人民法院和学界也一再呼吁增强判决文书的说理性，以提升司法公开水平。如果人工智能成为决策制定者或决策依据，由于算法过程的封闭性，这不仅不会促进司法过程透明度的提升，反而背道而驰。至此，本文主张，由于算法封闭性这一固有属性，人工智能只能在司法中扮演辅助性角色并受到限制，代替法官成为决策者则应当受到严格限制甚至禁止。

长期困扰中国司法公开的另一个问题是庭审流于形式，因为司法公开并不简单等同于庭审公开。上海法院系统开发了206智能审判系统，意图促进实现"庭审实质化"。但是，人工智能系统在多大程度上可以扭转由职权主义模式造成的"案卷中心主义"现实仍存疑。本文主张，依靠人工智能技术辅助审查卷宗笔录等材料以及审查证据之间是否有矛盾，仍然停留于甚至在强化"案卷中心主义"，并没有强调庭审对于审查证据尤其是证人证言的重要性。使用人工智能不会改变中国现行的诉讼模式，也无法解决证人出庭率低和刑事审判中被告人当庭翻供等问题。如果将来人工智能技术成熟，庭审前检察官、法官对人工智能辅助审查证据的依赖性增强，庭审甚至更可能流于形式。具体就刑事司法实践而言，侦查阶段封闭性极强，提高刑事司法过程的透明度以及加强审查侦查阶段取得的证据对防范冤假错案和保障人权极为重要。而随着人工智能技术的成熟化，如果对证据的审查过分依赖于人工智能而不是庭审时控辩双方的质证，这甚至可能加剧庭审的形式化。国内也有学者表达了对过度依赖人工智能检验证据可能带来问题的担忧。[1]

---

[1] 谢澍：《人工智能如何"无偏见"地助力刑事司法——由"证据指引"转向"证明辅助"》，《法律科学（西北政法大学学报）》2020年第5期。

所以，使用人工智能未必会促进司法公开。那么，如何使用人工智能才能促进司法公开便成为重要问题。欧盟也意识到这个问题，欧洲司法效率委员会指出："法律人工智能不应仅停留于提升效率，也应致力于保障法治和促进司法公开。"① 对这一问题的探讨应当基于人工智能是一项数据驱动的技术这个基本事实。这就意味着，人工智能的工作表现与所获得的数据密切相关。数据越多，质量越高，人工智能的工作表现可能越好。这就涉及司法体系中的公共部门产生的数据，某种意义上讲，如《欧洲伦理宪章》指出的那样："人工智能的发展虽然对个人数据保护提出了挑战，但是对司法公开或者说司法体系中的公共数据（公开数据）的公开却起到了推动作用。"②

在如何促进公开司法数据这一问题上，法国的经验也许值得借鉴。在相当长时间内，法国最高法院（Courde Cassation）和国务委员会（Le Conseil d'Etat）只选择公开一部分判决，比例极其有限，直到 2016 年公开比例都不到总判决数的 1%，并且呈现出零碎和不完整的状态。③ 法国在 2019 年颁布了 2019-222 号法律，即《司法改革法》，规定只要不是被法律明确排除的特定类型案件，在尊重有关司法人员和当事人隐私以及评估再识别风险的前提下，应当以电子形式向公众免费提供所有法院判决。④ 法国禁止基于法官和书记员身份的大数据的分析、预测和评价，例如分析某个法官的判决是否具有连续性或者预测某个特定法官的判决等，原因在于保护法官隐私和司法权威，防止基于法官身份的判决预测对法官判决造成不当干预从而影响司法独立和司法创新，也防止当事人实施为了获得有利于自己的判决结果而有意识地选择特定法院或特定法官进行诉讼这样的诉讼投机行为。⑤ 中国裁判文书上网计划近年来也取得进展，这有助于提升司

---

① European Commission for the Efficiency of Justice（CEPEJ）, *European Ethical Charter on the Use of Artificial Intelligence in Judicial Systems and Their Environment*（3-4 December 2018）, p. 16.
② European Commission for the Efficiency of Justice（CEPEJ）, *European Ethical Charter on the Use of Artificial Intelligence in Judicial Systems and Their Environment*（3-4 December 2018）, pp. 18-19.
③ 王禄生:《司法大数据应用的法理冲突与价值平衡——从法国司法大数据禁令展开》,《比较法研究》2020 年第 2 期, 第 134~135 页。
④ 王禄生:《司法大数据应用的法理冲突与价值平衡——从法国司法大数据禁令展开》,《比较法研究》2020 年第 2 期, 第 134 页。
⑤ 王禄生:《司法大数据应用的法理冲突与价值平衡——从法国司法大数据禁令展开》,《比较法研究》2020 年第 2 期, 第 135~139 页。

法公开水平。本文主张，中国可以审慎制定一份不得公开的案件类型的负面清单，例如规定涉及国家机密和商业机密等特定类型案件不得公开，在对当事人信息做匿名化处理以保护个人信息和隐私的前提下，负面清单之外所有案件的判决都应当免费向社会公众公开。在是否要禁止对法官个人身份数据的挖掘与分析方面，目前中国可以采纳类似于法国的做法。

结　论

人工智能技术在司法实践中的应用对于提升司法效率、进一步推动智慧法院建设有重要作用。但是，人工智能由于算法封闭性等固有属性也可能给传统法律价值如司法公开带来挑战与风险。因此，我国需建立伦理框架以规范人工智能技术在司法过程中的应用，防范风险，并在此基础上促进实现司法公开、公正以及人权保障这些法治的核心价值。欧洲经验有重要借鉴价值。

第一，人工智能在司法中只能用于辅助法官工作，而原因并不仅是人工智能技术尚未成熟。人工智能的固有属性与传统司法过程的本质区别决定了人工智能在司法中应用的具体边界，即"辅助"，以不影响法官独立行使审判权为边界。建立规范人工智能在司法中应用的伦理框架，应当区分人工智能的应用是否会实质性地影响当事人权利义务关系这两种情况并进行不同的规范与限制。可能对当事人权利义务关系造成实质性影响的应用，例如对当事人参与程序提供建议的聊天机器人、辅助法官起草判决书的智能系统、评估再犯可能性的系统、智慧量刑系统等，应当受到更加严格的规制。此外，即使是出于减轻法院诉讼负担的考虑，诉讼风险评估系统等预测案件结果的人工智能系统也不宜由司法机关直接提供给当事人使用，由法律援助机构提供更为恰当。

第二，目前人工智能对于促进类案同判作用有限。而且，为了防止造成法律僵化和司法过度标准化影响司法公正，人工智能系统的建议和结论只能作为法官裁判案件的辅助，不得强制法官采用，这也是对法官独立性的保障。在此类人工智能系统的开发与应用中，可能涉及个人数据，应落实不歧视的原则，避免对特定人群造成歧视。此类数据也可能被私人部门搜集用于开发预测判决结果和判断法官、法院判决风格、偏好的人工智能系统。我国尚未作出规定是否允许统计某个特定法官的相关数据，但是应当在建立伦理框架时考虑这一问题，防止此类人工智能系统对法官未来裁判案件造成不当影响。

第三，在司法过程中应用人工智能系统应当促进而非减损司法公开。由于算法的封闭性可能给司法公开带来负面影响，应当严格限制人工智能作出有法律约束力的决策，人工智能原则上只能辅助法官或其他司法工作人员作出决策。即使允许人工智能系统解决小额诉讼，仍然应当以当事人自愿为前提。如果当事人不同意人工智能作出的判决，仍有权上诉至法官处理。也就是说，应当始终保障公民诉诸司法并选择由法官审判案件的权利。此外，应当继续提升公开司法数据的数量和质量，这既会为开发、改进现有司法实践中应用的人工智能系统提供良好的数据来源和环境，也可以通过人工智能技术的应用进一步推动司法公开。

论法律职业伦理课程体系建设的几个基本问题[*]

刘坤轮　王姝雯[**]

摘　要：随着法律职业伦理成为法学本科专业必修核心课程，中国政法大学等高校建立起法律职业伦理这一二级学科，法律职业伦理的学科发展呈现出初步繁荣景象。但是，对于法律职业伦理本科阶段和研究生阶段的课程究竟应该如何开设、主要讲授什么内容，学界尚没有形成共识。专业是高等教育的基本单元，学科是特定专业的知识体系，课程是专业教育的载体，是学科传承的依托。对于法律职业伦理来说，完成课程体系建设对于本学科的发展来说至关重要。法律职业伦理课程体系建设应明确其法学专业课的基本定位，将其理论课程和实践课程兼具的课程品性贯彻落实到课程建设之中，实现理论与实践相结合、必修与选修设置结合、总论与分论均衡设置相结合。在设置路径上，兼顾专业理论课和专业实践课的设置特点，优化课程建设路径，并统筹协调好其与"习近平法治思想概论"课程、纯法律实践类课程、法律专业类课程以及统一法律职业资格考试之间的关系，实现法律职业伦理课程体系的优化建设。

关键词：法律职业伦理　课程属性　课程体系　"学训一体"

一　问题的提出

法律职业伦理怎么教？教什么？这是法律职业伦理教育教学问题的关键所在，实质也就是法律职业伦理的课程体系如何具体设置的问题。从课

---

[*] 本文系 2021 年教育部首批新文科研究与改革实践项目——面向新文科的文科专业三级认证体系构建类"面向新文科的文科专业三级认证体系构建"（项目编号：2021220002）的阶段性研究成果。

[**] 刘坤轮，中国政法大学法学教育研究与评估中心教授；王姝雯，湖北省江陵县人民检察院检察官助理。

程体系的角度来看，怎么教是由法律职业伦理课程属性和课程体系所决定的。教什么，则除了自身知识体系这一基本内容外，更多涉及与其他临近课程之间的关系问题，这恰恰也是法学课程体系建设需要考虑的重要内容。而以上正是本文尝试解决的核心问题。

法律职业伦理的教育教学问题早已有之，尤其是在域外，相关研究不胜枚举，争论颇多。但它为我国法学学者，尤其是法律职业伦理研究者所关注却是新近之事，随着法律职业伦理成为法学本科专业核心课程而显现，标志是 2018 年 1 月教育部发布《普通高等学校本科专业类教学质量国家标准》，法律职业伦理被确定为法学本科专业必须修习的 10 门核心课程之一。[①] 之后，经修订的《法学类教学质量国家标准（2021 年版）》（以下简称《法学国标》）发布。从一定意义上说，这是我国法律职业伦理学科发展史上的里程碑事件，为法律职业伦理学科发展进入快车道奠定了基础，一些院校的示范性发展迅速出现，比如依托所开创的"学训一体"法律职业伦理育人模式，中国政法大学率先设置了法律职业伦理二级学科，开始了硕士研究生和博士研究生的专门化培养，法律职业伦理的师资培训也陆续展开。凡此种种，都彰显了中国法律职业伦理教育教学破土而生、蒸蒸日上的形式繁荣。

然而，需要正视的是，法律职业伦理成为中国法学本科专业 10 门必修课程之一，这更多是自上而下推进的结果，是中国法学教育界对中国法学教育根本性问题进行反思，[②] 利用各种时机推进，最终在 2017 年习近平总书记考察中国政法大学作出重要讲话、明确法学教育和法治人才培养要坚持立德树人德法兼修之后，[③] 由教育部发起，法学类专业教学指导委员会执行，自上而下推动贯彻落实的结果。形式繁荣的光鲜不能掩盖的问题是，作为法学专业的核心课程之一，法律职业伦理学科基础薄弱、知识体系不健全、缺乏共同的研究领域和研究基础。[④] 其直接的外在表征就是，和其他法学二级学科相比，法律职业伦理教材建设滞后，市面可见的教材

---

① 教育部高等学校教学指导委员会编《普通高等学校本科专业类教学质量国家标准》，高等教育出版社，2018。
② 徐显明：《法学教育的基础矛盾与根本性缺陷》，《法学家》2003 年第 6 期。
③ 高林：《"德法兼修"视域下中国法律职业伦理之重塑》，《华北水利水电大学学报》（社会科学版）2020 年第 4 期，第 64 页。
④ 刘坤轮：《论法律职业伦理知识体系中的几个共性问题》，载侯欣一主编，夏纪森执行主编《法律与伦理》第七辑，社会科学文献出版社，2021。

寥寥无几。① 法律职业伦理学界每年发表的论文，和民法学、刑法学等传统法学强势学科相比，数量悬殊。② 法律职业伦理的领军人物，除了中国政法大学屈指可数的几位教授常年从事法律职业伦理研究外，其他均为其他学科转身过来的，绝大多数法律职业伦理的研究者的基础尚不具备理论开拓的能力。当然，这些学者中，也不乏一些学术造诣极深和理论功底深厚的法学大家，然而，硬币的另一面却是，正是由于个人学术能力突出，这些学者往往在以前归属的学科，已经取得相当成就和声望，依照学者按照学科专业归属实现自身发展的通常路径，这些学者很难会全心转型，在新领域深耕教学科研。法律职业伦理教育教学的一些基础性问题，也很难依靠他们解决。

但是，这些基础性问题却关涉中国法律职业伦理学科的未来发展，作为德法兼修高素质法治人才培养的支柱之一，法律职业伦理教育教学承载塑造法律人理想信念和训练法律人行为模式的重要任务。这一任务的承担需要具体落实到法学院系的课程设置上来，但恰恰是对这些问题，目前尚未有专门的研究，更遑论形成课程体系建设的共识。本科阶段法律职业伦理究竟如何定位、教什么、怎么教，研究生阶段的法律职业伦理教育教学和本科阶段有什么区别，作为二级学科的法律职业伦理在硕士研究生和博士研究生中如何培养，法律职业伦理的专业课程体系如何构建，设置什么课程才能形成和传统法学二级学科相匹配的专业课程体系，已经是摆在中国法学教育界面前迫切需要解决的问题，法律职业伦理教学指导要求迟迟不能出台，③ 这也充分反映出上述问题的严重性。

有鉴于此，本文尝试厘清法律职业伦理的课程属性、课程体系及其可能的构建路径以及要协调处理好的若干问题，这构成了本文行文的基本框架。第一，法律职业伦理的课程属性。属性问题的探讨是在专业教育的语境之中进行的，主要涉及法律职业伦理是专业课还是通识课，是理论课还是实践课，以及是必修课还是选修课等基础问题。第二，法律职业伦理的课程体系。这一问题沿着法学专业课程体系展开，在体系观的统筹下，试图明确作为法学二级学科的法律专业伦理之课程体系的各个环节，尤其是阐明核心环节和拓展环节，形成法律职业伦理二级学科的课程体系基础。

---

① 主编者主要包括王进喜、李本森、许身健、巢荣华、李旭东、郭哲和石先钰等研究者。
② 中国知网上每年关于法律职业伦理的论文不足百篇，其他法学二级学科动辄上千篇。
③ 高教司 2019 年工作重点中，有出台法律职业伦理教学指导要求的计划，但目前尚未发布，可以推断的是，法律职业伦理学界的这一工作，并不能让人满意。

第三，法律职业伦理课程体系建设的基本路径。这一问题从专业理论和专业实践两个维度展开，分别探讨本科生、硕士研究生、博士研究生法律职业伦理的课程名称、内容和讲授重点问题。第四，与其他课程和制度设计的关系。这一部分主要涉及法律职业伦理课程和"习近平法治思想概论"课程、纯法律实践类课程、法学专业课程、统一法律职业资格考试的关系问题。这些关系，都是法律职业伦理课程体系在建设过程中需要统筹协调的，关涉法律职业伦理学科的地位。

二 法律职业伦理的课程属性

一般而言，高等教育课程类型采取两级划分法，首先分作理论课程和实践课程，继而再将这两类课程类型进行二次划分。依据《法学国标》的划分，法学类理论课程可以分为思想政治理论课程、通识课程与专业课程；实践课程可分为实验和实训课、专业实践课程、社会实践与毕业论文（设计）。对于法律职业伦理的课程属性，首先要解决的，依重要程度可分为三个问题：是专业课程还是通识课程，是理论课程还是实践课程，是必修课程还是选修课程？

（一）专业课程还是通识课程？

专业课程和通识课程的区分，源于专业教育和通识教育之分，但大学中又不完全相同，因为高等教育基本上都以专业为基本框架，都属于专业教育的范畴，但大学课程体系中，应该也必须有提升学生综合素质的课程，这些课程有别于专业课程，这也就有了专业课程和通识课程之分。简单而言，专业课程是在纵深方向提升学生素质，通识课程则更类似于平面拓展，注重学生知识面扩大。专业课程更多涉及知识的实践应用，以使学生适应未来职业的具体需求，通识课程则更多偏向理论和综合性基础知识。专业课程通常归属于所在专业的知识范畴之内，通识课程则超越所在专业的知识范畴。

本人曾在论述法律职业伦理的可教性中提到，当前法律职业伦理的内容构成具有技术性走向的发展趋势，纯粹价值话语或法哲学基础的内容所占比例越来越小，细密的职业伦理规范内容越来越庞杂，[1] 内容上和民法

---

[1] 刘坤轮：《法律职业伦理教育必要性之理论考察》，载黄进主编，曹义孙执行主编《中国法学教育研究》2013年第4辑，中国政法大学出版社，2013。

学、刑法学等传统法学课程具有相似的框架，先是具有法哲学内容特征的总论，继而是适用于各种伦理困境的行为规则，前者对应着法律职业伦理的基本原则，后者对应着法律职业伦理的具体规则，二者共同构成法律职业伦理的规范体系。这种显性的内容构成特征也是法律专业课程所特有的，极大程度上决定了法律职业伦理的课程性质应为专业课程，而非适用于高校各专业的通识课程。

需要特别指出的是，这里需要将通识课程中的德育课程与专业课程中的法律职业伦理课程区分开来。尽管二者均有思政教育的功能，但德育课程偏向于宏观，更注重世界观、人生观和价值观层面的育人功能；法律职业伦理则更微观具体，指向法律工作者在法律执业实践中的具体伦理规范要求。这正是《普通高等学校本科专业类教学质量国家标准》将法律职业伦理列入法学本科专业 10 门必须修习的核心课程的原因，[①] 这一文件的出台从规范层面正式确立了法律职业伦理的专业核心课程地位。至此，从逻辑内容和规范层面，法律职业伦理的专业课地位确立并得到论证。

（二）理论课程还是实践课程？

专业课程的属性明确后，接下来的问题就是法律职业伦理究竟是法学理论课程，还是实践课程？法学是实践性很强的学科，[②] 这决定了法学专业课程中绝大多数都同时具有理论课程和实践课程的属性，如民法学、刑法学等部门法学课程，就分别对应着各自部门法的具体法律实务。但是，由于我国法律职业伦理发展起步较晚的问题，我国法律职业伦理的知识体系和实践运行体系都存在诸多需要完善的地方，这就导致了其课程属性的理论性和实践性在学界没有形成共识。这一点在专业课程和通识课程属性之争时亦有体现。

如前所述，从知识构成而言，法律职业伦理具有如民法学、刑法学等同样的总则、分则体例，这就决定了法律职业伦理课程应如典型的法学专业核心课程一样，兼具理论课程和实践课程的属性。理论教学主要承载知识传授的功能，融合法律职业伦理总论和分论等理论知识，这些知识可以从法律职业种类、执业规范与规则、比较法律职业伦理、法律职业伦理

---

① 马勇：《法律职业伦理教育在课堂教学中的展开》，载杨宗科主编《法学教育研究》第二十九卷，法律出版社，2020，第 144 页。
② 《习近平在中国政法大学考察时强调　立德树人　德法兼修　抓好法治人才培养　励志勤学　刻苦磨炼　促进青年成长进步》，《北京大人》2017 年第 5 期。

史、法律职业法律法规等多个层面进行组织、分类和传授。实践教学则更注重能力养成和素质提升，实现理论到实践的进化与提升，突出将理论知识内化于心、外化于行，使法学学生在法律职业伦理的实践课程中学习并领悟未来的法律执业实践中的职业规范和操守，使已从事法律职业的主体能够遵守法律职业行为规范，在每一次具体的法律职业实践中实现自己的职业价值。

由此可见，法律职业伦理兼具理论课程与实践课程的特征，适合"学训一体"的教学模式，能实现理论教学与实践教学的紧密结合。这种教学模式首先从理论入手，在法律职业伦理专业知识的传授之余，还将"德"贯穿教学全过程，但并不陷入纯粹的道德教化中，这种"德"更加偏向法律职业道德与操守而非变相的道德教化，由此达成德法兼修的实效。中国政法大学进行了"学训一体"法律职业伦理教学模式的改革尝试，旨在构建"理论教学—实践教学"协同育人的法律职业伦理教学体系，将以法律诊所等为代表的法律实践教学内容融入法律职业伦理教学体系之中。[①] 故在法律职业伦理课程理论与实践的双重特性下，在具体的法律执业实践之前，也即踏入职业实践前的教学阶段，就要制定好完备的教学标准。法学教师不应仅仅局限于在传统课堂中对法律职业伦理知识进行灌输式讲授，而应充分利用多种实践教学途径激发学生的学习兴趣，增强教学效果，[②]为法学教学与未来的职业实践构筑良性的桥梁。

(三) 必修课程还是选修课程？

法律职业伦理是必修课还是选修课的问题，由于《法学国标》的颁布，似乎不需要继续讨论。其实不然，《法学国标》只是针对法学本科专业，但法学专业教育贯穿高等教育所有阶段，因此这一问题涉及法学专业硕士以及博士研究生两个阶段。同时，法学专业硕士研究生又细分为学术性硕士和专业性硕士，博士研究生分为应用型博士和学术性博士，所以，这一问题除了是法学本科专业的问题，还延伸出另外几种不同情况的问题。

(1) 本科阶段。目前，在法学教育界，法律职业伦理作为法学本科专

---

① 刘坤轮：《"学训一体"法律职业伦理教学模式的实践与创新》，《政法论坛》2019年第2期，第35页。
② 刘晓兵：《法律职业伦理及其基本教学问题》，载黄进主编，曹义孙执行主编《中国法学教育研究》2016年第1辑，中国政法大学出版社，2016，第94页。

业的核心课程基本已成常识，但这一过程历经曲折、极其艰难。1999年前，中国法学专业课程设置中基本上找不到法律职业伦理课程，本科、硕士研究生和博士研究生阶段的法治人才培养均未将法律职业伦理列为课程之一，这一状况一直持续到1999年《法律硕士专业学位研究生培养方案》出台，"法律职业伦理"才首次成为一门推荐选修课程。① 就课程本身的重要性而言，选修设置的力度显然不够。一方面，选修不利于法律职业伦理教育的推行和发展；另一方面，它无法保证法学学生均接受法律职业伦理教育，使学生易在未来的职业实践中卷入不当的法律执业行为旋涡。因此，法学教育课程体系的调整一直在酝酿中，2017年6月18日，法律职业伦理的必修课地位终于正式确立。② 2018年1月30日，在教育部公布的《普通高等学校本科专业类教学质量国家标准》中，法律职业伦理被列为法学本科专业学生必须完成的10门专业必修课之一，法律职业伦理课程建设由此有了一个良好基础。

（2）硕士研究生阶段。硕士研究生阶段，课程数量相较于本科阶段来讲更少，有设置更多学时和学分的空间。③ 且此时学生的学识、实践经验更加丰富，可考虑设置更大课程体量的法律职业伦理课程。另外，从课程开设的细节来说，在不同阶段又有不同的分化。本科阶段的法律职业伦理课程开设存在一种误区，即认为其作为基础性法学教育，应尽早开设。但该课程其实对学生有较高要求，它涵盖各法律职业的执业规范，贯穿基础的实体法与程序法，紧密联系理论与实践，对低年级学生开设的效果不佳，建议设置在第四或第五学期以发挥更大效用。在硕士研究生阶段有三点须注意。首先，针对全日制法律硕士（非法学），其在本科未接受系统的法学知识的学习，法律基础知识和法律职业伦理知识本身薄弱，故针对其的法律职业伦理教育应设置更多的学时。其次，针对法学硕士和全日制法律硕士（法学），在法律职业伦理的课程设置上可一视同仁。一方面，其在本科阶段接受的法学教育水平差别不大；另一方面，其未完全进入现实的法律实践中，尚应进行一定的法律职业伦理教育。最后，针对非全日制法律硕士，由于其已迈入现实的法律执业实

---

① 袁钢、刘璇：《高校法律职业伦理课程的调研与分析》，载黄进主编，曹义孙执行主编《中国法学教育研究》2012年第1辑，中国政法大学出版社，2012，第105页。
② 刘坤轮：《"学训一体"法律职业伦理教学模式的实践与创新》，《政法论坛》2019年第2期，第36页。
③ 段宏磊：《普通高等学校法学专业开设法律职业伦理课程的实践路径》，《湖北第二师范学院学报》2018年第10期，第67页。

践中，对法律职业伦理的实践有初步的了解，较前两种情况而言，法律职业伦理课程可设置得更少。

（3）博士研究生阶段。截至目前，法学博士研究生的培养仍然更强调研究型，因而，对于法学博士研究生，在法律职业伦理的课程设置上，可结合培养方向设置课程，也就是在法律职业伦理二级学科的博士研究生培养方案中，进行细化设置，形成法律职业伦理方向的专业培养课程。这一设置的理由在于，法学博士研究生的招收对象为法学硕士或法律硕士，其已在本科阶段和硕士研究生阶段接受了系统的法律职业伦理教育，法律职业伦理更宜作为法律职业伦理专业方向的必修课而深入展开，这种区分式课程设置在很大程度上避免了"法律职业伦理教育的同质化、形式化"。[①]

三 法律职业伦理的课程体系

（一）课程体系构成

简言之，体系是由一个个环节构成的。课程体系就是由不同类型课程有机组成的集合体。课程体系中，不同的课程作为构成要素，为实现专业培养目标，按照具体教学内容和总体教学进程，形成有机的、规范化的排列组合。因此，从形式看，课程体系表现为一个个课程板块所构成的环节，这些环节共同承担着实现专业人才培养目标的任务。当法律职业伦理专业人才的培养成为目标时，法律职业伦理课程体系的构建问题也就凸显出来，这就需要统一考虑如下几对必然涉及的关系，包括理论课程与实践课程、必修课程与选修课程、总论课程与分论课程之间的关系。本文认为，构建法律职业的伦理课程体系，在处理这些关系时，应遵循如下原则。

第一，理论课程与实践课程并重。法律职业伦理兼具理论和实践属性决定了在课程体系的构建中，理论课程与实践课程应当并重。对此，国内也有学者从教义学的角度进行了论证，认为在法律职业伦理课程体系的建设中，对理论和实践成分和转化的处理显得尤为重要。过于专注理论则容易陷入纯粹的道德教化，仅有实务训练则易卷入职业训练的旋涡，失去基本的理论精神。对于法律职业伦理教育，应当设置基础模块、理论模块和

[①] 欧阳松：《论法律硕士的职业伦理教育》，湖南师范大学2019年硕士学位论文。

实务模块，① 以达到理论与实践的互通互利，使法律职业伦理的课程体系结合为规范化的一体。

第二，必修课程与选修课程合围。必修课是基于规定而必须修习的部分，选修课原则上应该和必修课形成合围的板块，是必修课内容的纵深开发，可以由受众根据自身兴趣、学分要求来选择修习，学生有一定自由选择空间。如律师事务所管理、司法制度、法律职业研究等选修课课程，特色鲜明，能为学生提供众多选择。在法律职业伦理被规定为必修课的大背景下，设置一些契合的选修课，有利于拓展法律职业伦理教育知识体系，加快课程体系建设步伐。同时，选修课程板块也有利于激发学生对法律职业伦理学科的兴趣，加大其接触法律职业伦理知识的可能性，对未来规范化的法律执业实践起着导引作用。

第三，总论课程与分论课程结合。在具体的课程设置方面，应坚持统分结合。法律职业伦理课程为本科必修课程，内容涵括总论和分论，但与之形成合围的选修课则可以多样化，比如专设总论选修课，再比如区分不同法律职业，按照律师职业伦理、法官职业伦理、检察官职业伦理设置。到研究生阶段，则可以总论分论分而讲授之，专门的总论类课程主要关注与法律职业伦理有关的基本概念、基本原则、法律职业共同体等一般性内容；而法律职业伦理分论部分则更为发散，细化为不同法律职业群体的职业伦理或不同历史阶段的法律职业伦理等。如此即可将法律职业伦理的基础理论和应用实践规则有机结合，形成更加完备的课程体系，更好地发挥法律职业伦理的育人效用。

（二）核心环节

课程体系的不同环节中，有形式区分，也就有内容区分。与内容区分相对应的就是核心环节和拓展环节的课程设置问题，在不同的学习阶段，法律职业伦理课程体系的核心环节和拓展环节也有所区别。本文认为，就核心环节来说，本科阶段的概论和研究生阶段的具体职业课程，应作为这两个阶段法律职业伦理课程体系的核心环节。

第一，本科阶段的概论课程。在本科阶段，法律职业伦理必修课程为核心环节，围绕必修课设置的选修课为拓展环节，这也就决定了本科阶段的法律职业伦理课程在内容上不宜过度细化和深奥，而更应该形成

---

① 刘晓霞：《法律人职业伦理培养的现状分析与进路探寻》，《西部法学评论》2014年第5期。

适应本科法学专业学习特点的内容体系，也就是法律职业伦理的概论性内容整体上应融合法律职业伦理总则、一般性规范以及典型法律职业的代表性行为准则。这一课程的设置目的在于，当本科学生具备了一定的法学基础知识和素养后，通过概论课程中法律职业伦理的基本概念、基本原则、基本规则、代表性职业规范等内容对法律职业伦理知识体系作一个初步介绍，引导学生在法学学习、实践和未来的职业选择中坚守法律伦理底线。

第二，研究生阶段的具体职业课程。到硕士研究生阶段，根据培养方案的需要，法律职业伦理课程体系应进一步细化和深化，采取分类细化设置的方式，比如分类细化为法官职业伦理、检察官职业伦理、律师职业伦理、公证员职业伦理、仲裁员职业伦理等，每一种职业伦理又可划分为职业伦理观念、职业伦理关系和职业伦理规范三个层次。[1] 这种纵深式的细化体现出硕士研究生阶段对于法律职业伦理课程的精细化、标准化要求，也更加符合硕士研究生的专业化培养方向。

（三）拓展环节

与核心环节相对应的就是拓展环节，按照字面意思来理解，拓展类课程应该能够和核心环节形成一个体系上的环绕关系，功能是丰富、细化、深化法律职业伦理本科概论性质课程的类型和内容。由此拓展的路径包括如下形式。

第一，课程类型的拓展：从课堂教学到实践教学。要实现法律职业伦理课程在课程类型方面质的提升，有必要将理论与实践融会贯通，使课堂教学与实践教学互相渗透和联动。一方面，法律职业伦理的课堂学习要与社会现实相关联，指导法律实践；另一方面，课堂教学要摆脱伦理或道德说教，引导学生自我发现、探索和实践法律职业伦理。[2] 另外，纯理论的课堂教学并不容易激发学生的学习兴趣，且易陷入纯粹的理论陷阱，故在课堂教学中要引入案例研讨、法律诊所等实践化教学模式，从课堂教学到实践教学，能使法律职业伦理课程具有互动性、鲜活性和可操作性。

第二，课程内容的拓展：从总论到分论。法律职业伦理从总论到分论

---

[1] 刘晓兵：《法律职业伦理及其基本教学问题》，载黄进主编，曹义孙执行主编《中国法学教育研究》2016年第1辑，中国政法大学出版社，2016，第93页。
[2] 马勇：《法律职业伦理教育在课堂教学中的展开》，载杨宗科主编《法学教育研究》总第二十九卷，法律出版社，2020，第144页。

的拓展,是从总体到个体、从一般到个别、从整体到局部的拓展方法。这种从一般法律职业伦理规范到各法律职业具体规范的循序渐进式的发散拓展,使法律职业伦理课程体系建设形成由点到线、由线到面的系统化、全面化、标准化发展模式。

第三,法律职业细分的拓展:从法官、检察官、律师职业伦理到其他职业伦理。在高校法律职业伦理教育背景下,从法律职业角度来看,律师、法官和检察官职业伦理讲述得较多,其中尤以律师职业伦理为盛。而法律职业并非仅此三种,公证员、仲裁员和其他法律职业人员的职业伦理也需要予以关注。这种职业化的分区扩展有助于形成网格,同时,区分不同法律职业伦理的不同规范,使法律职业伦理课程体系建设更加完备。

四 法律职业伦理课程体系建设的基本路径

法律职业伦理的课程体系建设主要分为两个基本方向:其一,专业理论课程;其二,专业实践课程。

(一) 专业理论课程

法律职业伦理的专业理论课程包括两大板块:一为专业核心课或必修课,二为专业方向课或选修课。两种课程应根据高等教育的不同阶段,采取不同的课程设置方式。

1. 专业核心课或必修课

第一,本科阶段的专业核心课或必修课应为总论,或主体为总论。作为本科阶段的专业必修课,法律职业伦理应主要讲授法律职业的基本特征、基本原则、基本研究领域、研究方法和基本问题。也就是说,本科阶段的法律职业伦理课程应为总论,或主体为总论。这一点很关键。法律职业伦理学科要实现繁荣发展,一定要有基本的原则、子理论,形成与民法学、刑法学、行政法学等学科的总论对等规格的规模体系,这是学科生存之本。法律职业伦理课程一定不能是规范、行业规则的集合,不能成为法院、检察院、律协的传声筒,理论一定要源于实践、高于实践、检验实践、指导实践。法律职业伦理总论是基础、宏观层面的入门知识,以增进法学本科学生对于法律职业伦理基础内容的了解、培养正确的法律职业价值观为主要目标。要加强对法律职业伦理总论部分的提炼和归纳,掌握其中的基本原则、职业精神、准则规范,厘清目的论、价值论、构造论、主体论、客体论等。总论部分发展得越成熟通透，该学科内涵就越深厚。此外，在学生学有余力的情形下，可根据学生兴趣简单讲授法律职业伦理分论的内容。

第二，硕士研究生阶段的核心课程可以抓大放小。硕士研究生阶段，作为核心课程的法律职业伦理课程主要是法学专业硕士研究生的基础课，或是法律职业伦理专业硕士研究生的必修课。既要沿着本科阶段总论进一步深化，又不能过于细化，总的原则是"抓大放小"，挑选出若干重点课程出来即可。总的设置路径大体有三种。(1) 中西设置方式。按照中西设置的方式，可分为中国法律职业伦理、比较法律职业伦理、英美法系法律职业伦理、大陆法系法律职业伦理等内容。以比较法律职业伦理为例，从国别入手进行对比分析。通过叙述的比较法对不同国家的法律职业伦理进行初步研究，通过评价的比较法研究不同国家法律职业伦理制度的异同及发展趋势，通过严格的比较法研究不同国家法律职业伦理制度历史和现实的关系。这三个层次的比较研究有助于实现法律职业伦理的比较意义，寻求特性与共性，达到更高程度的互通。此外，根据教学、研究和实践的重要程度，选取法律职业伦理分论中的若干门列入核心课程教学。但在这种中西设置的模式中，如果一味推崇和借鉴西方理论，无疑是一条死路，应回归到中国自身法律职业实践本质，并从中提炼出理论。法律职业伦理规范、准则实际上都来源于法律实体研究的事实。通过对中国的法律职业伦理经验事实、法律制度发展、重大案例、相关争论和热点进行探索和提炼，把握具有中国特色的、符合中国国情和实践的法律职业伦理课程体系建设方式和未来的发展方向。(2) 职业设置方式。按照职业设置的方式，主要分为律师职业伦理、法官职业伦理和检察官职业伦理三个主流研究方向。通常来说，这三门具有承上启下的作用，既涵盖总论的内容，又带有方向性特征，同时也契合一些高校对于硕士研究生阶段法律职业伦理专业方向细分的要求，典型的如中国政法大学。总括性与方向性的结合，使这三种方向的设置在硕士研究生阶段的目标已得到实现。不过不排除其他职业设置，如公证员职业伦理、仲裁员职业伦理，或单以律师职业行为规范、法律职业伦理主体为标准组织教学内容，这些可作为附加部分酌情考虑。(3) 史学设置方式。按照一定的史学色彩与底蕴，在法律职业伦理的核心课程中可以开设法律职业伦理史、中国法律职业伦理发展史、西方法律职业伦理发展史等，基于历史的跨度与意涵理解古今、中西法律职业伦理的发展历程与特色，以史为鉴，面向未来。

2. 专业方向课或选修课

根据不同的学习阶段，对这些课程进行适合的定位。在本科阶段和硕士研究生阶段将其定位为专业核心课的补充，目的在于形成更加完整的课程板块。一般而言，1门必修课对应3门选修课，专业核心课作为必修，专业方向课作为选修，供学生根据学分要求和个人兴趣自主选择。在博士研究生阶段，则将其定位为人才培养方向课，形成对本科和硕士研究生阶段课程的深化，进行进一步的纵深式培养。因此，无论哪个阶段，专业方向课或选修课，无外乎如下几种建设方式。

第一，职业设置方式。相关课程主要涉及律师职业伦理、法官职业伦理和检察官职业伦理，这三门传统法律职业课程在本科阶段，可以设置为选修课程，在研究生阶段可作为专业方向课。此外，在博士研究生阶段的方向课设置中可将这三种职业类课程进一步深化。它们涉及法律职业伦理的核心，本身可以作为硕士研究生阶段的必修课，也可作为博士研究生阶段的专业方向课。后者需要在前者基础上实现理论提升和进一步的凝聚细化，成为延伸出来的特色的方向课。如在律师方面，延伸出公职律师、法律援助人员等课程；在法官方面，细化为员额法官、法官助理、高级法官、基层法官等；在检察官方面，实现检察官、检察辅助人员和司法行政人员分类的可能，设置符合职业特点、司法规律和检察官单独职务序列[①]的分类课程。

第二，史学设置方式。以历史学为工具切入转化出各种前沿课程，这种史学化的切入多以横向的时间为线索，可划分出中国古代法律职业伦理、某朝代法律职业伦理、中国当代法律职业伦理等众多方向，以作为未来博士培养的题点。以中国当代法律职业伦理为例，可以摘出其中几个重要的阶段。如新中国成立至1984年，这一阶段的法律职业伦理教育集中于学习苏联，少有自身特色。但有一个突出的进步是，法律职业伦理作为法学领域中法理学的一部分，与政治学分离开来，极大程度上避免了法律职业伦理教育沦为纯粹的道德教化。1984年至20世纪末，以俞荣根的《孔子伦理法律观的再认识》[②]为标志，法律职业伦理开始受到学术界的

[①] 《检察机关推行检察人员分类管理 建立检察官单独职务序列》，2017年11月1日，中华人民共和国最高人民检察院网，https://www.spp.gov.cn/zdgz/201711/t20171101_203870.shtml。

[②] 参见俞荣根《孔子伦理法律观的再认识》，《法学》1984年第1期。

关注。① 再由21世纪初至今,"立德树人""德法兼修"观念提出,法律职业伦理课程的定位由不开设到开设,由选修课到必修课,如今更是迎来发展的良机。

第三,比较设置方式。这主要涉及比较法律职业伦理,侧重于研究不同国别、不同法系关于法律职业伦理的教育、考试、官方政策、背景、发展历程等内容。比较法律职业伦理相较于英美法系法律职业伦理和大陆法系法律职业伦理来说,范围更具广阔性,但这三门课程共同构成比较法视野下的法律职业伦理的经典划分。对于这三门课程,可在硕士研究生阶段设置为必修课,而在博士研究生阶段设置为专业方向课。此外,在博士研究生阶段的专业方向课设置上,可对这三种类别进行深化析分,这是法律职业伦理比较研究在博士研究生阶段专业方向课上的核心发展路径。需要注意的是,要实现比较法律职业伦理在必修课上的理论提升以及专业方向课上的深化、细化,需考虑两者的不同侧重点和条目。前者是标准化、比较思维下的必修课程设置,而后者是延展性、专业化、逻辑思辨下的方向课程设置。以美国法律职业伦理为例,其在法学院学生入学时、在校学习时和毕业时三个时间节点进行层层筛选:入学时,考察学生的品行,这是获得录取资格的门槛;在校学习时,通过设置标准化的法律职业伦理课程,推动学生法律职业伦理素养的形成和对实践的把握;毕业时,学生应参加全国职业责任联考(MPRE),通过才可被授予法律职业资格。② 相较之下,中国仅在最后一点上有所差异。再以澳大利亚为例,其法律职业伦理教育主要针对律师,而我国的法律职业伦理教育覆盖范围广,包括律师、法官、检察官、公证员等多个法律职业,③ 对于律师职业伦理的研究更为丰富。但综合来看,我国对于法律职业伦理的比较研究仍有很多不足,如研究的国别数量不足、比较的范围不够广、总体成果不够多、纵深化探讨较为缺失等,需要进一步加强。比较的方法除国别、主体制度、数据分析外,史学研究方法也可具体切入比较法律职业伦理的课程设置中。

---

① 参见曲玉梁《论我国法律职业伦理教育学科体系的构建》,《法学》2019年第6期,第50页。
② 焦占营、孔昊:《论法律职业伦理的培养》,《华北水利水电学院学报》(社科版)2009年第3期,第123页。
③ 齐凯悦:《论澳大利亚法律职业伦理教育的发展及启示》,载杨宗科主编《法学教育研究》总第二十八卷,法律出版社,2020,第353页。

（二）专业实践课程

当理论课程确定后，实践类课程就可以对应地设置了。为避免法律职业伦理的课程教育沦为纯粹的道德教化，实践类课程的建设是不可缺失且值得深思熟虑的。当前我们的法律职业伦理课程体系建设本身比较薄弱，在理论不断完善的同时，实践亟待推进。高校可通过法律诊所、法律咨询、案例、模拟法庭、沉浸式客户体验、与法律执业主体的交流互通等方式推动法律职业伦理课程实践经验的探索与积累。需要说明的是，对于法律职业伦理的专业实践课程建设来说，以下两点需要注意。

第一，需要形成层层递进的实践课程体系。法律职业伦理实践课程对应着法律职业伦理理论课程的应用，和理论课程呼应形成一整套课程体系。因此，在理想图景中，它就应当涵盖混合、仿真、全真、实习实训等各种样态。这里的混合类课程，主要是指可以在课堂内完成的课程，主要包括实务技能课程和双师课程，通过内容和授课主体的混合完成实践能力的训练。比如实务技能类课程，可以由学校教师主讲法律实务技巧，同时邀请一线法官、检察官主讲，围绕自身办理过的具体案例，以案例分析和研讨为主要教学形式，训练学生案例分析能力和收集、整理、分析信息和表达等方面的能力。对于双师类课程，则实行由司法实务界人士主讲、专职教师理论补充的"双教师制"，注重专业知识与实践技能的有机融合，注重培养学生的司法实务操作能力和实践能力。仿真类课程则主要包括模拟法庭课程和角色体验课程，前者通过模拟法庭的形式训练法学生的职业伦理意识和办案技巧，后者则让学生扮演争议双方的代理人，在课堂内完成以角色体验为形式的法庭技能训练，使学生在角色的转换中互动学习，教师给予有针对性的指导和反馈，促使学生反思并找出解决问题的办法。全真类课程则是法律诊所和法律援助类课程，让学生接触一线真实的案例，在指导老师的引导下，从实践和经验中学习法律实战技能。实习实训类课程，则包括实验形式、集中实习等方式，旨在强化学生的法学素养和法律思维。

第二，应将法律职业伦理的理论知识统筹融入所有法律类实践课程之中。这主要是将贯穿式教学法从理论课程落实到实践课程之中，"贯穿性"既可以是一种教学方法，也可以是一种课程设置方式，在法律职业伦理领域，领军者斯坦福大学法学院的黛博拉·L.罗德（Deborah L. Rhode）教授就是贯穿性课程设计和教学方式的主要支持者，多年来一直努力在全美法学院推行贯穿性课程设计和教学方法，以开展有效的法律职业伦理教学。贯穿性教学法是在所有的实体法课程中系统地教授学生法律职业伦理，把法律职业伦理的知识和思维贯穿到所有法学学科的实践类课程教学之中，这种方法颇具难度，成功与否取决于法学院校师资对这一方法的致力程度，尽管对这一方法也存在着各色各样的批评，但这一教学方法的拥护者坚定地相信，只要合作恰当，就能够最大限度地帮助学生在各个法律领域中把握和解决法律职业伦理问题。无论是在美国、加拿大，还是在澳大利亚，这一教学方法都得到了应用，尽管有一些失败的经历，但从未退出历史舞台。原因在于，作为一种职业属性，法律职业伦理和具体的实体法结合甚密，而贯穿性教学法的一个重要优势就在于，它充分实现了不同的部门法和职业伦理的融合，充分体现了法律职业伦理的技术性和公共性属性。

五 需要统筹的几个问题

（一）与"习近平法治思想概论"课程的关系

以习近平法治思想为指导，将其内涵要旨、实践要求和时代特色贯穿于法学类各专业课程，推动专业体系、学科体系和课程体系的标准化、应用性和创新性建设。"新修订的《法学类专业教学质量国家标准（2021年版）》……，明确了习近平法治思想的指导地位，将'习近平法治思想概论'纳入法学专业核心必修课。"[1] 这一新修订的标准在原有"10 + X"的基础上新增了"1"，即"习近平法治思想概论"课程。从这一角度来看，其与"10"中作为法律职业伦理的专业必修课处于平行状态，只不过"习近平法治思想概论"课程由于其在指导思想、时代特性等方面的特殊性被单列出来。本质上来说，"习近平法治思想概论"课程的设置有利于形成对法律职业伦理课程的指导，为其提供发展的土壤，正向作用发挥明显。另外，二者在内容上其实存在一定的交叉，如在司法体制改革，法治人才培养中建设多层次、多类型的法学教育体系等方面均有体现。总体来说，"习近平法治思想概论"课程在一定程度上对中国的法治教育特别是法律职业伦理课程的体系建设有一定的方向把握作用，同时这种思政的价

---

[1] 教育部办公厅《关于推进习近平法治思想纳入高校法治理论教学体系的通知》。

值引领绝不是空洞之物。这推动法律职业伦理从分散的主体内容落地到切实的标准和规范。

（二）与纯法律实践类课程的关系

首先，纯法律实践类课程总体上包括案例研讨、模拟法庭、法律咨询、法律诊所、模拟辩论等，具有深厚的实践性要素，但其更多的是注重于某个具体的部门法、具体的法律问题或社会热点；而法律职业伦理的实践课程以职业主义为导向，关注职业伦理规范和精神是否得到良好的遵守，是否形成法律职业伦理之间的联动和互通。其次，法律职业伦理实践可能在场所上与纯法律实践区别开来。除学校外，前者集中于与法律职业有关的场所，如律师事务所、法院、检察院、公证处、监察委员会、司法局、司法所等；而后者的场所更为普遍，并不具有类似于前者的职业特色，只要从事的活动与法律有关即可。最后，从形式上看，法律职业伦理实践课程与纯法律实践课程其实具有一定的共通之处，即均涵盖课堂内外的实践教学，有法律诊所、法律援助、案例等相同形式，故从这一角度来看两者具有值得相互借鉴的成分。但在内容上仍可通过法律职业和部门法法律问题这两个亮点区分，且前者基于"学训一体"的提出，需要考虑"学"和"训"所应占的合适比例，进而进行理论与实践的合理划分。

（三）与法学专业课程的关系

法律职业伦理课程与其他法学专业课程和而不同，"和"在于均有作为法学专业必修课的部分，均涵盖理论和实践要素，而不同之处在于一般的法学专业课程中的内容很多时候是在解决民法、商法、经济法等具体部门法的法律问题中出现的，因而追求的是一种困境摆脱。而法律职业伦理课程并不像其他法学专业课程那样去探讨具体法律条文的应用，更多涉及应用的方法论、规范要素和伦理选择。此外，法律职业伦理的课程目标不同于一般的法学专业课程，并非以掌握一套制度性话语体系为核心目的，而是希望学生在未来法律执业活动中面对利益诱惑与法律伦理的冲突时，具备良好的价值观念和行为能力。[①]

（四）与统一法律职业资格考试的关系

法律职业伦理内容在与统一法律职业资格考试的衔接上，主要体现为

---

① 胡之芳：《论法学教育中的伦理之维》，《高等教育研究学报》2017年第1期。

考察方式和考察占比。"加大法律职业伦理的考察力度，使法律职业道德成为法律职业人员入职的重要条件"①，这使得法律职业伦理有更多机会通过法律职业敲门砖即统一法律职业资格考试的形式呈现。② 不过，就目前的实践来说，法律职业伦理的考察比例在整个法律职业资格考试中并不算大，且法律职业本身的实践性较强，目前的考察仅停留在理论层面，很难触及实践层面的复杂内容，单一的理论素养并不意味着较高的现实法律职业伦理素养。正如张文显所说，"司法考试③再怎么考，能考出知识和部分能力，但考不出人的信仰、人格和修养"④。所以，对于如何改善这种僵化的局面，可以有多个角度的发散思维。如在现有统一法律职业资格考试中将对法律职业伦理的考察方式设置得更加灵活，增加案例化考察，适当提高法律职业伦理的考察比例，避免纯粹道德教化式、纯粹理论式考察，推动考生不再将法律职业伦理作为考试中死记硬背的知识，而是发自内心地去感受、去学习、去遵守法律职业伦理实践领域的规范、行为准则和职业精神。采取卷面答题、实践考察、日常生活道德考评等综合模式对法律职业伦理进行考核不失为一种创新方式，虽程序可能较为复杂且工作量大，⑤ 但这是为选拔符合社会公平正义、具有完善的法律职业人格的法律从业者作出的尝试，应当鼓励。

另外，基于中国当前统一法律职业资格考试的总体形势和法律职业伦理的发展方向，目前在法律职业资格考试前并不存在太大的设置独立法律职业伦理考试的可能性，比较可能的是增加法律职业伦理的考察比重和优化考察方式。将视野转向国外，西方国家尤其是美国，设置了专门的法律职业伦理考试。在美国，大部分州将通过全国统一的法律职业伦理考试即美国跨州执业伦理联考（MPRE）作为学生参加律师执业资格考试的门槛。⑥ 各国的法律实践、底蕴不同，适合其发展的法律道路也有差异。对于中国未来如何完善法律职业伦理知识体系、促进法律职业伦理考试的独

---

① 参见中共中央办公厅、国务院办公厅于2015年12月印发的《关于完善国家统一法律职业资格制度的意见》。
② 段宏磊：《普通高等学校法学专业开设法律职业伦理课程的实践路径》，《湖北第二师范学院学报》2018年第10期，第65~66页。
③ 《法律职业共同体研究》一书于2003年出版，此时仍为"司法考试"，直至2018年才更名为"统一法律职业资格考试"，故在此说明。
④ 张文显：《法律职业共同体研究》，法律出版社，2003，第13页。
⑤ 姚明：《高校法律院系法律职业伦理教育的问题及对策研究——基于部分法律院系的实证分析》，《辽宁教育行政学院学报》2019年第5期，第40页。
⑥ 许身健：《认真对待法律职业伦理教育》，《检察日报》2018年2月28日，第7版。

立化，如何把握好法律职业伦理考试这一法律职业伦理底线，需要从自身的法律实践出发，寻找符合自身法律背景、模式、实践经验的发展方向，在辩证借鉴国外法律职业伦理发展的同时，更重要的是关注本土的法律职业伦理发展经验，探索出具有中国特色的法律职业伦理课程体系建设和发展方向。

财税爱国主义论纲

——兼论中国必须直面的挑战与对策

姚轩鸽[*]

摘　要：本文认为，财税体制优劣与国民爱国心的大小与多少紧密相关。强大可持续的爱国心乃是现代国家治理不可或缺的精神动力资源，财税体制优化是培育国民总体爱国心的基本途径与方法。哪个国家的财税体制优良，哪个国家国民爱国心的物质基础就坚实，总体爱国认知水平就高，爱国情感就浓烈，爱国意志就坚定，社会冲突与矛盾就少，国运便会持续兴旺发达。相反，哪个国家财税体制落后，哪个国家国民爱国心的物质基础就薄弱，普遍的爱国认知水平就低，爱国情感就淡薄，爱国意志就容易动摇，社会冲突与矛盾就多，国运便会衰败萧索。因此，发挥财税体制优化在国民爱国心激活与培育中的重要作用，核心在于可持续地为全体国民提供高性价比的经济、政治、爱国与文化制度类的公共产品，同时也要重视教育和修养培育在国民个体爱国心涵养方面作用的发挥。

关键词：财税　爱国　公共产品　挑战　对策

爱国主义是多么伟大的一面旗帜，古今中外都被社会治理者高高举起，在国家社会危亡之际更甚。同时，爱国主义精神是一种典型的公共产品，逻辑上，作为公共产品生产与供给支持系统的收支活动——财税体制与治理，便与爱国品质的涵养与培育紧密相关。而且，财税体制越优良，治理越良善，相关公共产品的性价比就越高，爱国品质就越容易得到涵养与弘扬，爱国主义精神的积极效应便越容易被激活和唤醒，同时越有助于每个国民不断增长的"美好生活"需求的满足。因此穆勒认为，"爱一个国家"一旦被正确地教育和引导，便能够实现对全人类福祉的无私奉献。[①] 相反，财税体制越不完善，治理越落后，相关公共产品的性价比就越低，爱国品质就越难被激发，爱国主义精神的积极效应便越难发挥。道

---

[*] 姚轩鸽，三亚学院国家治理研究院研究员，法学院、国际自贸港法学院特聘教授。
[①] 转引自盛文沁《19世纪英国思想家论"爱国主义"》，《浙江学刊》2012年第4期。

理正如查尔斯·亚当斯所言，因为此时"爱国主义会溶解在压迫性的税收之中，压迫包括税率的压迫或者税收核定与征收的方式具有压迫性"①。由此可见，探究财税体制与治理优劣和爱国品质之间的相关机理，便具有十分重要的理论与实践价值。

鉴于此，本文从辨析和采信"财税爱国品质"相关概念的内涵与本质切入，再探讨"财税爱国品质"培育的一般途径与方法，最后探寻中国"财税爱国主义"实现所面临的主要挑战与因应对策。

一　基本概念辨析与采信

（一）"财税"的内涵与本质

"财税"作为"财政"与"税收"的合成词，是指国家和政府对公共资金收支活动的管理。具体说，它既包含为公共产品生产与供给所需之公共资金的筹集活动——税收，也包含公共产品生产与供给公共资金的预算活动，即国民与国家之间就公共产品质量与数量缔结、履行契约的活动。因此，日本学者山田太门认为："我们必须注意到这样一个事实，即政府从事经济活动的公共部门是由一般政府和公共企业两个部分构成的。一般政府就是从事财政支出活动的部门，即政府通过预算向民间提供各种公共产品、公共服务而无须向民间利用者进行对等收费。'公共提供'就是指这种政府无偿向民间提供产品与服务的非市场交易的供给方式。"② 就是说，"财税"是指公共产品生产与供给资金的收支活动。财税的本质在于，为了履行国家"必要之恶"的职能而存在，即为了给国民提供高性价比公共产品与服务，最大限度地满足每个国民不断增长的"美好生活"需求而存在。

毋庸置疑，在这些高性价比的公共产品与服务中，也包括爱国品质与爱国主义精神之涵养与培育等。而且，公共产品性价比越高，爱国品质和爱国主义精神越容易被弘扬和培育，爱国主义越有助于每个国民不断增长的"美好生活"需求的满足，也越有助于国家社会的繁荣与进步。反之，公共产品性价比越低，爱国主义精神越容易被压抑和挫伤，越不利于爱国品质和爱国精神的弘扬和培育，越无助于爱国主义精神积极效应的发挥，

---

① 〔美〕查尔斯·亚当斯：《善与恶：税收在文明进程中的影响》，翟继光译，中国政法大学出版社，2013，第454页。

② 〔日〕山田太门：《财政学的本质》，宋健敏译，上海财经大学出版社，2020，第26页。

甚至会引发系统性社会风险，延缓而不是促进社会的文明转型。

（二）"爱国主义"相关概念辨析与采信

要理解"爱国主义"相关概念的内涵与本质，就必须首先厘清"爱"、"国"、"爱国"与"爱国品质"各自的内涵与本质。

首先，何谓"爱"？黑格尔认为："所谓爱，就是意识到我和别一个人的统一，使我不专为自己而孤立起来；相反地，我只有抛弃我独立的存在，并且知道自己是同别一个人以及别一个人同自己之间的统一，才获得我的自我意识。"① 斯宾诺莎指出："爱不是别的，乃是为一个外在的原因观念所伴随着的快乐。恨不是别的，乃是对一个外在原因的观念所伴随着的痛苦。"② 或者说，"谁喜欢帮助我们，我们就爱他……谁企图损害我们，我们就恨他"③。因此，"对现在或后来成为愉快的感觉的原因的东西的爱也是人的本质。反过来，对不愉快的感觉的原因的仇恨也同样"④。"爱就是自我与其快乐之源的关系"，"恨原本表示自我与异己的、给他以痛苦的外部世界之关系"⑤，等等。为了避免陷入无休止的概念辨析泥沼，本文采信王海明先生对"爱"与"恨"的界定，即"爱是一个人对给予他利益和快乐的东西的必然的、不依自己的意志而转移的心理反应；恨是一个人对给予他损害和痛苦的东西的必然的、不依自己的意志而转移的心理反应"⑥。或者说，"爱是自我对其快乐和利益之因的心理反应，是对给予自己利益和快乐的东西的心理反应。因此，谁给我的利益和快乐较少，我对谁的爱必较少，我必较少地为了谁谋利益；谁给我的利益和快乐较多，我对谁的爱必较多，我必较多地为了谁谋利益"⑦。因此，根据"给予他利益和快乐"之不同，比如主体或者大小多少、强弱和久暂等不同，便可将"爱"分成不同的类型。理论上，有多少种不同的施予快乐与利益者，便有多少种不同的"爱"。逻辑上，按照本文的主旨，如果"给予他利益和快乐的东西"是国家，一个国民便会爱国，也应该爱国，而且这种对国家的爱，

---

① 〔德〕黑格尔：《法哲学原理》，范扬、张企泰译，商务印书馆，1961，第175页。
② 〔荷兰〕斯宾诺莎：《伦理学》，贺麟译，商务印书馆，1958，第102页。
③ 周辅成编《西方伦理学名著选辑》下卷，商务印书馆，1987，第120页。
④ 〔德〕路德维希·费尔巴哈：《费尔巴哈哲学著作选集》上卷，荣震华、李金山译，生活·读书·新知三联书店，1959，第430页。
⑤ *Sigmund Freud Collected Papers*, vol. 4, Basic Books, Inc. Publishers, 1959, pp. 78 – 79.
⑥ 王海明：《新伦理学》中，商务印书馆，2008，第565页。
⑦ 王海明：《仁人概念辨难》，《伦理学研究》2010年第4期，第13页。

也是"必然的、不依自己的意志而转移的"。同理，如果"给予他损害和痛苦的东西"是国家，则结果可想而知，而且同样也是"必然的、不依自己的意志而转移的"。如此看，有多少种不同类型的国家，便会有多少种爱国的类型，也会有多少种爱国品质与"爱国主义精神"。事实上，"爱国主义"一词自从诞生之日起，就戴着善恶相间的迷人面纱，而且充满歧义，以至于既有竭力弘扬者，视之为济世的"灵丹妙药"，也有极力鞭挞讨伐者，视之为"洪水猛兽"或"遮羞布"。

其次，何谓"国"？即何谓"国家"？弄清楚"国家"的内涵，无疑是研究"爱国主义"的逻辑前提。正因如此，陈独秀强调，"要问我们应当不应当爱国，先要问国家是什么"①。关于"国家"的界定，古今中外不胜枚举。梅尔堡认为："国家是一种人类社会，居住在自己的土地上，并有维持它和社员关系，握有行动、命令及强制的最高权力的组织。"北冈勋认为："国家是占有国家的最高权力的人民所组成的地域社会。""国家是一种受最高权力和理性所支配的家族及其共同事务。"② 齐吉林认为："国家是被法律联结成一个法律上的整体的，并由最高权力根据共同的福利来进行管理的人民的联盟。"③ 如此等等。对此同样采信王海明先生的界定，即"国家就是拥有最高权力及其管理组织或政府的社会"④。而"国家"的构成，学界有"三因素说"与"四因素说"。前者认为，国家由土地、人口和权力及其组织要素或政府三者构成⑤。当然也有学者认为，"三要素"是指：国家是一套机构，这些机构处在通常被称为社会的那个以一定的地理界限划分的领土的中心，国家垄断着其领土内的规则修订。⑥后者则认为："国家由人群（人民）、一个固定居所（领土）、一个统一人民的组织（政府）、对内的最高性及对内的独立性（主权）组成。"⑦ 本文

---

① 陈独秀：《独秀文存》，安徽人民出版社，1987，第431页。
② 转引自马起华《政治理论》，台湾商务印书馆，1977，第198~200页。
③ 王勇飞编《法学基础理论参考资料》上，北京大学出版社，1984，第439页。
④ 王海明：《国家学》上，中国社会科学出版社，2012，第29页。
⑤ 王海明：《国家学》上，中国社会科学出版社，2012，第28页。
⑥ "首先，国家是一套机构，这些机构是由国家的相关人员操纵的。国家最重要的是作为暴力和强制手段的机构。其次，这些机构处在通常被称为社会的那个以一定的地理界限划分的领土的中心。关键是，国家对内需关注它的国内社会，对外需留意它在其中活动的更大范围的各种社会；它在某个领域中的行为常常只能用它在另一个领域中的活动来加以解释。最后，国家垄断着其领土内的规则修订。这种情况要求创建一种被所有公民分享的共同政治文化。"〔美〕约翰·A. 霍尔、G. 约翰·艾坎伯雷：《国家》，施雪华译，吉林人民出版社，2007，第2页。
⑦ R. N. Gilchrist：《政治学原理》，黎明书局，1932，第24页。

采信"三因素说"。

再次,何谓"爱国"?从上述"爱"与"国"的界定可推知,所谓"爱国",无疑是指国民对"给予他利益和快乐的东西"——国家,诸如土地、人口和权力及其组织要素或政府之"必然的、不依自己的意志而转移的心理反应","是对给予自己利益和快乐的东西的心理反应"。毋庸置疑,一个国家给予国民的利益与快乐越多,国民便越爱国,爱国品质越容易被培育,爱国主义精神越容易被激发;逻辑上,国家给予国民的利益与快乐越少,便越不利于国民爱国品质的培养、爱国主义情感的激发。同时,由于国家有很多类型,给予国民的利益与快乐有大小、多少与久暂之别,爱国便有很多类型。如果根据国体不同划分,便有爱原始国家、爱奴隶国家、爱封建国家、爱资本主义国家与爱社会主义国家。如果根据政体不同划分,即有爱君主制国家、爱寡头制国家与爱民主制国家等。当然,也有真爱国与假爱国之别。同时还可根据各种国家给予每个国民利益与快乐之大小、多少以及久暂如何,对爱国品质和爱国主义作进一步分类。

最后,何谓"爱国品质"?何谓"爱国主义"?关于"爱国品质",是指国民对"给予他利益和快乐的东西"——国家,诸如土地、人口和权力及其组织要素或政府之必然的、不依自己意志而转移的"稳定的心理反应",是对给予自己利益和快乐的东西之"稳定的心理反应"。关于"爱国主义"的界定,可谓众说纷纭。据学者盛文沁研究,"爱国主义"概念大约于18世纪第二个十年在英国首次出现。最先是作为一种"政治口号",要求国民服从于"祖国"这一"共同善",厌恶派系利益,反对腐败。直言之,它是一种"反对派语言",甚至认为"爱国主义是无赖的最后避难所",随后逐渐演变成"一种官方建构的爱国主义,强调专制偏好,帝国之重要,陆军和海军之成就,以及依靠德才兼备的、真正的不列颠精英的、强大稳定的政府"①。而目前引用最多的观点,当数英国学者埃里·凯杜里的界定,他认为,"爱国主义是对一个人所属的国家或群体的爱,对其制度的忠诚和对其国防的热情"②。但在《马克思主义辞典》中,这一词条的表述是:"爱国主义是对祖国的忠诚与热爱,是人类在社会生活的早期,随着定居的乡土生活的发展,便产生一种爱故乡的情感。"③当然也有思想家认为:"爱国主义者通过给予自己的祖国和同胞更多——

---

① 盛文沁:《19世纪英国思想家论"爱国主义"》,《浙江学刊》2012年第4期,第133页。
② 〔英〕埃里·凯杜里:《民族主义》,张明明译,中央编译出版社,2002,第68页。
③ 许征帆主编《马克思主义辞典》,吉林大学出版社,1987,第1034页。

比起他对其他国家和非同胞——的照顾与关切而表达自己他们对自己祖国的热爱。"① 如此等等。问题是，由于"主义"是指某种特定"思想体系"，或者说是指某种特定的"思想、宗旨、学说体系或理论"，上述关于"爱国主义"的界定，更像是对"爱国"的界定，并不是对"爱国主义"的界定。而"爱国主义即是以爱国为最高理想和准则的思想体系，包括对于祖国的忠诚，表达对祖国所持的一种态度、观点或立场，以及与爱国这一目标相适应的各种爱国主义行为的概括"②，或更接近"爱国主义"的内涵。

结合前述"爱国"与"主义"的界定，笔者认为，所谓"爱国主义"，是指一种主张每个国民"应该爱国"之"思想、宗旨、学说体系或理论"。或者说，爱国主义是指每个国民应该对"给予自己利益和快乐"之国家以爱的"思想、宗旨、学说体系或理论"。质言之，"爱国主义"是指国民应该对"给予他利益和快乐的东西"——国家，诸如土地、人口和权力及其组织要素或政府之"必然的、不依自己的意志而转移的爱之心理反应"的"思想、宗旨、学说体系或理论"。事实上，"爱国主义"自其诞生之日起，便面临相反理论的挑战。而且毋庸讳言，爱国主义正是在与这些相反理论的长期质疑与交锋中，才不断接近爱国主义真理，并不断发挥爱国主义增进人类福祉的积极功用。因此，衡量一种爱国主义是否接近真理，关键要看它给予每个国民的利益和快乐之大小、多少以及久暂等。越是有助于每个国民获得最大最多最长久利益与快乐之"爱国主义"，便越科学、优良，越接近真理性爱国主义；越是消减每个国民利益与快乐的"爱国主义"，便越落后、恶劣，越远离真理性爱国主义。

坦率地说，基于爱国的对象与原因各式各样，以及爱国主体的认知、情感与意志等均存在差异，"爱国主义"自然呈现各种各样的形态，既有时间上、范围上、意识形态上的，也有性质上、表现形式上、主体性上的，等等。③

（三）"财税爱国主义"的内涵与本质

根据上述对"财税"与"爱国主义"内涵的界定，"财税爱国主义"

---

① 〔加拿大〕查尔斯·琼斯：《全球正义：捍卫世界主义》，李丽丽译，重庆出版社，2014，第135页。
② 李乐：《对爱国主义内涵及类型的再思考》，《前沿》2013年第3期，第24页。
③ 李乐：《对爱国主义内涵及类型的再思考》，《前沿》2013年第3期，第24页。

是指通过财税善治使国家最大限度给予每个国民以"利益和快乐",从而唤醒每个国民对国家之爱的"思想、宗旨、学说体系或理论"。或者说,是指通过财税善治使国家最大限度消减每个国民的"损害和痛苦",从而遏制每个国民对国家之恨的"思想、宗旨、学说体系或理论"。具体说,"财税爱国主义"是指通过财税善治给每个国民提供更多"利益和快乐",引导每个国民对"给予他利益和快乐的东西"——国家,诸如土地、人口和权力及其组织要素或政府产生之"必然的、不依自己的意志而转移的爱之心理反应"的"思想、宗旨、学说体系或理论"。或者说,是指通过财税善治减少每个国民的"损害和痛苦",也即通过财税善治消减每个国民对"给予他损害和痛苦的东西"——国家,诸如土地、人口和权力及其组织要素或政府所产生之"必然的、不依自己的意志而转移的怨恨之心理反应"的"思想、宗旨、学说体系或理论"。

逻辑上,"财税爱国主义"是指国家通过财税善治最大限度培育爱国主义品质或精神,发挥爱国主义精神在国家善治中的积极作用的思想理论体系。就财税是对公共产品生产与供给公共资金活动之管理,旨在为全社会和每个国民供给和生产高性价比的公共产品,最大限度满足每个国民不断增长的"美好生活"需求之本质看,"财税爱国主义"是指国家通过不断的财税体制优化给予每个国民"高性价比"爱国主义类公共产品与服务,全面提升爱国主义认知,培育爱国主义情感,磨炼爱国主义意志的思想理论体系。质言之,"高性价比"爱国主义类公共产品与服务生产与供给意味着,这类公共产品与服务的结构必须既是合意的,也是合理的。同时,爱国主义类公共产品与服务的生产与供给还必须是及时和足量的。

可见,"财税爱国主义"的本质在于:一方面,通过高质量高性价比公共产品与服务的生产和供给充分发挥财税治理对全社会和每个国民爱国心的激活与保护作用,维护社会和谐与稳定,满足每个国民不断增长的"美好生活"需求;另一方面,不断消减全社会和每个国民的"怨恨"之心,防范系统性社会风险对国民基本生活与生产秩序可能造成的干扰与破坏。

二 财税激活爱国心之机理分析

从"爱国"的定义可知,"爱国心"即每个国民对给予自己快乐和利益之根——国家——之心理反应。由于国家给每个国民以快乐和利益的,既有纯粹公共产品，也有准公共产品，还有私人产品，因此，每个国民的爱国心便既与纯粹公共产品的质量与数量有关，也与准公共产品的质量与数量有关，还与私人产品的质量与数量有关。而且，这些产品的质量越高，数量越多，即"性价比"越高，则每个国民的爱国心便越强烈，爱国认知水平就越高，懂得应该爱国的道理便越多；爱国情感便越浓烈，同情心与报恩心便越强烈；爱国意志便越坚强，越能克服爱国行为过程中的利益冲突等问题。相反，如果这些产品的质量越低，数量越少，"性价比"越低，则每个国民的爱国心便越淡弱，爱国认知水平便越低，懂得应该爱国的道理便越少；爱国情感便越淡薄，同情心与报恩心便越淡弱；爱国意志便越薄弱，克服爱国行为过程中利益冲突的决心与决断力便越差。逻辑上，由于财税是指公共产品生产与供给资金的收支活动，直接或间接影响每个国民的利益大小与快乐多少等。具体说，财税激活爱国心之机理如下。

（一）征税与爱国心之发生机理分析

征税是国家税务机关根据税法向纳税人征收一定税款——公共产品生产与供给资金——的活动。单方面看，征税意味着国民或纳税人可自由支配财富或资产的减少，即国民或纳税人购买满足自己需要、欲望、兴趣及其衍生物的私人产品购买力会降低和削弱。逻辑上，每个国民或纳税人便会对导致自己利益和快乐消减之根源——国家——产生埋怨的心理。因此，就征税而言，这无疑意味着每个国民或纳税人爱国之心及同情心与报恩心的淡弱，至少不会强化。但从满足每个国民或纳税人需要、欲望、兴趣及其衍生物的所有对象——公共产品、准公共产品与私人产品——之构成看，公共产品显然不可或缺，总体上具有满足每个国民或纳税人需要、欲望、兴趣及其衍生物的功能，即从总体上具有给予每个国民或纳税人利益与快乐的功能。而且，由于公共产品具有的"非竞争性"与"非排他性"特点，作为个体的国民，一般情况下，既无力供给和生产，也不愿生产和供给，但国家和政府在此却具有一定的优势。因此，如果国家或者政府生产和供给的公共产品，包括准公共产品质量好、数量足的话，便会从总体上满足每个国民或纳税人的需要、欲望、兴趣及其衍生物，从而消减每个国民或纳税人因征税而产生的"埋怨国家"之心，利大于弊，征税便是一种"必要的恶"，便有助于唤醒和激发每个国民或纳税人的爱国心。如此看，一方面，基于征税对爱国心的唤醒与激活，应该尽量少征。老子讲"民之饥,以其上食税之多,是以饥"①,说的就是这个道理。自然地,"饥民"对给他们带来饥饿与痛苦的国家会产生埋怨的心理。"爱国主义可以在税收中溶解——它很容易就溶解了。从自己的祖国移民外国的群体中最重要的因素是为避税而逃离。"② 这就是因为,国家过度的征税客观上会消减纳税人的利益,减少满足他们需求的财富,给他们带来痛苦。另一方面,从征税方式的文明程度看,如果征税方式粗暴不文明,也会给纳税人带来痛苦,增加他们的非生产性消费,或者压缩他们的财富自由,降低他们的生活标准,从而使他们产生"埋怨国家"心理。比如,美国人之所以在《独立宣言》中认为"叛国和暴力是正当的",就是因为英国"在未经我们同意的情况下向我们征税",③ 即因为征税方式既不文明,也不合法。当然从征税的最终目的是生产公共产品和供给资金而言,财税要激活爱国心,提高爱国认知,培育爱国情感,磨炼爱国意志,就必须"用好税",提供更多"高性价比"的公共产品与服务,激活每个国民的爱国之心,即激活国民对国家的报恩心、对同胞的同情心,进而产生爱自己、爱同胞、爱国家的道德热情与行为,诸如"为己利他"利国的、"纯粹为他"利国的,甚至为国选择自我牺牲的道德热情与行为。相反,则会消减每个国民和纳税人的爱国热情。

进而言之,即是国家和政府从国民和纳税人那里征走的税款,能全部"用之于民",且不说能否"用之于民之所需",也有一个征管方式的道德与文明问题。即在缴纳税款总额一定的前提下,如果征管方式符合道德文明的要求,便可能抵消纳税人因交税而产生的可支配财产减少所带来的爱国心淡弱,即爱国认知、爱国情感与爱国意志的消减。

首先,如果能遵从人道自由道德原则,尊重纳税人的权利主体地位,既能把纳税人当人看,也能使纳税人成为人,使其有尊严地缴纳税款,对纳税人的尊严伤害较小,纳税人的爱国心便会被激发和保护,至少不会消减纳税人的爱国认知水平与爱国感情。相反,如果不把纳税人当人看,且不使纳税人成为人,不尊重纳税人的权利主体地位,即便少征税,也会消减纳税人的爱国认知、爱国感情与爱国意志,甚至引发和唤起纳税人对国

---

① 陈鼓应:《老子注译及评介》,中华书局,1984,第75页。
② 〔美〕查尔斯·亚当斯:《善与恶:税收在文明进程中的影响》,翟继光译,中国政法大学出版社,2013,第453页。
③ 〔美〕查尔斯·亚当斯:《善与恶:税收在文明进程中的影响》,翟继光译,中国政法大学出版社,2013,第454页。

家的埋怨心理。具体说，如果征税能遵从一般的自由法治、平等与限度这类道德原则，比如所有税法和税德，都能征得全体国民或纳税人同意，而且在税德、法规范面前人人平等的话，或者既能给纳税人最大自由，又能把对其物质与精神的伤害降到最小的话，便有助于爱国心的激活与保护。同时，如果还能遵从"政治、经济与思想自由"具体道德原则，即国家最高税权通过民主制获得，并以"市场经济体制"为基础，能自由交流和探讨税收思想，对纳税人尊严的伤害便比较小，纳税人的爱国心便会被激发和保护。

其次，如果能敬畏和遵从公正平等原则，即国家和政府对每个纳税人的征税，既符合横向公平原则（对相同纳税人征收相同的税款，符合完全平等原则），也符合纵向公平原则（对不同纳税人征收不同的税款，符合比例平等原则），便对纳税人尊严的伤害比较小，有助于纳税人爱国心的激发和保护。道理就在于，正如亚当·斯密所言，因为"与其说仁慈是社会存在的基础，还不如说正义是这种基础。虽然没有仁慈之心，社会也可以存在于一种不很令人愉快的状态之中，但是不义行为的盛行却肯定会彻底毁掉它"①。也如罗尔斯所言，因为"正义是人类的至善和社会的首要美德，它集中了人类一切美好的理想"②，因为"正义的主要问题是社会的基本结构，或更准确地说，是社会主要制度分配基本权利与义务"③。或是因为，"作为人类至善的正义"，既是"基于人类的良知和理性"，更是"自然秩序在社会领域的体现"，"也是立国之本"。关键在于，"正义为人类的文明进步提供了根本的价值和目标，指明了人类前进的方向"④，自然就能为财税治理的文明进步提供"根本的价值和目标"。

逻辑上，如果征税能解决税负的"谁负"之公正问题，对纳税人利益和快乐的伤害便会比较小，纳税人的爱国心便会被激发和保护；有效解决上下左右官员之间的征税权利与义务的分配不公问题，同样也会激活官员们的爱国之心。更何况，官员也属于国民，而且他们的爱国心激发更有助于社会的文明与进步。根本说来，关键是"征税人与纳税人及国民与国家之间"涉税权利与义务的公正平等分配。这是激活全社会和

---

① 〔英〕亚当·斯密：《道德情操论》，蒋自强等译，商务印书馆，1997，第106页。
② 转引自俞可平《权力与权威：政治哲学若干重要问题》，商务印书馆，2020，第66页。
③ 〔美〕约翰·罗尔斯：《正义论》，何怀宏等译，中国社会科学出版社，1988，第5页。
④ 俞可平：《权力与权威：政治哲学若干重要问题》，商务印书馆，2020，第64~66页。

每个国民爱国心的最为核心、最根本的要素。道理很简单，因为国民给国家和政府交税并不是一种大公无私的"分外善行"，即一种原因与结果的交换，而是一种目的利己、手段利他的自利交换行为，即一种目的与手段的交换，是国民或纳税人为了从国家和政府那里交换到自己不愿、不能、不值得生产的公共产品与服务，从而实现自我利益最大化，满足自己不断增长的"美好生活"需求之目的与手段交换。既然纳税人交税是一种目的与手段的交换行为，那就必须符合等价交换原则。否则，交换将无法维系或可持续展开，国家治理的基础将会松动，国运便会逐步走衰。

最后，如果征税能遵从诚信、便利与节俭这类道德原则，对纳税人利益和快乐的伤害比较小，纳税人的爱国心同样会被激发和保护。因为诚信原则意味着征、纳税人都能遵从"心口一致""言行一致"的原则，征税是公开透明且公正的。便利与节俭原则意味着征、纳税成本的降低，这有助于纳税人可支配收入的增多，客观上便等于给予纳税人更多的利益与快乐，也会激发和保护纳税人的爱国心。

当然，每个国民爱国心的激活与保护，反过来也会有助于税收治理文明位阶的提高。道理正如学者徐爱国所言，因为"公民美德的理想要造就一种独特的量能课税的模式。出生、继承或个人努力而导致的个人财富的过度集中，都意味着贵族社会的残留污垢，而非民主共和的自由和美德"①。"公民美德"无疑包括"爱国品德"，它与税收紧密相关，而且互为目的和手段。一句话，征税的数量及征税的方式，显然与每个国民爱国之心的涵养与培育紧密相关，而且会从总体上影响一个社会的爱国认知水平的高低、爱国情感的强弱以及爱国意志的坚定或脆弱。

(二) 用税与爱国心之发生机理分析

"用税"与爱国心的激活与发生机理，显然更为直接明了。因为国民或纳税人为国家和政府交税，本就不是什么大公无私的至善行为，是为了从国家和政府那里交换到高性价比的公共产品，满足自己的生存与发展需要，满足自己不断增长的"美好生活"需求。公共产品具有"非竞争性"与"非排他性"两大特征，就国民个体而言，其既不愿意自己生产，又因为成本太大而不能由自己独自生产，或者由市场直接供给和生产。因此，

---

① 徐爱国：《税收的岁入与公平功能》，《人民法院报》2010年7月9日。

大多数公共产品——直至目前——主要是由政府负责供给和生产的，以期满足每个国民的公共产品需要、欲望、目的、兴趣及其衍生品，旨在最大限度地满足全社会和每个国民幸福生活与享有尊严的需求。具体机理如下。

首先，"用税"的总体数量多少，直接关系全社会和每个国民爱国心的激活与培育。即国家和政府"用税"总体数量的多少，直接关系全社会和每个国民爱国心被激活和唤醒的总量与规模大小。因为国家和政府"用税"总体数量越多，即"取之于民"的税款等"用之于民"之总体数量就越多，全社会和每个国民的物质与精神需求及其衍生物——爱国心等——就越强烈，主要表现为爱国认知的总体水平就越高、爱国情感就越浓烈、爱国意志就越坚定；因此而催生的爱国行为便越多，比如"无私利他"利国、"为己利他"利国，包括"纯粹为己""不损人"不损国的行为便越多，便越有助爱国主义积极效应的发挥。相反，国家和政府"用税"总体数量越少，即"取之于民"的税款等"用之于民"的总体数量越少，则全社会和每个国民的爱国心的总量与规模便越小，总体爱国认知水平便越低，爱国情感便越淡弱，爱国意志也越脆弱；因此而催生的爱国行为便会越少，比如"无私利他"利国、"为己利他"利国，包括"纯粹为己""不损人"不损国的行为便越少，为己损人损国等行为便越多，便越无助于爱国主义积极效应的发挥。

道理很简单，因为国家和政府"用税"总体数量越多意味着，每个国民越有可能最大限度地获得生存与发展需要的利益和快乐，自会对国家这个给他利益和快乐之根产生爱之心理反应，进而提升自己的爱国认知水平，培育爱国情感，坚定爱国意志，并产生多层次的爱国行为：无私爱国、为己爱国与自利爱国等。但从用税的质量而言，显然更需要"用之于民之所需"，即国家和政府必须给全社会和每个国民提供高性价比的公共产品与服务，也就是合意的公共产品与服务。而且毋庸置疑，"用税"质量越高，即国家和政府供给和生产的公共产品性价比越高，每个国民越有可能最大限度地获得生存与发展所需要的利益与快乐，便会对国家这个给他利益和快乐之根产生爱之心理反应，进而提升自己的爱国认知水平，培育爱国情感，坚定爱国意志，并产生多层次的爱国行为，诸如无私爱国、为己爱国与自利爱国等。

其次，"用税"途径与方式的文明程度，也直接关系全社会和每个国民爱国心的激活与培育。

一是"用税"必须是合意的。即国家和政府提供的公共产品和服务，必须合乎每个国民的本真需求与愿望，不能"所供非所求"。这种"所供非所求"通常主要表现为公共产品的供给结构不合理、层次错位等。举例说，国民需要的是基本物质类的，国家和政府提供的却是另外的，而且数量不足、质量不高。比如大多数国民需要的是就业、求学、养老、医保类的公共产品和服务，政府提供的却是形象工程类的；或者目前各阶段大多数国民需要的是社会类公共产品与服务，诸如尊严、自由，或高端的精神层面的公共产品与服务，如创造性，国家和政府却仅仅提供基本物质类的公共产品；等等。具体说，伴随社会的发展，大多数国民期待的是社会需要类或精神类的公共产品，若国家和政府提供的公共产品与服务仍然以基本物质类为主，客观上就会消减每个国民的爱国心，不会激励和激发每个国民的爱国心、熏陶爱国情感、磨炼爱国意志。逻辑上，如果国家和政府提供的公共产品和服务未能及时做到"用之于民之所需"的话，便会诱发国民的埋怨心理，从而产生基于"埋怨心理"之行为，给社会带来系统性风险，干扰甚至破坏整个社会的基本生产与生活秩序。一句话，国家和政府给全社会和每个国民提供的公共产品与服务，必须是每个国民真正需要和在意的，而不是官员或者少数国民需要和在意的，也必须是结构合理、层次清晰的，即基本物质层面的、社会尊严和自由等需求层面的与高级精神层面的公共产品之间必须合理组合与搭配。

二是"用税"必须是"合规"的。"合规"意味着，既合乎财税道德之"规"，也合乎财税法之规范，既合乎税收道德与税法，也合乎预算道德与预算法，关键是合乎财税治理之"道"。具体说，"用税"应该且必须敬畏和遵从人道自由这一最高道德原则。（1）用税要征得每个国民同意。即用多少税，向谁用税，在哪个环节用税，用税的理由是什么，用税如何问责等问题，都必须经过每个国民的同意，这是保证税收等公共资金"用之于民之所需"的前提。（2）用税要遵从法治原则。必须强调的是，财税"法定"仅仅是财税"法治"的基本要求或者必要条件，并非充要条件。关键在于，预算法要真正体现每个国民的用税意志，且在预算法面前人人平等，没有特权。同时，预算法也要遵从限度这一道德原则，尽量给全体国民最大的自由。（3）用税必须遵从政治、经济与思想自由原则，特别是预算管理必须具有完备民主制度与市场经济体制的基础，而且讨论重大预算问题的自由空间必须是开放的。

三是"用税"必须遵从公正原则。即对相同的国民用税,要符合完全平等原则,对不同国民的用税,要符合比例平等原则。当然,能否实现用税的公平,还受制于对"用税"主体权力监督制衡的有效性。换句话说,国家和政府用税权的责权利划分越科学和明晰,对其进行制度性监督与制衡便越有效,"用税"便越公正平等,即公共产品的生产与供给便越公正平等,越有助于激活每个国民的爱国心,越容易催生和激活每个国民对其快乐之根——国家——的爱之心理,进而产生诸如"无私利他"利国、"为己利他"利国、"纯粹为己"不损国的善行。相反,如果国家和政府用税权之责权利划分不科学、不明晰,且对预算权之制度性监督与制衡缺乏有效性,则"用税"不公正和平等,公共产品的生产与供给不符合公正平等原则,无助于每个国民爱国心的激活与培育,容易诱发每个国民对其痛苦之根——国家——的埋怨心理,从而产生目的、手段都害国、损国的恶行。

四是"用税"同样必须遵从诚信、便利与节俭道德原则。即国家和政府用税,既要公开透明,又要降低用税成本,最大限度地满足全社会和每个国民的公共需求、欲望、目的、兴趣等,激活每个国民的爱国之心,引发每个国民的爱国之行,从而抑制一些国民对国家的"埋怨心理"与行为。

综上所述,财税制度的优劣和财税治理的优劣,与全社会和每个国民爱国之心、爱国之行紧密相关。甚至可以说,财税体制优劣及其治理的成败,直接关系整个社会爱国心的规模与质量,关系整个国家治理现代化的成败,关系全社会和每个国民福祉的增进与消减,关系每个国民不断增长的"美好生活"需求之满足。因此,关注财税治理问题,也就是在培育整个社会的爱国心,提高整个社会的爱国认知水平,激活整个社会的爱国情感,磨炼整个社会的爱国意志,等于在为文明社会治理聚集积极因素,减少消极因素,推进整个社会的文明进程。一句话,爱国主义就是要"通过情感和理性的双重机制把个人与国家设定在不可分离的伦理关系中,从而发挥其伦理精神力量,使个人特殊利益统一于国家的普遍利益中,至此,国家通过个人利益的实现获得现实性,个人也在维护国家普遍利益的道德行为中获得情感的满足"①。

---

① 穆慧贤:《对爱国主义的道德哲学分析》,《中南民族大学学报》(人文社会科学版)2008年第4期,第110页。

但根本说来，财税制度和财税治理对每个国民爱国之心、爱国之行的培育和影响、激活与激发的一般机理在于，财税治理通过供给和生产制度类公共产品来激活与激发每个国民的爱国之心、爱国之行。

一是提供市场经济体制类公共产品，建立"爱国与富裕一致"之自由平等的经济权利与义务交换体系，明确鼓励组织化创造财富活动，发挥市场在资源配置中的决定性作用，直接满足每个国民的私人产品需要，间接满足每个国民的公共产品需要，从而唤醒和激活每个国民的爱国之心，熏陶爱国之情，磨炼爱国意志。因为人类几千年的实践表明，唯有自由平等的市场经济体制，才能激发每个市场主体创造财富的积极性与主动精神，特别是创造性潜能，才是创造财富最有效率的经济制度。

二是提供政治制度类公共产品，建立"爱国与幸福一致"之政治清明的自由权利与义务交换体系，满足每个国民对社会公正类公共产品的需求，从而唤醒和激活每个国民的爱国之心，熏陶爱国之情，磨炼爱国意志。

三是提供爱国制度类公共产品，建立"爱国与人性事实规律一致"之道德权利与义务交换体系，满足每个国民的公共产品需要，唤醒和激活每个国民的爱国之心，熏陶爱国之情，磨炼爱国意志。因为"爱国与人性事实规律一致"意味着，这种爱国主义道德体系，一定是基于国民不同觉悟层次之行为心理规律而建立的，既有高标准的要求——"无私利他"的爱国主义要求，也有基本的要求——"为己利他"的爱国主义要求，还有最低的要求——"不损人"的爱国主义要求。唯有如此，才真正有助于激励不同觉悟层次的国民的爱国之心与爱国之行，最大限度地唤醒和激活每个国民的爱国之心，熏陶爱国之情，磨炼爱国意志，发挥爱国主义在国家现代化治理中的积极作用。

四是提供文化制度类公共产品，建立"爱国与认知水平一致"之权利与义务交换体系，从而满足每个国民的公共产品需要，唤醒和激活每个国民的爱国之心，熏陶爱国之情，磨炼爱国意志。因为此类公共产品的供给意味着全社会思想自由空间的开放，爱国主义真理会被尽可能发现，从而有助于全社会奉行真正的爱国主义，发挥爱国主义在国家治理现代化中的积极作用，促进社会的进步与繁荣。

当然，由财税供养的爱国主义教育体系对于国民个体爱国主义修养的作用也不应被忽视，至少这种培养体系有助于国民个体爱国认知水平的提升、爱国之情的熏陶以及爱国意志的磨炼。

三 财税爱国主义实现的基本途径

上述分析告诉我们，爱国主义品质和精神的培育，可通过不断优化财税体制去实现，其基本途径有总体、具体与个体三种。

（一）财税爱国主义实现的宏观、总体途径

毋庸置疑，制度乃是具有"非竞争性"与"非排他性"特征的典型公共产品。因此，制度类公共产品供给和生产的总体质量和数量，便会在总体上影响全社会和每个国民爱国心数量的多少与质量的优劣。一般情况下，财税体制越优良，制度类公共产品供给和生产的总体质量便越优良，全社会和每个国民的爱国心质量便越高；同样，制度类公共产品供给和生产的总体数量越多，全社会和每个国民的爱国心数量便越多。相反，财税体制越落后，制度类公共产品供给和生产的总体质量就越差，全社会和每个国民的爱国心质量便越低劣；制度类公共产品供给和生产的总体数量越少，全社会和每个国民的爱国心数量便越少。而由财税体制支持生产和供给的制度类公共产品，既有经济制度类的，也有政治制度类的，还有爱国制度类的，更有文化制度类的。

首先，通过财税体制优化提升经济制度类公共产品与服务的总体水平。因为经济制度类公共产品的优质、科学、足量与及时供应意味着国民"爱国与富裕一致"的政治清明体系的建立，有助于全社会和每个国民物质财富类需求、欲望、目的、兴趣及其衍生品的满足。即越爱国者越能致富，否则便越致贫。逻辑上，国民会对提供这些公共产品的国家和政府产生报恩心，对同胞产生报恩心与同情心，对所生存的土地等非人类存在物产生怜悯的情感，进而引发相应的爱国利国、爱人利人、爱屋及乌等有助于社会文明前进的爱国善行。相反，如果经济制度类公共产品与服务的质量低劣、数量不足，且供给不及时、合意性差，则无助于全社会和每个国民物质财富需求类需求、欲望、目的、兴趣及其衍生品之满足，可能引发国民"埋怨国家"及其国人、土地等情绪。

人类发展至今的经济治理智慧告诉我们，唯有市场经济制度类公共产品的优质、科学、足量与及时供应，方可组织化创造更多的物质财富。一方面，它能为公共产品的提供与生产奠定物质基础，即通过税收筹集到公共产品生产与供给所需要的公共资金，从而满足全社会和每个国民物质财富类的公共需求、欲望、目的、兴趣及其衍生品,让每个国民享受到国家和政府给予的利益和快乐,产生必然的不以人的意志为转移的爱国之知、情、意。另一方面,市场经济有助于全社会和每个国民私人物质财富类的各种需求的满足。因为唯有市场经济体制可以激活全社会和每个国民创造财富的首创精神与积极性,大力发展生产力,最大限度地创造丰富的私人产品,满足全社会和每个国民不断增长的物质生活需求,从而让每个国民享受到国家和政府给予的利益和快乐,产生必然的不以人的意志为转移的爱国之知、情、意。即一个国家选择并提供怎样的经济体制,是计划命令的,还是市场经济的,就已经从总体上决定了这个国家每个国民爱国心的质量与数量,即爱国认知水平的高低、爱国情感的强弱、爱国意志的坚定或脆弱。道理就在于,税收是经济发展的基础,二者是一对孪生关系。因此,唯有在完善的市场经济体制条件下,全社会和每个国民的总体爱国心才质优量大、可持续。相反,在不完备的市场经济体制或命令经济体制下,全社会和每个国民的总体爱国心必定质劣量小,且不可持续。道理就在于"爱有差等定律",即"谁给我的利益和快乐较少,谁与我必较远,我对谁的爱必较少;谁给我的利益和快乐较多,谁与我必较近,我对谁的爱必较多"[1]。

其次,通过财税体制优化提升政治制度类公共产品与服务的总体水平。因为公共产品的优质、科学、足量与及时供应意味着"爱国与幸福一致"的政治清明体系的建立,同样有助于全社会和每个国民物质财富类需求、欲望、目的、兴趣及其衍生品的满足,即爱国者能获得相应的快乐与幸福,埋怨者不会获得相应的快乐与幸福,从而国民对提供这些公共产品的国家和政府产生报恩心,对同胞产生报恩心与同情心,对所生存的土地等非人类存在物产生怜悯的感情,进而引发相应的爱国利国、爱人利人、爱屋及乌等有助于社会文明前进的行为。但它与经济体制类公共产品激发爱国心的机理不同,经济制度类公共产品供给重在通过创造丰富的物质财富,即满足全社会和每个国民个体的私人物质生活需求激发爱国心,同时通过满足全社会和每个国民个体的公共物质生活需求激发爱国心,即通过"爱国可致富,致富更爱国"的目的与手段公平交换机制激发国民爱国心,而"爱国与幸福一致"之政治制度类公共产品的供给,重在通过"越爱国越幸福,越幸福越爱国"的目的与手段公平交换机制激发国民爱国心。

---

[1] 王海明:《新伦理学》上,商务印书馆,2008,第521页。

道理在于，政治制度作为社会公共事务管理的权利与义务规则体系，既有借助舆论强制和教育强制之非权力力量调节国家与国民之间、政府之间、官员之间所有利害社会之行为"应该"如何之道德权利与义务规范体系，也有借助暴力强制和行政强制之权力力量调节国家与国民之间、非政府组织之间以及国民之间重大利害社会行为"应该且必须"如何之法定权利与义务规范体系。因此，道德、法定权利与义务体系作为一种公共产品，特别是法定权利与义务体系本身的优劣及供给的足量与及时与否，便会直接影响全社会和每个国民的爱国心，影响爱国认知的总体水平，影响爱国情感的总体强弱，影响爱国意志的总体坚定或脆弱。

具体而言，权力本身的合法性及对其监督的有效性，是决定社会利益分配公正的根本与核心，是决定社会利益分配公正的必要条件。因此，一旦一个社会的权力本身合法性与监督有效性存在严重缺憾，这个社会的每个国民，便不可能总体拥有爱国心，爱国认知也不会高，爱国情感也不会强烈，爱国意志更不会坚定。常识是，如果爱国者不能获得应有的幸福，不能满足其不断增长的"美好生活"需求，爱国心既不可能持续，也不可能大面积产生。事实上，即便一个国家实行了市场经济制度，经济发达，物质财富积累很多，但如果财富未实现公正分配，贫富悬殊问题没有得到有效解决的话，这个社会普遍的爱国心也不会被激活：爱国认知水平不会持续提升，爱国情感不会强烈，爱国意志也不会坚定。因为政治制度类公共产品的供给公正问题，既决定各种公共产品分配的公正与否，也决定私人产品分配的公正与否。而且不论是公共产品还是私人产品的分配，都会或直接或间接地影响全社会每个国民爱国心之大小与多少。同时，也由于人性"不患寡而患不均"（《论语·季氏篇》）的特点，私人产品或公共产品分配不公，便会影响国民爱国心的生成与可持续性。

再次，通过财税体制优化提升爱国制度类公共产品与服务的总体水平。因为爱国制度类公共产品的优质、科学、足量与及时供应意味着"爱国与人性事实规律一致"道德权利与义务体系的建立，有助于全社会和每个国民道德类需求、欲望、目的、兴趣及其衍生品的满足，从而使国家对提供这些公共产品的国家和政府产生报恩心，对同胞产生报恩心与同情心，对生存的土地等非人类存在物产生怜悯的感情，进而引发相应的爱国利国、爱人利人、爱屋及乌等有助于社会文明前进的行为。必须指出的是，爱国制度类公共产品的爱国心激励机理，不同于经济、政治制度类。爱国制度类公共产品的爱国心激励效果，主要取决于"应该爱国"规范之科学性。一是取决于"应该爱国"规范创建是为了增进全社会的福祉，还是为了增进少数特权群体的福祉；是为了全体或大多数国民的幸福与尊严，还是为了少数官员的幸福和尊严；是为了经济的发达、文化的繁荣、人际关系的和谐，还是为了政治的清明、德治的良善以及生态环境的美好；等等。二是取决于这种"应该爱国"之规范，是否符合人性基本规律，比如爱国行为原动力规律、行为目的相对数量规律、行为手段相对数量非统计性规律、行为类型相对数量非统计性规律与行为类型统计性规律。[1]

根据人性行为心理定律，"应该"爱国至少有三个层次：最高的纯粹的"无私爱国"利国，甚至自我牺牲；基本的"为己爱国"利国，即通过个体爱岗敬业、勤劳致富等合法"合规"手段爱国利国；以及最低层次的"不损人"之"纯粹为己"利己而结果爱国利国。逻辑上，如果一个社会的爱国道德要求能够兼顾这三个层次的话，这个国家爱国的总体数量便相对较多，规模便相对较大。反之，这个国家爱国的总体数量便相对较少，规模便相对较小。因为这种兼顾每个国民觉悟层次的爱国观，是敬畏和遵从人性基本规律的，更具科学性与客观性，也是国民容易做到的。因此，这种"应该"爱国类公共产品的及时、足量和优质供给，便会大面积激发国民的爱国心。而且，由于每个国民个体是国家的基本构成要素，爱自己也就等于爱国利国，纯粹利己层次的爱国也会被包容和理解。相反，如果一种爱国主义规范体系违背人性基本规律，便不可能照顾到觉悟层次不同的国民的爱国心与行为，便会大面积挫伤和压抑国民的爱国心。比如仅仅将大公无私、"纯粹利他"甚至自我牺牲作为评价爱国的唯一原则的话，便会挫伤和压抑基本的"为己爱国"利国层次与"纯粹为己"利己而结果爱国利国类国民之爱国心与情感，从而降低整个社会的爱国认知水平，削弱爱国情感，动摇爱国意志。

最后，通过财税体制优化提升文化制度类公共产品与服务的总体水平。因为文化制度类公共产品的优质、科学、足量与及时供应意味着"爱国与认知水平一致"之权利与义务体系的建立，也有助于全社会和每个国民精神类需求、欲望、目的、兴趣及其衍生品的满足，从而使国民对提供这些公共产品的国家和政府产生报恩心，对同胞产生报恩心与同情心，对生存的土地等非人类存在物产生怜悯的感情，进而引发相应的爱国利国、

---

[1] 王海明：《新伦理学》上，商务印书馆，2008，第 557~629 页。

爱人利人、爱屋及乌等有助于社会文明前进的行为。道理在于，文化制度类公共产品的优质、科学、足量与及时供应意味着思想自由交流空间的开放，言论与出版自由的氛围，真理性财税爱国主义思想的奔涌，科学、理性、优良财税爱国主义理论体系的形成与建立。因为爱国认知是爱国心培育和培育的指导因素，有助于树立每个国民的爱国理想与愿望。

（二）财税爱国主义实现的中观、具体途径

财税爱国主义实现的中观、具体途径有二：一是税制优化，二是预算制度优化。前者意味着税收道德和税法权利与义务规范体系的优化，后者意味着预算道德和预算法权利与义务规范体系的优化。具体分述如下。

首先，通过税制优化可直接涵养和激活纳税人或国民的爱国心。一方面，可通过征税数量之多少，也就是税负之轻重直接影响纳税人或国民爱国心之涵养与培育。因为国家征税之多少，直接决定具体纳税人可支配财富的多少，直接影响具体纳税人私人产品类需要、欲望、目的、兴趣及其衍生物的满足程度，进而影响纳税人或国民对国家的爱之大小、多少与久暂等。另一方面，则通过征税方式文明位阶之高低间接影响纳税人或国民爱国心之涵养与培育。因为征税方式文明位阶之高低，本身就属于制度范畴，属于公共产品，折射的是制度类公共产品和服务的质量水平。逻辑上，此类公共产品质量越优，纳税人越容易实现"爱国与富裕一致"、"爱国与幸福一致"、"爱国与人性事实规律一致"与"爱国与认知水平一致"，越会对国家产生爱之心理，进而激发自愿交税、依法交税爱国的行为，这有助于税收基础性、支柱性与保障性功能的发挥，助力国家和治理的现代化，满足每个国民不断增长的"美好生活"需求。

其次，通过预算制度优化可直接涵养和激活国民的爱国心。一方面，可通过"用之于民"之税直接涵养和培育每个国民的爱国心。如前所述，因为"用之于民"之税是国家供给和生产公共产品的必要前提，直接影响公共产品供给和生产的数量与质量。即"用之于民"之税越多，公共产品供给和生产的数量与质量越多越高；"用之于民"之税越少，公共产品供给和生产的数量与质量越少越低。另一方面，也可通过"取之于民"之税等"用之于民之所需"的程度，也就是国民的合意性直接影响每个国民爱国心的涵养和培育。因为"用之于民之所需"意味着，国家供给和生产的公共产品能有效满足每个国民各个层次的公共需要、欲望、目的、兴趣及其衍生物，有助于每个国民得到实际来自国家的利益和快乐，从而提升爱

国认知，培育爱国情感，磨炼爱国意志。相反，如果国家供给和生产的公共产品不能有效满足每个国民各个层次的公共需要、欲望、目的、兴趣及其衍生物，比如公共产品所供非所需，或者结构不合理，每个国民便不可能直接感受到来自国家的利益与快乐，便会拉低爱国认知，消减爱国情感，弱化爱国意志。

（三）财税爱国主义实现的微观、个体途径

财税爱国主义实现的微观、个体途径有二，即微观、外在、个体的社会途径与微观、内在、个体的修养途径。具体分述如下。

一方面，就财税爱国主义实现的社会外在教育途径而言，一般可通过言教、奖惩、身教与榜样四种途径或方式进行培育。

一是可通过"言教"进行爱国品质的培育，重在提高国民的财税爱国主义认识。而财税爱国主义认识是爱国心培育的指导因素与首要成分，有助于国民理性地远离埋怨国家之心，懂得为何应该做和究竟怎样做一个爱国者的道理。言教主要是通过语言向每个国民传授财税爱国的知识、认识与智慧的过程。问题在于，言教培育财税爱国方法的一个最大缺憾在于，它仅仅能使国民知道应该爱国和怎样爱国的道理，但无法保证每个国民真正想做、愿做、欲做一个爱国者。而能让一个国民懂得应该做和怎样做一个爱国者的教育方法是"奖惩"。

二是可通过"奖惩"方法进行培育。"奖惩"是指让财税爱国者受到奖励和使"埋怨国家"者受到处罚从而欲求爱国的教育方法。无疑，奖惩是形成国民爱国感情的外在教育方法。因为每个国民以爱国为目的的爱国需要，先是一种以爱国为手段的爱国需要。而以爱国为目的之爱国需要，主要源于国家因国民爱国之心的好坏所给予的奖惩。但是，每个国民做一个爱国者的需要，不论是以爱国为手段，还是以爱国为目的，都是以国家和社会的奖励、利益和快乐为根本动因、动力的。即爱国奖励是每个国民做一个爱国者的根本动因与动力。但财税奖惩的缺憾在于，它只能有助于一个国民愿做一个爱国者，并不能保证一个国民实际上能成为一个爱国者，即财税奖惩无助于一个国民成为一个有爱国愿望和理想，并付诸爱国实际的行动者。

三是可通过"身教"进行影响。"身教"是使国民形成爱国意志的财税爱国教育方法，具体是指财税爱国教育者——国家和政府官员及相关者，通过自己躬行爱国规范使国民也爱国的道德教育方法。因为唯有爱国

教育者率先躬行爱国行动,每个国民才会与其产生共鸣,这会激活爱国感情和欲望,引发爱国的实际行动。可以想象,如果爱国教育者只要求别人爱国,而且要求大公无私地爱国,而自己并没有爱国的实际行动,甚至将自己异化成被爱的"国家"之一部分,每个国民的爱国欲望和感情肯定不会被激活,便不能克服与之冲突的其他感情和欲望,不能引发爱国的实际行动。所谓"其身正,不令而行,其身不正,虽令不行"(《论语·子路篇》),说的就是这个道理。可见,身教是指爱国教育者引导每个受教育者即国民确定爱国动机、执行爱国行为的爱国教育方法,也就是锻炼每个国民爱国意志的教育方法。但其不足在于,它也是一种片面的爱国教育方法,不能给每个国民以完整的爱国教育。

四是可通过"榜样"进行培育。"榜样"是指一种模仿高尚爱国者的教育方法,即是培养每个国民个体爱国认识、爱国情感和爱国意志的综合财税爱国教育方法。因为爱国理想是抽象、笼统、模仿和非现实的,而言教、奖惩和身教促使国民形成的爱国理想,也是抽象、笼统、模仿和非现实的。唯有榜样能使这种爱国理想现实化、具体化和明确化。实际上,"榜样"就是财税爱国教育者引导受教育者主要是每个国民去模仿某些高尚财税爱国者,从而使爱国理想实现的爱国教育方法。因此,榜样便成为财税爱国教育者引导受教育者即国民模仿、学习某些高尚财税爱国者各种因素的全面、综合之爱国教育方法。自然地,榜样便是最具感染力的财税爱国教育方法,因为它是具体的、感性的、直观的、形象的和生动的。"榜样乃是一种最富感染力的陶冶受教育者道德感情、增强受教育者道德意志和提高受教育者道德认识的全面的道德教育方法。"① 也如苏霍姆林斯基所言,就是因为"人只能用人来建树"②。

另一方面,就财税爱国主义实现的微观、内在、个体修养途径而言,一般有学习、立志、躬行与自省四种途径。

一是通过"学习"自我培养爱国品质。"学习"即国民自己通过阅读有关财税爱国的书籍、听取相关讲座等方式提高个体财税爱国认识和形成相关爱国品德所有要素的爱国方法。这是形成个体爱国品德全部要素的全面、全局、普遍的爱国方法,也是首要、最重要和最主要的爱国方法。因为一个国民一旦懂得了为何应该做一个财税爱国者,便会树立做一个有爱

---

① 王海明:《新伦理学原理》,商务印书馆,2017,第770页。
② 苏霍姆林斯基语,转引自崔相录编《德育新探》,光明日报出版社,1987,第132页。

国愿望和理想的爱国者的志向——立志。

二是通过"立志"自我培养爱国品质。这是陶冶一个国民爱国情感的方法，而且是一种形成和陶冶国民整体的、全局的、根本的爱国感情之内在方法。"立志"会驱动一个国民长期遵守爱国规范，并使爱国规范内化为自己整体、全局、根本的爱国修养。

三是"躬行"，即培养一个国民爱国意志的方法，也是主体亲自践行爱国，是恒久、经常的、成为习惯的躬行。一般需要经过正心、积善与改过、慎独三大阶段。

四是通过"自省"培养爱国品质。因为自我反省是对自己爱国认识、情感与意志的自我检查，以提高自己的爱国认识、情感与意志。这是培养爱国认识、爱国感情与爱国意志的依据和基础，是一种综合的财税爱国方法。

概而言之，上述财税爱国主义培育的途径与方法，在财税爱国主义实现中的作用各有所长、相辅相成，都旨在提高全体国民的财税爱国水平。根本说来，财税爱国主义培养的宏观、总体途径，重点在于提高全社会的总体爱国认知水平，强化总体爱国情感，坚定总体爱国意志。这意味着，财税爱国主义培养的总体途径，也就是完善经济、政治、爱国与文化体制及相应的公共产品供给，是全面培养和提升财税爱国主义水平之根本、主要和决定性的途径与方法。财税爱国主义实现的中观、具体途径，则是培养和提升财税爱国主义水平的基本途径。财税爱国主义培养的微观、个体途径，则是培养和提升财税爱国主义水平之非根本、非主要和非决定性的途径。一句话，宏观、总体途径与中观、具体途径，有助于保证整个国家国民总体爱国境界的提升；微观、个体途径仅仅能保证提升国民个体的爱国境界。这意味着，只要一个国家的经济、政治、爱国与文化体制优良，哪怕该国不进行财税爱国教育与培育爱国修养，这个国家的总体财税爱国境界也不会低，而其爱国教育和爱国修养再滞后，也只会影响国民个体的爱国水平；相反，如果一个国家的经济、政治、爱国与文化体制落后的话，不论其财税爱国教育与爱国修养机制如何优良，该国总体的财税爱国水平也不会有很高。毋庸讳言，一旦一个国家的经济、政治、爱国与文化体制落后，它的财税爱国教育与爱国修养机制也不可能有效到哪里去。同理，如果一个国家的经济、政治、爱国与文化体制先进的话，它的财税爱国教育与爱国修养机制也不可能差到哪里去。

坦率地说，在市场经济体制、民主制度、优良爱国与人道自由文化体制下，财税爱国者规模最大，也不会极端重视财税爱国教育。相反，在计划经济体制、维权体制、落后爱国与一元文化体制下，财税爱国者规模最小，会特别重视财税爱国教育。一句话，制度优化，即提供优良制度类公共产品，乃是"大体"和"大节"，是通过财税培养全体国民爱国主义品质和情感的根本、主要与决定性的途径和方法，也远远重要于财税爱国教育与爱国修养培育。但这并不意味着，要否认爱国教育与爱国修养培育在爱国主义涵养中的重要性与必要性。至少，财税爱国教育和爱国修养培育，有助于国民个体爱国认知水平的提高、爱国情感的熏陶、爱国意志的磨炼，同样有助于保障社会的存在与发展。

四 兼论中国必须直面的挑战与对策

上述对财税爱国主义一般原理与实现途径和方法的分析，无疑为我们探讨中国财税爱国主义实践问题提供了一个可供参考的认知框架与思路，这带来了两个问题：一是中国财税爱国主义实践面临的主要挑战是什么？二是中国财税爱国主义实践的因应对策有哪些？

（一）必须直面的主要挑战

探讨中国财税爱国主义实践面临的主要挑战问题，如前所述，也可从总体、具体与个体三个方面展开。

首先，就影响财税爱国主义的宏观、总体要素，也就是制度类公共产品的供给数量与质量视角而言，中国财税爱国主义实践面临的主要挑战如下。

一是在经济体制类公共产品供给的数量与质量方面存在严峻挑战。鉴于中国社会主义初级阶段的基本国情，经济体制类公共产品供给数量与质量便天然带有"初级阶段性"特征，主要是指市场并未真正在资源配置中起决定性作用。一方面，尽管经过改革开放40多年的发展，市场经济体制的大格局已经初现，但政府权力及国有企业在社会资源配置中的作用仍然巨大。同时，几千年官本位文化熏陶下的政府"可见之手"的影子也挥之未去。政府及其官员既当裁判员又当运动员的现象并未根绝。政府并未真正回归到制定市场经济规则、监督市场经济规则正常运行的角色中去。另一方面，在市场经济体制规范建设方面，相对发达国家的市场经济体制建设，目前也存在很多不完备、不完善、不合理的地方。特别是在国内外政治经济形势发生历史性变化的新格局下，中国市场经济存在的这些问题与不足很容易被放大，从而增加市场经济运行的成本。症结就在于，40多年来集中精力发展经济创造的财富，并未通过公正平等的经济体制类公共产品之供给，即"爱国与富裕一致"之权利与义务体系进行公正平等的交换，保证国民收入的公正平等分配，这客观上会抑制每个国民的爱国之心，拉低国民的爱国认知水平，弱化其爱国情感，麻痹其爱国意志。据国家统计局发布的《中国统计年鉴2019》，在中国，极低收入层即月收入在1000元以下的，有5.6亿人；低收入层即月收入在1000～2000元的，有3.1亿人。中国社会目前90%的人月收入在5000元以下，62%的人月收入在2000元以下，月收入过万的只有7110万人。[①] 这些统计数据至少告诉我们，目前中国尽管已成为世界第二大经济体，但人均收入差距仍然较大。仇富现象以及一些社会恶性事件的发生，多少都与财富公正平等分配类公共产品生产与供给的滞后存在或直接或间接的关系。

二是就政治体制类公共产品的供给数量与质量而言，也面临诸多挑战。同样由于社会主义初级阶段的基本国情，在"爱国与幸福一致"的政治清明类型公共产品的供给和生产方面，即在保证全体国民爱国心与幸福生活一致性方面，在保证国民与国家之间涉税权利与义务公正平等分配方面，仍然存在滞后或不及时、数量不足、质量欠优等问题。以国民与国家之间财税权利与义务的交换为例，财税权力的合法性及监督有效性意味着，如果没有真正把"财税权力"装进制度的笼子，则做不到"取之于民，用之于民"，更做不到"用之于民之所需"，逻辑上，每个国民和纳税人便不会有充分的理由"爱国"。"取之于民，用之于民""用之于民之所需"是现代国家的基本职责所在，也是政府存在的基本理由和根据。

三是就爱国体制类公共产品的供给数量与质量而言，也面临诸多挑战，尚不能保证"爱国与人性事实规律一致"的公共产品的生产和供给。主要表现如下。一方面，对弘扬爱国主义终极目的的认识模糊，更多强调"为爱国而爱国"的盲目型爱国主义。岂不知，从爱国的内涵与本质而言，国家如果不能给予国民应有的利益和快乐，国民便没有理由爱国，甚至会埋怨国家。毋庸置疑，弘扬爱国主义的终极目的，是借助这一精神动力，不断增进全社会的福祉总量，满足每个国民不断增长的"美好生活"需

---

① 国家统计局编《中国统计年鉴2019》，中国统计出版社，2019。

求。另一方面，爱国主义精神的培育，缺乏层次性、广泛性与可持续性。深究其因，受传统儒家文化的濡染，我们习惯以"无私利他"的最高道德原则为爱国主义的唯一评价原则，既忽视"为己利他"基本层次的爱国主义原则，也忽视"纯粹为己"最低层次的爱国主义原则。实践危害在于，无法广泛激活各个觉悟层次的国民的爱国认知、爱国热情与爱国意志，难以发挥爱国主义在国家治理中的智力支持作用，同时也忽视对国民爱国行为心理规律的认知与敬畏，更多强调爱国主义的理想性，忽视其现实性与包容性。问题是，忽视对国民爱国行为心理规律的研究与认知意味着，这种爱国主义注定无视或忽视"爱有差等定律"，充满特殊性、主观性与相对性，便会无视国民爱国行为的差异性，乐于认同和主张偏狭、单一的爱国主义——"无私利他"型爱国主义，拒斥"为己利他"与"纯粹为己"型爱国主义。可想而知，这种偏狭、单一的爱国主义，一定会压抑和挫伤"为己利他"与"纯粹为己"型爱国主义行为，缩减爱国心激活的广泛性与规模性。

四是从文化体制类公共产品的供给数量与质量而言，也存在数量不足、质量堪忧等问题，尚未实现"爱国与认知水平一致"的公共产品的生产和供给。第一，基础教育类公共产品投资不足。我国用相当于世界5%的公共经费承担了相当于世界25%学生的教学规模，5%与《教育法》明确的4%的目标有明显差距。① 第二，基础教育投资中财政投入不足、投资比例欠妥、缺乏科学的管理监督等问题长期存在。② 第三，城乡教育不公在经费投入、办学条件、教师水平等方面长期存在，并有加剧趋势。③ 关键是，思想自由道德价值观尚未实现文化体制的制度性"嵌入"，压抑了财税爱国主义真理奔涌的环境与氛围。

其次，就影响财税爱国主义的中观、具体要素，也就是财税制度类公共产品的供给数量与质量视角而言，中国财税爱国主义实践也面临诸多挑战。根本说来，同样因为社会主义初级阶段的基本国情，主要表现如下。一是财税体制的终极目的不明确、不清晰。二是财税体制忽视对征、纳税人行为心理事实之规律的探索与敬畏。比如忽视财税伦理行为原动力规

---

① 季玉芬：《财政支持教育投入的研究》，《科技创业月刊》2016年第5期，第106页。
② 孟旭、樊香兰：《我国基础教育投资中存在的问题与建议》，《中国教育学刊》2003年第4期，第10页。
③ 邓磊：《城乡教育公平问题浅析——以成都市为例》，《新西部》（理论版）2014年第7期，第33页。

律、行为目的相对数量规律、行为手段相对数量非统计性规律、行为类型相对数量非统计性规律与行为类型统计性规律等。逻辑上，由于忽视这些财税行为事实之规律，现行财税制度便缺少坚实的人性基础，往往高估征、纳税人或每个国民的觉悟实际，提出过高的道德或法律要求，便不可能最大限度地激活每个国民的爱国之心，提升其爱国认知，强化其爱国情感，坚定其爱国意志，甚至还会造就一批伪爱国者，同时压抑大批具有爱国正效应的利国之行。举例说，如果仅仅将无私爱国利国作为评价爱国的唯一标准，便会压抑和挫伤大批为己爱国利国以及纯粹利己而结果利国的爱国之行。三是忽视对真理性财税核心价值的探求与敬畏。财税规范固然可以随意制定，但优良财税规范的制定，绝不可随意，必须从真理性财税核心价值，比如自由法治、平等与限度以及政治、经济与思想自由道德价值，比如公正道德价值以及诚信、便利与节俭道德价值中推导而出。毋庸置疑，唯有符合真理性财税价值的财税制度规范（道德与法），才可能最大限度地满足全社会和每个国民或纳税人的财税爱国需求，从而对国家和政府产生感恩、报恩之心，对同胞产生同情之心，遏制每个国民对国家的埋怨之心，提高每个国民的爱国认知，强化其爱国之情，坚定其爱国意志。

最后，就影响财税爱国主义的微观、个体要素，也就是财税爱国主义教育类公共产品的供给数量与质量而言，面临的主要挑战如下。一是重言教，轻身教。目前，系统性的爱国教育，特别是学校教育，大多采取言教的途径和方法，不论是幼儿园、小学，还是中学、大学，在品德教育课中，都设置有爱国主义的内容，但大多停留在新老媒体式的灌输与宣传上，缺少爱国主义"身教"的方法与内容。二是重奖惩，轻榜样。即爱国教育实践中，通常比较重视奖惩，让爱国者受到奖赏，也让"怨国"者受到惩罚。因为受到奖赏即意味着爱国者能发财致富，能够过上幸福美好的生活，只有这样，才会激发大批国民个体基于"爱国能富"的以爱国为手段的爱国行为，为爱国集聚可持续的能量基础。具体而言，受到奖赏无疑包括日常的物质与精神奖励。"轻榜样"主要表现在，所树立的爱国榜样，不是距离国民的物理距离太远，就是距离国民的实际觉悟层次较远，比如倡导纯粹"无私利他"境界的爱国榜样，忽视或无视"为己利他"境界与"纯粹利己"境界的爱国榜样等。同时，所树立的榜样，也存在结构性缺陷，比如大多树立的是工人、农民、知识分子类的爱国榜样，很少树立官员类的爱国榜样。三是重教育，轻修养。即比较重视通过社会外在教育途径，诸如学校、家庭、社会途径进行爱国教育，比较忽视通过国民个体自我修养途径培育国民爱国之心，提升个体爱国认知，强化爱国情感，坚定爱国意志。

总之，由于当下中国公共产品与服务总体供给存在质量、数量方面的缺憾与不足，通过教育和修养培育途径激活全社会和每个国民爱国心的成效便不可高估。因为市场经济类公共产品供给不足意味着"爱国与富裕一致"的财税权利与义务体系不健全，这既会阻滞全社会生产力的正常发展，消减全社会和每个国民私人产品质量与数量的供给，也会影响全社会和每个国民公共产品生产与供给的质量和数量，从而消减全社会和每个国民对其快乐之根——国家和政府——的感恩心以及对同胞的同情心。而政治体制优化类公共产品供给不足意味着"爱国与幸福一致"的财税权利与义务体系不健全，这会损害全社会基本的政治清明制度基础，腐败问题得不到有效的遏制，国民与国家之间的权利与义务分配难以做到根本的公正平等，国民之间、官员之间以及人与非人类存在物之间的权利与义务交换，难以做到基本的公正平等。同样，财税对全社会和每个国民爱国心激活的规模便不可高估。就财税爱国主义所倡导的爱国基本要求而言，由于更多时候弘扬和倡导的是"纯粹利他、大公无私"类的爱国精神，便难以做到"爱国与人性行为事实规律的一致"，便会挫伤和打压"为己利国"爱国以及"纯粹为己"爱国的爱国之心，难以做到最大限度地汇聚积极的爱国认知、情感与意志。就文化体制类公共产品供给存在的质量与数量问题而言，对全社会和每个国民爱国心激活的规模同样不可高估。因为文化体制类公共产品的供给，与全社会和每个国民的爱国认知紧密相关。而爱国认知是影响爱国之心的指导、首要因素。当然，与制度类公共产品的生产与供给会在总体上影响全社会和每个国民的爱国心不同，教育和修养培育仅仅影响国民个体的爱国心。一句话，中国爱国主义培育的实际效应不可高估，要全面提升整个爱国主义的境界与水平任重道远，必须负重远行。

（二）因应对策

综上所述，要发挥财税在爱国主义培育中的基础、支柱与保障作用，首先要增加制度类公共产品质量与数量的供给，其次在于全面优化财税体制，最后也要发挥教育与修养培育对国民个体爱国心涵养的作用。

首先，必须有效增加制度类公共产品质量与数量的供给。

一是必须切实提升市场经济制度类公共产品生产与供给的质量，既要优化买方市场机制类公共产品的供给和生产，也要优化卖方市场机制类公共产品的供给和生产。核心是优化"产权制度"这一现代市场经济体制之核心制度类公共产品的生产与供给，关键是摆脱传统计划经济体制的束缚，特别是解决国有企业低效问题，使政府安于规则制定与保证有效地执行规则。重要的是，必须尽快建立"爱国与富裕一致"的经济权利与义务交换体系，让爱国者能富。

二是必须切实提升国家治理制度类公共产品生产与供给的质量，建立"爱国与幸福一致"的政治清明的权利与义务交换体系。即提供高性价比的国家治理制度类公共产品与服务，增强财税权力合法性与合意性，提升"闭环式"有效监督类公共产品的性价比，真正把"权力装进制度的笼子"，充分发挥财税权力在征税与用税环节的作用，保证国民与国家、国民与国民、官员与官员等之间的利害交换的公正平等，奠定总体爱国之心的制度基础，让爱国者能充分享受到幸福，满足其不断增长的"美好生活"需求。道理正如习近平总书记所强调的："要加强对权力运行的制约和监督，把权力关进制度的笼子里，形成不敢腐的惩戒机制、不能腐的防范机制、不易腐的保障机制。"① 因为"权力是人民赋予的，要为人民用好权，让权力在阳光下运行"②。归根结底，符合社会主义核心价值观的财税制度与治理过程之实质性"嵌入"在于社会主义"全过程民主制度"③ 优势的全面发挥与展示。

三是必须提供符合全社会和每个国民觉悟实际的高性价比爱国主义类公共产品，建立"爱国与人性事实规律一致"的爱国原则体系，最大限度地提升爱国认知，汇聚爱国之情，坚定爱国之志。既要弘扬无私利他爱国利国之心，也要认可为己利国爱国之心，同时更要包容"纯粹利己""不

---

① 《习近平关于全面深化改革论述摘编》，中央文献出版社，2014，第71页。
② 《习近平在河北省民政厅主持召开座谈会时的讲话》，中国共产党新闻网，2013年7月12日，http://cpc.people.com.cn/xuexi/n/2015/0717/c385474 - 27318639.html? from = singlemessage。
③ 全过程民主包括民主选举、民主决策、民主管理、民主监督等过程。2019年11月2日，习近平总书记考察上海市长宁区虹桥街道基层立法联系点时，第一次提出"人民民主是一种全过程的民主"。2021年3月，经修正的《中华人民共和国全国人民代表大会组织法》与《中华人民共和国全国人民代表大会议事规则》通过，"全过程民主"被明确写入这"一法一规则"。2021年7月1日，在庆祝中国共产党成立100周年大会上的重要讲话中，习近平总书记又特别提出要"践行以人民为中心的发展思想，发展全过程人民民主"，在其中加了"人民"二字。谈火生：《"全过程人民民主"的深刻内涵》，《人民政协报》2021年9月29日，第8版。

损人"不害国类的爱国之心,从而聚集不同层次国民的爱国心,发挥爱国主义在国家现代化建设中的积极作用。

四是必须大力发展现代教育,提供文化制度类公共产品,构建"爱国与认知水平一致"的真理产生体制,使全社会和每个国民更多地享有自由,全面提升全社会和每个国民的文化素质,提高全社会和每个国民的爱国认知水平即为何要爱国又当如何爱国的认知水平。

其次,必须全面优化财税体制。即必须全面加速符合社会主义核心价值观的税制与预算制度的实质性"嵌入"。

一是必须明确财税治理的终极目的,即将是否增进全社会的福祉或者是否满足每个国民不断增长的"美好生活"需要作为评价财税体制改革得失成败的终极标准。在各个财税主体利益尚未发生根本性冲突、可以两全的境况下,遵循"不伤一人地增进所有人利益"的帕累托原则。唯有在各个财税主体利益之间发生根本性冲突且不可两全的境况下,方可遵从"最大净余额"原则,即大多数人的最大利益原则。

二是必须高举人道自由等文明财税治理大旗,加速人道自由等道德原则的财税制度"嵌入"。一方面,要加速人道自由一般原则,诸如自由法治、平等与限度这些道德原则的财税制度"嵌入";另一方面,则要加速人道自由这些具体原则,诸如政治、经济与思想自由原则的财税制度"嵌入"。

三是必须加速公正原则的财税制度"嵌入",切实奠定财税爱国主义的"爱国与富裕、爱国与幸福、爱国与人性事实规律、爱国与认知"一致的利益交换基础。具体说,既要重视纳税人之间、国民之间以及政府及其官员之间涉税权利与义务的平等交换与分配问题,更要重视国民与国家之间、征税人与纳税人之间涉税权利与义务的平等交换与分配问题。或者说,既要重视各个财税主体之间基本涉税权利与义务交换和分配的完全平等问题,也要重视各个财税主体之间非基本涉税权利与义务交换和分配的比例平等问题。

四是要重视诚信、便利与节俭等重要道德原则的财税制度"嵌入"问题。

最后,不可忽视爱国教育和修养培育对国民个体爱国心的涵养作用。既要重视发挥言教、奖惩、身教与榜样四种爱国主义的教育途径与方法,也要注意这四种方法之间的互动与联动,同时还要重视个体爱国主义修养方法的作用,重视学习、立志、躬行与自省等修养方法及四者之间的互动与联动。

五　结语

总之，财税体制、财税治理优劣与国民爱国心的大小和多少紧密相关。强大、可持续的爱国心，是现代国家治理不可或缺的动力与智力资源。既可通过财税体制优化和优良治理提供经济、政治、爱国与文化制度类公共产品，不断提升全体国民的宏观、总体爱国境界与水平，也可通过全面优化财税体制不断提升全体国民的中观、具体爱国水平，还可通过优化爱国主义教育与修养机制不断提升国民微观、个体的爱国水平。坦率地说，哪个国家的财税体制优良，哪个国家国民爱国心的物质基础就坚实，普遍的爱国认知水平就高，爱国情感就浓烈，爱国意志就坚定，社会冲突与矛盾就少，国运就会兴旺发达。相反，哪个国家的财税体制落后，哪个国家全体国民爱国心的物质基础就相对薄弱，普遍的爱国认知水平就低，爱国情感就淡薄，爱国意志就容易动摇，社会冲突与矛盾就多，国运就容易衰败萧索。因此，必须全面发挥财税体制优化与优良治理在全社会爱国心激活工程中的基础、支柱与保障重要作用，重点在于可持续地提供高性价比的经济、政治、爱国与文化制度类的公共产品与服务以及教育类的公共产品与服务。

数字经济可持续发展中的次生风险：
认知框架、生成机理与法治策略

汤建华[*]

摘 要： 数字经济作为当前我国经济发展的新形态，在给我国经济发展带来机遇的同时，也始终伴随着一定的次生风险，这直接影响到我国数字经济的可持续发展。当前，国家层面的数据主权安全风险、市场层面的数字市场垄断风险以及个人层面的数据权利入侵风险是我国数字经济次生风险的主要表现形式。国家数据主权安全风险源于我国数据技术发展存在阻滞、跨国数字平台的监管体系不健全等，数字市场垄断风险源于我国数字经济反垄断标准模糊、反垄断目标存在张力等，个人数据权利入侵风险则源于算法的非中立性、算法黑箱以及技术资本的"趋之若鹜"等。为了系统规避数字经济的次生风险，今后必须强化数据技术的研发和投入，完善跨国数据平台的监管体系，建立风险监测预警和周期复查制度，完善政府对合规科技的监管模式，加强个人隐私权保障立法，明确公民数据权的国家保护义务等，最终将我国数字经济发展融入法治轨道之中。

关键词： 数字经济 次生风险 监管 法治

引 言

随着大数据和人工智能时代的到来，我国也进入经济结构转型升级与新一轮科技革命和产业变革突破爆发的历史交汇期，新旧动能的转换需求日趋迫切。党的二十大报告明确指出，"要加快发展数字经济"[①]。习近平总书记也强调"做大做强数字经济，拓展经济发展新空间"[②]，"不断做强

---

[*] 汤建华，华中农业大学文法学院讲师，法学博士，研究方向为法律与科技、法伦理学、法律史等。
[①] 习近平：《高举中国特色社会主义伟大旗帜 为全面建设社会主义现代化国家而团结奋斗——在中国共产党第二十次全国代表大会上的报告》，人民出版社，2022，第30页。
[②] 《习近平关于网络强国论述摘编》，中央文献出版社，2021，第132页。

做优做大我国数字经济"①。习近平总书记关于数字经济发展的前瞻性重要论述，不仅明确了我国经济社会未来发展的战略方向和前进道路，也为数字中国的建设以及国家数字经济战略的实施提供了根本遵循。

然而，数字经济发展机遇及其带来的次生风险始终处于一体两面的状态之中，我们在强调大力发展数字经济的同时，也需要意识到数字经济的次生风险是影响数字经济发展的关键一环，在新一轮数字科技革命浪潮以及国内国际双循环新发展格局和经济高质量新发展理念引领下，研究数字经济次生风险不仅能够为优化我国产业结构提供新的发展思路，同时也有助于摆脱我国经济发展瓶颈、完善国家数据安全、规范数据市场运行、保障公民数据权利。近来，学界已经有部分学者意识到了数字经济风险在可持续发展中的重要性，并主张通过合理的规则设定来消解数字经济发展与数字经济风险之间的张力。其间，任保平、张陈璇从"数字经济风险"这一概念本身出发，认为数字经济风险是影响数字经济健康快速可持续发展的安全隐患。② 陈岳飞、赵鑫、于连超从数字经济风险的表现形态出发，认为数字经济安全存在隐患、算法权力恣意扩张、弱势群体失业频发以及数字鸿沟持续拉大是当前我国数字经济的主要问题。③ 刘伟立足于数字经济风险的发生原因，主张立法规则碎片、治理价值冲突、产业发展失衡等是诱发我国数字经济风险的主要根源。④ 韩凤芹、陈亚平则从数字经济风险的规避视角出发，主张要建立包容有序的规则制度体系，加快解决数字鸿沟问题，努力培育数据要素市场，继而打造开放包容的数字经济环境。⑤ 总体而言，学界现有研究为我国认知数字经济风险提供了良好的思路，但不足之处在于，现有研究更多从经济学、管理学视角出发，缺乏法学研究视角，尤其是缺乏法治思维的积极策应，这可能给数字经济的可持续发展埋下隐患。基于此，本文立足于法治研究视角，主张系统研究数字经济次生风险的认知框架、生成机理与法治策略，并强调从国家、市场与个人这三个维度抽丝剥茧，形成对我国数字经济次

---

① 《习近平谈治国理政》第四卷，外文出版社，2022，第206页。
② 参见任保平、张陈璇《中国数字经济发展的安全风险预警与防范机制构建》，《贵州财经大学学报》2022年第2期。
③ 参见陈岳飞、赵鑫、于连超《数字经济风险防范方略：法治化治理》，《上海经济研究》2022年第5期。
④ 参见刘伟《政府与平台共治：数字经济统一立法的逻辑展开》，《现代经济探讨》2022年第2期。
⑤ 参见韩凤芹、陈亚平《数字经济的内涵特征、风险挑战与发展建议》，《河北大学学报》（哲学社会科学版）2022年第2期。

生风险的系统认知。

一　数字经济可持续发展次生风险的认知框架

数字经济的可持续发展仅仅是一种理想形态,由于我国数字经济起步较晚,时至今日,在国家层面、市场层面以及个人层面,我国数字经济发展仍或多或少面临着一些次生风险隐患。

(一)国家层面:数据主权安全风险

相比于实体经济,数字经济具有很强的跨界性特质,随着全球化的不断推进,高速流动的跨境数字商贸愈发频繁,海量的数字信息在不同国家和地区频繁流动,在产生巨大经济效益的同时,国家的数据安全主权也面临着巨大的挑战,这集中表现为如下几个方面。

首先,数据流动安全风险。数据流动安全风险是指附着国家情报安全的相关数据在不同国家和地区流动,被不同私主体和公权力机关获取、转换、储存、加工和利用,[1] 是数据主权安全风险产生的重要源头[2]。国家数据安全往往与数据的流通密切相关,其间,数据的入境与出境安全风险并存,业已成为困扰当代主权国家数据安全的主要形态。[3] 就数据入境风险而言,时下,数据自身的附着价值使数据资源愈发重要,数据在国与国之间的流动不仅是单方向的,而且呈现出主动输出与被动输出这两种形态。这期间,本国数据在数字经济交易中随时面临被他国数字平台、跨国企业调取、分析、转化和储存的风险。不仅如此,随着长臂管辖、域外效力等理论的诞生,本国数据被他国企业通过"合法"途径获取的难度进一步降低,与之相关的本国信息安全风险也与日俱增。就数据出境[4]风险而言,如果说数据入境风险是我国数据资源的被动流出,那么数据出境风险则是我国数据资源的主动开放。数字交易的过程往往也是数据开放的过

---

[1] 参见许可《自由与安全:数据跨境流动的中国方案》,《环球法律评论》2021年第1期。
[2] 参见齐爱民、盘佳《数据权、数据主权的确立与大数据保护的基本原则》,《苏州大学学报》(哲学社会科学版)2015年第1期。
[3] 参见王瑞、袁勤俭《数字时代背景下国家信息安全管理研究的关键问题》,《图书与情报》2022年第1期。
[4] 我国将数据出境定义为:将在中华人民共和国境内收集和产生的电子形式的个人信息和重要数据提供给境外机构、组织、个人的一次性活动或连续性活动。参见国家互联网信息办公室《数据出境安全评估指南》(第一版),http://www.cac.gov.cn/2022-08/31/c_1663568169996202.htm。

程，这期间，附着国家经济安全、生态安全、民生安全等的相关数据极有可能在数字交易中被他国截取，且一旦这些数据随着商事交易流向数据安全法治程度不高的国家和地区，相关数据的安全性、保密性和完整性则随时面临被再次流出的风险。①

其次，数据服务安全风险。在国家数据主权安全视域下，数据利用与服务往往呈现出一定的跨国性，相比于主权国家，跨国公司往往扮演着更为重要的角色，跨国公司掌握的算法技术往往会成为国家数据主权风险的重要源头。从表面看，跨国公司是营利性法人组织，与公权力机关并无太大关系，相应地，部分国家数据资源被这些跨国公司所掌握也并不会产生额外的数据主权安全风险。但事与愿违，随着财阀政治形态的不断演化，西方主权国家与大型资本企业、财团之间的关系愈发紧密，主权国家的民主选举、代议制运行以及政党执政行为往往与跨国财团存在千丝万缕的联系，在"政社合作"的大背景下，具有雄厚资本的跨国公司最先掌握了最前沿的信息技术和专业技术人才，成为举足轻重的社会组织。数字政府成为跨国公司的目标，部分跨国公司往往依靠自身的技术优势，不断改变数字政府的组织形式，严重干扰国家政权的正常运行，进而给国家数据主权安全埋下隐患。因此，在数据主权场域下，这些跨国公司的数字交易行为往往也伴随着数据主权侵犯与意识形态推广，其间，凭借其雄厚的资本基础、先进的算法技术以及复杂的主权利益纠葛，这些跨国公司不时在相关数字交易中侵犯他国数据主权安全。以美国"棱镜"计划为例，根据斯诺登的报告，美国政府长期从微软、谷歌、苹果、雅虎、脸书等跨国公司终端提取其他国家和地区用户的相关信息，以此为本国情报安全战争提供信息技术和服务支持。2022年俄乌战争期间，谷歌公司凭借其向俄罗斯提供的卫星地图数字服务，长期窃取俄罗斯国防军事信息，甚至在未经俄罗斯官方同意的情况下，擅自将俄罗斯本土的发射器、洲际弹道导弹、地雷、指挥所和秘密填埋场等军事设施曝光，精确度约为0.5米，这给俄罗斯的军事安全和国家安全埋下了巨大的安全隐患。这充分说明，数字服务安全业已成为当前维护国家数据主权安全的重要场域，我国必须予以重视。②

---

① 参见黄海瑛、何梦婷、冉从敬《数据主权安全风险的国际治理体系与我国路径研究》，《图书与情报》2021年第4期。
② 参见中国青年网，2022年4月18日，http://news.youth.cn/gj/202204/t20220418_13622794.htm。

最后，数字技术安全风险。当下，数字经济与数据主权、数字技术的边界愈发模糊，本国在数字经济发展中，建立起一套自主、安全、可靠的数据安全技术，业已成为维护本国国家数据主权的重要保障。数据技术对于国家的战略性作用导致其自身即具备国家安全风险，换言之，一国若未能掌握其数据或具备数据处理的能力即落入国家安全的风险陷阱。在信息时代，数据技术已然成为国家基础性战略资源，在全球范围内掀起了新一轮的资源争夺。掌握数据的规模、利用数据的能力等已成为国家软实力和竞争力的重要标志，[①]数据安全不仅包括数据自身完整性、保密性、可用性的安全，[②]同时还包括国家对数据具有自主可控的支配力以及数据竞争力。在信息时代，信息强国之于信息弱国会存在信息势差，而在大数据时代，根据数据的掌控分析能力，相对落后的国家由于技术实力弱而没有能力开发本国数据资源，这可能导致本国数据成为他国资源，遭受数据霸权国家的剥削。由于目前与跨境数据流动相关的国际贸易规则仍在建立中，竞争力还体现于国家在数字经济贸易规则形成过程中的话语权和主导权。在现行WTO体制下，美国即凭借其强大的技术实力影响国际贸易规则的产生、解释、更改等，当前各国对于数据的掌握处理能力存在巨大鸿沟，实力落后的国家将在制度层面再落下风，这不利于其自身数据主权安全的维护。

（二）市场层面：数字市场垄断风险

基于市场的自发性与自利性，数字经济发展时常伴随着市场垄断风险。当前形势下，数字经济已成为全球竞争、科技变革和国家治理现代化的重要战略引擎，[③]当下，数字市场是否规范直接影响数字经济能否健康发展。数字市场垄断行为与其他市场垄断行为一样，其本质都是大型企业滥用市场支配地位，进而阻碍市场自由竞争，扰乱市场秩序，影响市场健康、可持续发展的过程，因此，对市场支配行为的界定就成为反垄断规制的核心要素。[④]这期间，由于相关数字监管措施的滞后性与碎片性，数字经济在发展过程中始终伴随着虚拟竞争、寡头竞争、跨界竞争等形态，稍

[①] 参见许可《数据安全法：定位、立场与制度构造》，《经贸法律评论》2019年第3期。
[②] 参见沈国麟《大数据时代的数据主权和国家数据战略》，《南京社会科学》2014年第6期。
[③] 参见庄荣文《营造良好数字生态》，《人民日报》2021年11月5日，第9版。
[④] 参见徐士英《关于互联网平台市场力量认定的几点思考》，载王先林主编《竞争法律与政策评论》第七卷，法律出版社，2021。

有不慎，就会对消费者利益、数字市场创新水平产生不利影响，且基于数字技术复杂演变形态，数字市场垄断问题变得愈发不可控。① 据学者统计，当前我国数字市场业已呈现出"几家独大"的格局，其中以腾讯、阿里、京东、百度、字节等为代表的互联网企业在整个数字市场中的占比超过百分之六十。②

首先，数字市场垄断阻碍自由竞争。阻碍市场自由竞争是数字市场垄断最为突出的风险。③ 数字平台往往采用算法共谋行为、自我优待行为、扼杀式收购等新型垄断行为来维护其自身市场优势地位，进而巩固其在市场中的主导地位，严重阻碍市场主体之间的自由竞争。以算法共谋行为为例，数字经营者们达成共谋是为了攫取利润最大化，共谋集团在市场中形成固定的攻守同盟后，便会提高数字市场进入的壁垒，排挤共谋圈外的其他数字竞争者，阻止新的数字竞争者进入市场。在隐蔽性、稳定性及执行力这三大特征的加持下，经营者们能更放心地加入共谋利益集团，而消费者本身并不是专业人士，无法感知到自己正在被算法侵害，即使知道了自己被侵害，基于算法的超快超强的技术执行力，消费者也很难举证证明。即便消费者有证据向有关竞争执法机构举报，竞争执法机构要调查算法共谋集团，在算法复杂性、隐蔽性与及时性技术的掩护下，也难发现违法行为，即使发现，现有的反垄断规制理念对算法共谋的规制也存在诸多问题。经营者们为了利益最大化，难免利用监管机制滞后性带来的漏洞，从而徘徊在法律制裁边缘。

其次，数字市场垄断侵犯消费者利益。大数据将物质世界映射成数据世界，经计算机等智能终端算法处理后，可以认知过去且预测未来，让人类生活在透明的世界里，让习惯于黑箱生活的人类感受到自由的威胁。④ 数字世界与物理世界结合，元宇宙会直接挑战人类中心主义原则。未来世界将被整体算法化，霍金教授所预言的"人工智能将成为超越人类的新生命形式"的时代很快会到来。若不对算法所达成的共谋进行规制，一旦垄断行为形成，其将直接颠覆人类世界，《黑客帝国》就会变成现实。反垄

---

① 参见孙晋《数字平台的反垄断监管》，《中国社会科学》2021年第5期。
② 参见王晓涛《中国互联网企业综合实力指数发布阿里腾讯百度位居前三甲》，《中国经济导报》2021年12月7日，第3版。
③ 参见陈兵、徐文《规制平台经济领域滥用市场支配地位的法理与实践》，《学习与实践》2021年第2期。
④ 参见黄欣荣《大数据、透明世界与人的自由》，《广东社会科学》2018年第5期。

断法保护市场竞争，最终实现对消费者利益的间接保护。①公平竞争市场被破坏后，市场就成了共谋者的天下，共谋集团为了追求更大的利润，或提高产品价格，或减少产品数量，或降低产品质量，从而导致消费者的选择及福利都受到影响，使消费者用更高的价格去购买质量较差的服务或产品，整个社会就会陷入劣币驱逐良币的深坑里无法自拔。

最后，数字市场垄断引发企业合规科技风险。所谓合规科技风险，是指以大数据、人工智能等现代前沿技术为依托，以提高合规运营和国家创新能力为价值导向，以创新化、数字化和智能化为特征的现代科技风险类型。②新兴产业的培育与发展是一个系统工程，高科技产业不仅要面临人才、资金、技术等方面的竞争，还要防范企业法律风险。囿于数字产业发展参差不齐，拥有一定市场支配地位的企业时常会陷入自我陶醉之中，进而忽视对风险的自我规避而引发合规科技风险。2018年中兴通讯的"合规事件"③是给中国企业的一个深刻教训，企业经营决策的制定必须要掌握全面的信息、涉外法律制度，避免自身的趋利性和短视性，才能够保障企业健康发展。

（三）个人层面：数据权利入侵风险

第一，个人隐私泄露风险。隐私权是一项重要的人权，《世界人权宣言》和《公民权利和政治权利国际公约》中都有明确规定。隐私权是关乎人格尊严和自由发展的权利，可以为公民的发展提供必要的空间和自由，保障其具有独立的反思、判断和行动的能力。从本质上讲，它更多关涉私人信息——一种不愿向社会公开的个人数据资源，在大数据和人工智能时代未到来之时，个人隐私与社会信息是存在明确边界的，技术在个人信息的场域下并无太多介入。但在数字经济时代下，数据交易的普及性和流通性已经远非工业时代所及，数据化的个人信息已经成为日常交流、贸易和研究的主要内容之一，也始终是数据资本最为青睐的对象。其间，随着数字经济的不断深化，数据的连通性、开放性和流变性促使

---

① 参见焦海涛《反垄断法上的竞争损害与消费者利益标准》，《南大法学》2022年第2期。
② 参见马明亮《合规科技在企业整改中的价值与实现路径》，《苏州大学学报》（哲学社会科学版）2022年第4期。
③ 2018年，作为中国第二大通信设备制造商的中兴通讯因违反美国出口管制规定，被迫与美国商务部达成新和解协议，根据协议的要求，中兴需要支付10亿美元罚款，并且准备4亿美元保证金由第三方保管，再加上2017年3月中兴接受的8.92亿美元罚款，中兴累计罚款总额达18.92亿美元。

个人信息的交互、流转、存储与传播媒介都发生了质的变化，个人的隐私空间愈发不受公民个人掌控，个人信息与数据技术之间的关系也变得愈发错综复杂。当前，数字经济主要从个人隐私数据化、个人隐私连通化和个人隐私商业化三个维度介入个人隐私权：数据化指的是随着数据收集、分析技术的普及和发展，个人数据量越来越大，数据平台进一步延伸至公众日常生活的各个角落，且时常未经当事人同意，毫无保留地收集公民各类信息，已然呈现出无孔不入的格局；① 连通化是指个人和物品通过智能家具、智能手机等"智能设备"与网络进行连接，导致数据技术越来越深入地介入个人生活；商业化是指在经济利益的驱动下，个人信息被数据平台收集、处理和披露。数据平台与普通公民的个人信息保护之间的关系愈发紧张，个人信息成为数据和算法的表达，数据技术渗透到我们生活的各个领域，② 公民的隐私权则处于一种岌岌可危的状态之下。在此情况下，公民个人隐私的公开化程度大幅提升，与之相关的隐私权保障也愈发迫切。③

第二，科技算法歧视风险。数字经济在给个人带来便利的同时，往往伴随着新型的伦理挑战，算法歧视便是其中之一。算法歧视作为一种新型的科技伦理风险，是指人工智能时代下不合理的区别对待，其虽然没有改变歧视的本质，却通过人工智能、大数据与科技算法的演变改变了歧视的衍生形态。不仅如此，算法歧视风险还表现出一定的隐秘性与不可逆性。就隐秘性而言，不同于一般意义上的歧视法律关系，受制于人工智能算法的虚拟性与专业性特质，算法歧视很容易因为"数字鸿沟"而让人无法捉摸，普通用户很难掌握算法决策的过程与依据，而只能选择被动接受。④ 更重要的是，囿于"算法黑箱"的存在，算法决策和运行的整个过程通常也具有很强的隐匿性，这种不透明与不公开，进一步加剧了算法与普通用户之间的隔阂，并致使互联网弱势群体很难真正维护自身的平等权。就不

---

① 2021年12月，国家计算机网络应急技术处理协调中心（CNCERT）、中国网络空间安全协会发布《App违法违规收集使用个人信息监测分析报告》。报告显示，当前App（应用程序）超范围收集个人信息的问题仍然十分突出，且主要包括七种情形：一是敏感权限声明超出必要范围，二是权限索取超出必要范围，三是收集数据的敏感性超出必要范围，四是收集数据的具体内容超出必要范围，五是收集方式超出必要范围，六是收集频率超出必要范围，七是收集场景超出必要范围。
② 参见〔英〕维克托·迈尔-舍恩伯格、肯尼思·库克耶《大数据时代——生活、工作与思维的大变革》，盛杨燕、周涛译，浙江人民出版社，2013，第104页。
③ 参见李忠夏《数字时代隐私权的宪法建构》，《华东政法大学学报》2021年第3期。
④ 参见石颖《算法歧视的发生逻辑与法律规制》，《理论探索》2022年第3期。

可逆性而言，算法歧视往往具有很强的自动化色彩，这种自动化使算法决策过程与算法决策结果都是机器自动运行的，外力因素很难在中途对相关不合理的形态进行切实扭转。毕竟，从根本上讲，算法歧视仅仅是算法公式的外在表现形式，由于算法公式从一开始就被导入了"歧视"因素，后期的算法运行只能被动执行，而无法改变原初设定。

事实证明，算法歧视并非人工智能算法的合理形态，更多是数字经济的异化表征，因此，其长期存在很容易给国家数字市场以及公民个人权利保障埋下安全隐患。一方面，算法歧视不利于形成健康、可持续的数字经济秩序。在数字经济市场的运行中，算法歧视已经成为部分数字平台获取市场占有率、开展不正当竞争的重要手段，拥有一定技术资本的数字平台，会凭借算法优势进行肆意的价格歧视，这集中表现为区别对待不同消费能力的消费者，这种经营行为从根本上改变了价值规律和竞争秩序，[①]不利于数字市场的健康发展。另一方面，算法歧视很容易侵犯公民个人的平等权。根据宪法平等权，平等意指同等的情况下予以同等对待，不同等的情况下予以区别对待，一旦国家对同等的情况加以区别对待或者对不同的情况予以同等对待，就自然会引发平等权问题。[②] 当前，算法自动化决策普遍存在于数字政府建设过程中，因此，一旦这种不平等的价值观被引入算法决策领域，那么其将很容易破坏社会分配正义，给公民平等权造成严重的负面影响。[③]

二　数字经济可持续发展次生风险的生成机理

数字经济的次生风险并非无源之水、无本之木，厘清其风险背后的生成机理，对于规范我国数字经济发展，维护国家数据安全、市场秩序以及个人数据权无疑具有重大意义。

（一）国家数据安全风险的生成机理

1. 我国数据技术发展存在阻滞

相比于欧美发达国家，尽管近年来我国在数据技术的研发和投入上取

[①] 实践中发生了诸多涉及算法歧视的案件或事件，如2018年有媒体曝出某网约车平台存在利用大数据"杀熟客"的行为，即在相同时段、相同始发地、相同目的地的情况下，使用不同品牌、不同型号的手机约车，会得到不同的报价。
[②] 参见周伟《禁止歧视：法理与立法》，法律出版社，2020，第1页。
[③] 参见石颖《算法歧视的缘起、挑战与法律应对》，《甘肃政法大学学报》2022年第3期。

得了一定成就，但受制于我国数据产业起步较晚，加之早期研发意识薄弱，我国数据技术发展当前很大程度上面临着自主研发技术供给不足与国外技术垄断这一双重难题。尽管近年来政府部门愈发重视信息处理系统的生产自主化，但考虑到部分国产技术尚未成熟，相应的数据存储与应用存在很大的安全隐患。① 同样，国外信息技术看似成熟，但由于终端系统掌握在国外数据平台手中，更是容易被有心之人利用，相应的信息泄露风险同样居高不下。近年来，我国在芯片研发、半导体应用等领域面临着严重的"卡脖子"问题，这使得我国在数据安全维护上备受困扰，因为当前国家安全与芯片技术的关系日益密切，如果未来脱离芯片技术的有效支撑，我国的数据安全势必面临重大挑战，但以美国为首的西方国家同样意识到了这一点，并在封锁中国科技领域接连下狠手，② 探索如何有效突破西方国家技术封锁，成为当前维护国家数据安全的重中之重。

2. 跨国数字平台监管体系不健全

随着掌握海量数据以及数据处理技术的跨国数字平台的出现，资本对国家数据主权的影响进一步增强，这在某种程度上形成了"数据垄断"以及"算法鸿沟"，影响国家行使数据主权。③ 一方面，跨国数据平台掌握了大量数据，相比于单一的主权国家，跨国数据平台通过其频繁的业务往来往往掌握多个国家和地区的安全信息，这些数据一旦泄露，就很容易对公民个人的隐私以及国家数据主权造成挑战。在此，仅以脸书为例，2019年9月，超4亿条与脸书账户关联的电话号码数据被曝光；2019年12月，一个包含超过2.67亿条脸书用户账号、姓名以及电话号码等信息的网络数据库被公开；2021年4月，来自106个国家的5.33亿名脸书用户的电话号码、脸书登录账号、姓名全称、家庭住址、出生日期、个人简历以及电子邮件地址等被泄露，这些用户包括但不限于国家高层领导人和顶尖战略

---

① 据CNVD平台的数据，国内安全厂商如迪元素、安全狗、华为、深信服、天融信等的安全品牌或多或少都存在危急或高危漏洞，位列2020年1~10月国内外新增漏洞数量品牌TOP20。

② 2022年10月7日，为维护国家"科技霸权"地位，美国商务部产业安全局（BIS）发布一系列在《出口管理条例》（EAR）下针对中国的出口管制新规，此轮新规的发布是美国政府对中国半导体产业的全面封锁，对高性能计算芯片以及半导体设备进行出口管制，再配合企业"实体清单"以及高端半导体人才限制，全面切断中国获得高端芯片的渠道，进一步限制中国自主制造先进制程芯片的能力，压制中国在人工智能、超算等领域的优势和发展。

③ 参见孔庆江、于华溢《数据立法域外适用现象及中国因应策略》，《法学杂志》2020年第8期。

科研人员。另一方面，跨国数字平台还掌握着顶尖的数据处理技术，人工智能技术的发展有赖于高昂的经费和设备，因此财力雄厚的科技巨头在人工智能等技术的发展上展现了巨大优势，科技巨头对技术的掌控也确有不可阻挡之势，国家与这些跨国数据平台之间始终存在数据主权博弈。① 当前，欧盟对跨国互联网的监管措施领先于其他国家。欧盟成员国与欧洲议会的成员代表就《数字服务法》达成一致，该法将重新平衡用户、在线中介机构（包括在线平台和大型在线平台）以及公共机构的权利和责任。② 相比之下，面对这些大型跨国数据平台，我国尚未形成系统和规范的监管体系，更多的是事后监管，此外，国内外相关监管规范的衔接性与系统性也远远不足，这给我国数据主权的维护埋下了一定的安全隐患。

3. 国内外数字市场流通存在壁垒

数字经济市场的流通性与国家数据主权的维护存在密切关联。随着2013年"棱镜门"事件持续发酵，跨境数据流动中如何维护国家数据主权成为世界各国关注的焦点。许多国家纷纷出台法律法规限制甚至禁止本国数据跨境流动，以保障本国数据主权安全。国际上由于各国数字技术发展不均衡，对跨境数据流动、个人数据保护持有不同态度，短期内难以形成一致意见。欧美发达国家数字技术发展水平高，相关立法比较完善，在数字经济发展方面具有很大优势，因而积极主张跨境数据自由流动。然而，发展中国家往往由于数字技术水平相对落后，相关立法也不完善，在国际数字贸易中明显处于不利地位。为了保护本国的数据主权，防止发达国家数字企业的进入带来的风险，发展中国家往往持谨慎态度，反对跨境数据自由流动。此外，发展中国家的隐私保护立法尚不完善，且在国际规则的制定上缺乏话语权，无法像欧盟一样以个人数据保护为由阻止不符合本国要求的数字企业进入本国市场，因此，包括我国在内的大多数发展中国家借助数据本地化措施等相应的贸易保护政策对跨境数据流动进行规制，贸易保护政策有利于数据主权维护。

（二）数字市场垄断风险的生成机理

1. 数字经济反垄断标准相对模糊

对于何谓"垄断"行为，通过一个恰当的标准对垄断要素予以清晰界

---

① 参见翟志勇《数据主权的兴起及其双重属性》，《中国法律评论》2018年第6期。
② 欧盟委员会主席冯德莱恩认为，规模越大，在线平台的责任就越大。相关法案具有历史性意义，将升级所有在线服务的基本规则，并确保在线环境安全。

定无疑是国家反垄断治理的首要前提。考虑到数字经济的高度复杂性，引入对市场力量和垄断能力的判定标准无疑至关重要。① 就我国数字经济而言，根据《反垄断法》《国务院反垄断委员会关于平台经济领域的反垄断指南》，尽管其对"市场支配地位"②"经营者集中""市场控制能力"进行了一定的细化，但在数字经济场域下，这些标准时常呈现出一定的模糊性，不仅很难真正适应平台经济的发展趋势，更是无助于对数字经济的垄断行为进行准确把握。③ 究其原因，不同于美英等判例法国家，我国作为成文法国家，对于垄断行为的界定更多依靠规则的适用与解释，④ 体系化和规范化的反垄断标准业已形成，但仍然很难真正判定市场支配地位与互联网数据、互联网成本与互联网效益之间的关系，这在一定程度上影响了反垄断规则的功能效用。

2. 数字经济反垄断目标存在张力

综观国内外反垄断的目的，无论是英美判例法视域下的"价格稳定与竞争排除"还是我国成文法传统下的"市场支配地位"，虽然都蕴含着消费者利益维护以及市场秩序维持等价值考量，但内部始终存在效率至上与公平正义的张力，且因为立法、执法与司法的脱节，其时常陷入一个糟糕的不均衡之中而无法自拔。⑤ 以芝加哥派为代表的效率优先论者主张，对于反垄断行为的界定应着重考察相关市场经营行为是否有助于提高市场运行效率、鼓励市场创新、优化产业结构；相反，以后芝加哥派为代表的公平正义论者则主张将生产者与消费者分化，并将保障更为弱势的消费者的福利列为反垄断的第一要义，呼吁反垄断执法部门秉持一定的人文关怀，而非简单的资本逐利心态。我国看似对数字经济反垄断目的作出

---

① 参见 Thomas G. Krattenmaker, Robert H. Lande and Steven C. Salop, "Monopoly Power and Market Power in Antitrust Law," *Georgetown Law Journal*, vol. 76, no. 2, 1987, p. 241。
② 《国务院反垄断委员会关于平台经济领域的反垄断指南》第 11 条（市场支配地位的认定）规定："反垄断执法机构依据《反垄断法》第十八条、第十九条规定，认定或者推定经营者具有市场支配地位。结合平台经济的特点，可以具体考虑以下因素：（一）经营者的市场份额以及相关市场竞争状况。……（二）经营者控制市场的能力。……（三）经营者的财力和技术条件。……（四）其他经营者对该经营者在交易上的依赖程度。……（五）其他经营者进入相关市场的难易程度。……（六）其他因素。……"
③ 参见韩伟《数字经济时代中国〈反垄断法〉的修订与完善》，《竞争政策研究》2018 年第 4 期，第 52 页。
④ 参见江山《论反垄断法规范中的规则与标准》，《环球法律评论》2021 年第 3 期。
⑤ 参见陈永伟《回荡的钟摆：反垄断中的正义、公平和效率》，《经济观察报》2021 年 1 月 28 日，第 1 版。

了清晰表达，①但实质上忽视了公平正义与效率至上的内在张力，其内含的多重诉求很容易在市场秩序与消费者利益、市场创新与公共秩序之间产生冲突，并给我国数字经济的健康发展埋下隐患。

3. 垄断与创新之间的关系不明

根据"创造性破坏理论"，每一次大规模创新都意味着生产体系的一次内部更新，在此意义上，市场垄断集中更有利于国家整体创新能力的提升，有学者进一步指出，垄断是提升国家创新能力的关键手段。②这种理论上的摇摆不定，使得相应的数字经济监管更加扑朔迷离，毕竟，数字经济本身就是国家生产技术体系的一次更新换代，伴随着新一轮科技革命如火如荼地开展，各个国家都担心垄断监管影响本国数字产业的发展，进而使本国在科技竞争中处于劣势地位，例如，美国联邦贸易委员会明确指出，反垄断监管不要影响到网络产业的创新与发展。同样，我国在数字经济的监管过程中，也始终因为创新与垄断的关系问题而备受困扰。透过2021年大国创新百强指数可知，在我国数以万计的数字平台企业中，数字市场支配地位与数字创新能力存在紧密关系，往往是占市场支配地位和拥有较大话语权的企业，有更强的数字创新能力。③同样，这一正向关系在2022年中国信创企业百强榜中得到了进一步延续。④对这一关系的把握不到位，使得实践中我们更容易放松对高科技企业的反垄断审查，并在一定程度上助长了数字经济的垄断格局。

（三）数据权利入侵风险的生成机理

1. 算法非中立性的逻辑演绎

在算法诞生之初，算法的高效性与便捷性给人们留下了一个美好的印

---

① 我国《反垄断法》第1条明确了其目的："预防和制止垄断行为，保护市场公平竞争，鼓励创新，提高经济运行效率，维护消费者利益和社会公共利益，促进社会主义市场经济健康发展。"《国务院反垄断委员会关于平台经济领域的反垄断指南》第1条结合平台经济的特点明确其目的："预防和制止平台经济领域垄断行为，保护市场公平竞争，促进平台经济规范有序创新健康发展，维护消费者利益和社会公共利益。"

② Jr. Abbott B. Lipsky,, "To the Edge: Maintaining Incentives for Innovation After the Global Antitrust Explosions," *Geo. J. Int'l L.*, vol. 35, 2004, pp. 521, 522 – 523.

③ 在2021中国智造业年会暨半导体产业峰会上，《2021年大国创新百强指数报告》正式发布。对2021大国创新百强指数作综合分析，排名前十的企业分别是：华为、阿里巴巴、腾讯、中兴通讯、京东、中国移动、百度、京东方、联想和小米。

④ 2022年中国信创企业百强榜上榜的信创企业有华为、阿里巴巴、腾讯、百度、中芯国际、中国软件、中科曙光、神州控股、联想、南瑞集团等。其中，华为、阿里巴巴、腾讯分列榜单前三名。

象，人们片面认为算法是中立、客观且科学的，并不存在相应的价值观摄入和伦理性挑战，但随着算法在数字经济中的发展形态愈发多元，其中立客观的形象被一再打破。至此，我们终于意识到，自人类社会产生以来，歧视作为一种社会现象很难在国家与社会中完全消除，算法作为人类思维和行为在人工智能领域的深度体现，仅仅是场域和工具发生了变化，但不平等的社会关系依旧广泛存在，某种程度上讲，算法歧视从根本上源于人类社会固有的不平等，是现有歧视文化的一种虚拟化表达。正如托马斯·克伦普指出，数字关系始终是人类社会关系的具象化，其数字系统运行与其背后的社会文化具有复杂且紧密的逻辑关系。① 申言之，算法歧视本质上仍然是一种不平等的区别对待，尽管这种歧视在表面上看是算法自动决策的产物，但其背后仍然是特定价值观植入的结果，是一种自动化歧视。② 国家抑或企业的不平等对待会通过科技算法转变为对特定群体或者个人的歧视对待，且这种不平等对待具有很强的重复性和类型化。因此，"对代码的控制就是权力"。③ 仅从表面看，技术是客观中立的产物，但当这种技术融入特定法律关系之中时，其中立性便会在一定程度上瓦解。

2. 技术资本的"趋之若鹜"

随着人工智能技术对当今世界的影响越来越深远，资本力量趋之若鹜，科学技术逐渐沦为资本干预经济社会的工具。部分资本团体为了谋求更多经济利益和政治话语权，使与之相关的算法歧视愈发加剧。算法技术容易受到资本的影响，一旦有资本介入，算法势必体现资本所有者的利益诉求，算法技术开发就会产生偏见。算法开发者受到自身背景、所处环境、自身情感认知、资本增值要求等因素影响，导致算法结果偏离客观事实真相。算法技术开发是一个极其复杂、困难的过程，容易受到多种因素影响。即使是最有经验的算法开发工程师在算法开发的过程中也受到自身知识盲区的限制。算法的开发需要多人合作完成，每名开发者的情感认知、知识储备等都存在不同，这必然导致算法结果的客观性受到影响，算法模型不再必然具有中立性和客观性。

---

① 参见〔英〕托马斯·克伦普《数字人类学》，郑元者译，中央编译出版社，2007，第9页。
② Laura Carmichael, Sophie Stalla, Steffen Staab, "Data Mining and Automated Discrimination: A Mixed Legal/Technical Perspective," *IEEE Intelligent Systems*, vol. 6, 2016, pp. 51–55.
③ William J. Mitchell, *City of Bits: Space Place and the Infobahn*, MIT Press, 1996, p. 112, 转引自〔美〕劳伦斯·莱斯格《代码2.0：网络空间中的法律》，李旭、沈伟伟译，清华大学出版社，2009，第87页。

3. 算法黑箱的广泛存在

从表面上看，相比于传统人力决策，人工智能算法运行的过程明显更为透明和公开，但事实上，这种透明和公开仅限于肉眼可见的计算结果，其背后的算法原理并不为人所知，真正掌握这一决策机理的往往只有算法开发者和运营者，这种不透明、模糊化的运行状态就是"算法黑箱"最为真切的表述。[1] 当前，普通人在大数据时代往往关注算法的表面现象，如算法可以有效连接万物，通过冰冷机器竟然可以掌握人的行踪，而对算法的操作方式、算法的运行原理、算法模型行为模式等知之甚少。究其根源，算法模型的行为模式不同于人与人之间的交际方法，其操作方式、运算原理深奥难懂。当算法使用者采用人际交往的方式生成算法模型时，其结果往往无法被精准预测。即使是算法开发工程师往往也无法准确预估算法模型的操作结果。正是这种结果的无法预测性，常常使人忽视其中暗含的算法歧视因素，人们可能在毫无察觉时就已经受到了歧视等不合理的对待。除了算法自身因素外，人的局限性也是算法歧视的影响因素。作为算法开发主体的开发工程师受到知识储备、成长环境、个人情感认知、知识盲区等影响，这加大了对算法歧视的认知、控制和改正难度。与此同时，作为算法使用者的用户在算法使用中无法避免歧视结果的产生，即使感受到被歧视，用户也无力改变这一结果。算法开发工程师和使用算法的用户都无法对算法结果进行及时校正，一旦算法运算结果出现歧视性因素，将会产生无法预测的风险。

4. 算法准权力对社会关系的冲击

随着数字经济时代的到来，互联网企业、大型网络数字平台凭借自身资本和技术的优势，逐渐发展壮大起来，获得了类似于国家机关的统治权，成为名副其实的准权力机构。这些企业和平台掌握数据权力，时不时利用技术优势大规模地收集公民个人信息，已经成为最主要的侵害风险源，并时刻影响着公民个人数据权的实现。正所谓"资源集聚在一定程度上就是权力集聚"[2]，在发展数字经济的过程中，数字平台对数字资源优势的占有和运用，构成了平台"数据权力"发挥作用的基础。数据平台凭借自身在技术、资本、市场等方面的绝对资源优势，通过对散落在平台上

---

[1] 参见徐凤《人工智能算法黑箱的法律规制——以智能投顾为例展开》，《东方法学》2019年第6期。

[2] 参见周旺生《论作为支配性力量的权力资源》，《北京大学学报》（哲学社会科学版）2004年第4期。

的海量数据进行深度挖掘、分析和加工来实现对用户信息的精准支配与绝对控制。更重要的是,数据平台不光具有强有力的资源优势,同时还具有天然的逐利本能,这种主观逐利与客观主导的结合,会进一步诱发"数据权力"在收集、存储、使用、共享用户信息等方面的扩张和异化。

三 数字经济可持续发展次生风险的法治策略

面对数字经济的多元发展形态,从法治导向转向法治路径,进而让我国数字经济可持续发展有的放矢,是我国今后开展数字治理的必经之路。在此,本文主张必须综合统筹多重主体关系,在法治引导下,切实维护国家的数据主权安全、规范数字经济市场秩序、保障公民数据权利,唯其如此,才能将我国数字经济纳入法治轨道中。

(一)国家数据安全风险的法治策应

1. 强化数据技术的研发和投入

考虑到当前我国数据基础设施和高精尖科技与欧美国家仍存在一定差距,尤其是面临特定算法技术"卡脖子"的情形,今后我国必须实现技术自强,在发展数字经济的同时,加大对数据技术的研发和投入,大力发展数据技术市场,从而为维护我国数据主权安全奠定雄厚的技术基础。其间,我国必须加强对数据关键基础设施的研发和投入。所谓数据关键基础设施,是指用以保障我国数据开发、服务、交易、维护和安保的技术系统,是一国数据主权实现的前提和基础所在。近年来,我国在数据关键基础设施领域面临的挑战愈发明显,这给我国数据主权的维护和数字经济的健康发展埋下了重大安全隐患。基于此,为了有效维护和保障我国数据主权安全和国家情报安全,今后必须强化对关键基础设施的研发和投入,在安全芯片、安全区块链以及数据安全开发系统上强化技术供给,建立一套自主、安全、持续的网络安全系统,从而完善国家主权保障的技术支撑体系。[①]

2. 强化国内外数据市场的互联互通

数字经济的发展日趋迅猛,国内外数字技术的联系越来越密切,各国

---

① 参见黄海瑛、何梦婷、冉从敬《数据主权安全风险的国际治理体系与我国路径研究》,《图书与情报》2021年第4期。

数字市场之间的互联互通也越来越重要。近年来，欧盟、美国、英国等国家和地区越来越重视数据技术市场的互联互通，例如欧盟一再强调要加强欧盟区域内数据技术的流通和转化，2020年，欧盟通过了《数据治理法案》，该法案试图消除缺乏信任造成的数据共享障碍，改善单一数据市场中数据共享的条件，构建欧盟的数据共享模式。[①] 2022年2月，欧盟委员会专门起草了《数据法案》，首次提出"数据共享"这一概念，主张不同成员国之间、不同企业之间、企业与消费者之间都享有一定的数据共享权利，以打破算法垄断和算法歧视，建设一个开放包容的数字市场。对此，我国同样应该加强数字统一市场的建设，近年来，我国愈发重视数据技术共享。[②] 复旦大学数字与移动治理实验室的《中国地方政府数据开放报告》指出，截至2022年10月，我国已有208个地方政府上线了数据开放平台，并且与国家数据共享交换平台实现了对接，汇集了数据资源目录，建立了数据共享"大通道"。未来，我国仍需通过资金、技术、政策等营造一个共享的技术服务体系，从而打破国内外数据技术的流通壁垒，有效反馈国家数据主权建设，降低域内数据主权风险。

3. 完善跨国数据平台的监管体系

诚如上文所言，跨国数据平台业已成为数字经济的主要参与者和建设者，凭借其技术优势与资本优势，其在数字经济中的话语权愈发庞大，稍有不慎就会成为针对国家数据主权安全的入侵者，进而引发国家数据主权安全风险。时下，考虑到传统监管机制下，事后的救济方案与国家网络数据安全风险的虚拟性、隐匿性、毁灭性存在张力，我国亟须转变监管模式，将跨国数字平台纳入国家数据安全治理网络，并将其经营目标、服务范围和服务协议纳入监管体系中，合理转变"长臂管辖"的适用规则，将跨国数字平台的风险降到最低。我国对跨国数字平台的监管可在准入与准出这两个关键环节进行。就准入监管而言，合法性是跨国数字平台入境的前提所在，"合法性"强调跨国数字平台的入境数字经营行为必须符合国际商事法律规范、国内民商事法律法规和反垄断法律法规，

[①] 《数据治理法案》创新地提出的三项提高数据共享信任度的机制——公共部门数据再利用机制、数据中介机制、数据利他主义机制，有助于使公共数据、企业数据、个人数据在得到保护的前提下实现充分共享。

[②] 2015年国务院出台的《促进大数据发展行动纲要》明确指出，加快数据资源的开放共享是促进大数据发展的主要任务。党的十九届四中全会决议再次强调，要继续加强数据有序共享。2022年1月，国务院印发《要素市场化配置综合改革试点总体方案》，将完善公共数据开放共享机制列为探索数据要素市场化配置的关键环节。

不仅如此，"合法性"还要求跨国数字平台不能凭借自身技术与资本优势获得法律豁免权，数字平台也要遵守法律法规。此外，政府有权审查和评估跨国数字平台以往行为，确保其此前并无侵犯他国数据主权安全等不良信用记录，如果特定跨国数字平台长期侵犯他国数据主权安全，我国有权采用更为严格的入境经营标准。对此，我国可以适当参考欧美国家的网络安全审查机制，设置特定的入境监管审查机构，对跨国数字平台准入、网络产品认证、网络服务目录等进行全方位规制，以系统和严格的准入机制来规范跨国数字平台企业，从而建立一个持续健康的准入审查体系。① 就准出监管而言，我国不仅要防止外国数字平台对我国数据安全的直接入侵，还要防止本国数字平台携带特定数据资源造成的数据安全风险，以某网约车公司为例，其自身掌握了大量数据资源，一旦其将特定用户个人数据信息、地理位置信息等交付外国备案，这将会对我国的数据主权安全造成严重隐患，其他几家位居我国日常出行、网约货运及大众求职领域头部的企业，赴美上市审查同样如此。因此，为强化企业出境安全审查，今后必须完善长臂管辖规则，在现有《数据安全法》《反垄断法》等的基础上加以系统规制，从而避免对数字平台的监管不力导致本国数据安全信息的泄露。

4. 加强数据技术的产学研融合

为了更好地发挥产学研的制度功效，国家应至少在法律规制、政策引导和资金扶持这三个方面有所作为。就法律规制而言，国家应建立健全产学研协同创新的法律政策，完善产权激励与技术转移方案，合法给予科研人员成果所有权与收益分配权，推动产学研协同创新过程的规范化和制度化。就政策引导而言，政府应牵头建立多种形式的中介服务机构，提供全方位的信息咨询、技术转移与产权管理等服务支持，辅助创新主体表达需求，链接技术信息以及评估、交易与应用创新成果，加速创新产品或者技术成果的产业化生产应用进程，实现商业化价值的保值增值。近年来，为了加快产学研相结合，促进高校科研成果转化为实践动能，国务院、教育部等先后出台了多项文件，为我国产学研深度融合提供了战略支撑点。② 就资金扶持而言，政府应设立涵盖税收优惠减免、直接研发资金投入与政

---

① 参见司晓《数据要素市场呼唤数据治理新规则》，《图书与情报》2020年第3期。
② 相关文件参见《教育部办公厅关于印发〈促进高等学校科技成果转移转化行动计划〉的通知》（教技厅函〔2016〕115号）、《国务院办公厅关于深化产教融合的若干意见》（国办发〔2017〕95号）。

府采购项目等多元资助的体系，强化具有科技价值与商业潜力的创新方案的研究、开发与转化应用，引导产业结构进一步优化升级，形成良性长效的创新激励体系。

（二）数字市场垄断风险的法治策应

我国作为数字经济最为活跃的国家之一，除了要建立健全与规制数字市场垄断有关的法律法规，还要与科技共同进步，不断地及时地进行更新，调整规制理念，更要提高执行力，加强惩罚力度，从而建立一套健康持续的市场监管体系。

1. 建立风险监测预警和周期复查制度

数字经济的发展离不开一个可持续的市场生态，在此，建立配套的监测预警和复查制度就尤为重要。在严格准确记录经营者算法应用过程、算法策略等的基础上，进行算法歧视风险监测和预警，并建立相应的周期复查机制，对算法开展周期性的安全测试审查或安全评估，防止算法在运行中将本应受到保护的敏感性数据与其他可合法获得的数据进行编码与关联性应用、建立算法的分级分类管理制度、形成"冗余编码"，进而产生算法歧视。此外，为了强化风险监测预警和周期复查制度的功效，还可以参考欧盟对数字经济的监管，设置一套包括算法垄断、算法歧视、算法操纵、算法协同、算法黑箱等在内的负面清单制度，让经营者尤其是大型网络平台、寡头企业等在设计算法的时候避开负面清单所列事项，减少可合理预见的算法垄断风险的出现。

2. 完善政府对合规科技的监管体系

当前，考虑到技术资本对数字政府的侵蚀，我们有必要建立健全数字合规科技监管体系。合规科技从本质上讲是一个法律监管问题，是通过对相关国家法规之遵守、对相关企业运营风险之规避、对相关监管行为之预判而建立的一套现代科技创新与成果转化体系。[①]"合规"一词原意是指企业对国内监管法、国际商事规则的遵守。科技企业的行为只有在符合国内外法律法规的基础上才能得到法律的有力保障，科技成果转化才能顺利进行。基于此，政府必须强化自身的监管职能，不断优化监管法律，完善科技合规的监管方式与手段，避免因缺乏有效的协调、合作机制而治理失

---

① 参见陈瑞华《企业合规的基本问题》，《中国法律评论》2020年第1期。

败，并最终影响到数字政府的建设进程。① 为了避免当前高科技巨头对数字市场的垄断，我们必须进一步发挥市场在合规科技资源配置中的决定性作用，更好发挥政府作用，调动市场主体的参与和协同积极性，规范创新链、资金链、产业链等环节。

3. 设立专门的算法监督管理机构

数字平台的有效监管是一个系统工程，当前亟须建立一套由政府主导，多部门、多层级协同的监管体系。欧盟在《算法责任与透明治理框架》中规定在公共部门建立AIA算法问责机制，公布算法目的、范围、预期用途、政策实施和算法评估结果等，同时定期更新AIA流程，并建立履行算法风险评估、提供算法建议的专门算法监管机构等。为了精简机构设置，我国的市场监督管理局可以担任起算法监督机构的职责，但由于算法的专业技术性和跨知识领域性，可以在市场监督管理局中设置专职部门，并配备算法相关领域的外部专家履行算法监督职责。在此基础上，还应该加强不同职能部门之间的协同配合。由于大数据技术的发展，传统单向度管理模式必然向多向度转型，单一的职能部门往往受制于信息技术劣势，不能及时制定有效措施。专门的算法机构能够有效识别风险，明确不同部门的职责，并建立一套健全的沟通和协调机制。

4. 引入高科技数字监管技术

数字市场监管是一个系统工程，因此必须要注重新型技术，尤其要加强技术监管和信息化管理技术的应用，② 毕竟，相较于传统企业合规，在大数据、人工智能等综合作用之下，传统的人力因素已经很难应对合规科技问题，基于此，寻找技术突破，尝试利用人工智能技术来助力企业合规建设就成为最佳的战略选择。③ 当前，世界各国都愈发注重在市场监管中引入算法技术，如欧盟就试图通过"以魔法打败魔法"的方式应对"算法黑箱"，其通过在算法代码中加入数据保护科技形成了对数字平台的有效监管。同样，俄罗斯反垄断局开发了一套名为"大数字猫"（Big Digital Cat）的识别系统，用以监督市场上的算法合谋行为。巴西竞争执法部门则开发了一套名为"大脑"（Cerebro）的筛选系统，用以规范数字平台的

---

① 参见陈瑞华《论企业合规的基本价值》，《法学论坛》2021年第6期。
② 参见常艳、刘作丽《探索数据要素合规交易新范式》，《前线》2022年第8期。
③ 参见韩曜旭《将人工智能引入企业合规 为检察监督提供技术支撑》，《检察日报》2021年9月11日，第3版。

市场经营行为，保护消费者权益。① 在此，我国同样应该加强高科技技术在数字市场监管领域内的应用，以打破数字市场垄断，让我国数字市场更加科学和规范。

（三）数据权利入侵风险的法治策应

1. 加强个人隐私权保障立法

为了化解数字经济与个人隐私权保障之间的张力，切实完善国家隐私权立法体系，进而厘清数字经济发展与公民隐私权保障之间的边界，无疑是当前我国数字经济可持续发展的必经之路。其间，我国必须在专门立法和相关立法上有所作为。一方面，就隐私权保障的专门立法而言，对于隐私权的专门立法保障已经在理论界与实务界达成共识。诚如上文所言，在数字经济发展的大背景下，个人隐私侵权更具有隐蔽性、匿名化、智能化以及复杂化的特点，因此，设置完整的保护链条，使公民隐私权保障有法可依无疑至关重要。其中，当务之急是要在《个人信息保护法》中明确个人隐私权的定位，在此，我们可以参考学界王利明教授的观点，将其视为一项独立的人格权，② 并在《个人信息保护法》中对隐私权的内涵、外延、侵权主体和客体的权利进行细致的规定，从而保证其在司法实践中更好地得到保护。另一方面，就隐私权保障的相关立法而言，当前应该在现有民事和刑事立法体系中有所作为，其中，《民法典》应该对个人隐私的财产属性进行清晰的定位，对侵犯个人隐私的行为予以进一步明确，将人身、财产以及精神损害的赔偿充分细化，确保个人隐私权保障有法可依。不仅如此，《民法典》"侵权责任编"应对隐私侵权的方式、责任划定、救济途径和赔偿方式作出详细规定，从而更好地保护公民的隐私权。《刑法》对于公民隐私权的保障同样大有裨益，当前，针对窃取、传播和利用个人信息危害面广、程度深以及影响大的情况，可以依法进行定罪量刑，而不只是一些罚款或者行政处罚措施，应将这些严重侵害个人信息的行为纳入《刑法》的打击范围，从而更好地维护公民隐私权。

2. 明确公民数据权的国家保护义务

事实证明，面对数据平台对固有社会结构的冲击，公民社会内部并不

---

① 参见熊鸿儒、韩伟《全球数字经济反垄断的新动向及启示》，《改革》2022年第7期。
② 参见王利明《迈进数字时代的民法》，《比较法研究》2022年第4期。

是完全对等的格局,此时,普通公民由于自身的弱势地位难以通过私力救济来维护自身的数据权。但面对这种基本权利侵害格局,传统"公民—国家"视域下的基本权利功能保障体系①并不能够全面保护公民个人数据权,难以有效避免数字平台带来的风险。在此基础上,引入国家保护义务理论就尤为必要。国家保护义务的法理学本质是基本权利的水平效力,即对于来自"第三人"的侵害,而非针对传统意义上国家对个人可能造成的侵害,要求国家采取相应措施加以救济。也就是说,依照国家保护义务理论,既然国家限制了公民私力救济的权利,那么当不平等的私主体之间发生权利侵害时,国家当然有义务采取一定保护措施,从而使弱者的基本权利得到应有的保障。②当前,我国公民隐私权的保障模式以事后追责、事后监督的方式为主,以法律责任的承担来约束信息处理者并督促其妥善处理个人信息。本文认为,在国家保护义务场域下,除事后监督与追责之外,事前审查及事中管控同样大有必要。一方面,事前审查与事中管控的嵌入有利于减少固有技术风险引发的侵权事件;另一方面,从机制的完整性角度而言,事前审查、事中管控与事后监督共同构成完整的全流程管控机制,有利于全方位控制风险,进一步减少侵犯隐私权益引发的案件纠纷。其间,尤其要提高数据平台技术应用的准入门槛。在公民隐私权泄漏事件频发的今天,我国应该积极向欧盟看齐,尽快建立市场准入资质审批程序,对于涉及公民个人隐私的技术开发,应事前获得相关主管部门的批准,不仅如此,主管部门对数据服务提供者的资质应该开展常态化的监督检查,以防止部分数据平台在不符合市场准入资质的情况下恣意采集公民个人隐私信息。

3. 加强数字经济产业的行业自律

事实证明,对于数字市场垄断行为的规制,单纯依靠竞争执法机构的力量是不够的,需要行业组织、经营者和消费者综合力量共同规制。行业自律是市场经济的主体自发联合起来,通过制定统一的行业规范来实行自我管理的一种模式。③行业自律是维护数字经济市场秩序的重要举措,市

---

① 在宪法教义学看来,所谓基本权力的功能体系是指"强调用同一的价值贯彻整个基本权利体系,并在基本权利作为请求权之外探索基本权利的其他规范内涵,同时用统一的'法律保留原则'去整合和控制国家公权力对于基本权利的各种作用方式"。张翔:《基本权利的体系思维》,《清华法学》2012年第4期。
② 参见陈征《基本权利的国家保护义务功能》,《法学研究》2008年第1期。
③ 参见华劼《网络时代的隐私权——兼论美国和欧盟网络隐私权保护规则及其对我国的启示》,《河北法学》2008年第6期。

场主体主动形成行业规范能够有效地弥补法律的不足，在法律的刚性制度下能够更好地实现自我管理。

一方面，我国可以参照国家关于个人信息保护的法律制定相应的自律公约，通过制定自律公约达到法律与行业自律相辅相成的效果。行业自律公约作为一种灵活的行业规范措施，是市场主体在多方利益妥协与博弈之后形成的规范体系，能够有效引导行业进入的门槛和遵循的准则，并在保护个人隐私权方面形成一个最低的共识。行业自律在保护个人信息方面提供了更大的发挥余地，国家可以根据情况鼓励相关的企业在制定行业自律准则时严于法律标准，从而更好地承担社会责任。另一方面，我国还可以设立一些第三方的隐私认定机构。在公约的制定过程中，结合行业的特点和业务过程中的实践经验，制定更加具有针对性和细致性的准则。自律公约除了要就个人信息保护的原则、相关数字平台的行为规范向信息主体予以提示之外，还应该对违反公约的惩戒措施予以明确，诸如取消行业准入资格、限制合作，从而对企业和服务商起到一定的约束和震慑作用。例如，美国始终坚持以市场为主导，强化行业自律手段，采用网络认证模式，禁止通过网络非法收集个人隐私信息。该模式要求被许可张贴隐私认证标志的网站只有在遵守在线信息收集行为规则时，才能收集私人信息。美国的隐私认定机构有商业促进局在线组织（BBB OnLine）、数字证书认证机构（Web Trust）以及电子信任组织（TRUSTe）等，这些机构独立于政府和企业，组成了一个独立的第三方平台，为个人以及企业提供基本的隐私认定。此外，我国还可以引导行业自律组织加强自身监管力度。为强化我国数字经济的行业自律性，今后数字行业组织应增加内部管理权限并加大处罚力度，综合运用警示、叫停、黑名单等惩戒措施，对数字平台数据失范行为进行准行业规制，以有力保障公民个人的数据权。[①] 例如，欧盟通过设置严格的数字行业"守门人"制度有效强化了数字经济的监管，企业作为守门人不仅需要履行自身的算法公平竞争义务，还要督促行业协会的成员企业。发现反竞争企业时，应及时向有关部门反应情况，也可为监管机构、经济成本效益评估机构等提供咨询意见或技术支持，同时应保守行业内的商业机密。这种严格的行业自律，有效规范了欧盟的数字产业，基于此，我国理应在公民个人数据权保障中适当引入这种做法。

---

① 参见钟鸣《欧盟数字平台监管的先进经验及我国的战略选择》，《经济体制改革》2021年第5期。

四 结语

　　事实证明，大力发展数字经济，是站在历史与实践逻辑的视角并基于我国经济发展和世界经济形势作出的战略选择。当前，随着数字技术与实体产业的跨界融合发展，数字经济已经成为社会发展领域辐射范围最广、活跃程度最高的经济活动，换言之，数字经济有望成为世界经济增长的重要驱动引擎，因此，我国必须要充分把握数字经济发展的良好契机，拓展经济发展空间，促进经济创新发展。然而，在把握数字经济发展机遇的同时，我们必须意识到，风险与机遇相生相随，尤其是在我国数字经济规则不甚健全的情况下，盲目追求数字经济效益，极有可能引发国家层面的数据主权安全风险、市场层面的数字市场垄断风险以及个人层面的数据权利入侵风险。究其根源，就国家层面而言，我国数据技术发展存在阻滞，跨国数字平台的监管体系不健全，国内外数字市场流通存在壁垒；就市场监管层面而言，我国数字经济反垄断标准相对模糊，数字经济反垄断目标存在张力，垄断与创新之间的关系不明；就个人数据权利保障而言，则有算法非中立性的逻辑演绎、技术资本的"趋之若鹜"、算法黑箱的广泛存在、算法准权力对社会关系的冲击等问题。为了切实引导我国数字经济的可持续发展，今后必须在法治思维的导向下积极回应问题，其中，为了维护国家数据主权安全，今后必须强化数据技术的研发和投入，加强国内外数据技术市场的互联互通，优化跨国数据平台的监管体系，加强数据技术的产学研融合；为了维护数字经济市场秩序，今后必须建立风险监测预警和周期复查制度，完善政府对合规科技的监管模式，设立专门的算法监督机构，加强现代科学技术在数字市场监管中的应用；同样，为了保障公民个人数据权利，今后必须加强个人隐私权保障立法，明确公民数据权的国家保护义务，加强数字经济产业的行业自律。唯其如此，才能将我国数字经济发展纳入法治轨道之中。当然，法治是我国数字经济发展的必然选择，同时，要想确保我国数字经济的持续、健康和稳定发展，今后还必须充分兼顾法治与民主、效率与公平，处理好立法、行政与司法之间的关系，促使我国数字经济兼具法治化、民主化、合理化和规范化，这既是我国数字经济发展所要坚持的核心理念，也是今后我国数字治理体系应持续深化的重大课题。

行政公益诉讼案件"等外"领域的实践探索与反思

——以 M 区检察院 2021 年办案情况为分析样本

何邦武 温家珠 王旭芳*

摘 要：对行政公益诉讼案件"等外"领域的探索，是检察机关履行法律监督权的应然制度逻辑，契合行政公益诉讼保护国家利益和社会公共利益的目的。通过对 M 区检察院 2021 年办理"等外"领域公益诉讼案件情况的分析，可以发现，由于该制度在我国运行时间不长，实践中存在规范性不足、案件线索来源单一、缺乏专业支持以及效果显著但不彻底等问题。应在探究"等外"领域公益诉讼制度运行的法律治理逻辑的基础上，变革既有的公权力理念，完善顶层设计和相关制度，促使检察机关职能由诉源治理向社会治理转变。

关键词：公益诉讼"等外"领域 行政公益诉讼的范围 数字法律监督

引 言

步入数字文明时代，人类正从传统的物理性一维世界跨进物理空间叠加网络虚拟空间的二维世界，其生产、生活和交往等活动经此而发生深刻改变，这喻示着在自然风险之外，制度化与技术化风险也达到前所未有的程度。[①] 面对当前社会工业文明与数字文明交织形成的新风险社会，社会治理因既有规则的滞后效应而存在监管盲区，扩大检察监督范围以解决公共利益保护等事项中的行政缺位问题成为实施检察监督权的应然制度逻辑。有鉴于此，2021 年颁布的《中共中央关于加强新时代检察机关法律

---

* 何邦武，法学博士，南京航空航天大学人文与社会科学学院教授，研究方向为刑事诉讼法学；温家珠，南京审计大学法学硕士，研究方向为刑事诉讼法学；王旭芳，山西省晋中市太谷区检察院第三检察部主任、一级检察官、检察委员会委员。

① 参见何邦武《数字法学视野下的网络空间治理》，《中国法学》2022 年第 4 期。

监督工作的意见》明确提出要积极探索办理安全生产、公共卫生、妇女及残疾人权益保护、个人信息保护、文物和文化遗产保护等领域的公益损害案件。①按照全国人大和最高检改革的要求，各级检察院在之前4个明文列举（俗称为"等内"）的领域积累实践经验的基础上，遵照"积极稳妥"的原则，以能动的理念积极探索"等外"领域的范围，这成为因应当前社会发展情势的必然选择。

然而，由于数字社会各类纠纷更加复杂多样，四类有限的列举之外，实际上存在着大量待保护的社会公益，"等外"领域因此具有高度的不确定性，极易在实践中因不同地域、不同时段、不同检察监督主体而产生适用范围的随意性。这不仅会损害法律的稳定性、可预期性，也会直接影响检察监督的公信力，因此亟待就"等外"的理解适用达成相关理论与制度共识，以确定较为可行的标准。迄今，有关行政公益诉讼"等外"领域的研究，尚未得到学界的重视，仅有的研究成果又聚焦于案件范围的拓展。但行政公益诉讼制度是执政党运用法治方式增强国家治理能力的必然抓手，拓展该"等外"适用的裁量标准仍需受限于数字社会法治的价值目标以及公权力的伦理，其合理性和正当性亟待进行理论探究。有鉴于此，本文在考察2021年M区检察院关于行政公益诉讼"等外"领域办案实践的基础上，澄清该制度的逻辑，通过合目的性解释推原"等外"的立法原意，以期为行政公益诉讼制度的完善提供有益参考。

一 M区检察院2021年关于"等外"领域行政公益诉讼办案情况

M区检察院自2017年起开展行政公益诉讼业务至今，办案规模持续扩大，已取得一定成效。在2021年，M区检察院共办理了151件行政公

---

① 与此同时，《未成年人保护法》《安全生产法》《个人信息保护法》等单行法律纷纷增设检察公益诉讼条款。2021年经修正的《安全生产法》在第74条增设检察公益诉讼相关条款："任何单位或者个人对事故隐患或者安全生产违法行为，均有权向负有安全生产监督管理职责的部门报告或者举报。因安全生产违法行为造成重大事故隐患或者导致重大事故，致使国家利益或者社会公共利益受到侵害的，人民检察院可以根据民事诉讼法、行政诉讼法的相关规定提起公益诉讼。"2021年新修订的《未成年人保护法》第106条规定："未成年人合法权益受到侵犯，相关组织和个人未代为提起诉讼的，人民检察院可以督促、支持其提起诉讼；涉及公共利益的，人民检察院有权提起公益诉讼。"2021年实施的《个人信息保护法》第70条确立了个人信息保护公益诉讼制度，检察机关通过提起公益诉讼的方式实现对非法处理个人信息行为的监督。

益诉讼案件,同时向行政机关发出诉前检察建议151份,回复率为100%。"等外"行政公益诉讼工作刚刚起步,检察监督制度也处于实践和探索阶段,共办理17件案件。从实践情况来看,当前M区检察院"等外"行政公益诉讼具有以下特点。

(一)案件数量相较"等内"领域案件数量差距较大

从表1中可以看出,生态环境保护和资源保护案件为检察院行政公益诉讼主要办案领域。而"等外"领域的办案数量较少,仍在探索阶段。"等外"领域只是在进行初步探索,在案件的数量方面即与传统食品药品领域相差不大,这表明其探索空间巨大。

表1 M区检察院2021年行政公益诉讼涉案领域分布情况

单位:件

涉案领域		案件数量(百分比)
等内	生态环境保护和资源保护案件	105(69.5%)
	食品药品领域	29(19.2%)
等外	新兴领域	17(11.3%)

(二)线索来源较为集中

"等外"领域的17件案件的线索全部来源于检察人员走访调查,这表明被动受理的案件较少。而生态环境保护和资源保护案件的线索,除了检察人员在履职过程中发现的,还有经举报、检察人员在办案过程中发现以及其他机关转交的。此外,检察人员在现场进行调查走访时,均通过形成照片资料固定证据,尚未采取其他形式的证据固定方式。

(三)涉案类型多样

目前M区检察院办理的"等外"行政公益诉讼案件的类型基本涵盖了八大领域,如表2所示。

表2 M区检察院2021年"等外"行政公益诉讼案件办理情况

单位:件

涉案领域	案件名称	案件数量
安全生产领域	1. M区住房和城乡建设管理局对城区部分街道井盖破损未依法履行监管职责案 2. M区住房和城乡建设管理局对A地井盖破损怠于履行监管职责案	7

续表

涉案领域	案件名称	案件数量
安全生产领域	3. M区住房和城乡建设管理局对B地井盖破损怠于履行监管职责案 4. M区市场监督管理局对C小区电梯警示标志缺失、报警装置损坏等问题怠于履职案 5. M区市场监督管理局对D小区部分电梯设备管理不规范怠于履行监督职责案 6. M区市场监督管理局对E小区部分电梯设备管理不规范怠于履行监督职责案 7. M区市场监督管理局对F医院电梯设备管理不规范怠于履行监管职责案	
公共卫生领域	1. M区市场监督管理局对A眼镜店无证经营隐形眼镜怠于履行监督职责案 2. M区公安局分局对宾馆、酒店住宿怠于履职案	2
生物安全领域	无	0
妇女儿童及残疾人权益保护领域	M区烟草专卖局对校园周边商店怠于履行监管职责案	1
网络侵害领域	M区文化和旅游局对互联网上网服务营业场所经营单位怠于履行监管职责案	1
扶贫和乡村振兴领域	1. M区L乡政府对易地搬迁补助金使用不依法履职案 2. M区X乡政府对易地搬迁补助金使用不依法履职案 3. M区农业农村局对扶贫资金项目管理、发放不规范问题怠于履职案	3
文物和文化遗产保护领域	1. M乡政府对s古墓采草乱堆怠于履职案 2. M区文化和旅游局对s古墓保护设施不完善怠于履职案	2
其他领域	M区市场监督管理局对部分商户销售高仿人民币样式祭祀物品行为怠于履行监管职责案	1

"等外"行政公益诉讼案件目前在安全生产领域占比最多，这离不开相关政策的支持。但当前在安全生产领域的办案多集中于城市公共设施安全与电梯设备安全，这类案件可以根据日常生活经验判断是否存在安全隐患。然而，煤矿及重点非煤矿山安全、交通运输安全以及特种设备安全等是否存在问题的判断，亟待积极排查以及进一步认定。

（四）诉前程序的矫正效果突出

实践表明，多数案件通过诉前程序被分流以及过滤，最终得到解决。

诉前程序是检察机关提起行政公益诉讼的前置性要件，该程序的设置是为了达到公益保护的最佳司法状态，有效发挥行政机关纠正自身违法行为的主动性，彰显监督的谦抑性。在2021年办理的17件案件中，100%通过诉前程序解决，这说明行政主体对相应问题予以高度重视并迅速调整自身的工作方式，通过积极履职在较短的时间内解决检察建议所督促整改的案件。同时，2015年《人民检察院提起公益诉讼试点工作实施办法》（2020年废止）第40条规定了行政机关应当在收到检察建议书之日起的30天内办理，并将办理的相关情况书面回复给检察机关。但修订后的《行政诉讼法》并没有对行政机关的回复期限作相应的规定，在实务中，检察机关办案人员依照的是2018年颁布的《人民检察院检察建议工作规定》第15条中"两个月"的期限。而100%的行政机关在收到检察建议书后两个月内进行了整改，这一实践进展表明了整改的期限总体上符合实际情况。但随着"等外"领域案件的扩展以及专业性程度的进一步加深，这一期限能否彻底解决问题还有待在实践中继续验证。

二 "等外"领域行政公益诉讼面临的难题

M区"等外"领域行政公益诉讼制度总体运行情况良好，正在循序渐进地发展，但新制度运行时间较短、立法供给相对不足，在一定程度上掣肘检察机关对公益诉讼新领域案件的办理。

（一）"等外"领域界定不明确

根据功能适当原则的核心要义，法律通过对国家权力的分立与制约来实现不同的功能，并以此为基础分别配置权力、人员等。① 在行政公益诉讼领域，检察机关和行政机关虽然秉持协调共治原则，但不能逾越功能分立的边界，法律的监督职能不能替代乃至僭越行政机关既有的执法职能。正是基于这种职能的不同配置，法律规定"等外"领域案件立案应当同时满足4个条件，但这一规定过于宽泛，在实践中难以理解与把握，这可能导致以下几种情形：一是检察机关探索"等外"领域案件时会受到质疑，进而导致在工作中行政机关不予支持和配合；二是建议对象难以精准判定，加之检察机关调查手段本就单一且刚性不足，当向仅具有协助附属义

---

① 参见〔德〕康拉德·黑塞《联邦德国宪法纲要》，李辉译，商务印书馆，2007，第381页。

务的机关发出检察建议时,案件的办理效果将难以保障;三是一定程度上降低了起诉的标准,扩大了受案的范围,难以真正回应民众的期待。上述问题在实践中不同程度地发生,从实践总体来看,八成案件的监督相对容易,也可以快速取得成效,如井盖破损以及电梯设备管理不规范,或者在扶贫和乡村振兴领域,针对对象是乡一级的政府,检察机关在诉讼的过程中遭遇的阻力也较小,纠正违法行为的可能性也较大。但对于调查取证过程涉及较强的专业性和技术性而检察机关缺乏相应的办案能力的案件,或者存在一定困难或案情复杂的案件,检察机关往往以规避的方式放弃行使监督权。检察监督权裁量标准的行使成为本部门利益最大化的标准,这不仅模糊了原有的界限,也背离了规则的本意。

(二)案件线索来源单一

尽管案件线索获取的方式是多样的,但目前在"等外"领域行政公益诉讼的司法实践中,检察机关的工作线索仅限于"履行职责中主动发现"这一来源,尚无被动接受公民或其他社会组织的举报抑或有关国家机关交办或转办的案件,更无利用大数据手段对行政执法中的问题进行监督的实践,以致被监督案件来源单一且消极被动,无法有效满足数字社会法律监督的需求。根据统计数据,该区 2021 年共计 17 件"等外"案件,平均两个月才能发现 3 条线索,这使得"等外"行政公益诉讼领域陷入无案可办的困境。实际上,造成单一的线索发现方式的原因可能有:一是单纯依赖系统内部对案件线索的移交,因为前期工作已经积累并相应地固定了证据,可以提高效率;二是其他部门线索提交不顺畅,抑或其他主体在线索发现上未有积极的表现;三是大数据算法技术的运用尚没有得到应有的落实,尤其在基层地区更为明显。然而,在当今时代,我国社会群体分化加快、利益主体日趋多元化,需求也因之存在较大差异。如果对来自其他部门有关利益诉求的信息选择性无视,甚至排除诸如人大、政协、政府机关以及人民群众在行使职权、申诉与控告中发现的线索,或者不能充分利用大数据手段进行法律监督,将不能及时制约行政不作为与乱作为,无法发挥检察机关应有的法律监督职能。

(三)相关专业技术支持的缺乏

相较于生态环境保护公益诉讼,在安全生产等跨专业性强的领域,因自身缺乏相应的专业知识,对行政不作为的判断充满复杂性,检察机关对损害结果的评判能否恪守权力的边界、对专业性问题能否保持谨慎是存疑的。例如，在化工生产中，对于是否危及公共安全及行政机关是否依法履职的判断，必然涉及化工作业方面技术性的识别问题，但当前检察机关没有被赋予侦查权利，仅具有案件的调查核实权。因此，在缺乏专业调查力量的情况下，检察机关难以精确判定行政机关的履职情况。加之，在检察建议发出后，行政机关提出的相关生产整治方案是否科学可行，超出了检察机关的专业范围，这不可避免地使得工作效果大打折扣。从目前办案情况来看，检察监督的都是较为简单的行政公益诉讼案件，仅需根据日常生活经验即可判断。面对高度专业和技术复杂的安全生产类行政公益诉讼案件，在涉及评价和判断有害因素、危险因素和事故隐患类型时，由于需要有专门知识的人或专业机构的参与和支持，现有的检察监督人员显然难以胜任，尤其是在 M 区这样的基层检察系统中，情况更是如此。

（四）办案效果显著但不彻底

在办理的 17 件"等外"案件中，行政机关整改率为 100%，这似乎说明诉前矫正程序有明显的实践效果。然而，实践中仍然存在一定隐忧，即行政机关整改的实际效果是否符合社会预期。目前而言，以下几点问题的存在仍然是不争的事实。第一，由于行政机关履职的特殊属性——需要拥有相应的专业性技术，且其履职采取的一系列策略并非一蹴而就的，在检察机关督促后，行政机构 100%进行回复并予以整改，但检察机关仅能从表面进行审查。具体评判其履行情况，一方面需要法律法规的完善，有细致的规则予以评价；另一方面也需要专业技术人才进行辅助认定。同时，行政机关充分履职，还需要依靠上级机关的批准、财政支持或其他机关的协作等力量的支持，而这又不是被监督的行政机关自身能够解决的问题。例如，在"M 区文化和旅游局对 S 古墓保护设施不完善怠于履职案"中，需要当地政府将该事项列入采证预算、城建规划部门给予相关的支持配合，否则难以有效解决问题。但目前来说，机关之间还未形成协作的机制，即使各部门愿意进行协作，也需要有一定的财政投入，在办公经费连续缩减的财政政策环境下，这无疑是另一重难以克服的困难。第二，当前已办理的案件相对而言影响较小，面临障碍较少，容易取得成效，但随着"等外"行政公益诉讼案件在政策推进下不断拓展，必然遇到公众广泛关注的案件，扩展后的行政公益诉讼案件办理能否继续取得当前的成效仍然令人怀疑。对此，应当继续强化检察监督职能，因为检察机关是我国的法律监督机关，在调查取证、督促执法方面都存在诸多的优势，而且督促行政执法化解争议已成为行政公益诉讼结案的主渠道，所以应当在制度构建上进一步精细化。①

三 "等外"领域行政公益诉讼制度优化的基础理论

在保证公权力行使的合法性和正当性的前提下，通过扩张和强化司法权来解决公共利益保护和行政失灵问题，必须先将视角从作为事实前提的公共利益保护问题转换到行政权理念和检察机关职能变革上，以此明确我国"等外"行政公益诉讼的运行逻辑。

（一）新风险社会需要变革既有的公权力理念

当前，社会的风险结构和特征已经发生了根本性变化，人为风险已经超过自然风险并成为主导内容。加之算法技术的传播与数字权力的扩张，既有法律秩序与新生的数字法秩序迭代共生，由此产生了复杂、重叠的法律关系，这模糊了传统的法律关系曾有的相对清晰的边界。换言之，数字时代下的法律关系有着更加明显的私法与公法、此法与彼法交混的法律属性，客观上会造成既有法律适用的冲突与缺位。在传统法律的视角下，国家往往秉持"守夜人"这一中立角色的态度，不会过多介入公民的生活。该定位源于对公民权利的侵犯往往由于另外的公民个体，但公民个体尚可用自身的力量开辟自力救济的通道。但随着恐怖主义、环境污染、生产事故、道路交通事故、重大传染疾病等新安全威胁的到来，并且以压倒个人的方式存在，② 遭受侵害的公民个体与施加侵害的组织体之间力量悬殊，个体只能寄希望于国家提供强有力的保护。同时，网络技术和传媒技术的发展，使得公民对风险的感知途径增多，这在一定程度上呈现出风险放大与扩散的效应，从而加剧公民对风险的担忧。在此情形下，法律关系表现出更加明显的"公法对私法的逐渐渗透和取代"的情势，因此要求公权力渗入私权，形成公法与私法合力保障公民个体的权利与自由的态势。

此外，行政权力本身就承担着维护或增进公共利益的职能，但也会在某些时候出现缺位或者越位问题，其主要原因可以归结为以下几个方面：

---

① 参见覃慧《检察机关提起行政公益诉讼的实证考察》，《行政法学研究》2019年第3期。
② 参见房慧颖《预防性刑法的风险及应对策略》，《法学》2021年第9期。

一是政府部门之间的利益冲突，尤其是在政策执行过程中各部门都有基于自身利益的考量；二是政府是行政权力的享有者、执行者，在实际运行中有着复杂的行政程序和事务，加之公务人员的执行力不一，政府决策很难被高效执行；三是社会公众多样化的需求与政府资源有限性之间存在冲突。① 与此同时，由于其他社会主体对数据与资源的赋能正消解传统的权威力量，权力的国家专属性被稀释。权力的扩张与偶尔失灵或被稀释这一矛盾现象，潜藏着社会治理秩序混乱的危机。

基于前述原因，以及数字时代法律关系之间的复杂性、耦合性以及个人权利实现和维护的特殊性，需要一种与之相适应的治理模式，以协调权力与权利之间的关系，应对现代社会的高度复杂性和高度不确定性。实际上，在党的十八届三中全会以后，就开始强调"治理"而非"管理"，这意味着政府在风险应对中应当更倾向于通过借助政府机制和非正式机制让各类组织弹性地解决复杂社会问题。笔者赞同该治理模式，因应现代社会高度复杂性和高度不确定性的多方合作治理的新公共管理模式即具有以公民为本、市场化、结果导向、分权协作、民主参与、多中心自主治理等特征。其中，多中心自主治理、分权协作是核心，因为"只有多元社会主体在合作的意愿下共同开展社会治理活动，才能解决已出现的各种各样的社会问题，才能在社会治理方面取得优异的成绩"②。该理念暗合网络空间多元主体的格局所需要的治理理念，也能有效缓和法益与公权力谦抑之间的紧张关系。行政公益诉讼需要传统的公权力主体之外的公民个人以及数字平台等的参与，这样不仅可以拓宽案件来源渠道，还可以使检察监督节点提前，强化法律监督效果。总之，公民安全期待的提升与转型期社会任务的转变共同赋予了权力扩张与分权治理以正当性。

（二）国家治理能力的提升亟待检察监督的加强

在社会发展过程中，一些新兴领域不断出现的热点一般都是由行政机关进行处理的，处理结果的好坏取决于行政机关的态度和方式，这使得司法权难以介入。根本原因在于，"检察权对行政权的监督是不是法律监督的应有之义"这一命题尚存有争议，有关部门仍然以1979年《关于七个法律草案的说明》为依据，认为检察机关对国家机关和国家工作人员的监

---

① 参见张式军《环境公益诉讼原告资格研究》，山东文艺出版社，2012，第3页。
② 张康之：《论主体多元化条件下的社会治理》，《中国人民大学学报》2014年第2期。

督仅限于需要追究刑事责任的情形。① 直到 2017 年《行政诉讼法》在修正时于第 25 条第 4 款规定了"人民检察院在履行职责中发现生态环境和资源保护、食品药品安全、国有财产保护、国有土地使用权出让等领域负有监督管理职责的行政机关违法行使职权或者不作为,致使国家利益或者社会公共利益受到侵害的,应当向行政机关提出检察建议,督促其依法履行职责",才使检察机关的监督职能得以扩张,也使数字时代检察监督职能的扩展有了制度基础。

随着国家治理体系和治理能力现代化的不断推进,我国检察机关如何在坚持检察权保有法律监督属性的前提下,因时顺势调整该权力的外延、有序变革职能的运行尺度,已经日益迫切。其中,直面公共行政的检察监督,即检察机关对行政权开展法律监督活动,在新的检察职能体系中具有重要意义,② 因为检察机关提起行政公益诉讼制度是对履行法律监督职责的探索,也是对传统行政诉讼制度的创新。在中国现代化急剧转型中,时空高度压缩使行政追责或者司法救济在"行政乱作为"和"行政不作为"所导致的安全生产、环境污染等事故中具有滞后性。因此,只有检察机关及时矫正行政违法行为,才可以破解"为时已晚"的困局,③ 在多个行政过程的节点发起行政公益诉讼,阻断具有违法性的行政过程。

此外,检察机关对特定领域行政权的行使进行有效监督,这使得一些本来主要属于行政权关注、由行政权处置的问题,也在一定程度上被纳入检察监督权行使的范围,成为检察机关与行政机关共同关注的问题。而由于行政机关在检察机关督促后没有履行相应职责随后被检察机关提起行政公益诉讼,这些领域进而成为人民法院负责处理的领域,使得原本属于行政权单一处置的领域,变成了行政权和司法权共同关注的领域,并使司法关注成为更为可靠的最后一道防线,为公益的保护又上了一把安全锁。④ 由此,全方位监督的整体效能充分发挥,真正破解"法治监督体系不够严密、各方面监督没有真正形成合力"的现实难题,也有效防范和化解风险社会带来的诸多民生问题。

---

① 参见徐全兵《检察机关提起行政公益诉讼的职能定位与制度构建》,《行政法学研究》2017 年第 5 期。
② 参见朱梦妮《行政权检察监督的三种模式》,《社会科学家》2022 年第 5 期。
③ 参见梁鸿飞《拓展行政公益诉讼案件范围以解决实质性地方治理问题》,《兰州大学学报》(社会科学版)2022 年第 4 期。
④ 参见王春业《论行政公益诉讼对公益保护的创新与制度再完善》,《浙江社会科学》2022 年第 10 期。

（三）诉的利益更新吁求对公共利益进行维护

传统的主观诉讼模式只允许有直接利害关系的当事人提起诉讼，而社会公益虽与社会民众息息相关，但因缺乏直接利益受损者无法通过诉讼的方式得到保护，主观诉讼模式已经无法满足需要。在保护公共利益方面，诉的当事人范围需要进一步扩张，行政公益诉讼制度应运而生。但社会资源所具有的稀缺性特征要求政府应当尽量在各公共物品（包括担负司法职能的法院）的提供方面寻求大致的平衡。[1] 因此，国家会预先建立一种筛选机制，挑选出那些最需要以及最值得司法救济的社会纠纷进入诉讼程序。"诉的利益"即成为司法救济筛选机制的评价标准。在这种情形下，一方面，司法机关需要在既定的法律秩序与制度框架内寻求利害关系人所主张的权利依据；另一方面，在社会需求出现新的现实要求而现有的规则出现"权利空白"状况时，司法机关需要在利益衡量的基础之上运用解释等方式来弥补诉讼程序的缺口，赋予主体以新类型的诉权，从而达到司法生成权利的效果。[2] 随着社会的不断发展，新型社会关系增多，主体之间的利益分化，这些纠纷可能是离散型利益、扩散性利益、集团性利益引发的纷争，也可能是主体之间缺乏对话的平等性引起的纷争。现代型诉讼不仅超越了个人的利害关系，而且在诉讼之外还潜存着大量有实质利害关系的主体。[3] 因而，诉的利益应当积极回应社会的变化和现实的需求。

不过，检察机关力量毕竟有限，那么对个案的选取须起到"以点带面"的引领、示范作用，即形成"办理一案、治理一片"的效果，从而在某个方面建立起通过司法权督促行政机关正确实施法律的途径。例如，在安全生产领域，我国正处在工业化、城镇化持续推进的过程中，在煤矿、交通运输、危险化学品、消防、渔业、烟花爆竹、非煤矿山等方面，各类事故隐患和安全风险交织叠加，由此，检察公益诉讼的着力点是对重大事故隐患进行预防。[4] 又如，在公共卫生领域，因为新冠疫情，"公共卫生"成为社会关注的热词。客观上需要向潜在有可能发生突发公共卫生

---

[1] 参见王珂瑾《行政诉讼中"诉的利益"》，《法学论坛》2012年第3期。
[2] 参见常怡、黄娟《司法裁判供给中的利益衡量：一种诉的利益观》，《中国法学》2003年第4期。
[3] 参见陈虹《环境公益诉讼功能研究》，《法商研究》2009年第1期。
[4] 参见邢光英、许佩琰《安全生产领域预防性公益诉讼案件办理实践探索》，《中国检察官》2022年第12期。

事件的单位及时发出具有针对性的检察建议，以最大限度避免类似事件发生。生物安全领域不仅包含生态环境和资源保护、食品药品安全等领域，与生物技术发相关的如实验室安全、基因资源利用等也在其监督范围之内。特别是近些年来，随着世界各国对生命科学和生物技术研发的不断深入，多方面的应用在给人类社会带来巨大经济效益的同时，也对各国的国家安全尤其是人口安全以及生态环境安全带来较大的冲击。① 在网络侵害领域，当前我国正处于"互联网+"时代，各类实时通信软件与网络购物平台在方便人们生活的同时，也使大量个人信息泄露，各类推销见缝插针、无孔不入，这使得不特定多数人的隐私权等人身权益受到侵害。这些依托信息技术的违法行为缺乏有效监管，使公共利益更易于陷入受侵害的状态。比如，上海市检察院探索了手机App（应用程序）泄露个人信息侵害公益的问题，天津市检察院探索了个人网络信息的保护问题，江苏省无锡市检察院从涉众型个人信息公益保护的角度进行了探索。

四 "等外"领域行政公益诉讼制度的完善进路

作为一项极具中国特色的司法制度，检察公益诉讼是以法治思维和法治方式推进国家治理体系和治理能力现代化的重要制度设计，是国家治理体系的重要组成和重要保障。由于该制度将形成牵连甚广、多层嵌套的复杂网状治理结构，同时关涉行政权、司法权、立法权及公民权，构成国家治理体系中的重要一环，② 因此，必须立足制度的整体，以实现国家治理体系和治理能力现代化的视角进行系统性完善，以克服"等外"领域行政公益诉讼制度发展时间短、经验不足的弊端，实现制度改革的增速提效。

（一）完善行政公益诉讼制度的顶层设计

随着数字时代公共利益的不断拓展，行政公益诉讼受案范围有不断扩大的趋势。结果有二。其一，出于保护国家利益和社会公共利益的目的和初衷，必然将更多领域的事项纳入行政公益诉讼范围，因而如何判断何种事项可以纳入成为重中之重。检察机关职责的核心是围绕"公共利益"彰

---

① 参见王金力、耿凯丽《检察机关服务和保障国家生物安全治理效能问题初探》，《大连海事大学学报》（社会科学版）2021年第1期。
② 参见刘艺《我国检察公益诉讼制度的发展态势与制度完善——基于2017—2019年数据的实证分析》，《重庆大学学报》（社会科学版）2020年第4期。

显监督之功能。但公益概念无论是在政治还是在法律层面都是难以界定的，有学者指出："公益是一个相关空间内关系人数的大多数人的利益，换言之，这个地域或空间就是以地区为划分，且多以国家之组织为单位。因此，地区内的大多数人的利益就足以形成公益。"① 笔者认为，基于法治实践的操作，该维度的公益理解可以较好地化解认知上的困难。② 当然，单纯的概念解释仍有局限性，因而，需颁布具体解释以及典型案例指导，才不会造成行政公益诉讼的泛滥，亦不会加重检察机关监督的负担。其二，行政公益诉讼虽然被表述为《行政诉讼法》的一个条款，但该法并没有为其构建一个相应的配套制度，行政公益诉讼的诉讼原则、案件管辖、审理程序、检察机关调查核实权等问题无法确定。虽然司法解释以及办案指南试图弥补《行政诉讼法》规定的不足，但其本身的正当性存在问题。尤其是在"等外"领域的探索中，许多内容涉及对公民权利义务的处分，这使得相关法律的依据存疑。为此，必须制定相对完善且具有制度刚性的"行政公益诉讼法"，为制度的运行提供法律依据。当然，应当首先明确"行政公益诉讼法"与《行政诉讼法》之间的界限。由于二者在诉讼的性质、内容、程序构造、诉讼机理等方面存在较大差异，因此，是否应当将《行政诉讼法》中有关公益诉讼的条款剔除进而独立立法？笔者认为，二者虽然存有一定差异，但仍有共通性，都以行政机关为被告，以促进行政机关依法履职为目的。因而，行政公益诉讼应当以《行政诉讼法》第25条第4款为基础，以"行政公益诉讼法"及其司法解释为骨干，以其他相应配套法律法规为补充，形成完整可行的行政公益诉讼法律规范体系。③

（二）探索数字技术辅助办理案件

检察公益诉讼工作从党中央改革到立法到拓展，时间较短，且出现线索单一、办案力量不足等瓶颈问题，仅依靠传统的工作手段不能完全解决问题。应当积极发挥无人机、大数据智能研判等科技手段的作用，提升公

---

① 最高人民检察院民事行政检察厅编《检察机关提起公益诉讼实践与探索》，中国检察出版社，2017，第3页。
② 同时，从该维度理解公益，在司法实务中可以更好地因地制宜。各地可以根据地区实际情况拓展需要保护的重要领域。由于不同地区省情、市情不同，对于公益诉讼领域的拓展需求也会有所不同，如文物遗迹多的地区对文物保护领域的制度细化提出了更高要求；而在特大型城市，城市安全、社会治理相较于其他地区有更大难度，便可在此领域进行细致规定。
③ 参见王春业《独立行政公益诉讼法律规范体系之构建》，《中外法学》2022年第1期。

益诉讼办案质量。大数据的应用为问题的解决提供了更多的思路与路径，为此有必要进行以下探索。第一，加强与相关数据中心的对接，借助大数据的应用统一收集大量行政机关的执法数据以及网络舆情信息，并对各项数据进行分析研判，推送符合公益诉讼办案需要的案件线索。如成都市检察机关与市政务服务和网络理政办公室联合发布《12309检察服务中心与网络理政平台公益诉求办理工作办法（试行）》，通过建立数据信息共享、数据分析、定期会商等协作机制，全市检察机关办理了多件历史文化遗产保护公益诉讼案件。① 当前，杭州市检察院正在积极探索全域数字法治监督平台建设，按照"一云归集、一网统管、一屏展示"的设想，通过多渠道数据采集、统计、分析形成监督轨、履职轨核心评价指标体系，实现数字法治监督综合量化评估。第二，积极推广"公益诉讼+网格化"工作机制。借助地方网格员队伍优势，探索从网格员中选聘公益诉讼联络员、观察员参与公益诉讼案件线索收集等若干机制，共同助力新兴公益诉讼的发展。第三，在办案过程中，通过实时上传现场照片、无人机航拍视频等现场数据实现对案件现场的实时查控，并且可以利用区块链存储相关证据，助力调查取证。

（三）健全专家辅助人制度

公益诉讼并不只是一项单纯的诉讼制度设计，其具有司法战略价值，要使该制度发挥应有的功能必须有相关的配套机制予以保障和相应的技术条件予以支撑。"等外"行政公益诉讼案件涉及的专业性问题纷繁复杂，且技术性较高，而检察机关原有的鉴定机构由于专业技术人员缺乏、鉴定的相关设备不对口，短期内难以为公益诉讼办案提供有效的服务。在此情况下，专家辅助人所提供的意见可以有效弥补检察机关工作人员相关专业知识的缺陷，为提起公益诉讼提供有力专业支持：一是可以查明公益受损状态的客观情况，了解受损的范围、大小以及因果关系，提供专业评估；二是可以有效核查行政机构是否在督促后有效履职；三是在诉讼环节可以提供专家意见书以支持诉讼。需要注意的是，对于专家辅助人的性质、地位以及参与程序细则需进一步界定与完善，否则将会造成意见效力的冲突等实践问题。

---

① 参见李动浩然、魏再金《历史文化遗产公益诉讼保护之实践与思考》，《中国检察官》2022年第16期。

（四）优化多元主体的监督机制

包括行政公益诉讼在内的公益诉讼工作涉及面广、复杂程度高，需要持续推进检察专业化建设，更需要发挥多元主体的监督功能。第一，在以往的监督体制中，尽管也有相应的协同机制，但由于未能建立充分有效的信息共享机制，传统的监督存在着监督职能条块分割、监督方式滞后、监督作用乏力等问题。更有甚者，由于信息的不对称和监督事权上的重叠，不同监督相互"踩踏"的现象时有发生，造成监督成本上升，影响监督的治理效能和社会效果。因此，一方面，要加强检察机关层级联动，建立"网格化"线索移送渠道；另一方面，要强化"四大检察"衔接机制，完善一体化办案模式，加强与刑事检察、民事检察和行政检察的沟通协作，充分利用案件资源，着力在审查起诉、诉讼监督等履职过程中强化公益诉讼研判，实现司法保护合力。① 第二，检察机关需要主动向党委、人大汇报公益诉讼案件办理情况，加强检法协作配合，加强与行政机关的协作配合，形成公益保护合力，做好公益诉讼案件线索摸排、移送、衔接工作，坚持政治效果、社会效果以及法律效果相统一。第三，检察官需要加强自身学习，提升办案素能。目前检察机关从事公益诉讼的人员结构尚显单一，尤其在基层院，从事公益诉讼的人员大多无法实现"检察官＋检察官助理"的"1＋1"办案模式，且知识结构大多停留在刑法或民法领域，知识领域较狭窄。而新兴领域的公益诉讼专业性较强，涉及知识面较广，因此建立复合型人才培养机制是发挥公益诉讼检察职能的应有之义。可以通过积极争取上级院的业务指导，以及多创造业务培训条件和岗位练兵机会不断提高业务素能和办案专业化水平。第四，建立公益诉讼智库，邀请专家学者参与到公益诉讼中，取得有质量、有深度、有价值的理论研究成果，以使得理论研究与实践需求更加契合。

结　语

随着数字科技的发展，因大数据、算法的广泛运用以及由此升级的社会风险，社会不仅面临全新意义的全面转型，也出现了既有的治理体系无

---

① 参见唐守东、刘一晓《后疫情时代公共卫生安全检察公益诉讼的实践反思》，《中国检察官》2022年第9期。

法有效应对的挑战。而"等外"领域行政公益诉讼的检察监督，因聚焦于安全生产、公共卫生和网络侵权等社会热点领域，与民众切身利益密切相关，也是考量公权力勤廉与否和是否具有公信力的关键。因此，强化这类领域的行政公益诉讼，已成为许多地区检察监督的重要内容，甚至在很大程度上成为衡量某一地区社会治理完善程度的重要标尺。由于数字时代经济社会的急剧转型，既有行政公益诉讼制度与理论的供给相对不足，尤其是"等外"行政公益诉讼适用标准的合理性和合法性问题更具有理论研究和制度完善的迫切意义。如何搭乘数字科技的快车，完善既有的行政公益诉讼制度，在恪守公权力谦抑性的同时，更好地发挥"等外"行政公益诉讼的法律监督职能，保护社会和公众利益，推进社会治理的法治化，值得研究者认真对待。

我国轻罪扩张的规范反思与法律应对

黄 海*

摘 要： 我国正在进入刑事立法活跃化的时代，轻罪在立法和司法领域都逐渐占据主导地位，《刑法修正案（十一）》的出台进一步印证了轻罪扩张的趋势，轻罪时代的来临已然成为现实。然而在轻罪扩张的背景下，我国独特的刑事立法模式、缺乏出罪机制的司法机制以及严厉的犯罪附随后果影响了轻罪治理效果的有效发挥，使轻罪立法推进法网严密化、刑罚轻缓化的愿景落空，而且导致刑法规范结构走向"又严又厉"。但因此而排斥轻罪立法的呼吁也是不妥当的，轻罪的发展契合了刑法在现代社会的安全保障需求，也是贯彻宽严相济的刑事政策的体现。应当正视轻罪所代表的刑法功能的转向和轻罪扩张的客观现实，当前轻罪体系中存在的不足应当由立法、司法、政策等多个层面协同发力，通过各领域的系统完善促进轻罪治理体系的优化，以推动我国罪刑体系向"严而不厉"的现代刑法结构转型。

关键词： 轻罪治理体系　轻罪　刑事治理　罪刑结构　积极刑法观

一　问题的提出

"日常生活的浪潮（Wellen）将新的犯罪现象冲刷到了立法者脚前"[①]，社会的转型以及民众对安定秩序的呼吁促使各国立法者以更加积极的态度利用刑事立法和刑事政策对社会进行广泛干预，刑事立法活跃化之时代开启。我国的刑事立法同样表征出类似的趋势，晚近的几个刑法修正案无一例外地都积极增设新罪，扩大处罚范围，积极回应刑事政策需求。有学者指出我国刑法正由相对谦抑、消极的犯罪化转向积极、拓宽的犯罪化，并

---

* 黄海，中央民族大学法学院2022级刑法学专业硕士研究生。
① 〔德〕米夏埃尔·库比尔尔：《德国刑法典修正视野下的刑事政策与刑法科学关系研究》，谭淦译，《中国应用法学》2019年第6期，第183页。

且后者将成为今后的立法趋向，周光权教授也指出积极刑法观在我国已然在事实上确立。值得说明的是，积极刑法观并非盲目、毫无侧重地推进犯罪化，事实上我国晚近的刑法修正案无论是增设新罪还是调整旧罪刑事责任，都体现出轻罪化的色彩，犯罪门槛的降低和轻罪数量的增加成为我国刑法的重要特色。

我国刑法正在由重罪重刑的小刑法向轻罪轻刑的大刑法转型，轻罪的扩张表明我国努力在法益的全面保护和人权的保障优化之间取得平衡，"重视轻罪立法，是刑法结构趋于合理的现实需要"[1]。但是轻罪的迅速扩张正与既有的刑法规范体系、犯罪治理结构以及法治理念发生龃龉，许多学者担忧由于我国缺乏出罪机制的独特立法模式与司法机制，一味强调增设轻罪可能无法实现"严而不厉"的刑法现代化转型，反而犯罪圈的扩张可能导致大量法益侵害轻微的行为因此被追诉，使得我国的刑法结构堕落至"又严又厉"的可怕境地。因此，有必要对我国的轻罪扩张的现实进行规范检视，并调整完善我国的刑法规范，使我国的犯罪治理模式和法律观念适应当下的社会现实，如何在实体层面、程序层面进行修正以及完善相关配套措施，使其适应轻罪扩张的趋势，是一个值得研究的法律命题。

二 立法现状：轻罪时代已然来临

（一）概念厘清：何谓轻罪

法国在1810年《法国刑法典》中便已对犯罪作出明确分类，法国采纳"重罪—轻罪—违警罪"的犯罪三分结构，[2] 德国采取"重罪—轻罪"的犯罪二分结构[3]。与域外国家不同，我国采取严格区分行政违法与刑事犯罪的做法，因此刑法条文中并未再对犯罪进行分类，轻罪仅作为学术概念出现。尽管刑事立法并未对轻罪和重罪的区分标准进行界定，但在刑法规范和刑事程序法中却隐含着犯罪分层的趋向。

我国学界对于轻罪与重罪的区分标准众说纷纭，有形式标准说、实质标准说和混合标准说等多种理论。（1）形式标准说主张将刑罚轻重作为确

---

[1] 高铭暄、孙道萃：《〈刑法修正案（十一）（草案）〉的解读》，《法治研究》2020年第5期，第11页。
[2] 《法国新刑法典》，罗结珍译，中国法制出版社，2003，第261页。
[3] 〔德〕克劳斯·罗可辛：《德国刑法学总论》第1卷，王世洲译，法律出版社，2005，第173页。

定犯罪轻重的标准，因刑罚可分为法定刑和宣告刑，故在形式标准说内部又有宣告刑说和法定刑说的分野，由于宣告刑是法官根据刑法规定所作的最终裁量，若以宣告刑为确定罪行轻重的基准无异于承认法官可对犯罪性质作出决定，罪刑法定原则所要求的罪刑明确性必须"建立在符合行为构成的确定基础上……而不是建立在由法官评价构成行为严重的基础上"[1]，故宣告刑说并不妥当。(2) 实质标准说主张将犯罪的社会危害性等犯罪内在特质作为划分犯罪轻重的标准，由于社会危害性等犯罪内在属性固有的抽象性，难以清晰、明确地对轻重罪作出区分，无法形成统一一致的标准，实质标准说缺乏可操作性。(3) 混合标准说希望克服实质标准说飘忽不定的缺陷，主张将形式和实质标准综合，提出一个具体的量化指标，最终结果仍然是设定一个刑罚标准以区分罪行轻重，其本质仍是形式标准说。

综上，最为主流的观点是以法定刑为二者的分界，其中又有以3年有期徒刑为标准还是以5年有期徒刑为标准的争议。虽然我国的司法系统长期将5年有期徒刑法定刑作为区分重罪和轻罪的节点，但笔者还是认同以3年有期徒刑为轻罪与重罪的划分标准。其一，以3年有期徒刑为分界符合刑事规范的规定。我国《刑法》第13条的但书规定了犯罪阻却事由，情节显著轻微危害不大的不认为是犯罪，无须受到刑罚处罚，结合《刑法》第7条关于属人管辖的规定（我国公民若犯最高法定刑3年有期徒刑以下的犯罪则可以不予追究）和《刑法》第72条需判处拘役或3年有期徒刑以下刑罚才可适用缓刑的规定，这表明立法者认为3年有期徒刑法定刑以下的犯罪的法益侵害性较小。除《刑法》外，刑事程序法也以3年有期徒刑法定刑划分轻罪和重罪，《刑事诉讼法》第222条规定基层人民法院管辖的3年有期徒刑以下刑罚的案件可以适用速裁程序，其第288条公诉案件刑事和解以及《最高人民法院关于适用〈中华人民共和国刑事诉讼法〉的解释》第1条自诉的适用条件中关于3年有期徒刑以下刑罚的案件的规定，也从程序适用上证明了法定刑为3年有期徒刑以下的犯罪是轻微犯罪。其二，以3年有期徒刑为分界更适应社会现实。我国刑法中，故意杀人罪、强奸罪、抢劫罪等犯罪若情节较轻，可能判处5年有期徒刑以下刑罚，故以5年有期徒刑为分界可能使故意杀人罪等明显为重罪的犯罪划

---

[1] 〔德〕克劳斯·罗可辛：《德国刑法学总论》第1卷，王世洲译，法律出版社，2005，第174页。

入轻罪的涵盖范围，这样的结论显然违背了国民的一般认识。此外，以5年有期徒刑为标准对犯罪进行统计，法定刑为5年有期徒刑以下的犯罪占比超过70%，这意味着我国刑法中的绝大多数犯罪都是轻罪，而我国学者大多认为我国刑法处罚依然较为严厉，故采用5年有期徒刑作为轻重罪分界的轻罪比例显然与我国的犯罪结构相偏离。其三，以3年有期徒刑为分界体现了司法实践的发展趋向。虽然以5年有期徒刑为区分轻罪和重罪的标准已是司法系统沿用已久的传统标准，但近年来该标准有动摇的迹象，2020年最高人民检察院检察长张军在相关报告中首次使用了3年有期徒刑以下的法定刑作为确定轻罪案件的标准，① 最高人民法院在《全国法院司法统计公报》中对刑事案件审结的统计也加入了3年有期徒刑的节点，这是轻重罪划分标准发生转向的有力迹象。

（二）基本判断：我国进入轻罪时代

若基于法定刑为3年有期徒刑以下的犯罪为轻罪的标准考量我国的刑事法律和犯罪治理结构，轻罪无论在刑事立法抑或司法实践中都逐渐占据主导地位，这成为我国当今犯罪治理结构的显著特征。

首先，我国已进入轻罪时代的论断基于统计数据分析。

其一，从刑事立法的角度审视，轻罪立法近年来在我国的刑事立法中取得了显著的进展。我国刑法对轻罪的增修情况如表1所示。

表1 我国轻罪立法演进情况

单位：个，%

立法情况	轻罪数量	罪名总数	轻罪占比
1997年《刑法》	79	413	19.13
1999年《刑法修正案》	79	415	19.04
2001年《刑法修正案（二）》	79	415	19.04
2001年《刑法修正案（三）》	79	417	18.94
2002年《刑法修正案（四）》	79	419	18.85
2005年《刑法修正案（五）》	79	421	18.76

---

① 张军：《最高人民检察院关于人民检察院适用认罪认罚从宽制度情况的报告——2020年10月15日在第十三届全国人民代表大会常务委员会第二十二次会议上》，2020年10月15日，中国人大网，http://www.npc.gov.cn/npc/c30834/202010/ca9ab36773f24f64917f75933b49296b.shtml。

续表

立法情况	轻罪数量	罪名总数	轻罪占比
2006年《刑法修正案（六）》	79	429	18.41
2009年《刑法修正案（七）》	81	437	18.54
2011年《刑法修正案（八）》	81	448	18.08
2015年《刑法修正案（九）》	96	465	20.65
2017年《刑法修正案（十）》	97	466	20.82
2020年《刑法修正案（十一）》	105	483	21.74

从表1可知，1997年《刑法》中法定刑为3年有期徒刑以下的轻罪仅占所有罪名的19.13%，自《刑法修正案（七）》起，我国的轻罪立法加速，轻罪的数量不断增多，至《刑法修正案（十一）》时，我国刑法中的轻罪占比已超过21%。

其二，从司法实践的角度审视，轻罪也逐渐成为司法实务的主流。我国犯罪结构中的轻罪占比情况如表2所示。

表2 刑事案件轻罪占比情况

单位：人，%

年份	判决轻罪人数	生效判决总人数	轻罪占比
2015	1024252	1232695	83.1
2016	1031878	1220645	84.5
2017	953528	1270141	75.1
2018	1188587	1430091	83.1
2019	1370879	1661235	82.5
2020	1255950	1528034	82.2
2021	1451713	1715922	84.6

数据来源：根据最高人民法院《全国法院司法统计公报》统计，http://gongbao.court.gov.cn/Articlelist.html?Serial_no=sftj。

从表2可知，我国近年来轻罪在司法实践中已占据绝对的主导地位，连续多年在犯罪人数总量中占比超过80%（2017年除外），因此有学者指出我国的犯罪结构已呈现"双降"和"双升"趋势，[1] "双降"即是严重暴力犯罪的犯罪率逐年下降（截至2016年，全国严重暴力犯

---

[1] 卢建平：《轻罪时代的犯罪治理方略》，《政治与法律》2022年第1期，第52页。

罪案件量比2012年下降43%）和重刑率持续下降（截至2016年，全国重刑率由"严打"时期的47%下降至8.01%）；"双升"是指轻罪数量大幅度增多和轻刑适用率逐渐提升。一方面，轻罪在我国的犯罪总量中已是主要构成部分，仅2021年危险驾驶罪就审结34.8万件案件，占全部刑案的27.7%；①另一方面，刑事立法中新增的犯罪也以轻罪为主，如《刑法修正案（十一）》共新增17个新罪，法定刑在3年有期徒刑以下的轻罪便有15个。

其次，我国已进入轻罪时代的论断基于我国刑事政策的转向。自20世纪90年代以来我国已开展四次"严打"行动，"严打"对维护社会秩序具有一定积极意义，然而"运动式"的治理和严打对象的恣意性并不利于法治的推行。故21世纪初我国开始推行宽严相济的刑事政策，对"严打"进行纠正，"当宽则宽"的要求体现出国家将刑事法治校准到法治框架内的努力。然而贯彻宽严相济的刑事政策的前提是确定罪之轻重，否则轻重不分的刑事立法过于粗疏，在适用上会存在困难，可能使我国刑法呈现"厉而不严"的特征。②精细化刑事立法，尤其是增设大量轻罪以严密刑事法网都是为了宽严相济的刑事政策得到落实，习近平总书记也要求"推进案件繁简分流、轻重分离、快慢分道"③，推动轻罪和重罪区分治理，通过调整罪刑结构实现"严而不厉"的现代化刑法的构建，是落实宽严相济的刑事政策的必要进路。除宏观的政策设计转向外，我国劳动教养制度的废止也是轻罪制度得以建构的推动力量，长期以来我国存在由治安处罚、劳动教养及其他强制性教育措施和刑罚处罚构成的三级制裁体系，三者由轻递重对违法犯罪行为进行全面的分级规制，因此轻罪制度并无生存空间。三级制裁体系理想化的轻重衔接顺畅、逻辑严密清晰难以掩盖其在实际操作中的内容冲突、权力分配混乱，劳动教养制度所表现出来的警察权力的过度膨胀损害了刑事司法的正常运行，同时劳动教养对人身自由的限制或剥夺远超刑罚的短期自由刑，对被处罚人司法救济权利的剥夺也对人权保障造成了巨大的损害。2013年12月28日，《全国人民代表大会常务委员会关于废止有关劳动教养法律规定的决定》通过，正式宣告劳动教养制度的废

---

① 周强：《最高人民法院工作报告——2022年3月8日在第十三届全国人民代表大会第五次会议上》，2022年3月8日，中国法院网，https://www.chinacourt.org/article/detail/2022/03/id/6563667.shtml。
② 储槐植：《刑法现代化本质是刑法结构现代化》，《检察日报》2018年4月2日，第3版。
③ 《习近平谈治国理政》第三卷，外文出版社，2020，第354页。

除，但是"后劳动教养时代"行政治安违法处罚与刑事犯罪行为处罚之间出现结构性断层，轻罪体系的建构正是弥合行政制裁与刑事制裁空缺的关键。为防止处于处罚断层的危害行为游离于刑法和治安管理处罚法之外，应当增设新罪，尤其应当增设轻罪。

最后，我国已进入轻罪时代的论断基于我国刑法立场的转变。我国刑法长期坚持限缩犯罪圈以实现刑法谦抑性，对刑法的修改保持警惕，刑法学的研究重心也由立法论逐渐转向法教义学。但随着社会的加速发展，"法学的保守性与调整对象的变动性之间的紧张关系，正以更加剧烈的形式呈现在人们的面前"①，法律是实现国家治理目标的理所当然的重要方式，立法者力图通过修改法律将社会变迁的新样态整合进刑事法律之中。刑法的立场逐渐由消极保守转向积极介入社会治理，后现代风险社会使民众的不安感日益强烈，刑法所代表的权威性和安定性促使刑法对各个领域的风险进行干预和抗制，刑法由传统的保障自由和法益转向兼顾社会防卫，处罚范围的扩张和法益理念的转变是近年来刑事立法的特色，积极刑法观成为指导刑法修改的理念，《关于〈中华人民共和国刑法修正案（十一）（草案）〉的说明》也明确指出刑法修改的总体思路是"更加注重统筹发挥好刑法对经济社会生活的规范保障、引领推动作用"②。需要指出的是，刑法所增设的新罪绝大多数都是法定犯，法定犯的突出特点是为适应特定的社会形势而进行的相对灵活的刑事规制，其对法益的侵害较传统的自然犯更多地表现为"风险"而非"实害"，因此刑法的干预领域不断扩大并且干预起点不断前置以应对风险，增设新罪推进犯罪化是必要的，但是正因行为对法益造成的危险是抽象的，增设新罪应当尽可能轻缓化。政策对个体权益的限制须得合乎宪法的比例原则，应当是为预防犯罪而采取的必要措施且应限定在最小限度内，反对重刑主义，以轻罪实现积极预防是现代刑法立法的精义。

综上，我国轻罪制度的形成和发展基于我国的社会现实，是在宽严相济的刑事政策的指导下，以积极刑法观为理念支持的多方因素共同作用的结果，我国进入轻罪时代是科学的判断。

---

① 劳东燕：《风险社会与功能主义的刑法立法观》，《法学评论》2017年第6期，第13页。
② 李宁：《关于〈中华人民共和国刑法修正案（十一）（草案）〉的说明——2020年6月28日在第十三届全国人民代表大会常务委员会第二十次会议上》，2020年12月28日，中国人大网，http://www.npc.gov.cn/npc/c30834/202012/f16fedb673644b35936580d25287a564.shtml。

三 现实困境：轻罪治理体系的推进阻碍

虽然在"后劳动教养时代"，我国无论是在立法层面还是在司法层面都加快了轻罪制度构建的脚步，但是受制于我国的刑事程序与政策取向，轻罪的刑罚溢出效果几乎与重罪等同，难以实现轻罪"严而不厉"的制度初衷，这对我国轻罪立法的推进与完善形成了进路阻隔。

（一）"定性+定量"的独特刑事立法模式

我国《刑法》第13条对犯罪的概念作出了明确的界定，并以但书的形式对犯罪的范围作出了限制，构成犯罪需要较大的社会危害性，在刑法分则的具体罪状中也大量使用"情节严重""情节恶劣""数额较大""造成严重后果"等表述，这反映了我国对犯罪概念的界定采用了一种独特的"定性+定量"模式。在这种立法模式中，刑事立法采取了"行为类型+行为程度"的形式，刑法直接将罪量规定在具体罪状之中，通过限制"量"对法益侵害程度较低的行为作出罪处理，限缩"定性"层面所确定的纳入处罚范围的行为，彰显刑法的谦抑性。

但这样的立法模式对轻罪制度的发展造成了巨大的阻碍。首先，"定性+定量"立法模式是配合我国原有的三级制裁体系而确立的，其本质是将相当一部分具有法益侵害性的行为排除出刑罚处罚范围，委托给劳动教养、行政处罚等方式进行规制。而这使轻罪的存在空间大大压缩，例如有学者指出域外国家和地区的轻罪标准普遍都规定为1年以下的监禁刑，即使将3年有期徒刑以下的法定刑的犯罪视为轻罪，其标准依然过高，许多本该由轻罪规制的危害行为未进入犯罪圈之中。其次，罪量的描述过于抽象，情节恶劣、结果严重等"量"的界定缺乏明确的标准，但定量因素作为犯罪构成要件要素而存在，司法机关在认定犯罪时必须将其作为考量因素，这给司法实践带来了许多不便，只得仰赖于最高司法机关制定司法解释进行明确。但这可能导致罪量成为犯罪行为与违法行为的唯一区别，如在盗窃罪、诈骗罪中设置定量因素，是否被纳入犯罪的行为并无"质"的区别，仅存在"量"的差异，这也对轻罪制度的构建产生了根本的制约。

（二）缺乏出罪机制的刑事司法体制

西方国家在推进犯罪化的同时也建立了相应的司法出罪机制以限制刑

法处罚范围的过度扩张，如英国现今已存在逾3000种犯罪行为，"工党政府几乎一天创造一个新的犯罪"①，但并非所有犯罪行为都交由法院判处刑罚，而是通过警察撤销案件制度、检察官自由裁量制度等将大量犯罪作出罪处理。据统计，在英国，盗窃罪的移送起诉率仅有14.5%。西方国家普遍采用"立法定量+司法定性"的刑事立法模式，将对法益造成侵害的行为统一纳入刑法规制，同时以"漏斗式"的犯罪过滤机制避免犯罪的爆炸式增长。而我国确立了与西方"漏斗式"迥然相异的"直筒式"的刑事司法体制，该体制使我国轻罪制度陷入窘境。

首先，与"漏斗式"机制强调节制刑罚适用、预留出罪渠道不同，我国的"直筒式"刑事司法体制具有强烈的犯罪追诉倾向，制度设计中未预留相应的出罪机制，犯罪嫌疑人极易被最终定罪并追究司法责任，在"少捕慎诉慎押"的刑事政策的驱动下，我国检察机关的不诉率大幅上升，至2022年达到26.3%，②但这仍然意味着我国七成以上的犯罪嫌疑人被起诉定罪。在轻罪立法推进的背景下，特殊的司法体制将导致刑事制裁的大幅增多以及刑罚适用的苛细化，这反而与轻罪制度的初衷相背离。其次，缺少出罪机制导致"轻罪入罪绝对化"，大量案件涌入法院系统，2018～2022年五年间我国判处罪犯776.1万人，较上一个五年增加169.1万人。③如此巨大的案件增量在司法改革时代法院审判人员数量总体保持稳定的背景下，揭示的是我国司法系统面对刑事案件爆炸式增长而左支右绌的无奈，司法资源的高度紧张使轻罪制度的继续推进面临阻力。

（三）终身伴随的犯罪附随后果

尽管在规范层面上法律并未对犯罪进行明显的否定性评价，但是行为人在犯罪后将面临社会性的道德审判以及超出刑事处罚的犯罪附随后果，产生伴随终身的犯罪标签效应。犯罪附随后果指刑罚处罚之外的犯罪溢出效应，其广泛存在，在内部管理规定中也不鲜见，其设定和内容随意且繁

---

① 〔英〕菲利普·约翰斯顿：《恶法：关于英国工党执政十三年期间法律之爆炸性分析》，范进学译，上海三联书店，2017，第34页。
② 张军：《最高人民检察院工作报告——2023年3月7日在第十四届全国人民代表大会第一次会议上》，2023年3月17日，最高人民检察院网，https://www.spp.gov.cn/spp/gzbg/202303/t20230317_608767.shtml。
③ 周强：《最高人民法院工作报告——2023年3月7日在第十四届全国人民代表大会第一次会议上》，2023年3月17日，新华网，http://www.news.cn/politics/2023lh/2023-03/17/c_1129439924.htm。

杂。除此之外，犯罪附随后果的适用范围和适用期限都缺乏规定，这使得犯罪不仅牵涉行为人本人，还可能波及犯罪人的家庭成员和近亲属，令其丧失特定的入学和职业从业机会，附随后果的持续期限也常表现为"无期徒刑"，没有期限限制，犯罪诅咒将终身存在，导致犯罪附随后果的损失相当于"民事死亡"。[①]严厉程度相当于刑罚甚至更甚于刑罚的犯罪附随后果对轻罪制度的发展和完善设置了巨大的障碍，轻罪的法益侵害程度通常较低，受到的处罚应与其危害相称才符合罪责刑相适应原则。在刑事立法活跃化的今天，轻罪罪名不断增加，轻刑案件占据主流，严厉的犯罪附随后果的制裁远重于刑罚本身已成为犯罪治理的痼疾，对轻罪犯罪人权益的不必要、不适当剥夺或限制是推进轻罪立法的现实障碍。

（四）罪名过度精细化引发立法象征性担忧

刑法关于罪状的叙述应当尽可能详细明确，同时需要兼顾刑法安定性的要求使构成要件尽量类型化以强化罪名的涵摄能力，防止将同质行为过度切割为众多罪名，罪名过度精细化会导致司法适用缺乏张力最终迫使不断修改罪名或增设新罪，法律不断处于变动状态将会损害民众对法律的信赖。晚近的刑法修正案贯彻积极刑法观的理念，尤其是《刑法修正案（十一）》增设大量轻罪，这些轻罪大多脱胎于旧有罪名，进一步分立看似不存在处罚漏洞的罪名使得构成要件的涵摄范围狭隘化，这引发了轻罪的设立是象征性立法的担忧。象征性立法是指轻罪并未弥补法律漏洞以更好发挥刑法规范机能，而仅起到国家意志宣示的价值指引作用。

以高空抛物罪为例，为保障民众"头顶的安全"，《刑法修正案（十一）》增设高空抛物罪，但高空抛物对法益造成侵害原本就未脱离刑法规制，至少可以适用《刑法》第114条处理。情节严重的还可以适用故意杀人罪、过失致人死亡罪、重大责任事故罪等定罪处罚，即使增设高空抛物罪，达到危害公共安全程度的仍需要根据想象竞合原则按照以危险方法危害公共安全罪处罚，高空抛物罪的增设未免有安抚民众不安心理的考量。除此之外，妨害安全驾驶罪、冒名顶替罪等新设轻罪均引发象征立法的质疑，罕见行为缺乏蔓延可能性无须进行一般预防，象征性立法反而加剧司法适用中司法人员的困惑。

---

① 参见 Abigail E. Horn, "Wrongful Collateral Consequences," *Geo. Wash. L. Rev.*, vol. 87, no. 2, 2019, p. 319。

四　困境破局：轻罪治理体系完善的有效路径

面对轻罪时代依然到来的社会现实，刑法应当进行调整以更好地发挥刑事规制机能，实体层面和程序层面都应当协同优化，最终构建"严而不厉"的现代罪刑结构。

（一）立法选择：向仅定性的立法模式迈进

无可否认的是，我国刑事立法建构的基础是重罪，将较为轻微的危险行为委托给治安处罚或已被废止的劳动教养制度进行规制，也是我国刑事规范中未对轻重罪作出区分的根本原因，轻罪长期作为学理概念出现。劳动教养制度的废除为轻罪制度提供了存在与发展的空间，轻罪立法的扩张与轻罪治理的相关问题成为近年来学界的热点，但现阶段对轻罪制度的讨论的各种观点都建立在"定性+定量"的立法基础上，忽略了此类罪刑构造形式对轻罪制度的根本制约，即使采取通说的3年有期徒刑法定刑作为区分轻重罪的标准，依然远超域外国家普遍将轻罪界定为1年以下刑罚的标准，有标准过高之虞。而轻罪制度的关注核心在于将原有由劳动教养制度规制的轻微犯罪行为纳入刑法调整范围，其界定标准有进一步下调的空间。

域外刑事立法普遍采取"立法定性+司法定量"的罪刑构造模式，在刑法规范中仅有罪质要素而无罪量要素，"量"仅作为具体的处罚要素而出现，因此可以将各种具备犯罪性质的行为纳入刑法规制范畴，为轻罪制度的构建扫除障碍。西方国家刑法调整的范围相当广泛，在我国仅受治安处罚的行政违法行为在西方国家几乎都被规定为犯罪，以至于有英国学者指出，"（在英国）通过立法产生了数百种由刑法法庭处理的违法行为，以致今天在英国有大至叛国小至违章停放汽车等不少于3000种公认的'犯罪'行为"[1]。故基于我国国情并参考域外经验，向仅定性而不定量的刑事立法模式逐渐过渡是轻罪制度完善的必要之举。同时，采用这样的立法模式有利于一般预防，使民众确立无论数额多少、情节几何均构成犯罪的观念，这有助于打击行为人已知盗窃3000元以上财物构成盗窃罪，于是便盗窃3000元以下的财物的投机行为等类似行为。

需要明确的是，采纳此种立法模式并非排斥治安处罚的作用，而是将

---

[1] 〔英〕G. D. 詹姆斯：《法律原理》，关贵森等译，中国金融出版社，1990，第30页。

已经具备犯罪性质但法益侵害性较小的行为进行轻罪调整，保持对犯罪行为的处罚统一性。许多学者担心轻罪制度的构建会使刑罚处罚范围任意扩大，并导致罪名林立从而使立法沦为国家意志宣示的象征。笔者认为，我国的轻罪立法并不是象征性立法，立法并非先验的完美文本，刑法的处罚范围也需要适应社会的发展进行调整，反革命罪、流氓罪等罪名被淘汰的同时，回应社会需求增设新罪并无不妥，何况我国刑法所增设新罪基于法益保护原则，并非犯罪圈的无序扩张。以高空抛物罪为例，部分持消极刑法观的学者认为，此类轻罪的增设是将一般违法行为主观升格至犯罪行为，但民众"头顶的安全"也是值得保护的法益，将之入刑反而佐证了增设轻罪符合法益原则，高空抛物罪入刑也取得了良好的社会效果，入罪以来各地都反映高空抛物行为有了大幅减少。至于某些学者认为，许多新罪极少得到适用因此无法向公众展现刑法规制的有效性，这种观点将犯罪的适用率与立法象征性直接等同是逻辑上的滑坡论证，事实上刑法中有相当多的罪名在现实中都较少适用，如劫持航空器罪等反恐犯罪基本没有得到适用，但恐怕无人承认这类罪名也是象征性立法。因此，轻罪的增设不仅不是象征性立法，反而是适应社会发展以更好保护法益的必要进路，正如井田良教授对日本大量增设轻罪所作的论断："刑事立法的活性化倾向，是表明日本社会转变为比以往更加不得不依赖刑罚的社会的一个标志。在某种程度上，这是战后日本社会'成熟'的佐证。"[1]

（二）司法建构：扩大适用不起诉以节制刑罚滥用

需要承认的是，若不对现行的强调犯罪追诉的刑事司法体制进行改造，仅仅去除犯罪概念中的定量因素并没有实际意义，反而会因为轻罪的大量增设而使刑罚处罚范围走向另一个极端。西方国家在积极扩大刑法规制范围以实现对法益的全面保护的同时，普遍强化对不起诉制度的适用，通过不起诉制度对犯罪进行过滤，如德国司法实践中酌定不起诉案件的数量远超正式公诉的案件数量，德国有效构建了出罪机制并节制了刑罚的滥用。故可以借鉴域外"漏斗式"的刑事司法体制对我国的"直筒式"的刑事司法构造进行优化，"漏斗式"模式的精髓是扩大和提高不起诉制度的适用范围和频率，由司法节制刑罚的适用以达到刑法规制与刑罚谦抑的平衡，综观各个国家的立法经验，较为科学的做法是由检察机关进行裁量，建立轻

---

[1] 〔日〕井田良：《刑事立法的振兴及其未来》，《法律时报》2003年第2号，第4页。

罪不起诉制度。

我国基本奉行起诉法定主义，虽然赋予检察机关一定的自由裁量权对犯罪嫌疑人酌定不起诉，但总体上酌定不起诉制度的适用率仍然不高，对我国近年来酌定不起诉制度的适用状况进行统计，如表3所示。

表3 我国酌定不起诉制度的适用状况

单位：人，%

年份	总起诉人数	不起诉人数	不起诉率	酌定不起诉人数	酌定不起诉率
2017	1613000	114994	6.7	83831	4.9
2018	1413724	140650	9	102572	6.6
2019	1818808	190258	19.5	144154	7.2
2020	1572971	249312	13.7	208312	11.4

数据来源：孙风娟《少捕慎诉，释放最大司法善意》，《检察日报》2020年12月3日，第1版。

从表3可知，尽管我国的酌定不起诉制度的适用率逐年上升，但与域外国家或地区相比依然偏低，只有很少犯罪人被酌定不起诉。以日本为例，日本在起诉便宜主义下赋予检察人员自由裁量权，具备起诉条件而不予起诉被称为"起诉犹豫"，起诉犹豫在日本司法实践中广泛存在（见图1），近十年来适用起诉犹豫而免于起诉的犯罪人数远超被正式起诉的人数。不仅日本，德国同样只有极少数案件经由起诉进入正式审判程序，德国2021年检察机关共审结4879786件刑事案件，其中仅有331289件案件被提起公诉，其余90%以上的案件均以酌定不起诉或其他方式结案，[①] 法国、英国等国家亦大致如此。通过扩大不起诉制度的适用，以出罪机制限制刑罚的处罚范围可以使在犯罪结构中占据主要部分的轻罪无须进入正式的审判程序，直接由检察官在审前程序不予起诉，反而能节约大量的司法资源，使需要更多资源处理的重罪得到实质精细化的判决。这也是解决当前我国法院在立法活跃的背景下"案多人少"的突出矛盾的有效途径，使"审判为中心"的司法改革愿景成为可能。同时，推动不起诉制度的有效适用还有助于实现特殊预防，犯罪人在已构成犯罪的前提下被不予起诉，将产生对法律的敬畏与对司法宽宥处理的感激，因而有利于预防再犯。

---

① 数据来源于德国联邦统计局官方公布数据，https://www.destatis.de/DE/Home/_inhalt.html。

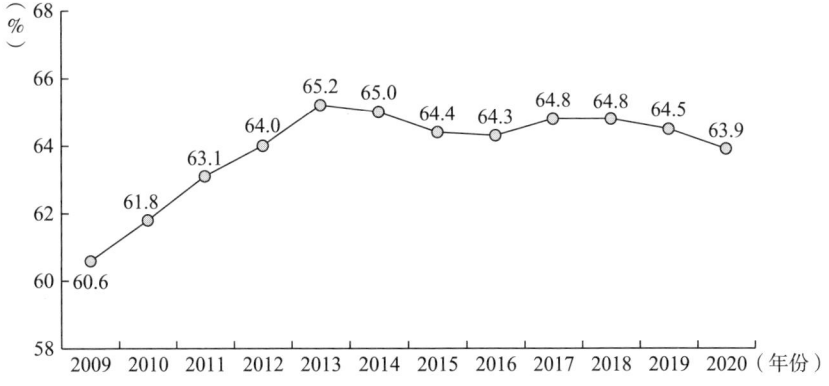

图 1 日本起诉犹豫制度的适用状况

数据来源：根据日本法务省官方公布数据整理，https://hakusyo1.moj.go.jp/jp/69/nfm/mokuji.html。

（三）程序支撑：简繁分流下扩大刑事速裁程序适用

仅 2021 年就有 35.1 万人因危险驾驶罪被提起公诉，占全年起诉总人数的 20.1%。[①] 管中窥豹，在轻罪扩张的趋势下，大量的轻罪案件挤占了大多数的司法资源，导致司法系统案多人少的矛盾更加尖锐，最终可能影响对案件事实和证据的审查质量，削弱对诉讼公正的追求。当然，对于类似危险驾驶罪、盗窃罪等犯罪事实较为简单的犯罪，最优解应当是将事实清楚、证据充分的简单轻罪案件在审查起诉时通过程序分流直接由检察机关作不起诉处理，无须将其交由法院判决。但我国检察机关基本奉行起诉法定主义，对符合起诉条件的犯罪依然会提起公诉。故在渐进扩大检察机关酌定不起诉的适用范围，推动轻罪分流处理的同时，目前还应当继续探索在审判阶段对刑事案件简繁分流，通过对速裁程序进行一定的改革使刑事速裁程序的适用拓宽，在尽可能少占用司法资源的同时使案件得到高效处理。

我国 2018 年修改《刑事诉讼法》，旨在应对案多人少、司法资源紧张的现状，通过构建认罪认罚从宽处理制度，并正式确立速裁程序制度以实现对案件的简繁分流，快速处理轻罪案件，提高司法效率。针对简单案件适用速裁程序能有效节约司法资源，但现阶段我国司法实践中的速裁程序

[①] 数据来源于 2021 年全国检察机关主要办案数据，https://www.spp.gov.cn/spp/xwfbh/wsfbt/202203/t20220308_547904.shtml#1。

的适用意愿不强，并且速裁程序中的庭审走向形式化，甚至出现为满足内部考核要求而适用的现象，这导致速裁程序并未达到立法预期。实际上，由于我国速裁程序的适用条件是在事实和证据上排除争议，因此处理案件的绝大部分工作已通过法官庭前阅卷完成，所谓的庭审仅具有程序意义，速裁程序已是实质上的书面审理，保留象征性的庭审并无意义。有学者指出，我国的速裁程序今后的改革方向可以借鉴与我国速裁程序具有高度相似性的德国处罚令程序，探索适用速裁程序的简单案件的书面审理模式，使犯罪情节简单、被告人认罪认罚的案件快速审结，推动案件简繁分流的进一步落实。德国的处罚令程序仅适用于基层法院可能判处罚金或1年以下监禁并宣告缓刑的轻罪案件，与我国速裁程序具有高度相似性，德国处罚令程序无须开庭审理，被告人也无须出庭，法官可以根据书面阅卷直接作出判决，这大大减轻了司法机关的办案压力，节约了经济成本，并减少了犯罪人的精神和时间压力，有效提升了诉讼效率。同时，由于简单案件通过书面审理足以形成内心确信，适用书面审理并不会牺牲实质正义，通过赋予被追诉人事后可以使案件重新转为开庭审理的异议权也保障了实体公正。因此，笔者建议我国应当进一步贯彻认罪认罚从宽处理制度，在庭前阶段实现对案件的简繁分流，适用刑事速裁程序审理的简单轻罪案件可以向书面审理形式过渡，并仿照德国处罚令给予被告人在一定期限内的异议权以进行救济，根据推算，对适用速裁程序的可能判处1年有期徒刑以下的案件进行书面审理，至少可以避免25%的案件提交庭审，从而大大缓解司法资源不足的困境，为轻罪的进一步扩张提供程序保障。

（四）政策指引：探索"前科消灭"的犯罪附随后果削弱制度

尽管我国力图推进刑罚的轻缓化以实现轻罪治理的转型，但是伴随终身并缺乏规范的犯罪附随后果产生的负面效应有时较刑罚的效应有过之而无不及，对犯罪人及其近亲属进行严厉"制裁"的犯罪附随后果使学界对于轻罪扩张导致的犯罪圈扩大产生了担忧。需要明确的是，轻罪制度的发展和完善是刑法未来发展的方向，需要调整的是已不适应社会现实的犯罪附随制度，而非因此排斥轻罪制度的建构，应当通过对犯罪附随后果进行修正使其对被告人的不利影响尽量降低，削弱其带来的"标签效应"。有学者总结犯罪附随后果的特征。（1）犯罪附随后果不由刑事规范设定。犯罪附随后果也属于犯罪后果之一，其渊源却是各类零散的地方性法规、规章以及其他规范性文件。（2）犯罪附随后果无特别的适用限制。只要有犯罪记录存在即可能适用犯罪附随后果，并无具体的适用条件和期限等限制。（3）犯罪附随后果不经司法裁决直接适用。犯罪附随后果所表征的任意性、波及性与罪责自负的理念严重偏离宪法的比例原则，"我国犯罪体系发生了巨大变化，刑法制裁体系却基本保留初始框架，这也导致刑法制裁体系难以跟进现代犯罪治理的步伐"[1]，轻罪新增推动犯罪圈的快速扩张导致的犯罪人数迅速增长进一步放大了犯罪附随后果的弊端，犯罪附随后果的存在严重阻碍了轻罪犯罪人重新融入社会。

笔者认为，我国需要修正当前过度侵犯犯罪人权利的犯罪附随后果的政策导向，真正贯彻宽严相济的刑事政策，并逐步实现由宽严相济到以宽为主的转变。首先，我国犯罪附随后果内容繁杂，因此有必要将犯罪附随后果通过刑事规范进行统一规制，并对犯罪附随后果的适用条件作出明确规定，如英国仅对犯诈骗福利罪的犯罪人限制领取福利资格，对适用的犯罪性质和类型作出明确指引能有效限缩犯罪附随后果的无序扩张。其次，犯罪附随后果需要改变波及犯罪人之外其他人的做法，这种做法显然违反了现代法治的责任自负原则，具有古代法制的"株连"色彩，通过规范明确仅对犯罪人本人适用附随后果可以切断犯罪负面影响的传导路径，限缩犯罪附随后果的影响范围。最后，需要对犯罪附随后果的适用期限进行规定，改变其终身伴随的现状。笔者认为可以借鉴《刑事诉讼法》对未成年人犯罪记录封存的做法，在此基础上探索建立轻罪犯罪人的前科消灭制度，如可以在轻罪犯罪人刑罚执行完毕后将其轻罪前科记录销毁，不记入其个人档案。构建轻罪犯罪人的"前科消灭"制度能有效改变附随后果远重于刑罚本身的失衡状况。以上措施能改正现存的犯罪附随后果制度的不足，尤其是前科消灭制度可以使犯罪附随后果由"永久诅咒"变成"暂时限制"，遏制其不断扩张的泛滥势头，使犯罪制裁政策与我国轻罪制度相适应，为我国实现轻罪制度的成功构建和刑事治理现代化扫清障碍。

五　结语

刑事立法不断活跃化，增设新罪尤其是增设轻罪成为风险社会下各国立法者的共同选择，我国同样在刑事立法领域和司法实践领域进入了以轻罪为主导的轻罪时代。轻罪立法的推进和完善代表着我国刑法正向"严而

---

[1] 彭文华：《我国刑法制裁体系的反思与完善》，《中国法学》2022年第2期，第128页。

不厉"的现代化刑事规范体系转型,但不可忽略的是,轻罪治理体系的发展面临着许多制约,必须在整体层面进行调整以防止轻罪扩张导致的法律失序、法律伦理和道德风险,为此不仅需要在立法层面进行补充,还需要司法领域和程序层面的跟进,对犯罪进行严厉制裁的政策也需要更新。只有实体与程序相补充、理论与实践相结合,符合我国国情的高效的轻罪治理体系才能得到真正的发展与完善。

西方法律思想史专题

罗尔斯宪法哲学：问题与论证[*]

邓 肄[**]

摘　要：罗尔斯正义理论就其宏大意旨或理论关怀而言，是以自由主义宪制民主根本问题为研究对象的宪法哲学。罗尔斯宪法哲学主要探讨了宪制民主的三个根本性问题：宪制民主为何要捍卫个人自由的优先性？宪制民主政体应当如何实现自由与平等的理想？宪制民主社会能否实现基于正当理由的稳定性而永续长存？罗尔斯为此提出两个正义原则，意在一举解决宪制民主的理论基础和道德基础问题。罗尔斯在《正义论》和《政治自由主义》中对宪制民主的理论基础与道德基础做了自穆勒以后西方迄今最有力、最深刻和最系统的论证。批判罗尔斯宪法哲学就是批判西方宪制民主，批判罗尔斯宪法哲学亦有利于中国宪法学者拓展宪法哲学的新领地。

关键词：自由主义　宪制民主　两个正义原则　宪法哲学

一　引言

按照近代以来哲学与科学的分野，宪法哲学是以思辨、洞察等哲学方法来探究宪法本质、宪法目的、宪法正义等宪法根本问题的学问，宪法科学则是以解释、实证等科学方法来研究宪法文本、宪法制度和宪法实施等宪法现象的学科[①]。由于迄今为止中国宪法监督机关并未审理任何宪法案件，中国司法机关在审理一些民事、刑事、行政案件中对宪法的大胆适用也并未得到高层的最终肯定和学界的普遍认可，因此在当下的中国，宪法科学的研究因缺少宪法实施的素材而并不兴旺，产生的研究成果不少也属无的放矢。21世纪初以来，一些中国宪法学者进军宪法哲学领域，有关

---

[*] 本文为四川轻化工大学2018年度人才引进项目的研究成果，同时受2022年度四川轻化工大学研究生优质课程"宪法学"项目的资助。

[**] 邓肄，原名邓毅，法学博士，四川轻化工大学法学院教授。

[①] 以解释方法来阐释法律文本（宪法文本）的法律解释学（宪法解释学）是不是严格意义上的科学在理论界存在争议，此处对宪法科学的界定乃宽泛或通俗意义上的。

学术论著时有出现，但具有哲学品格和学术分量的研究成果似乎并不多见。

美国哲学家约翰·罗尔斯（1921—2002）在西方学界被誉为"20世纪最杰出的政治哲学家"[①]，他凭借其在《正义论》中所提出并在《政治自由主义》《作为公平的正义：正义新论》中所完善的正义理论为中国学界所熟知。但中国学界乃至西方学界通常都按罗尔斯的学术出身和自我叙事将其正义理论作为道德哲学（伦理学）或政治哲学进行研究，很少有人认识到罗尔斯正义理论就其宏大意旨或理论关怀而言同时也是以西方自由主义宪法或作为其产物的宪制民主制度（政体）之根本问题为研究对象的宪法哲学[②]。罗尔斯在1971年《正义论》初版序言中指出，他之所以要提出一种契约论的正义理论来代替占统治地位的传统功利主义，是因为他相信，"在各种传统的观点中，正是这种契约论的观点最接近于我们深思熟虑的判断，并构成一个民主社会的最恰当的道德基础"。罗尔斯这里所说的民主社会，就是社会基本结构的主要制度为宪制民主；[③] 罗尔斯于此所说的道德基础，是指宪制民主制度的政治伦理即正义性。在1999年《正义论》修订版序言中，罗尔斯进一步指出："功利主义理论作为宪制民主制度的基础是脆弱的，尤其是我不相信功利主义能够为自由而平等的公民的个人基本权利与自由提供一种令人满意的解释，而这种解释对一种民主制度来说是绝对首要的要求。"由是可知，罗尔斯在《正义论》中所提出的正义理论，实际上是为宪制民主制度提供恰当的正义原则，并以新契约论为自由主义的正义原则提供一个不同于传统契约论和功利主义的理论证明。

罗尔斯后期的《政治自由主义》《作为公平的正义：正义新论》是对

[①] 这是美国著名学者萨缪尔·弗雷曼对罗尔斯的评价。见〔美〕萨缪尔·弗雷曼《罗尔斯》，张国清译，华夏出版社，2013，"前言与致谢"第22页。另一位美国学者丹·布鲁德尼甚至将罗尔斯与马克思并称为"现代最伟大的两位政治哲学家"。见〔美〕丹·布鲁德尼《罗尔斯与马克思：分配原则与人的观念》，张祖辽译，上海人民出版社，2017，"导论"第1页。
[②] 尽管宪法哲学与政治哲学密不可分，但它具有特定的研究范围和自身的话语体系。参见邓毅《什么是宪法哲学》，《华东政法学院学报》2006年第4期。
[③] 在《正义论》第四章文首，罗尔斯对此有特别的说明，他说："这一社会基本结构的主要制度是宪制民主的制度。"需指出的是，在罗尔斯那里，"宪制民主""宪制政体""民主政体"等概念是混同使用的，罗尔斯对此并没有作严格的区分。从《正义论》开始，罗尔斯就交替使用"宪制民主"、"宪制政体"和"民主政体"等概念。在《政治自由主义》中，罗尔斯对此做过明确的交代，他说："我使用'宪制民主'和'民主政体'这两个相似的短语，除非有另外的说明，它们可以互相替换。" John Rawls, *Political Liberalism*, Columbia University Press, 1996, p. 11.

《正义论》的修正与完善，其主要意图是为自由主义宪法或宪制民主制度所形成的思想文化的多元化寻求一个符合宪制民主社会内在稳定性要求的理论辩护。在1996年再版的《政治自由主义》平装本导论中，罗尔斯将自己毕生致力于解决的政治哲学问题明确概括为"正义而秩序良好的宪制民主是否可能、如何可能"① 这一宪法哲学问题。

基于上述理由，以宪法哲学的学科视域和话语体系对罗尔斯的主要论题及其论证理路进行概括与整合，既有利于中外学界深刻把握罗尔斯哲学的宏旨与精髓，也有利于有志拓展宪法哲学领域的宪法学者研习、借鉴和批判。②

二 罗尔斯宪法哲学的主题

罗尔斯正义理论体系庞大，尽管语言平实但表意晦涩，非专业研究者难以窥其堂奥。这也是我国宪法学界对罗尔斯哲学思想研究不多的根本原因。本人对罗尔斯的《正义论》《政治自由主义》《作为公平的正义：正义新论》等主要著作进行过比较系统深入的研读，我认为，以宪法哲学的视镜审视，罗尔斯的主体论题是涉及自由主义宪法或宪制民主制度的以下三个根本性问题：第一，宪制民主为何要捍卫个人自由的优先性？第二，宪制民主政体应当如何实现自由与平等的理想？第三，宪制民主社会能否实现基于正当理由的稳定性而永续长存？尽管罗尔斯在其正义理论中还探讨了公民的政治义务、正义的宪法安排等问题，但相对于上述问题而言，这些问题要么是非主体性的（如公民的政治义务），要么是非根本性的（如正义的宪法安排，这一问题在晚年的罗尔斯看来属于宪法政治学的范畴③）。

（一）宪制民主为何要捍卫个人自由的优先性？

通行于当今西方各国的宪制民主政体滥觞于18世纪末的美国，④ 它是当时北美的共和政体（民主政体）与英国的宪制政体的结合。美国的

---

① John Rawls, *Political Liberalism*, Columbia University Press, 1996, lix.
② 与罗尔斯同时代的美国法理学家德沃金对罗尔斯的《正义论》曾这样评价："对于这本书，任何一个宪法学家都不能够忽视。"〔美〕罗纳德·德沃金：《认真对待权利》，信春鹰、吴玉章译，中国大百科全书出版社，1998，第200页。
③ 参见 John Rawls, *Political Liberalism*, Columbia University Press, 1996, lix.
④ 参见〔美〕詹姆斯·W.西瑟《自由民主与政治学》，竺乾威译，上海人民出版社，1998，第9页。

"宪法之父"们之所以要在北美十三州盛行的共和政体（民主政体）中引入英国的宪制政体要素，是为了防止"多数人的暴政"，保障个人自由。正因为宪制民主以保障个人自由为鹄的或者秉持个人自由至上的理念，这一政体的流行称呼为"自由民主"。罗尔斯在《正义论》中将宪制民主的上述目的表述为"个人自由的优先性"（后期修正为"个人基本自由的优先性"）。植根于西方古典的自由主义哲学思想和美国深厚的自由主义政治传统，罗尔斯将"个人自由的优先性"阐释为：多数派的立法不能以社会整体利益之名剥夺由正义所保障的权利与自由，个人自由只有在与他人自由相冲突的情况下才能受到限制或者予以妥协。那么，个人自由为何优先于社会公共利益？宪制民主为何要赋予个人自由如此的首要地位？这是自由主义者或宪制主义者[①]必须予以回答的根本理论问题。

对此，西方自由主义的始祖洛克（1632—1704）运用社会契约论第一个对个人自然权利的优先性进行了理论阐释。洛克设想，人类早期处于完全自由而平等的自然状态之中，每个人都根据"根本的自然法"即上帝法享有生命、自由、财产等自然权利，但个人所享有的这些自然权利很不稳定。因此洛克便推定说，为获得评判是非的公共法律和保证其强制实施的公共权力，使自己的自然权利免遭别人的侵犯，人们便共同约定通过社会契约来组建政府。洛克由此得出结论，既然保护个人的生命、自由和财产这些自然权利不受侵犯是人们通过契约组建政府的目的，那么便绝不容许国家的政治权力扩张到保护每一个人的生命、自由和财产这一"公众福利"的需要之外，除非是为了惩罚一个罪犯。[②] 也就是说，在处于资本主义发展早期的洛克看来，政府是"守夜人"，其目的或职能就是维护社会秩序，尽可能保护每一个人的生命、自由、财产等自然权利，因而尽可能保护每一个人的生命、自由、财产等自然权利就是维护公共利益，保护个人自然权利与维护公共利益并不存在根本的冲突。[③] 古典自由主义的集大

[①] 自由主义的主张只有通过宪制主义才能实现，因此自由主义者就是宪制主义者。在罗尔斯那里，自由主义与宪制主义是两个实质上可等同的概念。哈耶克也曾说："剥离一切表层之后，自由主义就是宪制主义。"参见〔英〕哈耶克《自由秩序原理》上，邓正来译，生活·读书·新知三联书店，1997，第243页。

[②] 参见〔英〕洛克《政府论》下篇，叶启芳、瞿菊农译，商务印书馆，1964，第79～80、2页。

[③] 罗尔斯根据洛克"根本的自然法"观念阐释说，"根本的自然法并不引导我们去追求最大限度的公共利益，……相反，它表述的是对每一个人的关怀"。参见〔美〕约翰·罗尔斯《政治哲学史讲义》，杨通进等译，中国社会科学出版社，2011，第117～119、121页。

成者康德（1724—1804）认同洛克将个人自由当作先于国家的自然权利的理论，但认为自然权利并非来源于上帝法，[①] 而是基于每个人与生俱来的人性自由根据纯粹理性的普遍法则——"一个人的意志的自由行使，能够和所有其他人的自由相容"——推演出来的权利体系。同时，康德注意到了当时西方资本主义国家愈来愈多的社会职能以及社会福祉或公共利益与个人财产权利的冲突。[②] 但康德认为国家在纯理念上应看作个人为保障在自然状态中不稳定的自然权利而根据原始契约结合成的公民社会，基于每一个人都具有的人性尊严，以及所享有的人之作为人的权利，国家的首要职责即在于维护每个人最大范围的外在自由，而绝不能以增进人民福祉为借口置个人的权利于不顾（财产权利有例外）。[③]

自然权利论对北美独立战争和法国大革命后的宪法制定和宪法实施都产生了深远的影响，并成为近代西方自由主义宪法和宪制民主制度公认的理论基础。但是，在理论界，自然权利论不但受到了保守主义者的猛烈抨击，[④] 而且也受到了其他自由主义流派的尖锐批评。英国人边沁（1748—1832）就秉持实证主义的立场，认为权利只能是实在的法律的产物，自然权利"在逻辑上是荒谬的，在道德上是有害的"[⑤]。边沁认为，个人自由具有首要性，其真实的理论基础是"科学"的功利主义。在边沁看来，"求乐避苦"是人的本性，个人和政府都在按功利原理这一社会规律行事，政府的唯一任务是为最大多数人谋取最大程度的快乐或幸福。边沁基于其个人主义立场，并不认为存在独立的社会公共利益，他认为共同体只是一个虚构体，所谓共同体的利益其实乃组成共同体之个人利益的总和，最大多数人的最大幸福只有在个人幸福充分实现的前提下才能实现，故政府的

---

① 参见龚群《康德的自然权利说》，《伦理学研究》2020年第5期，第45页。
② 参见〔德〕康德《法的形而上学原理——权利的科学》，沈叔平译，商务印书馆，1991，第156~159页；〔美〕杰弗里·墨菲《康德：权利哲学》，吴彦译，中国法制出版社，2010，第152~155页。
③ 参见朱高正《朱高正讲康德》，北京大学出版社，2005，第116页。
④ 保守主义者主要批判的是作为自然权利论理论基础的社会契约论。如法国人梅斯特尔就批驳说，人类从来就不曾有过先于社会而存在的时期，"社会契约只是一种幻想"（参见〔美〕斯蒂芬·霍尔姆斯《反自由主义剖析》，曦中等译，中国社会科学出版社，2002，第21页）。黑格尔认为国家契约说这种见解是由于人们仅仅肤浅地想到不同意志的统一这一点，但人生来就已是国家的公民，任何人不得任意脱离国家，所以国家绝非建立在契约之上，而是直接存在于风俗习惯中（参见黑格尔《法哲学原理》，范扬、张企泰译，商务印书馆，1961，第82~83、253~255页）。
⑤ 转引自〔加〕L. W. 萨姆纳《权利的道德基础》，李茂森译，中国人民大学出版社，2011，第101页。

基本职能便是保证个人充分自由地实现其个人利益。边沁的功利主义后经穆勒、西季维克等人的发展,自19世纪后期始一直是英美世界占据统治地位的道德哲学和政治哲学,自然权利论因其立论的"不科学"而在理论上走向了没落。

罗尔斯不承认功利主义为个人自由的优先性提供了令人满意的解释。他认为,个人确实有可能按照最大幸福原则行事,但他否认功利主义能将个人的行动原则合乎逻辑地扩展到社会,而认为社会整体的原则也是要最大限度地实现其成员个人的利益。在罗尔斯看来,功利主义最大限度地追求集体的福利,会不可避免地损害甚至牺牲少数人的利益,从而将个人自由置于多数派根据"最大幸福原则"来决定的危险之中。故而,在《正义论》中,罗尔斯坚定地认为,功利主义理论作为宪制民主制度的基础是脆弱的,我们应当舍弃功利主义,复兴自然权利论,通过对自然权利论的重新论证来为个人自由的优先性这一自由主义宪法或宪制民主制度的首要要求提供更为坚实也更具说服力的理论证明。

(二) 宪制民主政体应当如何实现自由与平等的理想?

实现个人的自由与平等,是近代西方启蒙运动的强烈诉求和资产阶级革命的政治旗号。随自由主义宪法建立起来的西方宪制民主政体,形式上糅合的是"宪法约束"与"人民主权"两大原则,实质上则是为了同时实现自由与平等两大理想。但启蒙运动思想家们并没有深刻认识到自由与平等的内在冲突。在以洛克、康德为代表的古典自由主义者看来,平等是法律上和权利上的平等,保障个人自由并不会与平等发生冲突,自由主义政体完全可以并行不悖地实现自由与平等两大理想。

然而,在以马克思为代表的社会主义者看来,资本主义国家的自由主义宪制民主宣称要同时实现的自由和平等两大理想没有也不可能得到真正的实现。因为资产阶级制定的自由主义宪法所保障的个人自由,其核心是经济自由。[1] 在资本主义社会里,少数人可以利用自己的经济自由即占有生产资料通过雇佣劳动制去奴役或剥削多数人,从而侵害多数人的自由。同时,由于不同阶级的人们占有的财产严重不均,穷困的人也缺少实现自由的手段。因此,社会主义者认为,自由主义宪制民主所实现的自由只是

---

[1] 保障经济自由是资产阶级的核心诉求,因为竞争的资本主义本身是一个经济自由的制度(参见〔美〕米尔顿·弗里德曼《资本主义与自由》,张瑞玉译,商务印书馆,1986,第6页)。

由国家法律来界定和协调的人与人之间相互适应的自由，即"法律下的自由"，而不是消除了奴役与匮乏的真实的自由。社会主义者对西方资本主义或自由主义宪制民主所宣扬的平等更是嗤之以鼻。在他们看来，西方资本主义或自由主义宪制民主所谓法律上的平等完全只是形式上的平等，而并不包括实质上的经济平等和社会平等，所以在不同家庭出身、不同自然天赋和不同个人际遇等"偶然性"的作用下会存在人与人之间在物质财富和社会地位上的巨大差别，从而形成事实上的普遍而明显的不平等。总之，在以马克思为代表的社会主义者看来，西方资本主义或自由主义宪制民主所实现的自由与平等，只是少数有产者和自然天赋较高者的自由与平等，对大多数人而言，它都是形式的、片面的和虚假的。故而社会主义者根本不赞同以宪制民主这种虚伪的政体形式来"控制国家"，而主张通过无产阶级革命消灭资本主义私有制，消灭阶级，从根本上"废除"国家这个"祸害"，进入物质极大丰富、消灭阶级消灭剥削也消灭分工的共产主义社会，真正实现每一个人的平等和自由。

罗尔斯不认同社会主义者通过消灭私有制和废除国家来实现每个人的自由与平等的主张，但认为以马克思为代表的社会主义者对资本主义或自由主义宪制民主的批评是不可回避的，[①] 传统宪制民主政体确实未能解决自由与平等的冲突，未能实现自由与平等的双重要求。自由主义者必须更为认真地对待平等问题，同时兼顾效率，而他的两个正义原则就是这样一个恰当地实现每个人的自由与平等的最佳政治原则。[②]

（三）宪制民主社会能否实现基于正当理由的稳定性而永续长存？

在西方政治思想史上，政治体的稳定性问题是思想家们比较忽视的问题。[③] 但身处古希腊城邦政体变换不断之混乱时代的亚里士多德在写作《政治学》时就已将政治体的稳定性作为其终极关怀，该书贯穿的一个基本主题就是探究如何使一个现存的政体——无论是什么样的政体——长期

---

① 参见〔美〕约翰·罗尔斯《政治哲学史讲义》，杨通进等译，中国社会科学出版社，2011，第333~336、380页。罗尔斯在《政治自由主义》中将自由与平等的双重要求概括为与洛克相联系的"现代人的自由"同与卢梭相联系的"古代人的自由"之间的冲突（参见〔美〕约翰·罗尔斯《政治自由主义》，万俊人译，译林出版社，2000，第4~5页），这似乎有避重就轻之嫌。

② 参见 John Rawls, *Political Liberalism*, Columbia University Press, 1996, pp. 4-9。

③ 参见 John Rawls, *Political Liberalism*, Columbia University Press, 1996, xix。

稳定，如何避免在城邦中出现分裂、动乱与暴力。① 亚里士多德在《政治学》中认为，正义是社会秩序的基础，一个城邦或一个政治社团之所以出现不稳定或内乱，是因为生活在其中的各阶层认为这个城邦的政体在分配政治权利时不符合它们各自心目中的正义，因而心生不平。② 罗尔斯据此在《正义论》中反对霍布斯以绝对主权的强制力来实现和稳定社会合作的主张，认为具有内在稳定性的社会是受一个公共正义观念有效调整因而其成员也具有通常有效的正义感的社会，而对于一个社会而言，社会合作的稳定性就取决于这个社会合作体系有一个得到社会各方公认的公共正义观念，从而能否以公共的正义感来消除人们心理上的破坏性倾向。③ 简而言之，就是一个社会尽管需要强制性的政治权力来维护社会秩序与稳定，但只有其基本制度具有正义性，它才是一个具有内在稳定性的社会。

为此，罗尔斯在《正义论》中提出了以宪制民主政体为根本要求的两个正义原则，④ 认为现实的西方宪制民主社会已基本满足了主张最广泛自由的平等性与优先性的第一个正义原则以及调整社会和经济不平等的第二个正义原则，只要再严格根据正义原则加以完善，它就是一个具有内在稳定性的秩序良好的社会。

但罗尔斯后期在回应各方对《正义论》的批评时意识到，现实的宪制民主社会存在这样一个明显的社会学事实：现代西方的宪制民主社会是一个各种相互冲突的宗教、哲学和道德教说（其中不少是统合性教说）并存的多元化社会，这些教说中的任何一种都不能得到公民们的普遍肯认，此即伯林所谓的"价值多元主义"，罗尔斯则称之为"合理多元主义事实"。罗尔斯指出，这一事实是宪制民主社会实行宽容原则，承认思想自由与良心自由并予以宪法保障的正常结果。罗尔斯认为，基于明理的人在社会领域存在的理性分歧的根源即判断的负担（burdens of judgment），这种思想文化多元化的事实是宪制民主社会公共文化的一个永久性特征，而不是一

---

① 参见唐士其《西方政治思想史》，北京大学出版社，2002，第111页。正因如此，该书作者也认为稳定是亚里士多德的政治学所追求的根本目标。
② 〔古希腊〕亚里士多德：《政治学》，吴寿彭译，商务印书馆，1965，第9、234～235页。
③ 参见 John Rawls, *A Theory of Justice*, Harvard University Press, 1971, pp. 4-5, 454。需要指出的是，在《正义论》中，罗尔斯并没有明确引述亚里士多德的上述观点，而只明确引述了亚氏在《政治学》第一卷第二章1253a15关于人的正义感及对正义的共同理解造就一个城邦的洞见（John Rawls, *A Theory of Justice*, Harvard University Press, 1971, p. 243），但以罗尔斯对亚里士多德思想的熟悉程度，罗尔斯"秩序良好的社会理念"来自亚氏的上述理论乃是十分明显的。
④ 参见 John Rawls, *Political Liberalism*, Columbia University Press, 1996, xlii。

种会很快消失的纯历史状况。

在罗尔斯看来,宪制民主社会里公民们持各种相互冲突但又合理的宗教、哲学和道德教说的合理多元主义事实对宪制民主社会的长期稳定构成了巨大挑战,因为不同的宗教、哲学和道德教说对道德和政治生活中的"真理""正当"往往持相异的观点,宪制民主社会就无法形成一个具有同质性的共同体甚至联合体,那么,思想文化多元化的宪制民主社会统一的基础何在?它是否会因价值多元主义而不断分化甚至政体瓦解?总体来说,宪制民主社会能否实现基于正当理由的稳定性而永续长存?于是,在《政治自由主义》中,罗尔斯将"正义而秩序良好的宪制民主是否可能、如何可能?"这一宪法哲学的追问作为自己的终极关怀。罗尔斯认为,他作为宪制民主制度的拥护者,必须为宪制民主社会的内在稳定性进行辩护,以消除人们对自由主义的悲观论调(如现代西方学界广泛探讨的"现代性的危机"或"自由主义的危机"),树立人们对宪制民主制度的信心。在罗尔斯看来,如果我们不能为一种正义而稳定的宪制民主提出一种令人信服的论证,反而像魏玛时期的德国传统精英不相信自由主义议会政体那样不相信宪制民主政体的话,宪制民主政体就必然不能形成可以构建其道德基础的公共政治文化,其最终的结果,就会像魏玛政体一样由于缺乏民众的支持而走向崩溃。①

三 罗尔斯的解答与证明

罗尔斯对上述三个主体论题的解答与证明,主要体现在其《正义论》与《政治自由主义》中。下面本文分两部分,对其支点、重点和难点分别予以介绍与阐释,对学界熟知的内容,或略而不谈,或一带而过。

(一)《正义论》的立论与证明

在《正义论》中,罗尔斯提出了一种正义理论——两个正义原则——来解决宪制民主的根本问题。罗尔斯的两个正义原则是:

> 第一个原则
> 每一个人对最广泛的平等基本自由的完全体系——它与所有人的

---

① 参见 John Rawls, *Political Liberalism*, Columbia University Press, 1996, lix – lxii, p. 167。

相似自由体系是相容的——都有一种平等的权利。

第二个原则

社会和经济的不平等应这样安排，使它们：

(1) 在与正义的储存原则一致的情况下，符合最不利者的最大利益；并且，

(2) 所关联的职务和地位在公平的机会平等的条件下对所有人开放。

第一个优先规则（自由的优先性）

两个正义原则应以词典式次序排列，因而自由只有为了自由的缘故才能被限制。……①

在这里，第一个正义原则——平等的自由原则，表达的是传统自由主义主张权利平等和最大限度保障个人与他人相容的最广泛的自由的理念。第二个正义原则——差别原则和公平的机会平等原则，是对社会和经济领域的不平等提供正义的准则。罗尔斯著名的差别原则要求收入和财富的不平等分配只有在符合最不利者的最大利益的条件下才是正义所允许的。罗尔斯所谓最不利者，乃劳工阶层。② 罗尔斯的差别原则意在缩小人们在收入和财富方面的差别，但它也兼顾到了效率原则的要求，有利于保持社会的生机与活力。公平的机会平等原则是对传统自由主义的形式机会平等原则的矫正，它要求各种职务和地位不仅要在一种形式的意义上开放，而且应使每个具有相似动机和天赋的人都有公平的机会通达这些职务和地位。在上述两个原则中，第一个正义原则优先于第二个正义原则。罗尔斯以两个正义原则的词典式顺序表达的即是自由主义宪法或宪制民主的首要要求——自由优先的原则，即自由只有为了自由的缘故才能被限制，法律与政策绝不能以社会大多数人利益之名侵犯个人自由。

罗尔斯的两个正义原则意在修正传统自由主义（自然权利论与功利主义）在实现自由与平等两大理想方面的失衡与虚幻，从而回应以马克思为代表的社会主义者对自由主义的批评。而他的自由优先的原则，坚持的则是自然权利论的自由主义立场，以摒弃现代占据统治地位

---

① John Rawls, *A Theory of Justice*, Harvard University Press, 1971, pp. 302-303.

② 参见〔美〕萨缪尔·弗雷曼《罗尔斯》，张国清译，华夏出版社，2013，第110页。

但对个人自由存在巨大危险的功利主义。因此，罗尔斯有严格次序的两个正义原则是雄心勃勃的，他意图一举解决宪制民主的理论基础和道德基础问题。

　　罗尔斯对两个正义原则的证明包括可取性证明和可行性证明两部分。罗尔斯对两个正义原则可取性的理论证明运用的是作为集体选择程序的契约论的方法。但罗尔斯的契约论不同于洛克和康德的传统社会契约论。洛克和康德的社会契约论都是以"自然状态"为逻辑起点的。罗尔斯独创性地提出了"原初状态"的理念，并将其作为自己契约论的立论起点。具体来说，罗尔斯为让各方当事人一致选择两个正义原则而特意设计了一个康德式的非历史的纯理念状态：它是一个拉着"无知之幕"的假想场地，在这里，缔约者特殊的个人信息被从大脑中全部抽走，社会信息则被大部分屏蔽。由于原初状态建立了一种不受自然禀赋的随机性和社会环境的偶然性所左右的公平境地，这就消除了契约各方的交易优势，从而任何在原初状态中被人们理性选择的社会合作条款便都是正义的。同时，原初状态对信息的限制所塑造的公平境地，也使任何进入原初状态的人对正义原则的选择都可以在"反思平衡"中达成一致，实现启蒙思想家共同追求的作为政治权威合法性基础和个人政治义务基础所要求的"一致同意"。[①] 而且，原初状态所塑造的公平程序也使理性人对正义原则的选择结果符合纯粹程序正义的理念：只要程序是公平的，那么结果也是公平的。基于原初状态所塑造的公平境地和公平程序，罗尔斯认为，各方当事人在原初状态中所一致同意的正义原则，完全可以称为"公平的正义"（justice as fairness）。这一称谓的寓意在于："当且仅当一种社会秩序能够成为一个**公平的**协议对象时，才能把它当作**正义的**秩序加以接受，这种协议平等地考虑了所有生活在此社会秩序下的个人的利益。"[②]

　　那么，两个正义原则是怎样被原初状态中的各方当事人（理性人）所选择的呢？罗尔斯说，我们可以递交给原初状态中的各方一份历史上有影响的候选正义清单——包含两个正义原则和功利主义、至善主义、直觉主

---

① 参见邵华《论康德的社会契约论》，《华中科技大学学报》（社会科学版）2016年第1期，第17页；〔荷〕佩西·莱宁《罗尔斯政治哲学导论》，孟伟译，人民出版社，2012，第34页。

② 〔美〕涛慕思·博格：《罗尔斯：生平与正义理论》，顾肃、刘雪梅译，中国人民大学出版社，2010，第69页。

义、利己主义等主要的传统正义观念，当原初状态中的各方在面对这样一份正义观念的清单进行选择时，人们会一致同意他的两个正义原则。对于其中最富竞争力的功利主义，罗尔斯认为两个正义原则与之相较具有以下显著优势。首先，两个正义原则中关于"平等的自由"的第一正义原则保护了每一个人的最广泛的平等基本自由，而第二正义原则中的"差别原则"在社会和经济领域允许有利于"最不利者的最大利益"的不平等的存在，这对保持社会的活力和促进社会的发展，最终提高所有人的福利是十分必要的。其次，原初状态的无知之幕设定了一个地位和前景的不确定状态，这样，面对功利主义的危险即可能牺牲少数人的自由来获取多数人的更大利益，各方出于保守的心理状态就不会选择功利主义，因为自己就可能是现实社会中的少数人；而面对功利主义的诱惑，即可能产生更大的物质财富最终为自己带来更大的物质利益，各方在承诺的压力和不确定状态下也不会轻易冒险，而宁愿按照"最大最小值"的规则选择两个正义原则。最后，两个正义原则肯定了所有人的自尊、自爱和自信，充分体现了人是目的而不是手段的道德理想；而功利主义，却既把人当作目的，又把人当作手段。

对于第一个原则优先于第二个原则的词典式顺序，也就是自由优先性的根据，罗尔斯是这样推论的：随着文明条件的改善，进一步的经济和社会利益给予我们的善，具有一种边际意义，它相对于我们对自由的关切，重要性在减弱；而我们对自由的关切，却将随着我们运用平等自由的条件更加充分而变得更加强烈。从原初状态的立场来看，为更大的物质财富和职务适意的缘故而接受一种较小自由，在某种程度之外就成为不合理的。因为在有利的环境下，在确定我们的生活计划时，自尊的基本善具有中心地位，而在一个公正的社会中，自尊的基础不是一个人的收入份额，而是由社会肯定的基本权利和自由的分配。如果人们接受一种比平等的自由更低的自由，这就会削弱他们的政治地位，这样，当一个人在参与政治经济生活时，与那些享有更大自由的人相比，他就会感觉到自己在公共论坛中处于次要地位，从而有可能使他感到蒙耻而损害自尊。[①]

我们再来看罗尔斯对两个正义原则的可行性的证明。正义理论中的可行性问题，在罗尔斯那里，也就是正义观念的稳定性问题。在《正义论》第三编，罗尔斯对公平的正义（两个正义原则）的稳定性进行了专门的论

[①] 参见 John Rawls, *A Theory of Justice*, Harvard University Press, 1971, pp. 475–477。

证。罗尔斯认为,人的正义感的形成乃基于"以德报德"的心理学事实,公平的正义符合人的正义感的形成机理。而且,公平的正义所产生的正义感相对于功利主义等其他正义观念所产生的正义感要强烈得多。更重要的是,在公平正义之秩序良好的社会里,人们不但会把正义原则的实现当作一种共同的善,而且也会将正义感作为他们生活计划的调节因素,故而公平的正义与个人的合理性的善具有一致性,在这种正义制度下生活的人们会具有适当的心理动机和欲望去自觉按照正义原则行事:根据康德式解释,表达我们作为自由平等的理性存在者的本性这一欲望,只有按照具有优先性的正当和正义原则去行动才能满足,唯有如此,才能表达我们的区别于偶然性和巧合事件的自由,如果我们做不正义的事,我们就会产生负罪感和羞耻感。总而言之,在罗尔斯看来,在公平的正义调整的宪制民主社会里,人们在正义制度的作用下会发展出充分坚定的正义感,在内心里将两个正义原则作为支配自己行为的信条,公平的正义在诸多方面都可以说是一种能让人们形成充分自律的稳定正义观念,而这样一个正义的宪制民主社会,也必然是一个具有内在稳定性的秩序良好的社会。

(二)《政治自由主义》的修正

尽管罗尔斯事先已经周密考虑了人们对他所提出的正义理论的诸多批评,并在《正义论》中一一作了辩护,但《正义论》出版后,人们仍在他的"周密考虑"之外提出了许多新的批评意见。如英国法学家哈特评论说,罗尔斯关于原初状态中的各方宁愿放弃巨大的物质利益而选择政治自由等"不太紧要"的基本自由的观点很难说符合一个理性人的理性选择,其关于自由的优先性的证明是"独断的",因为即使当社会达到一个物质条件十分繁荣的阶段,仍然会有一些人想为得到更多的物质利益而宁愿放弃一些基本自由。[1] 而罗尔斯的哈佛大学同事桑德尔则尖锐指出,罗尔斯的无知之幕对全部个人信息和大部分社会信息的遮蔽实际上是人为抹杀了人的社会性和差别性,原初状态中的当事人在现实中是不可能存在的,罗尔斯的方法论是抽象的个人主义。[2]

---

[1] 参见〔英〕H. L. A. 哈特《罗尔斯论自由及其优先性》,邓正来译,《复旦政治哲学评论》2010 年第 1 期,第 21~24 页。

[2] 参见〔美〕迈克尔. J. 桑德尔《自由主义与正义的局限》,万俊人等译,译林出版社,2001,第 63~66 页。

上述两项有力批评促使罗尔斯不得不再次审视自己的理论证立。对于哈特的上述批评，罗尔斯在《政治自由主义》中抛弃了先前的边际效应理论，转而依赖一种"自由主义的个人观念"来论证基本自由的优先性，即认为原初状态中的各方之所以在巨大的物质利益面前选择基本自由，是因为基本自由是公民发展自己的两种道德能力——正义感的能力和善观念的能力——及其中具有决定性意义的善观念所必需的。所谓正义感的能力，是公民理解、应用和践行正义原则的能力；所谓善观念的能力，是公民拥有、修正和合理地追求善观念的能力。罗尔斯认为，平等的政治自由和思想自由能够使公民在评价社会基本结构及社会政策之正义的时候发展和运用这些能力；良心自由和结社自由能够使公民在形成、修正和理性地追求他们的善观念的时候发展和运用他们的道德能力。为回应桑德尔的批判，罗尔斯将原初状态从一种"理性人设置"改造成了一种"代表设置"。在这种设置中，契约各方作为公民的代表，在无知之幕下，完全可以设想不知道他们所代表的人的社会地位、个人信仰、所属种族、各种自然天赋以及信仰什么样的独特的宗教、哲学和道德教说等各种特殊信息。而公民代表的个人信息在原初状态中则不受限制，公民代表在原初状态中是活生生的"自然人"，不再是假设的"理性人"。这样，让代表设置中的公民代表来选择正义原则，就去除了原理性人设置的抽象的个人主义色彩。

不过，对于罗尔斯来说，《正义论》的严重问题还不在于上述两个方面，而在于"《正义论》第三编关于稳定性的解释与全书的观点并不一致"①。前面已经指出，两个正义原则保障公民的思想自由与良心自由，其在宪制民主制度中的长期贯彻必然形成各种相互冲突但又合理的宗教、哲学和道德教说（其中不少是统合性教说）并存的合理多元主义事实，而在这种合理多元主义的事实条件下，公民们将不可能坚持完全相同的正义原则，如果说这种正义原则是一个统合性教说的话。这是罗尔斯自己发现的《正义论》的重大矛盾。

上述重大矛盾促使罗尔斯宪法哲学发生了重大转变。鉴于宪制民主社会各种相互冲突但又合理的宗教、哲学和道德教说并存的合理多元主义事实，在《政治自由主义》中，罗尔斯的正义理论从两个方面作出了退让。首先，他认为调整宪制民主之基本结构的正义原则必须是一种"自立的"（freestanding）政治的正义观念：它只适用于宪制民主的基本结构这一政

---

① John Rawls, *Political Liberalism*, Columbia University Press, 1996, xvi.

治领域，不再是一种涉及人生观、道德观和世界观等广泛主题并普遍适用于个人、社团和政府行为的统合性教说；它保持某种程度的中立性，不再批评和攻击功利主义等其他合理的统合性教说。其次，罗尔斯将两个正义原则当作政治的正义观念的一个范例，而不再是宪制民主的唯一合理的道德基础。但是，罗尔斯的退让实际上只是对公平的正义的第二个原则的有限退让，对于保障思想自由、良心自由和平等的政治自由等个人基本自由之优先性的第一个原则，罗尔斯自始至终都坚决维护。正是基于这一根本立场，罗尔斯认为任何一组政治的正义观念，都必须具有以下自由主义的品格：

第一，它具体规定了某些基本权利、自由和机会；

第二，它赋予了这些权利、自由和机会以一种特殊的优先性，尤其是相对于普遍善和至善主义价值的优先性；

第三，它认肯了各种保证所有公民都有效利用基本自由和机会的充分适于其所有目的的措施。[①]

政治的正义观念之规定性特征，就是罗尔斯从两个正义原则（公平的正义）这一"最恰当"的道德基础撤退之后所认为的宪制民主社会的最低限度的道德基础。

那么，我们怎样才能获得这种自立的政治的正义观念呢？在《政治自由主义》中，罗尔斯一方面运用《正义论》宣称但未践行的"道德几何学"方法，另一方面又根据判断负担和政治的正义观念的要求同自然正义观和自然权利论相分割，因此他认为政治的正义观念必须通过"政治建构主义"来获致。具体来说，就是从现实的宪制民主社会的公共政治文化中抽出隐含其中并为全体公民所共享的两个基本理念——作为公平合作体系的社会理念和自由而平等的公民理念，根据秩序良好的社会理念的基本要求，把它们结合起来，就可以制定出公平的正义之类的政治的正义观念，然后我们再把包含政治的正义观念在内的正义观念候选清单交给原初状态中理性而明理的"公民代表"，他们就会一致选择既保障自己的切身利益又体现相互性的政治的正义观念（或公平的正义）。

---

① 参见 John Rawls, *Political Liberalism*, Columbia University Press, 1996, xlvii, p. 223; John Rawls, "*The Idea of Public Reason Revisited*," in Samuel Freeman, ed., *Collected Papers*, Harvard University Press, 2001, pp. 581 – 582。

在假想状态中通过理性选择胜出的正义原则何以能成为现实社会中有血有肉的公民实际共享的正义观念呢？对于当今宪制民主社会中广泛存在的自由主义与非自由主义学说之间，以及宗教教义与非宗教学说之间的深刻冲突，伯林曾认为这是不可公度的价值多元主义，它们能在政治的正义观念（或公平的正义）调整的宪制民主社会中得到某种程度的调和吗？或者说，持这些相互冲突的宗教、哲学和道德教说的公民能够共同认可一种或一组调整社会基本制度的自由主义正义观念吗？①

对此，罗尔斯认为，正当优先于善，"这种优先性意味着，可允许的善理念必须尊重该政治正义观念的限制，并在该政治正义观念的范围内发挥作用"②。也就是说，在政治或公共领域，公民所持有的善理念或价值观必须接受自由主义正义观念的限制，而不是不受任何限制的价值多元主义，如法西斯主义、种族主义以及原教旨主义等不合理的、非理性的甚至是疯狂的教说就因不符合自由主义正义观而应受到压制，以防止它们的扩散。但在非政治或非公共领域，公民持有何种善理念或价值观则不受限制。③那么，民主社会中持相互冲突的宗教、哲学和道德教说的自由而平等的公民能够在政治领域对一组自由主义正义观念形成某种共识吗？罗尔斯说，民主社会中自由而平等的公民作为理性的和明理的人，具有足够的道德能力和心理力量在正义制度下就政治的正义观念形成重叠共识，重叠共识不是乌托邦式的，而是可能的。罗尔斯认为，重叠共识的形成具体可以分为两个阶段：在第一阶段，公平的正义等政治的正义观念首先从一种纯粹的临时协定变成宪法共识；在第二阶段，宪法共识演变为重叠共识。罗尔斯根据理性的道德心理学，结合宪制民主发展的历史经验，对重叠共识形成的这两个阶段进行了推想性论证。简言之，在罗尔斯看来，一种合理的、和谐的、稳定的、多元主义的宪制民主社会的可能性产生于这种自由主义制度本身的成功。罗尔斯举例说，人们对宽容原则的接受就是几个

---

① 罗尔斯的政治自由主义就是试图回答伯林的多元价值论难题（参见张国清《罗尔斯的秘密及其后果》，《浙江大学学报》[人文社会科学版] 2013 年第 6 期，第 55 页；罗尔斯本人也明确提到了这一点，参见 John Rawls, *Political Liberalism*, Columbia University Press, 1996, p. 303, note 19）。但伯林晚年认为价值多元主义可以在自由主义的宽容原则上得到调和（参见马德普、王敏《价值多元论与自由主义——论伯林遇到的挑战及晚年思想的转变》，《政治学研究》2012 年第 3 期，第 46~47 页），这与罗尔斯的重叠共识理念有某种程度的"重叠共识"。

② John Rawls, *Political Liberalism*, Columbia University Press, 1996, p. 176.

③ 可参见吴冠军《价值多元时代的自由主义困境——从伯林的"终身问题"谈起》，《人民论坛·学术前沿》2015 年第 4 期，第 30~31 页。

世纪时间推移的结果。在历史上，对异端宗教、哲学和道德教说的不宽容曾经被看作社会秩序和社会稳定的条件。事实上，正是对这一信条的削弱才为自由主义制度铺平了道路。罗尔斯由此认为，合理多元主义的事实并不是我们应该为之感到悲哀的历史命运，相反，在合理多元主义的事实下，我们仍然可以对政治的正义观念形成重叠共识，[1] 宪制民主社会因此也仍然存在社会统一的基础。

但后来罗尔斯意识到，宪制民主社会中持各种宗教、哲学和道德教说的公民即便对政治的正义观念存在重叠共识，形成了社会统一的基础，这并不意味着宪制民主社会能永续长存。因为宪制民主社会中持各种不同教说的公民即使对政治的正义观念存在重叠共识，但这不等于他们在运用终极性政治权力解决有关基本正义的重大政治问题时能达成政治共识。因为公民即使不会根据自己所持的宗教、哲学和道德教说来批判或攻击其他公民的教说，在秉持公共的政治正义观念的前提下，他们也可能运用不同的推理规则和证据规则，或者对共享的政治价值进行不同的排序，由此他们就很难在解决重大政治问题时取得一致同意，而只能借助多数决定规则来解决问题。如果人们对解决结果事实上存在重大分歧，持互不相容的宗教、哲学和道德教说的公民之间就会滋生敌意，产生社会分化甚至政治分裂，最终影响宪制民主社会的团结与稳定。对此，罗尔斯晚年提出了公共理性的理念，认为宪制民主社会里持各种不同宗教、哲学和道德教说的自由而平等的公民在行使终极性政治权力解决宪法要核和基本正义事务这些根本政治问题时，应当基于政治友谊关系，履行礼貌义务（duty of civility），运用公共理性进行推理，真诚地寻求理性而明理的公民相互能接受的公共理由，只有这样，他们对政治权力的行使才是恰当的或正当的。在罗尔斯看来，只要持各种不同教说的自由而平等的公民在行使终极性政治权力解决根本政治问题时遵循公共理性的限制，在获得重叠共识支持的政治正义观念框架内展开公共讨论，建立在相互尊重基础上的政治合作就会得到维持，宪制民主社会也会因实现了具有正当理由的稳定性而永续长存。[2]

---

[1] 参见〔美〕罗尔斯《作为公平的正义——正义新论》，姚大志译，上海三联书店，2002，第 323~326 页；John Rawls, *Political Liberalism*, Columbia University Press, 1996, pp. 163, 168。

[2] 参见 John Rawls, *Political Liberalism*, Columbia University Press, 1996, xlviii – liv。

四 尾语

自清末民初西方思想文化大规模输入中国以来，宣扬个人自由至上性或优先性的西方自由主义思想和宪制理论对我国知识界影响甚巨。1949年新中国成立后马克思主义意识形态占据主导地位，西方自由主义思潮和宪制理论一度销声匿迹。但20世纪70年代末中国改革开放以来，西方自由主义思潮和宪制理论又对我国法学界深有影响。

事实上，洛克的自然权利论是神学的，康德的自然权利论是先验的，边沁以功利主义代替自然权利论，以此为基础的宪制民主制度又是"脆弱的"。罗尔斯写作《正义论》，意图重新阐释自然权利论，维护宪制民主的正当性，同时认真对待平等的要求，以体现"平等的自由"的两个正义原则为宪制民主奠定更为"坚实的"道德基础。罗尔斯在后期修正《正义论》的过程中注意到了宪制民主社会思想文化多元化给社会的统一基础和持久稳定性带来的挑战，又在《政治自由主义》中提出了重叠共识和公共理性的理念，为自由主义宪制民主的"政治正确"和"永续长存"进行辩护。中外学界普遍认为，罗尔斯为宪制民主所做的上述理论努力是穆勒著作之后西方迄今最有力、最深刻和最系统的。[1]

但罗尔斯维护西方宪制民主的事业在多大程度上是成功的呢？这是颇值得中国宪法学者关注的问题。因为既然罗尔斯超越了洛克、康德、边沁等前人，为西方宪制民主做了迄今最好的理论阐释，那么，尽管西方将宪制民主当作"普世价值"行销全球，但如果罗尔斯为宪制民主所做的理论阐释并不成功，西方宪制民主作为"普世价值"就仍然是"脆弱的"！哲学的近路是批判，现代西方政治哲学就是在批判罗尔斯政治哲学的基础上复兴的，我深信，中国的宪法哲学，也完全可以在批判罗尔斯宪法哲学的过程中兴盛起来！[2]

---

[1] 参见〔荷〕佩西·莱宁《罗尔斯政治哲学导论》，孟伟译，人民出版社，2012，第18页。我国著名学者何怀宏评论说，罗尔斯最重要的贡献就是"为自由主义的政治与道德哲学提供了一个迄今最精致的理性设计的范本"。何怀宏：《正义理论导引——以罗尔斯为中心》，北京师范大学出版社，2015，第371页。

[2] 2023年2月26日，中共中央办公厅、国务院办公厅印发了《关于加强新时代法学教育和法学理论研究的意见》，再次提出要"坚决反对和抵制西方'宪制'、'三权鼎立'、'司法独立'等错误观点"。当前我国学术界批判西方宪制理论和制度的文章不少，但触及其理论根基的并不多。由此看来，从哲学层面对西方宪制（宪制民主）的理论根基进行批判，已是中国宪法学界的重大任务。

西方修辞学及法律修辞学的理论述评[*]

钟林燕[**]

摘　要： 西方古典修辞学起源于古希腊的法庭演说，其实质上是法学和修辞学的融合，但是古希腊尚不存在系统完整的司法制度，法庭辩论的胜利取决于谁能更好地将修辞技巧运用到法庭演说中，从而获取更多裁判者的支持与肯定。西方修辞学到19世纪完成了古典修辞学的发展，经过20世纪当代修辞学与哲学思想的交织融合，从而迈入20世纪50年代及之后的新修辞学阶段。新修辞学研究的理论根基便是哲学的语言转向，维特根斯坦构建的语言哲学理论鼓励和提倡使用日常语言分析和解决哲学上的问题，并对日后以英国法学家哈特为代表的语义分析法学派产生了重要影响，开启了法学的语言转向研究，为法律修辞学的发展提供了沃土。因此，西方修辞学发展到法律修辞学主要经历了三个时期：首先是古典修辞学的传承和演化，其次是从古典修辞学到新修辞学的变迁，最后是从新修辞学到法律修辞学的发展。

关键词： 西方修辞学　古典修辞学　新修辞学　法律修辞学

一　引言

古希腊著名思想家亚里士多德（Aristotle，前384—前322）是西方古典修辞学的奠基人，其《修辞学》（*Rhetoric*，约前333）是第一部系统的修辞学理论著作，为古典修辞学的发展奠定了根基。"古典修辞学历史的结束没有一个明确的时间点"（no single point when the history of classical rhetoric ends）[①]，经过了古罗马时期、中世纪以及近代数个世纪，修辞学的发展虽然

---

[*] 本文为2022年国家社会科学基金一般项目"法官庭审话语的修辞能力研究"（项目编号：22BYY074）的阶段性研究成果。
[**] 钟林燕，中国政法大学外国语学院讲师，法学博士，研究方向为法律语言、法治文化。
① George A. Kennedy, *A New History of Classical Rhetoric*, Princeton University Press, 1994, p.271.

起起落落，但是一直得以存续和演变。到了20世纪，出现了新修辞学运动，西方修辞学发生了很大的变化。20世纪五六十年代，新修辞学尤其是法律修辞学在欧美范围内得到了突出发展。与此同时，从古希腊时期到古罗马时期、中世纪，以及近代至今，修辞学一直在拥护派和反对派的争论中经历着跌宕起伏的发展。[①] 由此可见，西方修辞学发展到法律修辞学主要经历了三个时期：首先是古典修辞学的传承和演化，其次是从古典修辞学到新修辞学的变迁，最后是从新修辞学到法律修辞学的发展。其中，美国修辞学家肯尼斯·博克[②]（Kenneth Burke，1897－1993）在新修辞学领域享有盛誉，是新修辞学的开创者；比利时修辞学家沙伊姆·佩雷尔曼[③]（Chaim Perelman，1912－1984）则是法律修辞学领域的创始人；美国詹姆斯·博伊德·怀特（James Boyd White）教授认为法律是修辞学的一个分支，并将法律视为一种"构成性修辞"（constitutive rhetoric）。

二　古典修辞学的演化

修辞是一种言语技艺（the craft of speech），根据其基本含义，修辞的核心在于如何进行话语艺术的构建。随着时间的推移，修辞成为一门科学（science），一门艺术（art），一种生活理想（an ideal of life），并成为古典文化的支柱（a pillar of antique culture）。经过了大约九个世纪的发展演变，修辞以各种形态（rhetoric in various forms）塑造了希腊人和罗马人的精神生活。[④]

（一）亚里士多德及其《修辞学》

西方古典修辞学的诞生地是古希腊，其起源于古希腊的法庭演说，公元前5世纪是演说者和听众产生修辞意识（a consciousness of rhetoric）的关键

[①] 钟林燕：《论裁判文书说理的积极修辞及其限度》，《法学》2022年第3期；钟林燕：《司法裁判修辞说理的情感需求和理性限度》，《江西社会科学》2022年第8期。

[②] 肯尼斯·博克是20世纪美国最伟大的修辞学家、新修辞学的开创者和奠基人，其在修辞学界的地位仅次于亚里士多德，享有"亚里士多德第二"的美誉，是新修辞学的领军人物。参见鞠玉梅《肯尼斯·博克修辞学思想研究》，中国社会科学出版社，2017，第1页。

[③] 佩雷尔曼，比利时哲学家，曾任布鲁塞尔自由大学法律哲学中心主任、国际法律哲学和社会哲学学会主席、国际哲学学会副主席等职，是新修辞学法学的创始人。参见刘旺洪《佩雷尔曼的法律思想述论》，载公丕祥主编《法制现代化研究》第七卷，南京师范大学出版社，2001，第676～696页。

[④] Ernst Robert Curtius, *European Literature and the Latin Middle Ages*, Princeton University Press, 1983, Chapter 4 "Rhetoric", p. 64.

时期。① 西方古代"修辞学"一词来源于希腊人的发明，系希腊文 ρ'ητορικη´ (rhētorikē) 的汉语直译，指"公共演说的公民技艺"（the civil art of public speaking）。② 由于古希腊智者学派的诡辩运动，这场运动的发起人为普罗泰戈拉，当时有些人将修辞学定义为一种欺骗和推销技巧的艺术，而并非传达真理的工具。柏拉图将修辞区分为虚假修辞（false rhetoric）和真实修辞（true rhetoric），虚假修辞是指上述智者派诡辩运动中的欺骗和推销技巧的艺术，真实修辞则作为哲学的一部分而存在，建立在真理基础之上。③

亚里士多德与之前的修辞学家不同，其按照演说性质和听众种类把演说分为三类，即政治（议事或审议性）演说（deliberative oratory）、诉讼（法庭或司法）演说（forensic oratory）和典礼（仪典）演说（epideictic oratory）。这三种演说各有不同的目的、题材、论证方法和风格。④ 古希腊时期的修辞学理论得到了极大的发展，但是不存在单独的"法律修辞学"，智者学派修辞学家伊索克拉底（Isocrates，前436—前338）、柏拉图（Plato，前427—前347）等都对修辞学理论的创立作出了一定程度的贡献，亚里士多德及其《修辞学》⑤ 则奠定了修辞学理

---

① 参见 George A. Kennedy, *A New History of Classical Rhetoric*, Princeton University Press, 1994, pp. 24 - 26。

② 参见舒国滢《论题学：修辞学抑或辩证法?》，《政法论丛》2013年第2期；舒国滢《西方古代修辞学：辞源、主旨与技术》，《中国政法大学学报》2011年第4期。此处相关表述另参见 George A. Kennedy, *A New History of Classical Rhetoric*, Princeton University Press, 1994, Chapter 2; Jennifer Richards, *Rhetoric*, Routledge, 2008, p. 3; 〔美〕杨克勤《圣经修辞学——希罗文化与新约诠释》，宗教文化出版社，2007，第2页；廖义铭《佩雷尔曼之新修辞学》，台湾唐山出版社，1997，第9页；刘亚猛《西方修辞学史》，外语教学与研究出版社，2018，第1页。

③ 参见钟林燕《论裁判文书说理的积极修辞及其限度》，《法学》2022年第3期；钟林燕《司法裁判修辞说理的情感需求和理性限度》，《江西社会科学》2022年第8期；Dedication, "Chaim Perelman and the New Rhetoric," *Northern Kentucky Law Review*, vol. 12, 1985, xxv - xxxiv。

④ 参见〔古希腊〕亚里士多德《修辞学》，罗念生译，上海人民出版社，2006，第28页；舒国滢《西方古代修辞学：辞源、主旨与技术》，《中国政法大学学报》2011年第4期。

⑤ "如果我们把注意力从'修辞学之实践'转向'实践之修辞学'，转向实践知识（Phronesis，实践智慧，实践之思）的方法论讨论，则我们对修辞学的主旨、作用和意义看得似乎更为清楚一些：从论证和推理的角度看，修辞学可以理解为通过言说和相互言说的说服推理技术。修辞学论述必须以'或然性'为基础，即，建立在'听众认为是真理'的基础上了。它像辩证推理一样，从形式上限制了某种信念性'知识'未经辩难的在先的性质，同时也就承认人们的'意见'（Doxa）作为推理起点的可能性和必要性，承认'从意见或常识开始、逐步有节制地上升到确定性知识'的正当性及合理性。在此方面，亚里士多德的修辞学无疑作出了较为合理可信的解释，他的著作《修辞学》实际上提供了一幅'属于技术（或艺术）本身的说服模式'之简明的'方位图'。"舒国滢：《追问古代修辞学与法学论证技术之关系》，《法学》2012年第9期。

论的发展基础。[1]

(二) 西塞罗与修辞论证五法则

古罗马征服古希腊后，继承和沿袭了古希腊的修辞学传统以及哲学理论思想，这些思想和理论为罗马法的制定和发展奠定了根基。[2] 这一时期修辞学领域最具代表性的人物当数古罗马著名思想家马库斯·图留斯·西塞罗（Marcus Tullius Cicero，前106年—前43年），其修辞学著作有《论开题》（De Inventione，英文译为 On Invention）、《论演说家》（De Oratore，英文译为 On The Orator）和《论题学》（Topika，英文译为 Topic）等，[3] 除此之外，还有昆体良（Quintillian，约35年—100年），其著有《论雄辩》（Institutio Oratorio，英文译为 Institute of Oratory）。"从公元前466年由西西里岛的叙拉古人考拉克斯开始使用'修辞学'一词到公元前1世纪古罗马著名思想家西塞罗为止的4个世纪里，古希腊、罗马有众多学者在从事'修辞学'的事业，但他们对修辞学的使命、目标和用途的理解并不完全一致，甚至修辞学概念本身的定义也存在争议。"[4] 与此同时，古罗马时期的立法和司法得到了较大程度的发展，虽然 jurisprudentia 作为古罗马法的概念相当于"法学"，但它并不等同于现代法学的概念。[5] "在古罗马时期，罗马法不是现代意义上的科学[6]（a science in the modern sense），法律和修辞属于同一个硬币的两个方面：法律实践（legal practice）。"[7]

亚里士多德的修辞学尚未提出完整的修辞论证步骤或法则（cannons），

---

[1] 参见 David J. Furley and Alexander Nehamas, Aristotle's "Rhetoric": Philosophical Essays, Princeton University Press, 1994, pp. 117-127。

[2] 参见 George A. Kennedy, A New History of Classical Rhetoric, Princeton University Press, 1994, pp. 201-208。

[3] 参见 Paul J. du Plessis, Cicero's Law: Rethinking Roman Law of the Late Republic, Edinburgh University Press, 2016, p. 27。

[4] 舒国滢：《追问古代修辞学与法学论证技术之关系》，《法学》2012年第9期。

[5] 参见舒国滢《法学是一门什么样的学问？——从古罗马时期的 Jurisprudentia 谈起》，《清华法学》2013年第1期；María José Falcón y Tella, Case Law in Roman, Anglo-Saxon and Continental Law, trans. by Stephen Churnin, Martinus Nijhoff, 2011, pp. 7-11。

[6] 罗马法学家不喜欢建构进路的理论沉思，这一点区别于现代法学。罗马人当时并没有我们现代人所谓的科学观念，在罗马，几乎完全不存在法科学与法实践的二分。罗马法学家首先是法律实务家（legal practitioner），尽管法律学术与律师辩护分属不同的业务，但在罗马法学家那里并没有清晰、绝对的分离，他们同时兼做二者。参见舒国滢《法学是一门什么样的学问——从古罗马时期的 Jurisprudentia 谈起》，《清华法学》2013年第1期。

[7] Paul J. du Plessis, Artes Urbanae: Roman Law and Rhetoric, Edinburgh University Press, 2013, Chapter 3, p. 32。

该理论由古罗马时期的修辞学家们在之前修辞学的基础上逐渐完善,修辞学家们将修辞论证步骤或法则分为五个方面,即开题(拉丁文 inventio,英文译为 invention)、布局(拉丁文 dispositio,英文译为 arrangement)、表述或风格(拉丁文 elocutio,英文译为 express 或 style)、记忆(拉丁文 memoria,英文译为 memory)、表达或传达(拉丁文 pronunciatio,英文译为 delivery)。一般而言,古典修辞学三个最重要的组成部分是开题、布局和表述或风格。①

(三) 奥古斯丁以及修辞的对立两派

到了中世纪,"中世纪及近代大学的法学教师面对的主要任务是对优士丁尼《国法大全》特别是《学说汇纂》的教学和文本研究……中世纪和近代的大学确立了一种全新的法学知识生产与传播的机制,其总体风格就是'理论化的法学',它愈来愈趋向'科学化'"②。法学不再仅仅是一门实践技艺,注释法学派的作品带有明显的理论辨析、考证和解释特征,法学和修辞学的学科界限逐渐显现出来。

中世纪这个时期最重要的修辞学家便是基督教神学、教父哲学代表人物圣·奥勒留·奥古斯丁(Saint Aurelius Augustinus, 354 – 430),在其不懈努力之下,西塞罗的修辞理论学说得以被接受和认同,修辞学得以延续。在中世纪时期,语法、逻辑和修辞③被称为人文教育的基本三学科。④然而从古希腊柏拉图开始,对修辞学存在对立的两派:一派是拥护派,其将修辞学看作具有"创造性的",代表人物有伊索克拉底、亚里士多德、西塞罗、奥古斯丁、培根等;另一派是反对派,其将修辞学视为"欺骗的""败坏的",代表人物有柏拉图、笛卡尔、洛克、康德等。⑤

(四) 理性主义以及修辞复兴

欧洲文艺复兴时期也出现了对修辞学褒贬不一的评价,既有对修辞学价

---

① 参见舒国滢《西方古代修辞学:辞源、主旨与技术》,《中国政法大学学报》2011 年第 4 期。
② 舒国滢:《法学是一门什么样的学问——从古罗马时期的 Jurisprudentia 谈起》,《清华法学》2013 年第 1 期。
③ "西方中世纪人文三学科分别为:语法、逻辑和修辞。语法是有关语言的能力;逻辑是所表达内容的通情达理;传统上修辞学被视为对辞格研究的学问,而摆脱了修辞格之羁绊的当代修辞学所关注的不是纯粹的形式,而是语言与世界(生活)的关系以及语言表达与意义生成的具体环境之间的关系。"参见冯志国《当代西方新修辞学理论研究——格局与范式》,《当代外语研究》2015 年第 2 期。
④ 参见 Ernst Robert Curtius, *European Literature and the Latin Middle Ages*, Princeton University Press, 1983, Chapter 4 "Rhetoric", pp. 73 – 74。
⑤ 参见舒国滢《西方古代修辞学:辞源、主旨与技术》,《中国政法大学学报》2011 年第 4 期。

值持肯定态度并将其确立为教育中心的人物，如意大利诗人彼得拉克和意大利学者瓦拉；也有对修辞学进行批评的人物，如理性主义代表人物笛卡尔和拉米斯。① 在文艺复兴时期，意大利人文主义者推崇修辞艺术，认为人类只有通过语言才能找到通向世界的途径，然而理性主义寻求客观的、科学的、永恒的真理，认为演说在艺术上是愉悦人的，与科学和真理没有关系。② 与此同时，从盎格鲁-撒克逊时期（Anglo-Saxon，5世纪初—1066）开始，英国便受到古罗马拉丁修辞艺术（Latin rhetoric）的影响。③

直至文艺复兴时期，英国也出现了对修辞学的不同立场，但是修辞学艺术在英国却愈加发达。英国哲学家约翰·洛克（John Locke，1632-1704）集中概括了对修辞学持有的负面观点：修辞学的一切技术（秩序和清晰除外）……只能暗示错误的观念……完全是一套欺骗……在真理和知识方面，这些把戏委实可以说是语言本身的缺点，或应用这些语言的人的过错……人们如果真觉得被骗是一种快乐，则那种骗人的艺术是不易受人责难的。④ 弗朗西斯·培根（Francis Bacon，1561-1626）把科学探索引入修辞学的研究中，并指出"修辞学是对更好推动意志之想像的理性应用，它不是科学所展示的那种坚实推理"⑤，从而推动了近代西方修辞学的发展和演变。

（五）修辞的哲学转向

到了近代，修辞学有三大倾向："一是认识论意义上的修辞学，二是纯文学运动或美学运动，三是演说术运动。"一般认为，苏格兰神学家和修辞学家乔治·坎贝尔（George Campbell，1719-1796）、英格兰神学家和逻辑学家理查德·威特利（Richard Whately，1787-1863）和爱丁堡大学修辞学教授休·布莱尔（Hugh Blair，1718-1800）是"18世纪末到19世纪中叶最有影响的西方修辞学家"。坎贝尔和威特利的修辞思想均与认识论有关，布莱尔是纯文学运动的代表人物，而在演说术运动倾向方面，修辞学家约翰·沃德（John Ward）于1759年出版的《演讲体系》（A Sys-

---

① 参见 Carl Goldstein，"Rhetoric and Art History in the Italian Renaissance and Baroque," Art Bulletin, vol. 73, no. 4, 1991, pp. 641-652。
② 参见田海龙《新修辞学的落地与批评话语分析的兴起》，《当代修辞学》2015年第4期。
③ 参见 Janie Steen, Verse and Virtuosity: The Adaptation of Latin Rhetoric in Old English Poetry, University of Toronto Press, 2008, pp. 14-15。
④ 参见〔英〕洛克《人类理解论》下册，关文运译，商务印书馆，1997，第497~498页；舒国滢《西方古代修辞学：辞源、主旨与技术》，《中国政法大学学报》2011年第4期。
⑤ 舒国滢：《西方古代修辞学：辞源、主旨与技术》，《中国政法大学学报》2011年第4期。

tem of Oratory）是"18世纪被广泛采用的教科书,其为在美国重新燃起对古典修辞学的兴趣发挥了重要作用"①。《修辞哲学》（The Philosophy of Rhetoric，1776）是坎贝尔最重要的修辞学理论著作,其"是18世纪西方修辞发展的高峰,运用理性与科学时代的基本词汇对修辞进行适度改写,增加了言说艺术在一个现代主义文化语境内的相关性,其出版标志着近代修辞思想体系的基本形成,同时也为20世纪中叶新修辞学的崛起提供了丰富的灵感和观念资源"②。

当代哲学的语言学转向③使学术界关注修辞学和哲学的融合,从而把学者的关注点重新导向对修辞学哲学转向的研究。"从'新修辞学'萌发的历史原因来看,其目标是建立修辞哲学。所以,要说'新修辞学'诸派比较显著的共性的话,那就是对修辞哲学的研究。他们共同的观点是:修辞学是一种理解和改善人际关系的工具。"④ 德国存在主义哲学家马丁·海德格尔（Martin Heidegger，1889-1976）、德国后现代主义哲学家弗里德里希·威廉·尼采（Friedrich Wilhelm Nietzsche，1844-1900）、奥地利语言哲学家路德维希·约瑟夫·约翰·维特根斯坦（Ludwig Josef Johann Wittgenstein，1889-1951）和法国解构主义哲学家雅克·德里达（Jacques Derrida，1930-2004）均探讨了哲学与修辞学的结合。20世纪中后期的许多现代哲学家认为,在发现认识论范式的徒劳无功之后,哲学才得以传播并孕育了修辞学。⑤

---

① 温科学：《20世纪西方修辞学理论研究》,中国社会科学出版社,2006,第15~20页。
② 刘亚猛：《西方修辞学史》,外语教学与研究出版社,2018,第301页。
③ "西方哲学中经历了两次主要的转向：一次是认识论转向（哲学的基础由本体论和形而上学转向认识论）,另一次就是语言转向（研究客体转为主体间的交流工具——语言）。狭义的语言转向主要是20世纪初由弗雷格、罗素开创的逻辑分析哲学传统,而广义的语言转向则是20世纪以来整个人文社会科学的一种总体态势。在19世纪末,弗洛伊德、尼采和叔本华等人开始对根深蒂固的'永恒理性'等观念进行了批判,为语言转向扫清了道路。而语言转向最初发端于胡塞尔的现象学,又经过海德格尔、伽达默尔和萨特等人的努力,将人的存在和语言紧密地联系在一起,甚至提出了语言即存在的观点。同时,索绪尔的结构主义语言学又为这一转向过程提供了语言学上的证据。经过众多哲学家们的探索,逐渐形成了声势浩大的语言转向。"孙光宁：《寻求可接受的修辞论证——兼评〈新修辞学〉》,《法律方法》2009年第2期。
④ 邓志勇：《西方"新修辞学"及其主要特点》,《四川外语学院学报》2001年第1期。
⑤ 参见 Michael R. Heim, "Philosophy as Ultimate Rhetoric," The Southern Journal of Philosophy, vol. 19, 1981, pp. 181-195; Calvin O. Schrag, "Rhetoric Resituated at the End of Philosophy," Quarterly Journal of Speech, vol. 71, 1985, pp. 164-174; Henry W. Johnstone Jr., Validity and Rhetoric in Philosophical Argument, The Dialogue Press of Man and World, 1978; Ernesto Grassi, Rhetoric as Philosophy, The Pennsylvania State University Press, 1980。

三 新修辞学的变迁

西方修辞学到19世纪完成了其古典修辞学的发展，经过20世纪当代修辞学与哲学思想的交织融合，从而迈入20世纪50年代及之后的新修辞学阶段。①

（一）新修辞学的萌生

19世纪至20世纪，西方有许多学者探讨了"修辞之死"（death of rhetoric）的主题，其中有三个陈述表达了修辞不同程度的消亡（varying degrees of doom）。② I. A. 理查斯（Ivor Armstrong Richards，1893 - 1979）写道："修辞学已如此沉寂，以至于最好的办法就是对其视而不见，以免使自己陷入困境。"③ 塞缪尔·艾瑟林（Samuel Ijsseling）持相似观点并指出，在19世纪末，"修辞陷入了声名狼藉的境地"。④ 保罗·里科尔（Paul Ricoeur）在其《隐喻规则》（The Rule of Metaphor）中宣称，他的研究将肇始于一门已死的学科（a dead discipline）：修辞学。⑤

"本世纪初，语言学、社会学、人类学、心理学、认知学、交际学等学科突飞猛进，研究成果叠出，为'新修辞学'的萌发和成长提供了催化剂和营养。……'新修辞学'是多学科交叉研究和古今结合的产物，它弥补了传统修辞学的不足，是对传统修辞理论的继承与发扬。"⑥ 有学者认为："20世纪许多学科都在研究修辞问题：从交际理论、诠释学和语用学，到政治宣传、政治修辞和商业广告，再到修辞评论、修辞学和写作教学。"⑦ 另外，也有学者认为："修辞可以根据写作、言语、广告宣传、人际关系、政治宣传、广播、商务交流、谈判、社区关系和国际外交等术语

---

① 参见田海龙《新修辞学的落地与批评话语分析的兴起》，《当代修辞学》2015年第4期。
② Jane Sutton, "The Death of Rhetoric and Its Rebirth in Philosophy," *A Journal of the History of Rhetoric*, vol. 4, no. 3, 1986, pp. 203 - 226.
③ I. A. Richards, *The Philosophy of Rhetoric*, Oxford University Press, 1936, p. 3.
④ Samuel Ijsseling, *Rhetoric and Philosophy in Conflict: A Historical Survey*, The Hague, 1976, p. 1.
⑤ Paul Ricoeur, *The Rule of Metaphor*, trans. by Robert Czerny with Kathleen McLaughlin and John Costello S. J., University of Toronto Press, 1977, p. 9.
⑥ 邓志勇：《西方"新修辞学"及其主要特点》，《四川外语学院学报》2001年第1期。
⑦ James L, "Kinneavy's Survey of Twentieth-century Rhetoric," in Winifred Bryan Horner, ed., *The Present State of Scholarship in Historical and Contemporary Rhetoric*, University of Missouri Press, 1983. 参见 Rick A. Eden, "Review: The Present State of Scholarship in Historical and Contemporary Rhetoric," *Journal of Advanced Composition*, vol. 4, 1983, pp. 204 - 208.

来进行归类。"① 新修辞学运动对当代西方修辞学的影响最为重大，在20世纪五六十年代，修辞学家 I. A. 理查斯、肯尼斯·博克、佩雷尔曼等的新修辞学思想引起了广泛的关注，西方修辞学重整旗鼓，发展到一个全新的阶段。

（二）肯尼斯·博克的新修辞学思想

20世纪涌现了诸多新修辞学的著名学者及其修辞学论著和思想，如英国语言学家艾弗·理查斯或称 I. A. 理查斯及其《意义之意义》（*The Meaning of Meaning*，1923）和《修辞哲学》（*The Philosophy of Rhetoric*，1936）、美国修辞学家肯尼斯·博克及其《动机修辞学》（*A Rhetoric of Motives*，1950）和《修辞学：新与旧》（"Rhetoric—Old and New"，1951）、比利时修辞学家沙伊姆·佩雷尔曼及其《新修辞学：论辩论文集》（*La Nouvelle Rhétorique: Traité de l' argumentation*，1958）、美国修辞学教授理查德·韦弗（Richard M. Weaver，1910-1963）及其《修辞伦理学》（*Ethics of Rhetoric*，1953）、英国哲学家斯蒂芬·图尔敏（Stephen Edelston Toulmin，1922-2009）及其《论证的运用》（*The Uses of Argument*，1958）、加拿大思想家马歇尔·麦克卢汉（Marshall McLuhan，1911-1980）及其《理解媒介》（*Understanding Media*，1964）、赫尔伯特·西蒙斯（Herbert W. Simons，1916-2001）及其《走向新修辞学》（*Toward a New Rhetoric*，1967）、德国哲学家尤尔根·哈贝马斯（德文原名 Jürgen Habermas，1929-）及其交际理论、法国哲学家米歇尔·福柯（Michel Foucault，1926-1984）及其著作中体现的话语理论、意大利哲学家欧内斯特·格拉斯（Ernesto Grassi，1902-1991）及其新人文主义修辞学等。② 在上述诸多学者中，肯尼斯·博克在新修辞学领域最有声望，是新修辞学的开创者和奠基人，沙伊姆·佩雷尔曼则是新修辞学法学的创始人。此小节主要论述肯尼斯·博克的新修辞学思想，佩雷尔曼的法律修辞学思想在下文另作论述。

新旧修辞学的重要区别之一在于，修辞行为存在于有限的修辞环境中还

---

① Brenda Lamb, "Coming to Terms: Rhetoric, Media Literacy," *The English Journal*, vol. 87, no. 1, 1998, pp. 108-109.

② 参见胡曙中《英语修辞学》，上海外语教育出版社，2002，第191~241页；胡曙中《现代英语修辞学》，上海外语教育出版社，2004，第348~426页；温科学《20世纪西方修辞学理论研究》，中国社会科学出版社，2006，第122~297页；从莱庭、徐鲁亚《西方修辞学》，上海外语教育出版社，2007，第348~426页；胡曙中《西方新修辞学概论》，湘潭大学出版社，2009，第204~380页。

是存在于普遍的人的生存环境中。① 基于这种修辞思想,肯尼斯·博克提出了"认同说"②,在其看来,修辞活动的本质和标志是认同③。博克的《修辞学:新与旧》较为集中地阐述了此种修辞思想,提出新修辞学的关键词是"认同"④(identification)。博克的《修辞情景》简要归纳了其初期的修辞思想,将修辞情景延伸到人类共有的大环境中。"生活在某一特定地区与时刻的人们,不管他们的具体情况是如何多种多样,都可以被看作处于一个共同的环境中……我们共同拥有目前以技术、财富和社会政治的骚动不安为特征的环境。或者,我们可以再上升到哲学的高度归纳出普遍的'人的环境'。"⑤

对于新修辞学家而言,"修辞因素是存在于一切话语之中的,……修辞学研究包括演讲和日常话语的所有象征活动"⑥。20世纪的新修辞思

---

① 参见〔美〕肯尼斯·博克等《当代西方修辞学:演讲与话语批评》,常昌富、顾宝桐译,中国社会科学出版社,1998,第18页。
② 博克介绍了我们常见的三种认同形式。"一种是强调人们共同的东西来构成话语者与听者的亲密联系'同情认同'(identification by sympathy),如一个政客在竞选中亲选民手上的孩子,就象征性地亲了选民,或一个人远在他乡,遇到一个他的同乡或一个同道,一种最常见的认同出现了。第二种是强调对立面也就是从分裂中谋求团结的'对立认同'(identification by antithesis),如在战争时期两个本来走不到一块的国家因为有一个共同的敌人而结成同盟。第三种是'误同'(identification by inaccuracy)或者说'无意识的认同',这是所有修辞环境中最深层的部分。博克以今天的科学技术高度发达的社会为例,我们常常不知不觉地错误地将机械的能力当成我们自己的能力,比如,一个人手里拿着几块钱在超市上逛荡,也许会觉得自己比生活在荒郊野外的原始部落的人更神气。"〔美〕肯尼斯·博克等:《当代西方修辞学:演讲与话语批评》,常昌富、顾宝桐译,中国社会科学出版社,1998,第18页。
③ 博克对此进行了举例说明:"A和他的同事B不一样,但如果他们的利益连在一起,则A和B就存在着某种程度上的认同。即使A和B在利益上没有联系,但如果他们觉得有,或者通过规劝觉得是这样,他们也会认同。"〔美〕肯尼斯·博克等:《当代西方修辞学:演讲与话语批评》,常昌富、顾宝桐译,中国社会科学出版社,1998,第17~18页。参见 Kenneth Burke, *A Rhetoric of Motives*, University of California Press, 1969, p. 20。
④ "'认同'就其简单的形式而言也是'有意的',正如一个政客试图与他的听众认同。从这个角度看,它在亚里士多德的《修辞学》中有许多对应部分。但是,认同还可以是目的,正如人们渴望与这个或那个组织认同一样。这种情况下,他们并不一定由外界某个有意的人物作用,而是他们可能完全主动地去为自身而行动。"〔美〕肯尼斯·博克等:《当代西方修辞学:演讲与话语批评》,常昌富、顾宝桐译,中国社会科学出版社,1998,第17页。参见 Kenneth Burke, "Rhetoric—Old and New," in Martin Steinmann Jr. , ed. , *New Rhetorics*, Scribner's Sons, 1967, p. 177。
⑤ 〔美〕肯尼斯·博克等:《当代西方修辞学:演讲与话语批评》,常昌富、顾宝桐译,中国社会科学出版社,1998,第16~17页。参见 Kenneth Burke, "The Rhetorical Situation," in Lee Thayer ed. , *Communication*: *Ethical and Moral Issues*, Gorden and Breach Science Publishers, 1973, p. 263。
⑥ 〔美〕肯尼斯·博克等:《当代西方修辞学:演讲与话语批评》,常昌富、顾宝桐译,中国社会科学出版社,1998,第19页。

想推动了当代修辞学的发展,突破了修辞学思想的传统模式,促进了修辞学的理论创新,其主要体现在以下三点。第一,修辞学的研究范围更为宽泛。"传统的修辞学的研究范围主要是演说和辞格,即精心设计的劝说,而'新修辞学'所关注的是几乎无所不包的人类交际行为。"① 在现实生活中,"佩雷尔曼所谓的'新修辞学'是动态的,因为它试图影响人们的头脑。在这一语境中,演讲修辞被赋予新的意义,我们的目标应当是关注演讲修辞的动态价值"②。第二,修辞学与人的生存环境联系更为密切。肯尼斯·博克的新修辞学思想与其对人的生存环境的哲学思考有着紧密联系,这一点在《对历史的态度》(Attitudes Toward History,1961)中也有体现,"人在现实生活中总是审时度势的,总是不断地对他周围的环境进行观察和判断"③。在《动机语法学》(A Grammar of Motives,1969)中,博克给修辞下了定义:"一些人对另一些人运用语言来形成某种态度或引起某种行动。"④ 第三,修辞活动中交际参与者的关系由单向劝说转变为双向互动。传统修辞学强调话语的劝说功能,修辞者处于主动劝说的地位,而听众则是被劝说对象,修辞主体劝说听众是一个单向的过程。在新修辞学中,修辞是一种互动行为,修辞主体不再处于中心地位,听众也可参与话语意义的构建,修辞者和听众之间是一种相互作用的双向合作关系。新修辞学中有关听众研究的最具代表性的当数佩雷尔曼的听众中心理论。

四 法律修辞学的形成

随着西方修辞学在 20 世纪初迎来复兴,新修辞学在 20 世纪中后期蓬勃发展,新修辞学与哲学思想交织在一起,新修辞学的哲学转向是学术界关注的焦点。在现代西方哲学思潮中,一个较为突出的倾向便是对语言和符号等问题的研究,这一倾向也在不同程度上影响了包括法学在内的许多

---

① 邓志勇:《西方"新修辞学"及其主要特点》,《四川外语学院学报》2001 年第 1 期。
② 〔比利时〕海姆·佩雷尔曼:《旧修辞学与新修辞学》,杨贝译,载郑永流主编《法哲学与法社会学论丛》总第八期,北京大学出版社,2005,第 34~41 页。
③ 〔美〕肯尼斯·博克等:《当代西方修辞学:演讲与话语批评》,常昌富、顾宝桐译,中国社会科学出版社,1998,第 15 页。参见 Kenneth Burke, Attitudes Toward History, Beacon Press, 1961, p.3。
④ 〔美〕肯尼斯·博克等:《当代西方修辞学:演讲与话语批评》,常昌富、顾宝桐译,中国社会科学出版社,1998,第 16 页。参见 Kenneth Burke, A Grammar of Motives, University of California Press, 1969, p.41。

学科。比利时著名哲学家佩雷尔曼所创立的新修辞学便体现了这种倾向，其新修辞学法律思想即是以这种哲学来解释法律的产物。① 新修辞学研究的理论根基便是哲学的语言转向，奥地利语言哲学家维特根斯坦是哲学语言转向的代表人物，其《哲学研究》（*Philosophical Investigations*, 1953）② 构建了以"语言游戏"为核心的语言哲学理论，鼓励和提倡使用日常语言分析和解决哲学上的问题，并对日后以英国法学家哈特（H. L. A. Hart, 1907-1992）为代表的语义分析法学派产生了重要影响，开启了法学的语言转向研究③，为法律修辞学的发展提供了沃土④。

（一）佩雷尔曼的法律修辞学理论

在20世纪中后期，法律修辞学领域也出现了多位代表性人物及其作品。欧洲范围内法律修辞学的发展领域最有影响力的学者，当数法律修辞学的创始人比利时人佩雷尔曼以及非形式逻辑的创始人英国人图尔敏。佩雷尔曼在哲学和法律领域的研究成绩斐然，其在《新修辞学：论辩论文集》中将哲学研究的注意力转移到对修辞学的研究上，其修辞学不是单纯研究风格或者文学形式，而是对亚里士多德称为辩证法的论证技巧的研究，这与形式逻辑的分析证明相反。⑤ 佩雷尔曼一生著述颇丰，⑥ 其"是当代学者中将哲学和修辞学结合研究的集大成者，这些学者认为修辞学不应仅仅被视为一种进行外部说服的技巧，而应被视为理性思考的基础"⑦。

---

① 参见沈宗灵《佩雷尔曼的"新修辞学"法律思想》，《法学研究》1983年第5期。
② 参见 Ludwig Wittgenstein, *Philosophical Investigations*, trans. by G. E. M. Anscombe, Basil Blackwell, 1953;〔奥〕维特根斯坦《哲学研究》，韩林合译，商务印书馆，2013。
③ "语义分析法学……主要内容可以概括为语境原则、多样性原则、语言的模糊性、语言的施事效用等方面。哈特的思想被其弟子拉兹和麦考密克等人继续发扬和传播，这些弟子的代表也都充满了语言分析的因素，这种语言转向对欧陆法学研究也有着深刻影响。"孙光宁：《寻求可接受的修辞论证——兼评〈新修辞学〉》，《法律方法》2009年第2期。
④ 参见钟林燕《司法裁判修辞说理的情感需求和理性限度》，《江西社会科学》2022年第8期。
⑤ Ch. Perelman, Introduction by H. L. A. Hart, *The Idea of Justice and the Problem of Argument*, trans. by John Petrie, The Humanities Press, 1963, vii.
⑥ 佩雷尔曼1912年出生于波兰华沙，1925年移居比利时，分别于1934年和1938年在布鲁塞尔自由大学获得JD和Ph. D学位，并于1939年接受了布鲁塞尔自由大学的任命，担任逻辑学、伦理学和形而上学领域的教授，直到1978年正式退休。佩雷尔曼在一份简历中列出了诸多著作，包括《修辞与哲学》（1952）、《新修辞学：论辩论文集》（1958）、《正义观念和论证问题》（1963）、《正义》（1967）、《法律、道德和哲学》（第2版）（1976）、《司法逻辑》（1976）、《新修辞学和人文科学》（1977）、《正义、法律和论证》（1980）、《修辞王国》（1982），还有超过200篇论文。参见 Dedication, "Chaim Perelman and the New Rhetoric," *Northern Kentucky Law Review*, vol. 12, 1985, xxv-xxxiv。
⑦ Dedication, "Chaim Perelman and the New Rhetoric," *Northern Kentucky Law Review*, vol. 12, 1985, xxv-xxxiv。

另外，德国特奥多尔·菲韦格①（Theodor Viehweg，1907－1988）的《论题学与法学：论法学的基础研究》②（*Topik und Jurisprudenz: Ein Beitrag zur rechtswissenschaftlichen Grundlagenforschung*，1953）、德国福里特约夫·哈夫特（Fritjof Haft，1940－）的《法律修辞学》（*Juristische Rhetorik*，1995）③以及英国尼尔·麦考密克（Neil MacComick，1941－2009）的《修辞与法治：一种法律推理理论》④（*Rhetoric and the Rule of Law: A Theory of Legal Reasoning*，2005⑤）等都是法律修辞学方面很有成就的专著。

要对佩雷尔曼的法律修辞学思想进行研究，需要先了解其新修辞学基本理论，因为佩雷尔曼的新修辞学理论构成了其法律修辞学理论的哲学基础。佩雷尔曼新修辞学理论的核心思想，是在价值多元论⑥的哲学背景下构建的普泛听众理论。普泛听众的概念贯穿在其新修辞学法律思想中，他以此为基础，对其法律修辞学思想中的正义理论问题和法律论证理论进行了剖析阐释。佩雷尔曼认为听众的概念对理解论辩推理至关重要，⑦ 在《修辞王国》中，佩雷尔曼总结了诸多关于论辩和听众的特征："a. 论辩不是形式化的，而是自然语言的流露。b. 论证旨在对听众采取行动，因此言说者必须适应听众。c. 成功的论辩包括对事实和价值作出初步选择，以特定语言进行具体描述，并且根据所赋予的重要性而有所侧重。d. 必须

---

① 也译作"维尔威格"。"'法律论题学'由德国法学家维尔威格（Theodor Viehweg）所倡，它构成了'法律修辞学理论'的来源之一。作为一种法律推理与论证理论，'论题学'与逻辑的'演绎一体系'式的思维方式不同，它反对法律推理的逻辑涵摄模式，而主张以'问题'为中心，围绕着待解决的特定问题而展开尽可能充分的辩论。"〔比利时〕Ch. 佩雷尔曼：《法律与修辞学》，朱庆育译，载陈金钊、谢晖主持《法律方法》第二卷，山东人民出版社，2003，第151页"译者注"。
② 参见 Theodor Viehweg, *Topik und Jurisprudenz: Ein Beitrag zur rechtswissenschaftlichen Grundlagenforschung*, Beck. Zuerst, 1953；〔德〕特奥多尔·菲韦格《论题学与法学：论法学的基础研究》，舒国滢译，法律出版社，2012。
③ 参见 Fritjof Haft, *Juristische Rhetorik*, Alber, 1995。
④ 参见 Neil MacCormick, *Rhetoric and the Rule of Law: A Theory of Legal Reasoning*, Oxford University Press, 2009；〔英〕尼尔·麦考密克《修辞与法治：一种法律推理理论》，程朝阳、孙光宁译，北京大学出版社，2014。
⑤ 该书英文第一版于2005年出版。
⑥ 多元论的含义有所不同。一般而言，"哲学上的多元论是指世界由许多本原构成的学说，与唯物论或唯心论的一元论相对称。政治上的多元论有时指反对国家主权的一种政治学说，有时则泛指西方民主制。佩雷尔曼所讲的多元论，是在后一意义上讲的，因此，价值判断的多元论实质上就是推崇西方民主制"。沈宗灵：《佩雷尔曼的"新修辞学"法律思想》，《法学研究》1983年第5期。
⑦ 参见〔比利时〕Ch. 佩雷尔曼《逻辑学与修辞学》，许毅力译，《世界哲学》1988年第4期。

为数据解释和事实陈述赋予含义。e. 需要使用言语技巧（verbal techniques）来完成论辩的基本目的。"①

佩雷尔曼认为论证应该建立在听众的价值基础之上，与此同时，人们在一些情形下必须经由某些价值判断才能从形式正义进入实质正义。于是，佩雷尔曼在《修辞王国》中想要寻求解决价值正当性（justification of values）问题的方法，其方法的核心便是论辩（argumentation）。② 简而言之，佩雷尔曼的新修辞学以亚里士多德的辩证推理为基础，其新修辞学不仅是关于文体和文采的研究以及关于华丽辞藻的技巧，而且属于论证理论的一种。佩雷尔曼说道："正如亚里士多德在辩证推理的讨论中所概述的那样，为了使修辞恢复到其应有的更高地位，我开始对所谓的'新修辞学'进行一系列研究。这种新修辞学有一些与推理相关的重要原理和特征：（1）它主要与论证或实践推理有关；（2）它表明言辞可能是论证，而不仅仅是修饰；（3）它是一个动态的研究领域，其目的在于影响人的思想；（4）它具有发现或产生知识的能力；（5）它与形式推理是互补而不是对立关系。"③ 在其著作《新修辞学：关于论证的论述》（*The New Rhetoric*：*A Treatise on Argumentation*，1971）④ 及论文《论证中的古典主义和浪漫主义》（"Classicism and Romanticism in Argumentation"，1979）⑤ 中，佩雷尔曼概述了可以建立论证共识的六个基础："一方面是事实、真理和推定，另一方面是价值、价值层级和论题。前三个是已经取得特定且有限共识的客体，后三个为我们的选择提供理由，且就其本质而言是可论辩的。"⑥

（二）詹姆斯·怀特的法律修辞思想

美国自20世纪70年代以后，也兴起了对法律修辞学的研究。有学者认

---

① Chaim Perelman, *The Realm of Rhetoric*, trans. by William Kluback, University of Notre Dame Press, 1982, p. 185.
② 参见 Dedication, "Chaim Perelman and the New Rhetoric," *Northern Kentucky Law Review*, vol. 12, 1985, xxv – xxxiv。
③ 参见 Dedication, "Chaim Perelman and the New Rhetoric," *Northern Kentucky Law Review*, vol. 12, 1985, xxv – xxxiv。
④ Chaim Perelman and L. Olbrechts-Tyteca, *The New Rhetoric*：*A Treatise on Argumentation*, trans. by John Wilkinson and Purcell Weaver, University of Notre Dame Press, 1971.
⑤ Perelman, "Classicism and Romanticism in Argumentation," in *The New Rhetoric and the Humanities*：*Essays on Rhetoric and it Applications*, D. Reidel Publishing Company, 1979, pp. 159 – 167.
⑥ David Goodwin, "Controversiae Meta-Asystatae and the New Rhetoric," *Rhetoric Society Quarterly*, vol. 19, no. 3, 1989, pp. 205 – 216.

为："由于美国哲学的实用主义传统，实用主义的修辞概念被看作一种广为流传的修辞概念，因为在斯坦利·费什和理查德·罗蒂的努力下，这种概念已经成为后结构主义反基础论的必要组成部分。"① 美国的法律修辞学研究也深受实用主义哲学传统的影响，关于法律和修辞的关系，美国人詹姆斯·怀特②教授在1985年发表了《作为修辞的法律，作为法律的修辞：文化与公共生活的艺术》（"Law as Rhetoric, Rhetoric as Law: The Arts of Cultural and Communal Life"）一文，其提出了一个观点："修辞和法律是共同存续体，两者都将正义视为最终目标。当把法律作为修辞学的一个分支时，法律才能发挥更大的用处；当把这类具有法律属性的修辞学作为建立、维持与改造文化和公共生活的核心艺术时，修辞学也才能发挥更大的用处。"③ 在该篇文章中，怀特教授所称的法律，主要指司法中的法律；

---

① 〔美〕詹姆斯·费伦：《作为修辞的叙事：技巧、读者、伦理、意识形态》，陈永国译，北京大学出版社，2002，第15页。
② 詹姆斯·怀特的简历中列出了诸多著作：*Keep Law Alive*, Carolina Academic Press, 2019; *The Legal Imagination: 45th Anniversary Edition*, Wolters Kluwer, 2018; *The Gospel as Conversation: Texts, Sermons, and Questions for Reflection*, Wipf and Stock, 2013; *Quando le Parole Perdono il Loro Significato*, Giuffrè Editore, 2010 (translation of *When Words Lose Their Meaning*); *Connecting to the Gospel: Texts, Sermons, Commentaries*, Wipf & Stock, 2010; *Law and Democracy in the Empire of Force*, University of Michigan Press, 2009 (edited with Jefferson Powell); *When Language Meets the Mind*, Montesquieu Lecture, University of Tilburg, Wolf Legal Publishers, 2007; *Living Speech: Resisting the Empire of Force*, Princeton University Press, 2006, Paperback, 2008; *How Should We Talk About Religion?*, Notre Dame Press, 2006 (edited volume); *The Edge of Meaning*, University of Chicago Press, 2001, Paperback, 2003; *From Expectation to Experience: Essays on Law and Legal Education*, University of Michigan Press, 1999, Paperback, 2000; *Acts of Hope: Creating Authority in Literature, Law, and Politics*, University of Chicago Press, 1994, Paperback, 1995; *"This Book of Starres": Learning to Read George Herbert*, University of Michigan Press, 1994, Paperback, 1995; *Justice as Translation: An Essay in Cultural and Legal Criticism*, University of Chicago Press, 1990, Paperback, 1994; *Heracles' Bow: Essays on the Rhetoric and Poetics of the Law*, University of Wisconsin Press, 1985, Paperback, 1989 (selected by choice as a distinguished academic book) (first chapter published as a book in Spanish, *El Arco de Hércules*, trans. by Ricardo Alonso García, Thomson-Civitas, 2004); *When Words Lose Their Meaning: Constitutions and Reconstitutions of Language, Character, and Community*, University of Chicago Press, 1984, Paperback, 1985, to be translated into Italian as part of series *Giuristi Stranieri di Oggi* (Giuffrè), 2008, Chapter 9 translated into Hungarian and published in Jogállam, 1999 (Scribes Book Award'); *Constitutional Criminal Procedure* (with Scarboro), Foundation Press, 1976, Supplement 1980; *The Legal Imagination: Studies in the Nature of Legal Thought and Expression*, Little Brown, 1973, Abridged edition, University of Chicago Press, 1985。参见James Boyd White's Personal Webpage, http://www-personal.umich.edu/~jbwhite/。
③ 参见James B. White, "Law as Rhetoric, Rhetoric as Law: The Arts of Cultural and Communal Life," *University of Chicago Law Review*, vol. 52, no. 3, 1985, pp. 684–702.

其所称的法律语言，主要指司法中的法律语言。

美国詹姆斯·怀特教授是"法律与文学"运动的代表人物，法律和文学是20世纪70年代兴起于北美和英国法学界的，旨在突破传统法学的研究模式。"它是一种具有强烈后现代主义风格的学术主张，其核心内容是不把法律看做一系列的原则和规则，而是看做人类的故事、解释、表演和语言交流，看做叙述和修辞。"① 一般认为，时任美国密歇根大学英语与法学教授的詹姆斯·怀特于1973年出版的《法律想象：法律思想和表达的性质研究》(The Legal Imagination: Studies in the Nature of Legal Thought and Expression)②，"标志着以反思和批判传统法律理性主义为主旨的'法律与文学'运动的正式出现"③。在怀特教授看来，法律既是一种社会活动，也是一种文化活动；与此同时，修辞不仅是一种判断可能性或者进行说服的技艺，还是一种构成社会文化和共同体的艺术。基于这种考虑，怀特认为法律是修辞学的一个分支，并将法律视为一种"构成性修辞"(constitutive rhetoric)。修辞分析的重要问题包括但不限于：这是一种怎样的社会共同体？这种社会共同体如何运作？这种社会共同体由怎样的语言构成？修辞把正义(justice)和伦理(ethics)以及最佳意义上的政治(politics in the best sense) 作为其最终目的。"构成性修辞"的范畴，涵盖了构成人类文化和共同体的所有语言活动。在这个意义上，柏拉图对话录中的辩证法也是一种修辞形式，因为使用辩证法进行说服也是通过语言来确立社会文化和共同体。把法律看成修辞学的一个分支，可以帮助人们关注精神上的或者有意义的社会共同体生活。④

詹姆斯·怀特教授把法律看作一种修辞的过程，并提出一种与以往不同的思考修辞之方式，尤其是其称为"构成性修辞"的方式，其认为法律可以被视为一种"构成性修辞"。怀特教授进一步指出，这并非理解法律或者修辞的唯一方式。对于法律和修辞本身而言，需要以一种更为完整的方式进行理解，尤其是从言说者个人、听众个人和法官个人的角度来看。

---

① 信春鹰：《后现代法学：为法治探索未来》，《中国社会科学》2000年第5期。
② 参见 James B. White, The Legal Imagination: Studies in the Nature of Legal Thought and Expression, Little, Brown & Co., 1973.
③ 邓春梅、罗如春：《在现代与后现代之间：论"法律与文学"运动的整体思想图景》，《中国文学研究》2018年第4期。
④ 参见 James B. White, "Law as Rhetoric, Rhetoric as Law: The Arts of Cultural and Communal Life," University of Chicago Law Review, vol. 52, no. 3, 1985, pp. 684 – 702; James B. White and Jeanne Gaakeer, "Interview with James Boyd White," Michigan Law Review, vol. 105, no. 7, 2007, pp. 1403 – 1419.

法律既不是假想世界中的客观现实，也不是被建构的宇宙论（a constructed cosmology）的一部分，应该从实际参与其过程的人的角度来看，将其看成我们所做的事情和所讲授的知识。司法中的法律作为一种修辞体系而存在，对"构成性修辞"的研究，就是研究人们在说话时作为个人、共同体和文化的构成方式。换句话说，法律可以理解为一种结构严密的论证活动或者一种修辞，这意味着法律既是一种社会活动，即一种与他人的共同行动，也是一种文化活动，即一种用文化中发现的某种资源进行的行动。这种将法律视为一种"构成性修辞"的观点，将法律视为一种活动，特别是一种修辞活动。①

五 结论

西方古代修辞学起源于古希腊的法庭演说，其实质上是法学和修辞学的融合，但是古希腊尚不存在系统完整的司法制度，法庭辩论的胜利取决于谁能更好地将修辞技巧运用到法庭演说中，从而获取更多裁判者的支持与肯定。进入20世纪，由于哲学家和修辞学家的共同努力，修辞学的研究不再仅仅局限于劝说和论辩，而是与哲学思想融会贯通。尤其是在语言交际领域，有诸多学者探讨修辞学和哲学的融合点，② 有些哲学家甚至比修辞学家更注重修辞③。传统意义上的修辞学和哲学的分离得以修复，西方修辞学迎来了复兴，修辞学的理论根基更加稳固坚实，新修辞学思想逐渐萌生并蓬勃发展。新修辞学理论摆脱了传统修辞学理论的束缚，把语言

---

① 参见 James B. White, "Law as Rhetoric, Rhetoric as Law: The Arts of Cultural and Communal Life," *University of Chicago Law Review*, vol. 52, no. 3, 1985, pp. 684 – 702。

② 参见 Myrvin F., "Speech and the New Philosophies Revisited," *Central States Speech Journal*, vol. 14, 1963, pp. 5 – 11; Robert L. Scott, "Some Implications of Existentialism for Rhetoric," *Central States Speech Journal*, vol. 15, 1964, pp. 267 – 278; Jr. Henry W. Johnstone, "The Relevance of Rhetoric to Philosophy and of Philosophy to Rhetoric," *Quarterly Journal of Speech*, vol. 52, 1966, pp. 41 – 46; Richard Gregg, "A Phenomenologically Oriented Approach to Rhetorical Criticism," *Western States Speech Journal*, 1966, pp. 82 – 90; Robert L. Scott, "On Viewing Rhetoric as Epistemic," *Central States Speech Journal*, vol. 18, 1967, pp. 9 – 17; Robert L. Scott, "On Viewing Rhetoric as Epistemic: Ten Years Later," *Central States Speech Journal*, vol. 27, 1976, pp. 258 – 266; Michael J. Hyde and Craig R. Smith, "Hermeneutics and Rhetoric: A Seen but Unobserved Relationship," *Quarterly Journal of Speech*, vol. 65, 1979, pp. 346 – 363; H. P. Rickman, "Rhetoric and Hermeneutics," *Philosophy and Rhetoric*, vol. 14, 1981, pp. 100 – 111; Richard Rorty, *Philosophy and the Mirror of Nature*, Princeton University Press, 1979。

③ Jane Sutton, "The Death of Rhetoric and Its Rebirth in Philosophy," *A Journal of the History of Rhetoric*, vol. 4, no. 3, 1986, pp. 203 – 226.

学、心理学、社会学、人类学、交际学、逻辑学等学科的研究成果纳入其修辞思想和理论中，成为多学科交叉研究和古今结合的产物。虽然西方对修辞学的研究已有悠久历史，但是将修辞学基本原理与法学理论和法律实践相结合，从而建立法律修辞学这门独立的交叉学科，是20世纪中后期的事情；发展至今，法律修辞学领域已有诸多代表性人物和论著，与法律修辞学相关的研究成果不胜枚举。

技术政治批判后的古典政治哲学回归：
施特劳斯"哲人王"言辞及其条件

胡宗亮* 黄恩浩**

摘 要：列奥·施特劳斯有关哲人王的讨论被视为其理论系统之中的至高言辞，他相信，"哲人王统治"与"最佳政制"等价，后者许诺了正义与智慧的联结。而在《城邦与人》一书中，施特劳斯明确了"哲人王统治"指向的是现代性技术政治。"技术"由色拉叙马霍斯的"技术即正义"言辞演化并成为天命的存在论境况的事实，首先在海德格尔有关技术的批判中获得揭示，并且构成了施特劳斯进一步推演"回返古典政治哲学"的条件，也即"技术"与"自然"在生成论上具有同等的解蔽效应，并且由于技术的人造和模仿属性，应当派生于"自然生成"的良好城邦；现代性的危机在于，"技术统治"成为政治社会不言自明的"前提"并由此导致了虚无主义的后果。施特劳斯同时认为，需要以回返古典政治哲学的坚决态度，清算哲学史中代换尤其是贬低了"哲人王政治"的其他最佳政治设想，进而构建鲜明的"古今之争"，开启向柏拉图言说的"哲人王"复归的"上升"和"回返"同一路径。然而，由于在柏拉图的言辞之中，"理念""哲人王""苏格拉底"的形象高度一致，而成为"被模仿"的形象本身，"哲人王言辞"不能转化为哲人王政治，并且无法直接救治现代性浪潮下的人类天命，超克技术统治以及由此向古典政治哲学的回归由于建基于"苏格拉底之死"的渊基（Abgrund）之上，因此也是需要被反思的回归之路。

关键词：技术统治 古典政治哲学 哲人王统治 现代性批判 施特劳斯与海德格尔

列奥·施特劳斯（Leo Strauss）在《城邦与人》的导论中写道："促使我们怀着强烈的兴趣以及无条件的学习意愿转向古典政治思想的，不是使人痴迷而忘我的好古情怀，也不是让人陶醉而忘我的浪漫情怀，而是我

---

* 常州大学史良法学院讲师，非诉讼研究院副研究员。
** 首都师范大学博士研究生。

们时代的危机、西方的危机，使我们不得不这样做。"① 施特劳斯的上述言辞表明，无论是他着力开启的"古今之争"，还是对苏格拉底、柏拉图和亚里士多德的钟爱，抑或是对现代"政治科学""社会科学"的批判，都根源于他对西方现代社会及其提倡的"普世价值"的深刻怀疑，进而用"回归古典政治哲学"作为解决"现代性危机"的思辨进路。施特劳斯或许是一个站在"现代"时空领域之内，呼唤古典政治哲学传统，并且将视野洒向人类的未来"能在"的政治哲人。如果上述假定是成立的，那么对于施特劳斯的一切著作都需要坚持以下的阅读原则。

第一，虽然"返古"是施特劳斯的言辞风格，对古典政治哲人思想的梳理或考据是其言说内容，但不能将其言说目的视为单纯的"保守主义"或"复古主义"的。在任何情况下，施特劳斯的言说都具有对人类"当下在此"的现实关怀，并且这一原则构成了施特劳斯一切言说活动背后的实践理由。第二，应当将施特劳斯视为在"西方哲学家"这个整体中普遍存在的现代性批判者之中的一员。这意味着，即便在言说方法和写作风格方面，施特劳斯既没有体现出后现代思想家的反讽和不满情绪，也没有体现出深受语言哲学传统影响的、将对"概念"或"意义"的正本清源视为批判方向的英美哲学风格，更没有体现出康德主义和黑格尔主义的德国理性哲学对先验问题的形而上抽象；即便通常认为施特劳斯本人受海德格尔和胡塞尔现象学的影响，对尤其是最后一种学问的造诣不可谓不深入；但必须认为，施特劳斯之言说与海德格尔推向高峰的"形而上学批判"具有根本一致的目的，甚至施特劳斯在现代哲学言辞方面的沉默，更多地应当被视为一个对"知识"既有掌握也有追求的"思想家"在刻意地进行对爱欲的节制的有意操作。也就是说，不宜将施特劳斯隔离于"现代性批判"这个战后哲学话题之外。

如果本着上述原则，则对于《城邦与人》之中的"哲人王政制"也应当作出相应的理解。"哲人王政制"并不是施特劳斯甚至"施特劳斯学派"谋取政治地位或"复辟"精英政治的"隐微言辞"。"哲人王政制"仅仅是"回返古典政治哲学"的回溯结果，充其量是谋取解决"现代性危机"的一种方法。对于任何一个哲学家来说，坚持自身思想的融贯与独一仅仅是必要的学养和品行。这也就意味着，"哲人王政制"是如下问题的最终答案，即如果依照并准确把握古典政治哲学并以此观照现代人类文

---

① 〔美〕列奥·施特劳斯：《城邦与人》，黄俊松译，华东师范大学出版社，2022，第 1 页。

明、批判"西方—现代"这个人类的"天命",我们应当选择何种替代方案?我们应当"唤回"怎样的"最佳政治"?以及我们应当培育什么样的人才以至于不再重蹈现代社会的虚无主义历史?在现代社会重提"哲人王政制"不在于这个古老的结论本身,而是在于一种向古典政治哲学寻求智慧和救渡的回返姿态,以及在于对现代社会暗自许诺的、相对于古代道德和古典情操的优越性和批判态度的质疑心理。施特劳斯认为:"对哲学的'历史化'才是合理的,也才有其必要:只有哲学史能使攀升出第二个'非自然'洞穴成为可能,我们陷入这个洞穴,较少因为传统本身,而是因为抨击传统的传统;我们陷入那第一个洞穴,即柏拉图用比喻描述的'自然'洞穴,以及攀升出这个洞穴而进入阳光下,则是哲学研究之本意。"①

无论是出于效仿他所发现的古代哲人常用的"隐微写作",还是基于他对现代政治科学言辞方法的刻意回避,施特劳斯虽然通过"哲人王政制"表明了"回返古典政治哲学"的方向和暂时结论,但鲜少对"现代性"发表意见。或者说,施特劳斯在"批判什么"方面缺乏"显白教诲"的内容:如果依照某种单纯的学术批判观点审视施特劳斯的整体思想,他确实说过"科学的人类处境问题是实证主义无法提出也不愿提出的,此问题为极端历史主义所处理,该主义是实证主义在当今西方最强大的对手,其更为人熟知的名字是存在主义"②,然而,"哲人王政制"意味着施特劳斯不可能仅仅将古典政治哲学的对手限制在现代理论这个狭窄的领域内。也就是说,施特劳斯即便批判科学主义、实证主义、存在主义等思辨方法,但不足以说后者是施特劳斯所针对的现代性的全部。自然,施特劳斯也曾对西方的代议制民主、"天赋人权"意识形态等政治实践进行过批判,以至于对"正义即合法"的现代法权观念也有所评点。③ 但后者也不足以容纳"现代性"这个语词的能量。如果将施特劳斯作为西方战后哲学家中"反现代者"的一员,那么他必然也意识到了现代性的那些不满者所共享的批判靶向,这一靶向既不是理论的也不是实践的,而必然包含思想和行为的一切条件、过程与后果。

申言之,明确施特劳斯在何种条件下或在哪些要素的迫使下提出了

---

① 〔美〕施特劳斯:《哲学与律法:论迈蒙尼德及其先驱》,黄瑞成译,华夏出版社,2012,第7~8页"注"。
② 〔美〕列奥·施特劳斯:《"相对主义"》,郭振华译,载刘小枫选编《西方民主与文明危机:施特劳斯读本》,华夏出版社,2018,第149页。
③ 〔美〕列奥·施特劳斯:《城邦与人》,黄俊松译,华东师范大学出版社,2022,第81页。

"回返古典政治哲学"的口号,就等于明确作为"反现代者"的施特劳斯所认知的现代性是什么,进而可展示出施特劳斯自身的理论心性并借此豁免于对他意识形态式的标签化。施特劳斯在《城邦与人》中借由柏拉图笔下的色拉叙马霍斯(Thrasymachus)之口指出,与苏格拉底式的"哲人王政制"相对的,就是"技术(τέχνη)即正义(δίκη)"①的命题。而正如施特劳斯所营造的那样,② 苏格拉底与色拉叙马霍斯的对立,即哲人和智术师的对立,即哲人王与立法者的对立,即人和城邦(πόλις)的对立,因此哲学也就对立于技术,即哲人向智慧的爱欲着的"思想"(Besinnung)对立于"技术"(Technik)。虽然对于现代人来说,色拉叙马霍斯无疑是古人,但是如果从施特劳斯的角度看,"色拉叙马霍斯式的政治技术"如果不隐喻着现代的政治科学,那么也必然是后者的更切近古代思想的渊薮。也即,虽然"政治技术"是现代政治科学的某种古代本源——施特劳斯将色拉叙马霍斯与霍布斯(Hobbes)进行对比就足以说明问题。③

---

① 〔美〕列奥·施特劳斯:《城邦与人》,黄俊松译,华东师范大学出版社,2022,第85页。
② 在对施特劳斯有关《理想国》等古典文献的诠释中,我们需要注意三个"言说者"之间的层次差异:一是施特劳斯本人对文本的介绍、解析,也即通过媒介直接呈现在读者面前的文字资料;二是作为文献撰写者的柏拉图的言说;三是"代言人"言说,由于柏拉图本人鲜有"论文"式的文本存世,而往往通过苏格拉底、外邦来客、蒂迈欧、巴门尼德等"代言人"言说,因此柏拉图的作品本身也可以被解读为"言行录"的写作。而就本文所涉及的《理想国》文本来看,苏格拉底的言说又构成那真正体现思想洞见的实质内容——这样,在施特劳斯的《城邦与人》中,"施特劳斯—柏拉图—苏格拉底"这个言说链条使阅读活动产生了困难,我们很难指出哪些观点就"是"苏格拉底的,哪些思想应当专属于柏拉图,而哪些内容又是施特劳斯的独创——而施特劳斯所发现的"隐微术"则加剧了这一困难,由于无论是苏格拉底、柏拉图还是施特劳斯本人,都被认为是严格依照"俗白言说/隐微言说"进行教诲的,每一个言辞维度又存在"显隐"的层次,这些维度交织在一起也就导致了以下悖论,即施特劳斯如果依照柏拉图的本意进行转述,那么他的著作就很难不被视为单纯的注释学读本,而一旦认为施特劳斯在文本之外仍有微言大义,那么他的著作也就必然对柏拉图的原始文本有新的处理——这一悖论也同样发生在"苏格拉底—柏拉图"的言说关系之中,因此为了阅读和写作清晰,本文暂且认为,施特劳斯、柏拉图、苏格拉底之间存在真实的复述关系,并认为将"哲人王政制"暂时归结到施特劳斯本人的学说内部更具便利性,而对于施特劳斯对隐微术的发现和使用,可见笔者已有的阐释:曹义孙、胡宗亮《"说谎者悖论"与"哲人说谎"的法理理由》,《法治社会》2021年第4期。
③ 作为一部对古代政治哲学进行研究的著作,以及以古代政治哲学文本梳理为表面任务的学术成果,对现代政治哲学家思想的引入在《城邦与人》之中只有少见的几处,而在用霍布斯的"自然权利论"诠释色拉叙马霍斯的"正义即技术"的时候,施特劳斯直接表明,"正义即技术"这一命题与霍布斯式的政治哲学具有"类似的前提",即正义不一定是"好",而是由法律界定的"公共善",见〔美〕列奥·施特劳斯《城邦与人》,黄俊松译,华东师范大学出版社,2022,第96页。

这样,"古典政治哲学"与"现代政治科学"的对立,也就被具象化为代表了古典哲学的最高形态的"苏格拉底式的政治哲学"与代表了现代政治科学的源初形态的"色拉叙马霍斯式的政治技术(修辞术)"之间的对立,前一个对立涵括了后一个对立。这也就说明,色拉叙马霍斯与苏格拉底的对立尚且具有可商谈与通融的可能性,而经过政治哲学的"三次浪潮",现代政治科学因其"跌落"而与古典政治哲学产生了更多的差异。

一 技术政治与现代性批判:施特劳斯式的反现代者的问题靶向

在《城邦与人》中,施特劳斯提及霍布斯、康德和尼采的文段暴露了他在描摹"非技术"政治的同时的批判对象。按照施特劳斯自己的说法,任何的写作与言说都要基于必然性,即"如果一部书写作品必须符合'逻各斯的必然（λόγος）'/（logographic necessity）,那它就是好的,这种必然性以应当支配着写下的言辞:对整体来说,写下之言辞的每一个部分都必须是必要的"①,而施特劳斯还指出,"永恒的、不变的理念（ἰδέα）不同于特殊的生灭事物以及通过分沾理念才得以存在的事物;因此,特殊的事物中包含着无法追溯到理念的东西,这可以说明他们为什么属于生成领域而不是存在领域……城邦违背自然"②;以及"理念是唯一严格意义上'存在'（are）的事物,也即理念不掺杂任何非存在（non-being）;理念超越一切生成,而无论什么生成都介于存在和非存在之间",也即"理念"与"自然"（nature）和"本质"（what）等同,理念是"不可能"但"可欲求"的。③

施特劳斯的上述言辞可以让我们推导出如下的假设:第一,施特劳斯在讨论古典政治哲学的文本之中相对"突兀"地加入对现代政治哲学家如霍布斯、康德以及现代政治科学文本《独立宣言》的论说,以及在"政治哲学"之外加入对"理念论"特别是有关后者的"纯粹哲学式的"（Ontologisch）解说,这些并不是表面看上去的那般突兀,而已经暴

---

① 〔美〕列奥·施特劳斯:《城邦与人》,黄俊松译,华东师范大学出版社,2022,第56页。
② 〔美〕列奥·施特劳斯:《城邦与人》,黄俊松译,华东师范大学出版社,2022,第100页。
③ 详见〔美〕列奥·施特劳斯《城邦与人》,黄俊松译,华东师范大学出版社,2022,第128~131页。

露出施特劳斯对现代社会政治技术统治的批判心理;第二,上述的"突兀"讨论大多出自施特劳斯以第三人称对话形式介绍"苏格拉底如何说"的部分。在前者与后者对"隐微写作"的高超运用背景下,或许施特劳斯恰恰在提示,当施特劳斯直接点明"苏格拉底如何说",而不再以一个带入了《理想国》文本的读者在"我说"的时候,他在借由"苏格拉底""柏拉图"乃至于"亚里士多德"言说自身的理论真意。以至于在第二章末尾,施特劳斯直接指出,"诗人所摹仿的匠人是不搞哲学的立法者。特别是,城邦所理解的正义必定是立法者的作品,因为在城邦看来,正义即合法的……没有人比尼采更为清楚地表达了苏格拉底的建议,他说'诗人总是某种德性的仆从'",以及"从哲人的视角看,真正的'诗与哲学之争'关注的不是诗歌本身的价值,而是诗与哲学的等级秩序……臣属(于哲学)的诗歌最伟大的范例便是柏拉图对话"①。因此情况或许正是,由于施特劳斯本人在"古典政治哲学"中的"爱惜羽毛",他不愿使纯粹的"哲人王"言辞沾染现代哲学和政治科学的痕迹,但是由于作为"反现代者"的一员,他又绕不开那些和他观点乃至方法具有相似性的现代思想家。

(一)作为施特劳斯"回返古代政治哲学"条件的海德格尔技术批判

我们在前一个文段将施特劳斯不少引用自柏拉图对话的关键概念的古希腊语还原了出来,并且提醒读者,海德格尔思想的核心恰恰在于"存在与生成""人的技术和自然的技艺""诗—思与形而上学"的分辨之中。也就是说,《城邦与人》之中的重要概念,出自施特劳斯对海德格尔的深刻反思,并且由于隐微写作的存在而惯性地隐去了海德格尔的名字。同样认同文本的隐微性存在的法国哲学家阿多(Pierre Hadot)认为:"倘若原典之中有疑问,缘由却不在于原典所固有的缺陷,因为种种费解无非是先师的一种手段而已,他尽可能把'真理'隐藏在自己的箴言之中,目的是希望人们领悟出诸种不同的东西……一切可能之意义,只要经过我们考查,认为它与先师的教义相吻合,均可成立。"② 也就是说,上述的假设源自效仿施特劳斯本人的"隐微诠释"方法,并且这一方法被证明是具有

---

① 〔美〕列奥·施特劳斯:《城邦与人》,黄俊松译,华东师范大学出版社,2022,第146~147页。
② 〔法〕皮埃尔·阿多:《古代哲学研究》,赵灿译,华东师范大学出版社,2017,第7页。

一定的诠释学合理性与实用性的,并非专属于施特劳斯本人的可使用的阅读方式。但也需要注意的是,隐微术并不能得到现代文献考古科学的直接证明。因此只能认为,隐微地批判海德格尔并不是施特劳斯的"任务",依随海德格尔回返古希腊的思想方向并不是施特劳斯写作《城邦与人》乃至进行全部言辞活动的"原因"。也就是说,"海德格尔"的存在并不是施特劳斯的写作的充要条件,但构成施特劳斯进行写作的必要条件。施特劳斯一方面追随了海德格尔回返古希腊思想的思想历程,恢复了"自然""理念""本质"相对于"人造""摹仿""技术"的第一性;但另一方面,施特劳斯本人反对海德格尔式的"玄思",因为后者无论如何都不是一个古典意义上的政治哲人:海德格尔在面对纳粹政府时行为和言辞方面的瑕疵以及在其著作中回避伦理学和政治学的坚决态度,注定了他不可能是"将智慧从天上召唤回地上"的苏格拉底式的政治哲人。

不过,对于"哲人王"如何复归、良好城邦如何同现代政治结合等问题来说,海德格尔对"技术"的批判毫无疑问地是其条件。由于海德格尔区辨了古代技术和现代技术的差异,并且扫清了人们成为色拉叙马霍斯及直接聆听苏格拉底教诲的障碍;由于在语意上,色拉叙马霍斯使用的"技术"与现代社会的"技术"并不是同义词;现代技术是远比古代技术更值得批判的现代性症候,这种对存在的解蔽方式蕴含了主体/客体、自然/人等对置思维。而海德格尔提醒我们:"如果我们把技术当作某种中性的东西,我们就最恶劣地听任技术摆布了;因为这种观念虽然是现在人们特别愿意采纳的,但它尤其使得我们对技术之本质盲然无知。"[1] 现代科学的与技术的构造物体现了在世界观方面人类对人类主体地位和中心地位的筹划,科学技术手段对技术现象的规制与驯服又表现出人类对于技术的控制能力。"技术现象"重构了一种科学世界与常人生活世界的此岸/彼岸的二元对立:一方面,常人对现代技术现象的理解与应用必须经由科学理论与应用技术的媒介才能实现,后者缔造的准入门槛的客观存在不会由于科学技术知识的普及而全部消除;另一方面,现代技术的对象化作为对主客二元论这一西方形而上学的历史天命的延续,在其本质地缔造了现代技术这一有助于人对世界的清晰认知与能动改造的媒介同

---

[1] 〔德〕马丁·海德格尔:《技术的追问》,载《演讲与论文集》,孙周兴译,生活·读书·新知三联书店,2005,第3页。

时，却也对人的认知方式与实践路径进行了限制。在既有的准入门槛与时代命运之下，只有对技术的本质有所把握，跳脱出"技术中性"的观念，才能够发现人类遭遇了现代技术业已筹划得当的思维陷阱，陷于现代技术的对置性思维与摆置的强力之中，以及由此形成了技术对人的拘束的"律法活动"。

希望哲人王凭借古典政治哲学的心性回归到现代社会，至少需要相匹配的社会条件。如施特劳斯指出的那样，哲人王和城邦之间存在的根本张力是，哲人王由于作为哲人享受着智慧的至善和至福，他们不愿意回归到政治的、人造的城邦之中；而对于城邦而言，哲人本身也并不被欢迎，"哲人的幸福"和"常人的幸福"并不共通，"哲人王"将根本地对现存的政制构成挑战，特别是对民主制造成冲击。① 而在现代社会这个语境之中，哲人王的去而复返首先遭遇的是远比色拉叙马霍斯式的"技术统治"更为牢固的"集置"（Gestell）。海德格尔坚持把作为"集置"的技术本质与技术因素或技术事态区分开，人类以"科学"驯服后者但已经陷入前者的律法之中。"现代物理学的自然理论并不只是技术的开路先锋，而是现代技术之本质的开路先锋。因为那种进入到订造着的解蔽之中的促逼着的聚集，早已在物理学中起着支配作用了。"② "技术之本质也完全不是什么技术因素。因此，只要我们仅仅去表象和追逐技术因素，借此找出或者回避这种技术因素，那么，我们就决不能经验到我们的与技术之本质的关系。"③ 进一步地，技术的本质借由技术的造物吸引了人，并且把人拉入由技术本质缔造的、由技术造物构成的"新世界"之中。一方面，通过对技术现象的追问所解蔽出的都是技术的本质为了继续隐藏下去所必要的内容，最终的结果是"现代技术之本质给人指点的那种解蔽的道路，通过这种解蔽，现实的事物——或多或少可察知地——都成为持存物了"④；另一方面，技术通过新鲜的技术产物、科学以及科学化了的社会与人文理论促使人们一味地去追逐、推动那种在订造中被解蔽的

---

① 〔美〕列奥·施特劳斯：《城邦与人》，黄俊松译，华东师范大学出版社，2022，第141页。
② 〔德〕马丁·海德格尔：《技术的追问》，载《演讲与论文集》，孙周兴译，生活·读书·新知三联书店，2005，第21页。
③ 〔德〕马丁·海德格尔：《技术的追问》，载《演讲与论文集》，孙周兴译，生活·读书·新知三联书店，2005，第3页。
④ 〔德〕马丁·海德格尔：《技术的追问》，载《演讲与论文集》，孙周兴译，生活·读书·新知三联书店，2005，第23页。

东西，并且从那里采取一切尺度。① 诚然，技术的本质要求保持技术的强力，它不会通过自行暴露出"集置"的本质来使社会有所改变。海德格尔借此希望表达的是以下两种观点：第一，对"技术造物"的批判无助于现代性批判，甚至越是沉溺在对技术造物的批判之中，现代性对人的拘束和摆置就越强烈，"技术造物"很有可能是现代技术"请君入瓮"的把戏；第二，必须将"技术的本质"也即"集置"视为理性化、进步观念、反古情绪催化下滋生于西方形而上学之中的"技术天命"的后果，"集置"的产生是必然，但现代哲学推动了这一必然，并且在彼此的加持下真正使"技术的本质"成为现代社会的统治者，因此，哲人王必须超克现代技术才能首先获得在现代性之中的生存空间。

（二）"古今技术之争"："技术即正义"的古今版本

色拉叙马霍斯的"技术即正义"是古代的技术作为对"真理"（ἀλήθεια）的解蔽路径，并不足以成为一种"独一的技术霸权"。也就是说，无论苏格拉底对色拉叙马霍斯的理解是"正义即技术"还是"正义即合法"——后者显然代表了"合法"就是一种"立法技术"，色拉叙马霍斯都不可能预想到"Gestell"意义上的技术霸权，而同样希望以"技术"实现有利于城邦之共同善的"好制度"，而这种对"善"和"好"的追求在现代技术那里被褫夺了。古代"技术"的本意是"招致"后的"产出"，色拉叙马霍斯意义上的"立法者"，则通盘"考虑"招致者。② 他们必须服从的是，"ἀλήθεια"是待解蔽的"存在"本身，人或此在不能作为"ἀλήθεια"的创造者，这一点在柏拉图那里也能够获得相应的证明："招致—带来"就是"把在场者带入显露之中"的活动③：

ἡ γάρ τοι ἐκ μὴ ὄντος εἰς τὸ ὂν ἰόντι ὁτῳοῦν αἰτία πᾶσά ἐστι ποίησις.

海德格尔将之译为：

---

① 〔德〕马丁·海德格尔：《技术的追问》，载《演讲与论文集》，孙周兴译，生活·读书·新知三联书店，2005，第25页。

② 此处涉及的是"银盘比喻"："银匠"仍然不是"动力因"，因为在海氏看来，银匠的首要工作绝不是"做银盘"，而是去思考如何"使银盘显露出来"，即思考把"它们作为银质的盘形器皿用以祭祀"的三个招致活动作为银盘的生产如何达乎显露并且进入运作的情形如何。见〔德〕马丁·海德格尔《技术的追问》，载《演讲与论文集》，孙周兴译，生活·读书·新知三联书店，2005，第8页。

③ 见〔德〕马丁·海德格尔《技术的追问》，载《演讲与论文集》，孙周兴译，生活·读书·新知三联书店，2005，第9页。

对总是从不在场者向在场过渡和发生的东西来说，每一种引发都是 ποίησις，都是产出（Her-von-bringen）。①

"甚至自然（φύσις-Physis）也是一种产出"②，"产出"（ποίησις）包含了"技术"（Technik，τέχνη），同时也包含了"自然"——后者恰恰是施特劳斯意义上哲人王要去以爱欲驱动、不断趋近的"理念"本身。古代技术可能会如色拉叙马霍斯一般，是属于城邦的并可以为任何立法者运用的"τέχνη"。但这也仅仅意味着，"φύσις"在可能性上无法被贵族、寡头、议员和僭主们控制，以至于"φύσις"在和至高的"知识"的必然关联之中远离了常人的"能在"。而这也仅仅是说，"φύσις"是一个相较于"τέχνη"而言更难的选择，以修辞术、治邦术、建造术构建的城邦也并未否定主要隐蔽了"φύσις"的存在。进一步说，与"φύσις"在生成意义上同时存在的"τέχνη"，其古代意义是"τέχνη"作为"ποίησις"的一种可能，是"经由招致的生成"，它是借他者之手显现出来的"创造"，只有把"技术"与"真理"（Aletheia）结合起来，才能观入它的本质。"τέχνη"作为古代技术也就不仅允诺了造物的过程，更代表了对造物之前造物者对于物的原因与条件的觉知。古代技术是一种解蔽方式，它区别于自然涌现的

---

① 对于这一语句，还有几种常见的汉译译法。王晓朝将之译为："'创作'这个词的意思很广泛。毕竟，从无中某个事物创造出来，与之相关的每件事情都是创作。"（见〔古希腊〕柏拉图《柏拉图全集第 5 卷·会饮篇》增订版，王晓朝译，人民出版社，2016，第 186 页。）刘小枫的译法是："制作其实五花八门；毕竟，无论什么东西从没有到有，其原因就是由于种种制作。"（见〔古希腊〕柏拉图著，刘小枫编译《柏拉图四书·会饮篇》，生活·读书·新知三联书店，2015，第 236 页。）王太庆先生给出的译法是："你知道作品就有许多方面的，凡是使某某东西从无到有的都是做或创作，因此一切技艺的实施都是创作……"（见〔古希腊〕柏拉图《柏拉图对话集》，王太庆译，商务印书馆，2019，第 336 页。）

② 自然之为"涌现"的过程之中一花之绽放、一木之向荣、人之降生都是最高意义的产出，它是在者在本身之中自我产生和凸显（Aufbrunch）的过程。而"自然"之所以是最高形式的产出，乃是由于自然物的产出和凸显在本身之中不受到如匠人、艺术家的他者权力制约。这样，"产出"（ποίησις）也就具有了三种形式：一是借由工具的制作让事物产出，将之带到显现之中；二是经由艺术的创作让作品产出，将之带入图像之中；三是自然物在自身之中的"涌现"。这样，"技术"在古代的意义就相当丰富，"ποίησις"（生成）就包含两种形式，一是"φύσις"即"涌现"，二是"τέχνη"即"技艺"，而即使在"τέχνη"之中，也同样有制造工具和创作艺术作品的两种"产出"活动，但是海德格尔提醒我们，"τέχνη"在本意上既有"技艺"或"手工技能"的意思，还有"技艺精湛"和"美的艺术"的意义，无论是"φύσις"还是"τέχνη"都有其目的。〔德〕马丁·海德格尔：《技术的追问》，载《演讲与论文集》，孙周兴译，生活·读书·新知三联书店，2005，第 9 页。

生成过程，让物在人的招致活动之中到场。"τέχνη"是在对"欲招致者"具有觉知的情况下，敞开一个无蔽的场域，并且将欲招致者的要素在这个无蔽的场域之中联结的过程，"质料""形式""用处""招致者"的移速在解蔽活动之前业已存在，只是在造物产生之前它们尚不明确，"τέχνη"开启了欲招致者的无蔽状态并且显示了这些因素，造物以"招致—生成"的方式获得了无蔽状态。

进而，古代技术作为"τέχνη"把物带入"敞开"的过程也是"从无生有"的方式，所以代表"φύσις"的苏格拉底与代表"τέχνη"的色拉叙马霍斯同样是"城邦的缔造者"。"色拉叙马霍斯像城邦一样行事，他类似于城邦……色拉叙马霍斯就是城邦"，是对"哲人王的自然城邦"进行仿制、摹仿和扮演的城邦，[1] 色拉叙马霍斯绝不是那些"杀死"苏格拉底或"隐蔽"了"φύσις"的城邦的统治者，而仅仅是一个为城邦统治者服务的"修辞教师"，他和苏格拉底的区分仅仅在于如何"从无生有"这个方法论问题，而远非是否追求一种现代政治科学式的"去目的论"言辞。甚至在色拉叙马霍斯的言辞中，他只能抱怨"你又不让我说话，一切听你的便了，你还要想做什么"，只能承认"尤其是最好也就是最不正义的城邦最容易做这种事情"[2]，他并未就此否定苏格拉底式的政治技艺的存在，并且仅"τέχνη"是"容易"，后者与"至善""最好"没有关系。

在展示苏格拉底的"哲人言辞"战胜色拉叙马霍斯的"智术师言辞"的同时，柏拉图或施特劳斯尝试展示的也就是"φύσις"对"τέχνη"的胜利，指出了在"古代"这个语境之中"φύσις"与"τέχνη"的争论系何者在先、何者更为本源的问题，二者不是你死我活、此消彼长的关系。而据苏格拉底，古代技术是顺乎自然——海德格尔解读的"涌现"（Physis-φύσις）——的活动。智者和哲人最终探索的都是在"自然—涌现—φύσις"意义上"清晰的涌现规律"[3] 之必然性，其中存在看似混沌实则有序的未昭彰的自然物和作为形式的规律。也正如柏拉图写道的，虽然"诗歌"是对真理的模仿，但是古代技术也应当包括艺术创作等一切生成

---

[1] 〔美〕列奥·施特劳斯：《城邦与人》，黄俊松译，华东师范大学出版社，2022，第84页。
[2] 〔古希腊〕柏拉图：《理想国》，郭斌和、张竹明译，商务印书馆，1986，第148~149、156~157、37页。其中"这种事情"指的是城邦的战争权。
[3] 〔美〕约翰·霍兰：《涌现——从混沌到有序》，陈禹等译，上海科学技术出版社，2001，第7~8页。

活动，因为它并不仅仅是一种"促逼"意义上的"大生产"——"（诗人）在进行自己的工作时是在创造原理真实的作品，是在和我们心灵里的那个远离理性的部分交往，不以健康与真理为目的在向它学习"①，"模仿术"也必须围绕"无蔽"即"真理"（άληθεια）产生，"άληθεια"可能出于艺术活动，产生于对于生产的规划活动和人的自由创造活动这两种可能性之中。而现代技术之为"集置"裁汰了古代"τέχνη"之中"顺乎自然"和"艺术自由"的成分，而单纯地成为一种工具性实践，它要作为解蔽活动彰显自身"解蔽"的原始属性，但由于它在解蔽方式上否定了其他的解蔽方式，因而这就限制了在技术活动之中蕴含的自然因素和创造自由。

得出的初步结论是，色拉叙马霍斯们远比现代的技术统治显得高尚。但是这不足以说明，"色拉叙马霍斯"与现代的"技术统治"无关。也就是说，即便色拉叙马霍斯无意最终消除哲人王的存在，他也在客观上推进了哲人王本身被历史掩蔽的进程。以至于在"当代"，在技术支配下世界已经形成了"总体动员"的形态。技术现象学研究者希尔特（Annette Hilt）接续海德格尔的技术观念，指出世界具有如下的三种形态：一是"作为宇宙的世界"，这一世界即不单单属于人类，同样也属于其他存在者的自然界；二是"作为生活世界和领会的现身结构的世界"，这一世界是专属于人类具有集体意义的生存的"生活世界"，是在以日常中上手状态开启并且无限延伸的世界，在这个世界之中允许人的自由创作的存在；三是"作为人类之间有意义的集合"的世界，这一世界是人类在交互之中形成的共同体，其中的人类具有相同或相似的生存论领会（烦［Sorge］）。② 在"人的现身世界"之中，技术的强力体现出对人的"订造"活动这一"人的权力"，人将自身和周遭世界之中的物解蔽成"持存物"，精密科学及其理性主张反对人在生活世界之中的无法被计量和实证的艺术活动，反对以无法定量研究的日常语言进行创作，反对无法被规划的对物的招致与创造，这否定了人自由的率性而为，阻塞了人

---

① 〔古希腊〕柏拉图：《理想国》，郭斌和、张竹明译，商务印书馆，1986，第148~149、156~157、404页。
② Annette Hilt, "Ursprungsfragen oder Zugänge zur Welt des Sozialen: Kunst, Technik, Politik," in *Heiddeger und technische Welt* (*Heidegger—Jahrbuch 9*), Verlag Karl Alber, 2015, p. 92.

去招致"那种一向给一种解蔽指点其道路的命运之领域"①。因而人在动员之中只能依照技术规定好的道路去形成相同的以定量化的、科学化为基调的世界领会方式:"促逼入那种订造的疯狂中,此种订造伪装着每一种对解蔽之本有(Ereignis)的洞识,并且从根本上危害着与真理之本质的关联。"②或者如阿伦特指出的,"思想本身在它'根据结果计算'时就变成了大脑的一种功能,结果人们发现电子工具要比他们自己能更好地履行这些功能。行动在不久前还一致被理解为纯粹的制作与制造,而制作本来具有世界性,并且内在地不关心生命,但现在也被看作仅仅是劳动的另一种形式"③,无思想的、算计式的"共在"关系因此成为技术本质的促逼之中"共同体"的"唯一解蔽形式",进而获得了一种潜在的律法的地位。

二 重构古典政治哲学的合理性:反思与批判现代政治科学的历史

施特劳斯的"哲人王言辞"对立于"技术统治"存在,而依照海德格尔的区分,"现代技术"和"古代技术"需要区别对待,"技术现象"和"技术本质"同样需要区分,这意味着施特劳斯式的"回返之路"具有两方面的任务:首先,他需要批判与清除"现代技术统治"的人类命运,并且依照海德格尔给出的道路回返到"古代技术";其次,他也必须对海德格尔基于"古代技术"得出的存在论哲学进行批判,进而为"哲人王言辞"找到更为坚固的地基。也就是说,"哲人王言辞"的成立,必须建立在对现代技术的"集置"与对海德格尔式的"回返之路"的双重批判之上,因为后者的结论是前苏格拉底的、自然哲学式的与诗化思维的

---

① 海德格尔的"自由"(Freiheit)概念与一般意义上的"自由",特别是作为权利的自由权是具有明显差异的,在海德格尔看来,"自由"附属于"命运"(Geschick)这一人的历史性,人既不是厄运下的有罪之人,也不是宿命论意义上的奴隶,而是作为倾听者的自由人,"倾听"就意味着人的非意志成分,人的自由因此就需要被理解为在人对命运的"泰然任之"的态度下,对任一解蔽(真理)和遮蔽(神秘)的可切近性,即存在论意义上的"可能性"。见〔德〕马丁·海德格尔《技术的追问》,载《演讲与论文集》,孙周兴译,生活·读书·新知三联书店,2005,第25页。
② 〔德〕马丁·海德格尔:《技术的追问》,载《演讲与论文集》,孙周兴译,生活·读书·新知三联书店,2005,第34页。
③ 〔美〕汉娜·阿伦特:《人的境况》,王寅丽译,上海人民出版社,2017,第252~253页。

"思想"（Besinnung）。① 后者把苏格拉底、柏拉图和亚里士多德视为"遗忘存在"（Sein-Seyn-Ereignis）的西方现代技术统治的渊薮，并且要把由他们建立的并直到尼采（Friedrich Wihelm Nietzsche）时完成的西方形而上学"第一开端及其历史"矫正到米利都学派、爱利亚学派以及海德格尔传承和重启的"另一开端及其历史"之上。② 正如有论者评论，在海德格尔的"另一开端"的沉思之中，"（他）所思想和试图去言说的东西，乃是在他思想它之时才开端性地敞开的东西……（否则）谈论一个向思敞开自

---

① 顺着海德格尔的道路，最终"古代"代指的是前苏格拉底的自然哲学，也即"阿那克西曼德—赫拉克利特—巴门尼德"传统，例如，海德格尔最终把巴门尼德指出的"同一者"（ἑν）归于"真理"（ἀληθεία），他借鉴的是巴门尼德对源初真理的认知，进而建构了"λόγος（逻各斯）—ἀλήθεια（无蔽）—φύσις（自然）"的同一性，这种认识主要建基在对"τὸ γὰρ αὐτὸ νοεῖν ἔσυιν τε καὶ εἶναι"这一箴言的解读之上。海德格尔面对这一箴言提出了三个重要但朴素的问题：什么是思想（νοεῖν）？什么是存在（εἶναι）？以及什么是"同一（τὸ…αὐτὸ）"与"和（τε καί）"？这看似朴素的三个问题实际上蕴含了巴门尼德箴言之中的真理（ἀληθεία）思想。首先，海德格尔指出"νοεῖν"的本义乃是"闻讯"（Vernehmen），意味着"接受"（Hin-nehmen）与"让来到某个东西"（auf einen zukommen lassen）——"自身显示者/显现的东西"，它对应于巴门尼德"残篇二"之中对存在的言说这种"说服性知识"；其次，"闻讯"还意味着"讯问（vernehmen）证人""出示（vornrhmen）证人""这样来接纳（aufnehmen）和确定事实状况并一如事情展示一般来接纳与确定"。见〔德〕海德格尔《形而上学导论》，王庆节译，商务印书馆，2015，第158页。

由此，"不—在"反而是对自身显现者的"倾听"——对应于巴门尼德"残篇二"后半段对"不存在"的讨论，这就是说，无论"同一者"传递出的是什么消息，人之此在都要"闻讯—倾听"它，而无论它传递出的是"有"还是"无"。进而，海德格尔分析了"同一（τὸ…αὐτὸ）"与"和（τε καί）"两个关系。一方面，海德格尔业已表明"存在"就是"φύσις"，而在它之中的"嵌合—牵系"以及"消解非嵌合"的演历之中，存在者依次"站立在光明中，闪现闪耀，进入无蔽"。另一方面，那与"φύσις"同一并"和"着的，是与"φύσις"一同发力和生发的听命于存在的"闻讯"——"在那自身显示着的、在自身中恒常不断者的、正在接纳着的来此一驻停"，因为巴门尼德在"残篇八"之中说出了如下的话语：

ταὐτὸν δ᾽ ἐστὶ ωοεῖν τε καὶ οὕνεκει ἔστι νόημα.

闻讯与闻讯为之发生的东西是同一的。

需要注意的是，海德格尔习惯性地运用了与通常译法不同的言辞改写了前苏格拉底哲学家残篇的内容，甚至这种"言语的暴力"在他诠释任何一位思想家的时候都时刻存在，前引文出自〔德〕海德格尔《形而上学导论》，王庆节译，商务印书馆，2015，第159页。英译为"The same thing is for thinking and ［is］ that there is thought"，见〔古希腊〕巴门尼德《巴门尼德著作残篇》，〔加〕大卫·盖洛普英译/评注，李静滢汉译，广西师范大学出版社，2011，第88页。该书中此处汉译为"思想和思想的存在同样如此"。而海德格尔的德译为"Dasselbe ist Vernehmung und das, worumwillen Vernehmung geschieht"。参见 Martin Heidegger, *Einführung in Die Metaphysik*, Max Niemeyer Verlag, 1953, p. 147。

② 〔德〕马丁·海德格尔：《哲学论稿（从本有而来）》，孙周兴译，商务印书馆，2012，第176页。

身之前就在此的'存有'也是毫无意义的"①。也就是说，海德格尔的"回返之路"导致的是"诗人的逍遥"而不是"哲人王的统治"，或者说在海德格尔将"诗—思"进行统一化处理的情况下，"哲学"和"城邦"的张力根本地因哲人切近"四合"、探索"本有"（Ereignis）消除了，②人的最佳生活——即便海德格尔本人杜绝一切伦理学词项——"四大"的引入，则是艺术式的，逍遥在"天地之间"的有死者的神性生活，是"终有一死者"的超越的"神人"可能性的环节："拯救大地""接受天空""对有死者的泰然任之""向诸神的展开和召唤"构成了更为鲜明的"艺术作品"的物论基础。③

（一）现代性的第一次浪潮：现代技术统治的科学主义历史渊薮

而在施特劳斯看来，虽然海德格尔正确地指出了"回返古代"所针对的是现代技术统治，承认"哲学王"要通过超克技术统治并以自身的"被迫统治"的姿态消除城邦之中技术化的律法体系和决策系统；但是他认为，海德格尔的"回返"不可能达到"政治哲学"的高度。实际上，海德格尔也针锋相对地指出，"政治哲学"根本要服从于"存在论"，服从于"思想"。由此，施特劳斯指出，"现代性的危机原本是现代政治哲

---

① 〔美〕瓦莱加-诺伊：《海德格尔〈哲学献文〉导论》，李强译，华东师范大学出版社，2010，第94页（《哲学献文》即《哲学论稿（从本有而来）》）。
② 如海德格尔认为："（政制）不再讲 πόρος（出路）而是讲 πόλις（处所）；不再讲进入存在者领域的莽茫路径，而是讲人自身之亲在（此在，Dasein）的藏身之地和安身之所，讲的是所有这些路径的交汇之处，即 πόλις……一般译作邦国（Staat）和城邦（Standstaat）；此译法未充分达其意义。毋宁说，πόλις 指的是场所（Stätte），是那个亲临到此（Da），亲—在（此—在，Da-sein）作为历史性的亲在就在这个亲临到此中并作为这个亲临到此而在起来……归属于这些历史—场所（Geschichts-stätte）的有诸神，有庙宇……所有的这一切之所以属于 πόλις，之所以是政治的，并不是因为它和某个政治家，某个将领，和国家事务发生了关联；相反，上述一切之所以是政治的，也就是说，他们之所以处在历史场所之中，反倒是唯因（他们是）……这个是（Sind）说的却是：作为强力—行事者行使强力，并在历史性的存在中作为创造者，作为行动者变得高高耸起……他们同时就变成了 ἄπολις（失损其所），无邦无所，孤—寂，莽劲—森然，在存在者之整体中走投无路，同时又无规无矩，无章无法……"〔德〕海德格尔：《形而上学导论》，王庆节译，商务印书馆，2015，第176~177页。此处应当注意"城邦"（Standstaat）与施密特处"Zustand eines Volkes"的词根关联——"Stand"即"立足点"，在这个意义上施密特与海德格尔的"城邦"概念基本一致，都是"立足点"即"此"（Da），而唯有"此"运动起来才能成为"场所"也即"大地"。
③ 〔美〕马克·拉索尔：《向着大地和天空，凡人和诸神：海德格尔导读》，姜奕晖译，中信出版集团，2015，第172~173页。

学的危机"①,而这一危机源出于"将现代性理解为对前现代政治哲学的彻底变更(radical modification)——这个变更的结果乍看起来是对前现代政治哲学的拒绝"②。施特劳斯所说的"现代性的三次浪潮"因此也就变成了现代政治哲学和政治科学对古典政治哲学的拒斥的历史和建构"新科学"的历史。他指出"第一次浪潮"就是以"科学"取代"神学"和一种启蒙的尝试,"政治科学"的主张一开始就是要去与现实的政治结盟而让"彼岸的圣经信仰"彻底地"此岸化",以至于人们"不再希望天堂生活,而是凭借纯粹的人类的手段在尘世上建立天堂"③。而被施特劳斯誉为"谨慎的作者"的洛克实际上也并未绕开这种"悬置彼岸,建立此岸"的科学预设。只不过他没有走向霍布斯的机械主义道路,而是出于对人的认知结构的解析指出:"要假设人心中有天赋的颜色观念,那是很不适当的,因为果真如此,则上帝何必给人以视觉,给人一种能力,使他用眼来从外界物象接受这些观念呢?要把各种真理归于自然底印象同天赋的记号,那亦是没理由的,因为我们可以看到,自身就有一些能力,能对这些真理进行妥当的确定的知识,一如它们是原始种植在心中的。"④ 人的认识之中既没有"先天知识",也没有"天赋的实践秉性",一切知识都是依靠"感觉"和"反思"得来的,⑤ 上帝赋予人本身的唯一能力就是"理解能力",依据这一能力,人类既能形成关于实体的"感觉的知识",也能形成关于观念的"解证的知识",⑥ 既能形成"必然的知识",也能形成"概然的臆断",⑦ 人的"认识域"没有其他内容。只不过由于他的谨慎,他在《政府论》两篇之中的"上篇"讨论的是遵循圣经文本的对现实君

---

① 〔美〕列奥·施特劳斯:《现代性的三次浪潮》,丁耘译,载刘小枫编《苏格拉底问题与现代性——施特劳斯讲演与论文集》,刘振、彭磊等译,华夏出版社,2016,第318页。
② 〔美〕列奥·施特劳斯:《现代性的三次浪潮》,丁耘译,载刘小枫编《苏格拉底问题与现代性——施特劳斯讲演与论文集》,刘振、彭磊等译,华夏出版社,2016,第319页。
③ 〔美〕列奥·施特劳斯:《现代性的三次浪潮》,丁耘译,载刘小枫编《苏格拉底问题与现代性——施特劳斯讲演与论文集》,刘振、彭磊等译,华夏出版社,2016,第318页。
④ 〔英〕洛克:《人类理解论》上册,关文运译,商务印书馆,1959,第6页。
⑤ 在这里,洛克指出了知识的两个具体来源,即作为第一性来源的"感觉—外部经验"的外部事物对人类感官的作用和作为第二性来源的"反思—内部经验"的人类心灵的活动,洛克的经验主义的不彻底性就体现在这里,因为如果使用一种现象学的表述,他同时赋予了"现象"以及"内知觉"在知识确定性上的同等地位,洛克在哲学史上既启示了贝克莱的唯心主义怀疑论思想,也启示了培根的唯物主义实在论思想。详见〔英〕洛克《人类理解论》上册,关文运译,商务印书馆,1959。
⑥ 详见〔英〕洛克《人类理解论》下册,关文运译,商务印书馆,1959,第570~571页。
⑦ 〔英〕洛克:《人类理解论》下册,关文运译,商务印书馆,1959,第701页。

主和教会的尘世统治之"道统"的质疑,[①] 只有在"下篇"之中才看似以"法统"的论述指出了"走出自然状态"乃是上帝之真实不妄为人类的唯一训诫,同时由于在"上帝"创造的"自然状态"的伊甸园中,人与人之间就是和谐的、平等的和自由的,那么即使到社会之中也不允许那种"毁灭自身或他所占有的任何生物的自由,除非有一种比单纯地保存它来得到更高贵的用处要求将它毁灭"[②]。因此,施特劳斯认为洛克绝非神学的卫道士,他反而是霍布斯的后继者:"如果在此岸世界自然法还有什么制裁力的话,那只能是由人来提供……自然法确确实实是上帝所赐予的,然而它之成其为法律并不有赖于人们知道它是由上帝赐予的,因为它在当下的施行,不是出之于上帝或良心,而是出之于人类。"[③] 而如果考虑到洛克对人的理智的研究,他认为"上帝"仅仅赋予了人"认识白板"和走出"自然状态"的倾向,这也足以与现代科学的"证实"精神相映照。这是由于那种认为上帝预先设定了人的认知内容的观念是"不可证实"的,而人类走出"自然状态"却是在进化理论上有科学依据的,洛克无非是把科学理论谨慎地披上了一件神学的外衣而宣扬在这种状态下出于人民公意而形成的政府具有符合人之"自然"的合法性。因此,"现代性的第一次浪潮"可以归结为对神学不可用科学方法证明的内容的否定,并且基于这种否定来建立一个"科学"的国家。

(二) 现代性的第二次浪潮:"现代技术统治"的思想效应以及技术霸权的彰显

施特劳斯对"现代性浪潮"的界定,实际上要回答的是"政治哲学何以危机"的问题,要回答的是"如何救渡现代性危机"的问题,但同样也是回答"哲人王"的"不是什么"与"不应是什么"的问题。通过对"现代性的第一次浪潮"的回顾,我们可以发现,思想家对"自然法"的关注或多或少地对实然的"技术运作"有所反思。然而,我们需要重

[①] 洛克首先对保守主义者基于君主论者主张的世俗君主之为"亚当的继承人"而提出的"王权统治"的先天神圣性进行了驳斥,指出"长子继承的正当性""战争与媾和权力的证明力""习惯传统""上帝的重建"都有违圣经教义,洛克认为:"现在世界上的统治者要想从亚当的个人统辖权和父权为一切权力的根源的说法中得到任何好处,或从中取得丝毫权威,就成为不可能了。"见〔英〕洛克《政府论》下篇,叶启芳、瞿菊农译,商务印书馆,1964,第3页。

[②] 〔英〕洛克:《政府论》下篇,叶启芳、瞿菊农译,商务印书馆,1964,第6页。

[③] 〔美〕列奥·施特劳斯:《自然权利与历史》,彭刚译,生活·读书·新知三联书店,2016,第228页。

申：反对"技术统治"并不是"哲人王"构成的充要条件，反之如果将"超克技术统治"等同于"救渡现代性危机"，将不加反思就树立起来的"人"的形象视为最佳的统治者不等同于找到了"哲人王"的形象，甚至一味地遵循现代性自身的运作规律，"哲人王"将与我们越行越远，以至于"哲学家"和"古典哲人"相比已经成为苏格拉底反讽的"匠人"或"智术师"。这进一步反映在"第一次浪潮"后常人的自由获得进一步解放的历史环境之中——"现代性的第二次浪潮"在施特劳斯看来属于卢梭和洛克的"历史主义"。卢梭的"靶子"正是在"第一次浪潮"之中把"政治问题"当成"技术问题"，给"自然"披上人工的"文明外衣"。①那么看上去反对"第一次浪潮"之中把政治哲学科学化的"第二次浪潮"为何同样促进了"现代性"呢？在施特劳斯看来，"卢梭的自然人不仅仅像霍布斯的自然人那样缺乏社会性，而且还缺乏理性；人不是什么理性的动物，而是作为自由施动者（agent）的动物，或者说得更确切些，人具有一种近乎无限的可完善性与可塑造性"②。并没有任何一种例如"自然本性""先天道德"抑或是"上帝"的存在者去引导人们这样进步，"人的自然本性"的发展只能依靠"历史过程"，依靠在这种"历史过程"之中形成的"公意"或"普遍意志"，而他在这种"公意"和"历史"的立场下提出"放弃了自己的自由，就是放弃了自己做人的资格，就是放弃人类的权利，甚至就是放弃自己的义务"③，因此"要寻找出一种结合的形式，使它能以全部共同的力量来卫护和保障每个结合者的人身和财富，并且由于这一结合而使得每一个与全体相联合的个人又只不过是在服从其本人，并且仍然像以往一样地自由"④。卢梭所主张的"自由"就是完全"属人"的，他不但否定了在霍布斯和洛克看来能够指引人类走出自然状态的科学规律或人类的文明倾向，也让那种"德性"纯粹地变成了此岸世界的"意见"。即使这种意见是"公共"的和"历史"的，即使卢梭的伟大后继者康德和黑格尔不断地去补充"普遍意志"和"历史过程"的关联，但是卢梭本人仍然通过把"德性"降格为一种维系市民社会的"公共普遍意见"而将之视为能够与实在法对抗的自然权利。因为他"把政治

---

① 〔美〕列奥·施特劳斯：《现代性的三次浪潮》，丁耘译，载刘小枫编《苏格拉底问题与现代性——施特劳斯讲演与论文集》，刘振、彭磊等译，华夏出版社，2016，第323页。
② 〔美〕列奥·施特劳斯：《现代性的三次浪潮》，丁耘译，载刘小枫编《苏格拉底问题与现代性——施特劳斯讲演与论文集》，刘振、彭磊等译，华夏出版社，2016，第324页。
③ 〔法〕卢梭：《社会契约论》，何兆武译，商务印书馆，2003，第12页。
④ 〔法〕卢梭：《社会契约论》，何兆武译，商务印书馆，2003，第19页。

德性与真正的德性之间的差别夸大为德性与好的对立","率先把道德标准下降与'真诚'的道德情感要命地结合起来"。① 即使是在霍布斯和洛克那里,尚且存在的高于人的自然本性的相对稳定的自然规律和文明倾向也被历史主义取而代之了。

所以,虽然"现代性的第二次浪潮"蕴含了与古典政治哲学相似的"言辞",但是二者在"语意"上已经出现了明显的差异。施特劳斯意识到,"现代自然权利论"已经无力回答"何为哲人王"的问题,"现代自然权利论"已经和"技术统治"完全等同。这是由于通过"权利""自由"以及在"现代自然权利论"背后"价值"与"事实"的分离,立法者完全可以相对于哲人获得自主和自足,构成现代社会的是"哲学家"而非"哲人"。而施特劳斯也意识到,"反对现代性"根本地是反对"第一次浪潮"和"第二次浪潮"无意或有意推动并促成的"现代性",后者意味着在思想方面实证主义、科学主义、历史主义的结合,以及在实践方面权利本位、民主政治、实证法获得空前的合理性与合法性。在这种情况下,"古典哲人"不可能被赋予乃至被强迫具有"回返洞穴"的义务,同时在现代性的技术"总体动员"面前,哲人需要隐微地避免"迫害"②。

(三) 现代性的第三次浪潮:"反现代性"与推动"技术统治"的悖论

施特劳斯也由此对与他同处于"反现代者"行列的其他思想家的观点进行了反思。与海德格尔类似,施特劳斯认为已有的"反现代者"相比于前几代人更为激进,但面对"技术"的强力仍然落入彀中,"虚无主义"

---

① [美]列奥·施特劳斯:《论卢梭的意图》,冯克利译,载刘小枫编《苏格拉底问题与现代性——施特劳斯讲演与论文集》,刘振、彭磊等译,华夏出版社,2016,第202页。
② 如施特劳斯认为:"大约一个世纪以来,众多的国家实际上一直享有公开讨论的充分自由。不过,在这些国家,这种自由现在受到了压制,取而代之的是一种强制:人们的言论必须与政府认为合宜,或政府严肃持有的观点相一致。有鉴于此,花一点功夫简要考察一下这种强制或迫害对思想及行动的影响,是完全值得的。"(见[美]列奥·施特劳斯《迫害与写作艺术》,刘锋译,华夏出版社,2012,第16页。该书第二章题名亦为"迫害与写作艺术",此段引文为该章第一节第一自然段。)他同时指出:"在过去,独立思想遭到压制的情况屡见不鲜。有理由假定,在以往的各个时期,能够独立思考的人从比例上说与今日一样多,其中至少有一些人既有领悟力,又十分谨慎。于是,我们就会问,昔日某些最伟大的作家是否通过字里行间来表达他们对当时最重要的问题的看法,从而利用文学技巧使自己免遭迫害?"见[美]列奥·施特劳斯《迫害与写作艺术》,刘锋译,华夏出版社,2012,第20页。

也即"现代性第三次浪潮"便是"反现代性"的后果。虽然除了哲学史的断代问题,施特劳斯几乎没有讨论"第二次浪潮"和"第三次浪潮"之间的那些伟大心灵。不过他的论证在历史的因果架构上并没有问题,因为被"历史化"了的"价值"和"德性"必然走向"相对化",被"相对化"也就意味着用以判断何为"正误""好坏"的标准之阙如。这也就是"虚无主义"的基本内容,这一点早在历史主义兴盛之初就已经注定。施特劳斯认为:"黑格尔之后的思想拒绝历史可能有终结或顶峰的想法,也就是说,它将历史过程理解为未完成的、不可完成的,然而它还是残留着对历史过程的合乎理性与进步性的无根基信念。"① 而尼采则把这种"信念"也彻底否定了,他认为,"道德本质上作为防御,作为防御手段:就此而言乃是未充分发育的人的一个标志……道德恰恰是如此'不道德'……一种欲望要拿自己怎么办,才能成为德性呢?——改名换姓;对自身意图的原则性否定;练习自我误解;与现行公认的德性结盟;公开敌视自己的对手。尽可能换取奉若神明的权力的庇护;陶醉、激动、理想主义的伪善;赢得一个党派"②。

尼采的攻击对象正是黑格尔的"哲学大厦"。但是,尼采究竟是怎样进行攻击的呢?施特劳斯指出,"尼采用来反对知识和信仰的根本现象是意志?我相信不可能是这么简单的回答。它当然是权力意志……思想将会指的它的意志……存在着思想,尼采用的德文词是 Geist。《扎拉图斯特拉如是说》的一个部分标题出现'思想'或'精神',也就是译者翻译的'沉重的精神'(The Spirit of Gravity) ……不过,我把它译作'负重的精神'(The Sprit of Heaviness)",而还有一种"精神"是"复仇的精神"。③ 尼采要用这种"负重的精神"与"复仇的精神"去"重估"一切价值,例如施特劳斯认为尼采在讨论"自然道德"的时候,认为它恰恰是"反自然、不自然"的,是"专制的、强制的","理性道德"则仅仅是"服从群体的本能"。④ 这样,尼采就把那些残留的黑格尔式的"精神遗产"

---

① 〔美〕列奥·施特劳斯:《现代性的三次浪潮》,丁耘译,载刘小枫编《苏格拉底问题与现代性——施特劳斯讲演与论文集》,刘振、彭磊等译,华夏出版社,2016,第328页。
② 〔德〕弗里德里希·尼采:《尼采四书——权力意志》,孙周兴译,上海人民出版社,2020,第296~297页。
③ 〔美〕列奥·施特劳斯讲疏《哲人的自然与道德——尼采〈善恶的彼岸〉讲疏》,〔美〕布里茨整理,曹聪译,华东师范大学出版社,2017,第49~50页。
④ 〔美〕列奥·施特劳斯讲疏《哲人的自然与道德——尼采〈善恶的彼岸〉讲疏》,〔美〕布里茨整理,曹聪译,华东师范大学出版社,2017,第269~270页。

视为人的重负，视为压抑人的欲望与激情的强力，因此，唯有人"成为超人"才能"根据重估一切价值"来生活，① 这种"超人意志"乃是"出于自然本性，人是不会意欲平等"的"超克他人的意志"，② 是超克那些"不爱听轻蔑的话""不知道什么是爱、创造、渴望""希冀平等"却强调"舒适"的"末人"的意志。③ 如果说霍布斯的人是"社会的人"，而卢梭的人是"自由的人"，那么尼采的人显然是"残酷的人"，至少在价值被重新估定之前，人是在道德上"虚无"和在意志上"残酷"的强力者。

"虚无主义的意思也许是：velle nihil，意欲虚无、……包括自身在内的万物的摧毁……"④ 而在德国，"德国虚无主义意欲现代文明的摧毁"，但是"不意欲包括自身在内的万物全都摧毁"，它仅仅是对现代文明的否定。⑤ 对于海德格尔这一把"虚无主义"推向最高峰的人，施特劳斯隐晦地认为海德格尔曾经参与纳粹的例子会让人想起尼采。"如果一个人像尼采那样，为了一种新贤良政制，富有激情地拒斥保守的立宪君主制和民主政制，那么比起新的贤良方正之人——不用说什么金发野兽——品性的必然更为微妙的暗示，倒还是那一拒斥行为的激情产生了更大的效果。"⑥ 他还隐晦地说，"科学，以及贫乏且愚昧的实证主义，凭其自身当然无助于反击存在主义的进攻"，如果我们找到一种理性主义哲学，那么"诗性的、情绪化的存在主义不足为敌"⑦，但是施特劳斯也无法真正找到这样一种理性的哲学，他只能宣布："存在主义始于这样一种认识：我们发现所有客观的、理性的知识之根基乃是一个深渊。最终，支持着一切真理、一切意义的别无他物，只有人的自由。客观地看，最终只有无意义性、虚

---

① 〔美〕列奥·施特劳斯：《现代性的三次浪潮》，丁耘译，载刘小枫编《苏格拉底问题与现代性——施特劳斯讲演与论文集》，刘振、彭磊等译，华夏出版社，2016，第329页。
② 〔美〕列奥·施特劳斯：《现代性的三次浪潮》，丁耘译，载刘小枫编《苏格拉底问题与现代性——施特劳斯讲演与论文集》，刘振、彭磊等译，华夏出版社，2016，第330页。
③ 〔德〕尼采：《查拉图斯特拉如是说》，钱春绮译，生活·读书·新知三联书店，2014，第12~13页。
④ 〔美〕列奥·施特劳斯：《德国虚无主义》，丁耘译，载刘小枫编《苏格拉底问题与现代性——施特劳斯讲演与论文集》，刘振、彭磊等译，华夏出版社，2016，第91页。
⑤ 〔美〕列奥·施特劳斯：《德国虚无主义》，丁耘译，载刘小枫编《苏格拉底问题与现代性——施特劳斯讲演与论文集》，刘振、彭磊等译，华夏出版社，2016，第91页。
⑥ 〔美〕列奥·施特劳斯：《海德格尔式存在主义导言》，丁耘译，载〔美〕潘戈编《古典政治理性主义的重生》，郭振华等译，华夏出版社，2017，第74页。
⑦ 〔美〕列奥·施特劳斯：《海德格尔式存在主义导言》，丁耘译，载〔美〕潘戈编《古典政治理性主义的重生》，郭振华等译，华夏出版社，2017，第78~79页。

无。"① 他指出，"存在主义自称是对人之历史性的理解，而它并未反思它自身的历史性，并未反思自己从属于西方人的一种特定处境"②；他也直接指出："人的出现，Sein 的出现是什么造成的，令人和 Sein 从无到有之物（what brings them out of being）的出现又是什么造成的；因为 ex nihilo nihil fit（无中不能生有）。对于海德格尔来说，这是个巨大的问题。他说，Ex nihilo omne ens qua ens（一切存在者均由无而有……/而现……）。这会让人想起从无中创世的圣经学说，可海德格尔那里没有创世主上帝的地位。"③

"哲人王"的隐遁受到了"技术统治"的影响——与色拉叙马霍斯式的修辞术的盛行、流变和异化不无关系，甚至说色拉叙马霍斯及其同侪是"哲人王"隐遁的共谋者也不为过。然而，"哲人王"最终被民主制代替，有关哲人王的思想和理想被与生活世界更具相关性的现代科学、哲学和逻辑学取代，这实则也是诸多尝试阻碍现代性的"技术统治"的思想家无意的后果。也就是说，在人类思想的历史中，挑战乃至于暂时成功地消解技术的力量的思想尝试繁多，人的理性、人的自由、人的权利、人的法律、人的政治都在一定程度上回返了"人"这个思想主题，进而将"技术"贬斥为"客体"或"造物"，但这些尝试最终都被技术篡夺了"主体"地位。

（四）回返柏拉图与直面"哲人王"：施特劳斯言辞与现代性批判方向

施特劳斯通过对现代性的批判指出，全然顺应现代性的浪潮来攻击现代性，其必然后果是如海德格尔预测的那般被"技术本质"裹挟，最终徒劳地推进现代性的进程；而依照海德格尔式的回返思路来寻找"哲人王"的形象，却无法克服"哲人被迫统治城邦"的悖论。在海德格尔看来，"走出洞穴"在于自我的修为尤其是对存在本身的领会，而不在于教育式的带领。也就是说，现代政治科学通过排除"哲人王"的存在开敞了人"走出洞穴"的路径，扫清了制度对人的束缚，但是没有确定那条走出洞穴的道路究竟是"上升阶梯"还是"沉沦之径"；海德格尔式的"回返之路"虽然考虑到了"上升"与"下降"的标准，但是其中蕴含的"黑话"

---

① 〔美〕列奥·施特劳斯：《海德格尔式存在主义导言》，丁耘译，载〔美〕潘戈编《古典政治理性主义的重生》，郭振华等译，华夏出版社，2017，第80页。

② 〔美〕列奥·施特劳斯：《海德格尔式存在主义导言》，丁耘译，载〔美〕潘戈编《古典政治理性主义的重生》，郭振华等译，华夏出版社，2017，第83页。

③ 〔美〕列奥·施特劳斯：《海德格尔式存在主义导言》，丁耘译，载〔美〕潘戈编《古典政治理性主义的重生》，郭振华等译，华夏出版社，2017，第91页。

以及最终的理想此在（本真性，Eigentlichkeit）导致哲人只能"独善其身"。如果对施特劳斯的深意进行进一步的还原，那么就可以发现施特劳斯的两个更为根本的主张。一是"政治哲学"不是学院派的活动，单纯依靠理论理性来研习政治哲学是具有瑕疵的。例如他说："政治哲学是用关于政治事物本性的知识取代关于政治事物本性的意见的尝试。"①"在阶梯的顶端，我们发现伟大的政治家掌握着最高程度的政治知识、政治理解力、政治智慧及政治技巧：这是原初意义上的政治科学……一词的含义所在……所有的政治知识都由政治意见环绕和点缀。"② 在这里他突出了"学院派"政治哲学家可能不具备的"政治智慧""政治技巧"等实践因素。二是"理性主义"如果被置于他前述对"三次浪潮"的描述之中，前者的颠覆是一个在逻辑上必然的过程，而他围绕"理性主义"来做文章也有他的其他话语支持："古典政治哲学——发端于苏格拉底并由柏拉图和亚里士多德论述的政治哲学——今天一般被斥为过失。人们据以拒斥它的两个理由之间的差异，且不说两者之彼此不相容，对应于……实证主义与存在主义之间的差异。"在他看来"实证主义"反对古典政治哲学的理由是后者在理论上的"不科学"以及在实践后果上的"不民主"，"存在主义"反对古典政治哲学的理由是后者在理论上的"理性化"以及在实践后果上的"绝对化"，而"存在主义"对"实证主义"的批判恰恰在于后者对"理性"的过分宣扬。③ 施特劳斯对古典政治哲学、现代实证主义和历史主义的政治科学以及存在主义等"反现代性"的主张进行了如下区隔：第一，实证主义面对存在主义的质疑是实证主义的"科学主义"与"历史主义"的自我备份，这是它超克古典政治哲学所要付出的必要代价，因此在反对"实证主义"方面，存在主义既是古典政治哲学的对手也是盟友；第二，"存在主义"这个"盟友"并不可靠，因为它在根本上否定了"理性"，后者包括古典政治哲学的"古典理性"与现代的"科学理性"，更为关键的是，"实证主义"和"存在主义"都是"学院派"的哲学，这就在根本立场上与强调"政治家"的"政治技艺与智慧"的古典政治哲学相悖了。因此，在这一个步骤的还原中，施特劳斯的"真意"可以这样理解：

---

① 〔美〕施特劳斯：《什么是政治哲学》，李世祥译，载《什么是政治哲学》，李世祥等译，华夏出版社，2019，第3页。
② 〔美〕施特劳斯：《什么是政治哲学》，李世祥译，载《什么是政治哲学》，李世祥等译，华夏出版社，2019，第6页。
③ 〔美〕列奥·施特劳斯：《古典政治哲学的自由主义》，刘振译，载《古今自由主义》，叶然等译，华东师范大学出版社，2019，第34~35页。

由马基雅维利开端的现代自然权利论遗弃了古代的智慧，它在后果上导向了实证主义这一把政治问题技术化，特别是悬置政治活动中的价值判断的"政治科学"，而这种科学主义的立场最终被它自身带来的历史主义与相对主义影响，最终被代表"虚无主义"的存在主义所质疑——"现代性"的根本问题就在于对古典德性的遗忘。

三　建构哲人王的形象与上升阶梯：《城邦与人》之中的苏格拉底

讨论施特劳斯现代性批判的内容，以及给出海德格尔"技术批判"的结论，意在指出完成"哲人王言辞"以及树立哲人王的形象进而追求"最佳政制"，必须意识到"现代技术本质"及其危机；同时要意识到"回返之路"虽然存在，但可能犯错。施特劳斯的任务在于，建立一个成熟的"哲人王典范"以供古典政治哲学发声、传道，进而建构起一条真正指向"洞穴之外"的"上升阶梯"。这一阶梯搭建在海德格尔成功的古代哲学知识论之上，并且阻止了后者向神秘主义进发并且由此产生虚无主义后果的可能性；同时必须保持对已有的"现代社会"的尊重，在"现代自然权利论"及其"不满"已然存在于人类的历史与当下的情况下，用回顾历史的方式提供人类的未来图景。职是之故，在"清理"了"技术即正义"后，施特劳斯将读者引导到苏格拉底的面前，并且依照哲人王言辞构造救渡现代性危机的上升阶梯。

（一）"理念学说"作为回返"哲人王政制"的形而上学框架

如施特劳斯、柏拉图以及苏格拉底同样主张的那样，面对"理念"，人作为有限性的存在者不可能如海德格尔所说那般直接"沐浴"在存在的澄明之中；毋宁说，海德格尔开辟的是一条通向"存在"或"理念"的道路，而施特劳斯则认为这一道路仅仅具有可能性。或更准确地说，如果不乞灵于"天地神人"等宗教性言说和存在力量，那么人只能尽可能趋近并且"效仿"理念，那些最与理念的存在相似的存在者就是最好的灵魂。理念论具有如下的三个层次。

第一个层次体现在《理想国》《法律篇》[①] 对"理念"的政治哲学

[①] 又译为《国家篇》《法义》等。

叙事之中。"一个按照自然建立起来的国家,其所以整个被说成是有智慧的,乃是由于它的人数最少的那个部分和这个部分中的最小一部分,这些领导着和统治着它的人们所具有的知识。"①"如果我们得到了适合于自然的东西的充实,我们就感到快乐的话,那么,受到充实的东西和用以充实的东西愈是实在,我们所感到的快乐也就愈是真实;反之,如果比较地缺少实在,我们也就比较地不能得到真实可靠的充实满足,也就比较地不能感受到可靠的真实的快乐。"② 所以理想国首先是作为一种"理念"的"理想国",它永远是无法切近的存在者,现实之中的国家即使由"哲人"这一群体作为统治者,采取"哲人王"这一最佳政制,也无法做到对"理念"的全然本真的解蔽,反而是在"哲人王—贵族共和制—寡头政治—民主政体—僭主制"的序列之中,所能解蔽出的真理—理念的成分相应地稀少,最终由"真"成为"假",也即从"善"走到"恶"。

第二个层次,作为"理念"的理想国是真实"存在"的,如柏拉图在对"善"的讨论之中指出的那样,"理念"之中的理想国是"真实的善",但也是"应当存在而尚未存在"乃至于"无法在现世存在"的善,③在现实之中存在的政制都不是"真实"的,反而是那存在于人类无法触及的彼岸世界之中的才是最佳的政制。海德格尔在一定程度上承认上述观点,尤其是在对柏拉图用以比喻人如何切近真理、如何切近"善"这一至高理念的过程中使用的"洞穴比喻"予以诠释时,海德格尔将之更为详尽地表述为"真理发生"的四个步骤。

(1)洞穴之中人的生存境况:"人的行为所朝向的某物之无蔽,属于人的此在(作为其状况的标志)"④,洞穴之中的囚徒被束缚到特定的方向上,观看到的是"阴影",被遮蔽的实在是更为真切的存在者,但阴影对于这一阶段的人之此在而言已然是"无蔽($\dot{\alpha}\lambda\eta\theta\dot{\varepsilon}\iota\alpha$)"——"阴影,洞穴中所面对的照面物"⑤。

(2)洞穴之中人的某种"解放":在这一阶段的人摆脱了束缚,而

---

① 〔古希腊〕柏拉图:《理想国》,郭斌和、张竹明译,商务印书馆,1986,第147页。
② 〔古希腊〕柏拉图:《理想国》,郭斌和、张竹明译,商务印书馆,1986,第376页。
③ 〔古希腊〕柏拉图:《理想国》,郭斌和、张竹明译,商务印书馆,1986,第264页。
④ 〔德〕海德格尔:《论真理的本质:柏拉图的洞喻和〈泰阿泰德〉讲疏》,赵卫国译,华夏出版社,2008,第28页。
⑤ 〔德〕海德格尔:《论真理的本质:柏拉图的洞喻和〈泰阿泰德〉讲疏》,赵卫国译,华夏出版社,2008,第64页。这一部分"——"后所对应的是海德格尔提出的"无蔽"($\dot{\alpha}\lambda\eta\theta\dot{\varepsilon}\iota\alpha$)的四个等级,下同。

直接面对原本处于背后的"火光",看到了某种相对于"阴影"而言更具"存在性"的存在者,但是"摆脱了囚缚并不是人真正的解放,只要人还没有掌握真正的本己,解放就仍然是表明上的,只是改变了境况,而其内在的状态,他的意愿并没有改变……还是想返回到枷锁之中"①,人并未领会光明(Lichtung)和无蔽何以发生——"在第一次的(非真正)的解放中,在洞穴中可觉察的东西"②。

(3) 人朝向本源的光明的真正解放:人在本己的自由的迫使下,超越了"自明性"的洞穴之中的一切存在者,而走向洞穴之外的"超越之地",切近了最高的但不敢直视的"太阳—至高理念—善"③——"在第二次(真正地)解放中,逐渐习惯并习惯于所呈献出来的最高等级的东西——使光、发光的东西、可见性首先得以可能的东西:众理念"④。

(4) 自由人向洞穴的回返:作为解放了的囚徒的哲人（φιλόσοφος）的危险的回返、死亡以及自由,这一更高程度的自由在于"履行一种作为ἀλήθεια之发生的哲学的命运"⑤,意味着一种更为本己的能在,以及被"善"这一至高理念所"托付"的走回黑暗的命运——领会了"无蔽"与"遮蔽"的区分以及"理念"与"现象"的区分。⑥

这样的阶梯构成了施特劳斯意图的"回返古代政治哲学"的路径形

---

① 〔德〕海德格尔:《论真理的本质:柏拉图的洞喻和〈泰阿泰德〉讲疏》,赵卫国译,华夏出版社,2008,第36页。
② 〔德〕海德格尔:《论真理的本质:柏拉图的洞喻和〈泰阿泰德〉讲疏》,赵卫国译,华夏出版社,2008,第64页。
③ 〔德〕海德格尔:《论真理的本质:柏拉图的洞喻和〈泰阿泰德〉讲疏》,赵卫国译,华夏出版社,2008,第44页。虽然并未标注,但是此处的"自由"应当与前文技术批判之中的"自由"作同样理解,即人之此在的全部可能性。
④ 〔德〕海德格尔:《论真理的本质:柏拉图的洞喻和〈泰阿泰德〉讲疏》,赵卫国译,华夏出版社,2008,第64页。
⑤ 〔德〕海德格尔:《论真理的本质:柏拉图的洞喻和〈泰阿泰德〉讲疏》,赵卫国译,华夏出版社,2008,第84页。
⑥ 海德格尔对"第四阶段"的描述是相当丰富的,由于篇幅所限,无法全然展开,但是需要提醒的是,海德格尔绝非在一种政治哲学意义上的"拯救"的意义上去区分"哲人/政治哲人",而后者是施特劳斯对柏拉图洞穴比喻的解读,据施特劳斯,哲人的责任在于明晰了知识后肩负起对城邦(洞穴的意见社会)的拯救任务,他要再度回返洞穴之中进行对"常人"的拯救,即要在知悉"最佳制度"的理念形象后回返洞穴建构合法的制度(见〔美〕列奥·施特劳斯《自然权利与历史》,彭刚译,生活·读书·新知三联书店,2016,第141页),而海德格尔的解读却以哲人本身的本己能在为线索,指出了人在由庸常生活到意见生活,再到超越洞穴的真理生活之后,必然回到共同体之中的"命运",换言之,哲人回返洞穴并非由于自身的意愿,而是在历史性支配下的"永恒轮回"的一个部分,这一过程的动力绝非某种超越于常人的拯救能力,而是哲人本己的决断:这一本己的决断构成了更为自由的哲人的生存论状况。

态。柏拉图从《泰阿泰德》之中生发出的对"不"(Nichts)的讨论,延伸到《智者》之中对"非—是者"的"是性"(存在性)的解读,最终落脚在《政治家篇》之中向"政治哲学"的回返。然而经过了"遮蔽/无蔽""非/是"的区分讨论,柏拉图对政治的认识更加深入,他借由"异邦来客"之口,给出了"划分"的技艺,即对一切整体的辩证论分析的区分,促成了对"$τέχνη$"(技艺)的综合讨论,而海德格尔则认为在柏拉图的这种理论构造之中,"存在首先指的是在场状态。超出在场状态,它是'为何之故',为了,$ἀγαθόν$,$ὠφέλεια$,'有用'。存在被分离开,作为$ὄν$……助益(Beiträglichkeit)自身不是存在论地被理解的,而是跟存在并列,因为存在自身被限制在纯粹持恒,赤裸裸的物的在场状态"[1]。

而如果把柏拉图对"理念"的第三个层次的研究置入我们的视野之中,则发现柏拉图愈发沉浸于对"理念"的存在样态的讨论,自然法进而成为静态的自然正当观。在《蒂迈欧篇》之中,他直言:

> 首先,存在着理型,不生不灭;既不容纳他物于己身,也不会进入其他事物中;不可见不可感觉,只能为思想所把握;其次,我们有与理型同名并相似的东西,可以感知,被产生,总在运动,来去匆匆;我们通过知觉和信念来把握它们。第三者是空间,不朽而永恒,并作为一切生成物运动变化的场所;感觉无法认识她,而是能靠一种不纯粹的理性推理来认识她;她也很难是信念的对象。[2]

柏拉图在此明确了理念乃是存在者定位,并且划分了在理念之下的各个存在者的自然等级。虽然柏拉图对"理念"的定义上仍然是《理想国》之中的至善理念,同时把"理念"的相似物视为对理念进行模仿的"众存在者",然而在此处对"理念(本源)—其他存在者(生成物)"的位阶已经相当明确:柏拉图要求我们明确"在生成中的东西""生成过程的承载体""被生成物所模仿的存在"[3],这样"存在者"就具有三个不同的等级并且把理念包含了进去:一是作为一切存在者的模板的"形式"也即

---

[1] 〔德〕马丁·海德格尔:《古代哲学的基本概念》,朱清华译,西北大学出版社,2020,第155页。
[2] 〔古希腊〕柏拉图:《蒂迈欧篇》,谢文郁译注,上海人民出版社,2003,第49页。由于译者差异,"$ἰδέα$"被译为"理念"与"理型",实则是同一词。
[3] 〔古希腊〕柏拉图:《蒂迈欧篇》,谢文郁译注,上海人民出版社,2003,第47页。

"理念",二是一切存在者的载体和养育者即"质料",三是由"理念"派生的、可见的模仿者即"生成物"。① 柏拉图以对巴门尼德的"理念可否分有"的回应②把"理念论"提高到了数学构型的层面上,这基本奠定了亚里士多德的宇宙论研究的结构,同时也把"理念"建构为以数学模式可被其他存在者分有/模仿的对象,即在"存在性"上其他存在者以相似性的方式效仿"理念"进而分有理念。

(二)"柏拉图哲人王言辞"对"正义"的彼岸化

柏拉图对"理念"的三个层次的强调最终以牺牲了"自然"的不性获得了对存在问题的回答,奠定了"理念"的至高性质,《泰阿泰德》《智者》之中对"理念"之"遮蔽与无蔽""是性与不性"的辩证讨论实则已经触及"存在论差异"这个根本的问题,然而在《政治家篇》以后,柏拉图又着重于对"技艺"即对存在者的解蔽方式的区分,这也导致了柏拉图最终的思辨止于"存在者"的层面,《蒂迈欧篇》之中则出现了以数学和逻辑的方式对"理念"之为最高存在者的描述与定义。而海德格尔指出的是,柏拉图并非放弃了对"存在"的问题意识,甚至他在存在者存在的"是性"与"不性"方面指出了"是"与"不"都是存在的显现方

---

① 〔古希腊〕柏拉图:《蒂迈欧篇》,谢文郁译注,上海人民出版社,2003,第45页。
② 《蒂迈欧篇》更像是"老年苏格拉底"的独白,这是由于在这一讨论之中其他发言者几乎毫无存在感,而与之相映成趣的是,在代表"少年苏格拉底"的《巴门尼德篇》(又译为《巴曼尼得斯篇》)中,"受教育者"则是苏格拉底本人,巴门尼德针对苏格拉底"理念论"指出:"看起来无论如若一是或者如若一不是,它和其它的,相对于它们自身以及彼此相对,既完全是一切、又不是一切,既表现为一切,又不表现为一切。"(见〔古希腊〕柏拉图《巴曼尼得斯篇》,陈康译注,商务印书馆,1982,第364页。)巴门尼德是唯一在论辩中使"苏格拉底"自叹不如的人,他的基本主张是基于"善"这一至高"理念"并不具有本源地位,与"善"相关的"德性"不能由人"分而有之",因此对一个人进行整全的德性教育是不可能的,进而可以推知在巴门尼德看来,教育的目的乃是智慧—知性的培养,而根本不能直接指向德性(见〔古希腊〕柏拉图《巴曼尼得斯篇》,陈康译注,商务印书馆,1982,第一部分);而在"苏格拉底"和普罗泰戈拉的辩论中,前者又似乎在使用巴门尼德的那种理论武器,对于普罗泰戈拉的"德性可教"且"可以普及"的观点进行了质疑(见〔古希腊〕柏拉图《普罗塔戈拉》,载刘小枫编译《柏拉图四书》,生活·读书·新知三联书店,2015),因为在普罗泰戈拉看来,"德性"不仅是可教的,而且是通过"智术师"进行传授的一种"公民技艺",因此社会的一切阶层都有形成德性的机会,即受教育的机会。柏拉图在后期著作中对上述不同教育思路进行了反思:一方面,他认为德性可教,但是不能依照智术师的"修辞术"进行教育,而必须借助天文学、几何学和音律学等方式进行引导;另一方面,他则坚持认为由于上述的"学科门槛",德性的教育也只能局限在贵族之中(详见〔古希腊〕柏拉图《蒂迈欧篇》,谢文郁译注,上海人民出版社,2003)。因此《蒂迈欧篇》可以被视为"老年苏格拉底"对"少年苏格拉底"的回答与补充。

式,指出了"遮蔽"(非知识)与"无蔽"(知识)是一体两翼的解蔽活动,即使是在《政治家篇》之中的技艺分类讨论,仍然可以视为对"技术"的合乎本源的界分方式,因而实际上柏拉图已经意识到了存在/存在者区分的必要。在海德格尔看来,柏拉图未道说出的思想要远比他已然道说的形而上学观点重要①——正如他对柏拉图的评价指出的那样:"真理之所是,如同它存在并活动着的那样,只有通过我们探问其特有的发生;通过我们先于一切而追问那种在这个历史上还未曾发生的东西才有可能,而此后它又自行锁蔽起来——自行锁蔽得如此之深,以至于此后似乎就像在其原初状态中那样根本未曾存在过。"②

因此,"生成于"并"切近"存在或理念,尤其是正义的理念而不是正义本身,恰恰是城邦的特质。也即作为"形式"的正义和善的理念不同于要被赋形的"实质","哲人"在某种现代意义上,乃是职业化的思想者,他们依照"理念",自然地就是思想者,自然地就是最接近存在的,因此也是对"无"最"有知"的那些良好灵魂。沃格林认为,"柏拉图确立的政治学中的人类学原则要求完美城邦的理念表达出(或政治科学提出的标准基于)人的本性"③,而阿伦特也同样指出,"哲学家对生活本身——生活本身指的是,对于尘世中的人们来说,它被给定的样子——的态度……尽管柏拉图鄙视肉体的快乐,但他并不抱怨不快乐超过了快乐",但"真知(true cognition)只有对于不受感觉搅扰的心智才是可能的"④。作为与施特劳斯相同的"反现代者"并且在一定程度上受到海德格尔"回返之路"影响的思想家,沃格林和阿伦特暗示了即便在"技术统治"成为命运的当下,"政治哲学"仍然可能并应当在如下方面遵循柏拉图的教诲:一是柏拉图首先明确了"人的本性(人的自然)"与"政治/国家的本性(自然)"同构的性质,把这两种"自然"统一于永恒的理念之上,这样"良善的国家"与"良善的个人"就具有了同样的"自然法尺度",这对于政治哲学而言是经典的理论预设;二是即使柏拉图

---

① 〔德〕马丁·海德格尔:《柏拉图的真理学说》,载《路标》,孙周兴译,商务印书馆,2000,第234页。
② 〔德〕海德格尔:《论真理的本质:柏拉图的洞喻和〈泰阿泰德〉讲疏》,赵卫国译,华夏出版社,2008,第311页。
③ 〔美〕埃里克·沃格林:《柏拉图与亚里士多德》,刘曙晖译,译林出版社,2014,第340页。
④ 〔美〕汉娜·阿伦特著,罗纳德·贝纳尔编《康德政治哲学讲稿》,曹明、苏婉儿译,上海人民出版社,2013,第44页。

存在对"理念"这一彼岸存在者的信仰与构想,他最终还是回归于尘世,以"不受干扰的心智"去对尘世之中的常人进行救渡,这符合一个完美的政治哲人的形象;三是海德格尔式的"世俗化"尝试,无非是把理念进行相对化与历史化的"现代性"的相对主义理论尝试,沃格林、阿伦特以及施特劳斯的辩护尊重了长期因袭的、柏拉图式的"二元论图式"作为经典的自然法构想的价值效能,将与海德格尔式回返之路的对立处理为自然哲学/存在论与政治哲学/价值论的优劣之争,也即历史主义/生存论演历与绝对主义的立场之争,以至于在同样面对"现代性浪潮"的情况下,共识远比差异来得更容易。

(三)"苏格拉底形象"和"哲人王"的拟然性及施特劳斯的召唤

柏拉图的"哲人王"言辞指出的是依照"理念论",哲人王如何"生成"并持存(Existenz)的问题。这一方面指出,"哲人"作为"王",应当具有相对于常人更切近存在的位置,也就是说,哲人王能够运用技术进行统治,但也能够依照"自然"统治,同时知晓技术统治的危险并由此乐于选择"自然"的统治;另一方面则指出,"哲人王"不等于存在本身,也不同于作为"至高存在者"的理念及其神圣变式,"哲人王"仍然是尘世之中的、芸芸众生之内的个体。稍微熟知柏拉图的"哲人王"言辞的人都会知道,"切近于存在"意味着要和理念之中的秩序一致,尽可能地享有"智慧—勇敢—正义—节制"等美德,并且在城邦的角度看,哲人王以智慧统辖全体成员和政治事务,以"正义"保证城邦成员依照自己的"自然"(nature,本性)从事必然的分工,同时保证各类分工以有机的方式结合在城邦整体内部。也就是说,由于"整体"不等于"部分的总和","哲人王的统治"就是城邦之中个体成员生活的总和之外的实体,是各个部分"生成为"整体的条件。但是哲人王的统治是"危险"的,柏拉图所预设的"哲人王"之所以充满理想色彩,乃是根本由于"哲人"在现实中过多地异化为色拉叙马霍斯式的"修辞学家",后者更切近现代意义上的"哲学家""语言教师"等形象。如果依照前文的脉络看,海德格尔所指出的"技术的本质"是蕴含在西方形而上学之内的天命,而施特劳斯则表明,那些尝试摆脱技术的力量求取"上升阶梯"的哲人,在推动了"现代性"的同时也成为技术统治的附庸,乃至于在近现代,哲学根本地开始附属于科学,思想根本地附属于技术,最终"哲学家"取代了

"古典政治哲人"而成为知识的载体。作为"多余"在个体的总和之外存在的"哲人王统治",因此必须思考一种面对技术对常人世界的"总体动员"的破局之道,而首先获得自我保全、免于迫害。申言之,"理念"与哲人有必然关系,但是对于大众来说,"理念"或"存在"是被"遮蔽"的"非—真理",在"洞穴比喻"之中,柏拉图已经注意到对于常人而言,把眼光挪到更具有"光明"(Lichtung)的理念并非易事,尝试让洞穴之中的、被拘束在"火光"之前的常人相信有更澄明的境域也相当困难;后者是哲人王的任务,同时也是可能将哲人王扼杀在生成之初的社会因素。

因此,在施特劳斯、柏拉图的笔下,苏格拉底是一位对"隐微术"进行高超运用的智慧之人。近年来,对苏格拉底使用隐微术的方式、理由、后果的讨论已经流行开来:如科钦(Michael S. Kochin)将其评论为"思想史中的伟大发现"①,梅尔泽(Arthur M. Meizer)更是指出,作为一种"隐秘的交流方式",隐微术是一种"部分透露,又部分隐藏自己内心信念"的修辞方法,甚至直言"必须采取这种修辞方法"的观念在各种哲学观中根深蒂固。② 由此,"高贵的谎言"被证明是哲人在城邦之中自我保全、免于迫害以及教化邦民、培育未来哲人王的手段。③ 的确,在柏拉图的"哲人王"言辞之中,以"苏格拉底"为代言人就足以说明"城邦"对柏拉图这个"人"的技术暴力,足以说明在城邦的律法面前,柏拉图本

---

① 〔美〕科钦:《〈迫害与写作艺术〉中的隐微论》,唐敏译,载〔美〕列奥·施特劳斯《迫害与写作艺术》,刘锋译,华夏出版社,2012,第 197 页。该文作为该书的"附录"被收录。
② 〔美〕亚瑟·梅尔泽:《字里行间的哲学:被遗忘的隐微写作史》,赵柯译,华东师范大学出版社,2018,第 4 页。
③ 梅尔泽给出的四种"隐微主义"(自卫性隐微主义、保护性隐微主义、教学性隐微主义、政治性隐微主义)可以等价于以下的四个理由,即"存在危险——自我保存的自然权利"作为"哲人说谎"、"存在更高规范——拯救城邦的义务"、"基于教师的权力——因材施教的自由"、"基于政客的本分——改造社会的希望"。通过上述分析,"自卫性隐微主义"虽然支持哲人"说谎",但是更倾向于哲人"不说话",因此不是"哲人说谎"的理由;"保护性隐微主义"全面支持了哲人"言说"与"说谎",但是有神秘主义的嫌疑,因此无法"走进城邦";"教学性隐微主义"与"政治性隐微主义"可以共同作为"保护性隐微主义"的辅助性理由,旨在使哲人"进入城邦"具有实在法上的许可。因此,"哲人说谎"具有理由,这种理由是一种结合性理由,即以"更高规范"为"理由—义务"的原初来源,同时以"世俗权力—自由"为这一原初来源的世俗化版本,这样哲人的"谎言"就既能避免逻辑悖论的智性指控,也具有来自自然法和实在法的共同理由。详见〔美〕亚瑟·梅尔泽《字里行间的哲学:被遗忘的隐微写作史》,赵柯译,华东师范大学出版社,2018。

人代表的"自然正当"是被订造的守法客体和执法对象；或者从另一个侧面来说，柏拉图必须运用"隐微"的言辞，以保证既能实现苏格拉底的教育任务，又不致重蹈苏格拉底的覆辙，这决定了柏拉图本人缺乏直接对抗"技术"的言辞内容。而如沃格林指出的那样，"苏格拉底"和"柏拉图"仍然具有差异并且这决定了"柏拉图"是"哲人"而"苏格拉底"是"哲人王"，决定了柏拉图的全部写作经历恰恰是重复苏格拉底难以隐微的"爱欲"（Eros）且承接苏格拉底遗志，最终"切近"苏格拉底本人的历程。沃格林提醒读者注意柏拉图鲜有的自传文字，"当我年轻的时候，我像其他人一样：我认为，一成为自己的主人，我就马上进入公共生活。但是我的路受到城邦事务中某些事件的阻碍"，而这一阻碍恰恰是"我毫不犹豫地成为当时最正义的人"的苏格拉底被牵涉到犯罪之中，恰恰是对苏格拉底的"有罪指控"根本地是对苏格拉底的不敬（asebeia）、告诉、杀害。因此，成熟的柏拉图逐渐意识到，"如果没有朋友和可靠的同伴，一个人根本做不了事"，他最终决心"从自身爱智慧的资源中以'几乎是奇迹的努力'来恢复希腊文明的秩序，这种资源得到最正义的人——苏格拉底——典范式的生死的强化"[①]，但同时开始更为谨慎地实现自身的政治抱负。

因此，在施特劳斯的"哲人王言辞"之中，"苏格拉底"无疑是最切近"理念"的人。而柏拉图作为苏格拉底言行的忠实记录者，是苏格拉底的最佳模仿者。施特劳斯则是在"现代性浪潮"之中尝试模仿柏拉图的"政治哲人"，如他在《苏格拉底与阿里斯托芬》的引言之中直接指出，"政治哲学包含在我们的伟大传统之中，由此，政治哲学的可能性与必要性似乎得到了担保。根据我们的伟大传统，政治哲学由苏格拉底创建"，而"柏拉图不是一位史家"，后者的对话录"将苏格拉底'理想化'了"，完整的"苏格拉底"应当是由色诺芬、柏拉图乃至阿里斯托芬共同勾勒的，对立于"相信普遍启蒙，从而相信一个普遍国家中所有人的尘世幸福，相信功利主义、自由主义、民主制度、和平主义以及社会主义"和"对科学固有局限的洞见"这些现代技术政治言辞的"古代现象"。[②] 因此，"苏格拉底之死"不仅是作为自然人和城邦成员的

[①] 〔美〕埃里克·沃格林：《柏拉图与亚里士多德》，刘曙辉译，译林出版社，2014，第54～55页。
[②] 〔美〕施特劳斯：《苏格拉底与阿里斯托芬》，李小均译，华夏出版社，2011，第1～2、6页。

苏格拉底的死亡，同时也是"古代现象"的死亡和古典政治哲学的坍塌。这样我们就可以认为，至少在柏拉图那里，作为"形象"的苏格拉底就是"理念"本身，在柏拉图的言辞之中，"苏格拉底"不是完整的个体并恰恰因为这种理想化处理而成为"不能在"与"不实在"的"哲人王"本身。

施特劳斯接续了柏拉图式的传统，因而强化了苏格拉底的理想性。由于前者确信"理念"的不可通达性质以及"哲人王"相对于城邦个体集合的分离地位，哲人王仍然与城邦保持了"对立"关系。也就是说，这种坚持二元论的思辨方式很难不被技术的"集置"所同化，即便是施特劳斯本人坚信能够避免海德格尔式的、对技术统治近乎"黑话"的批判，同时坚信能够克服现代政治科学言辞之中诸多哲人王的"代名词"言不及义的弊病，在客观上施特劳斯仍然建立了"城邦与人"的大幕。如伽达默尔指出："当我们通过传统带给我们的各种各样的概念进行思考时，我们受到多少未被觉察出来的先行概念的支配，而且通过返回到思想之父我们又能学到多少东西。"这意味着"视域融合"远比"古今之争"更为高明，因为施特劳斯很难避免"古代政治哲学"同样是一个未经省察的前见，并且不能担保他接续的"柏拉图的哲人王言辞"就等于"苏格拉底"。① 况且，"哲人王"或"苏格拉底"，本身是偶然性的、非神圣的存在者，"所有灵魂要么完美，要么为其过去而进行补偿，以至于使自身从习惯中解脱出来的可能性似乎被排除了……苏格拉底或许是宇宙之索中稀有的一股线，而若一生下来就夭折的婴儿随机地选择一种生活（'正义的生活'或'哲学的生活'），他们有时也是幸运的"②。而当苏格拉底以一己之力将"正义的生活"和"哲学的生活"结合在一起的时候，他就建立起了一套无法被复刻而仅仅能够被模仿的"哲人王"形象，并且给人以"上升阶梯"。不能排除"苏格拉底"的再度来临，但任何对未来的哲人王的培育乃至雕刻，一旦动起手来，就很难不落入"摹仿术"的技术窠臼。施特劳斯重复了蕴含在柏拉图著作中的重要的"哲人王"形象，但是由于它们最终都指向了"苏格拉底"这个个殊性的意向，因此"哲

---

① 〔德〕汉斯-格奥尔格·伽达默尔：《解释学与历史主义》，载〔德〕汉斯-格奥尔格·伽达默尔、列奥·施特劳斯著，何卫平编译《伽达默尔与施特劳斯之争》，人民出版社，2022，第97页。

② 〔美〕伯纳德特：《苏格拉底的再次起航——柏拉图〈王制〉疏证》，黄敏译，华东师范大学出版社，2015，第254页。

人王"目前只在"言辞"的意义上存在,无论是施特劳斯还是海德格尔,展示出的无疑是一个相比于"最好生活"更为技术化的问题,即怎样依照人类的必然性实现那种最好的生活并且使人的"城邦"依照这种最好的生活秩序存在,但当我们提及"怎样"的时候,是否会落入"技术"的套路之中呢?

四 结语:一种未必成功的回返道路

苏格拉底作为存在者并不栖身于理念论之中,"本真的此在"与"哲人王"一样,都必然带有对实在的常人生活的超克。而作为常人生活之中的本质,"技术"作为时代的天命已经成为必然。同时,在当下已经没有那样一种力量,能够如同苏格拉底那样用智慧、正义、节制去压制色拉叙马霍斯式的狂飙的爱欲。施特劳斯在《城邦与人》之中正确地指出了"技术统治"这一具有现代性的人类天命。在这一方面,施特劳斯与他的"反现代者"盟友不同,后者往往是顺应"现代性"自身,通过在现代社会与思想之中常用的权利、自由、意识形态观念或者后现代式的结构与解构、系统与功能、精神与心理等话语去尝试将"现代性"推向未来而彰显现代性自身的异化力量。因此,如马尔库塞(Herbert Marcuse)指出的那样,"技术"不应当被划分为"技术的本质"与"技术的现象"。应当说,作为"工具","技艺本身既能助长专制主义,也可以促进自由;既能够招致匮乏,也可以带来富足;既能够延长劳作时间,也可以废除劳动。具备最大生产效率的高度理性化、机械化的经济按照一定的方式也可以服务于极权主义的压迫和持续的匮乏"[1],"技术统治"也因此被还原为"人的暴政"或"法律的规训"。问题并不出在"技术即正义"这个原则上,而是出现在对"技术"的功利式的使用一定程度助长了非人性的异己力量对世界的统治上。

臧否"超克技术统治"的方案超出了本文的能力,但有理由认为,"技术统治"是成问题的现代性症候,尝试消除作为工具的现代技术以数据、智能、运算规训和桎梏人类之现状,但承认技术之便利的后现代式的拯救方案,同样是在"技术时代"最为"便捷"的社会改造方向。也就

---

[1] 〔美〕赫伯特·马尔库塞:《现代技术的一些社会含义》,载《马尔库塞文集(第一卷):技术、战争与法西斯主义》,高海青、冯波译,人民出版社,2019,第51页。

是说，在可操作性和可现实性上，施特劳斯与海德格尔式的"回返古典政治哲学"道路更为艰辛。因为在这一道路上，"自然被升格并被奉为在场者之在场，自然作为神圣者而超出了理性……比所有时间更古老（älter denn die Zeiten）"①，但无论是施特劳斯还是海德格尔，都在避免将"自然"处理为对立于人类"城邦"的彼岸存在者，以至于海德格尔必须使用"本真性的黑话"，施特劳斯必须使用"隐微写作"去掩盖已经被技术订造了的形而上学与伦理学"二元论"思索。而相比于海德格尔，施特劳斯的"回返之路"更加曲折，以"哲人王"为参照的"上升阶梯"自身难以获得实践的方向指引，苏格拉底消解在柏拉图的"哲人王言辞"之中，并且成为文本之中的故事，更遑论施特劳斯许诺了"下降"的、哲人被迫统治城邦的更进一步的救渡之路，这导致了思想界将施特劳斯的"回返之路"认定为"人治"或"专制"，也客观上映衬了发生在20世纪中叶的集权主义、极权政治、"实质法治国"等事实。

不过本真地看，施特劳斯将海德格尔式的技术批判视为自身言说的基本条件，意识到了"技术本质"需要单独加以重视，意识到了不批判到"集置"以及技术成为统治者并篡夺"正义"的实质的历史，就很难根本动摇人类向"第二洞穴"的跌落。也即需要承认，在技术批判和历史批判方面，施特劳斯明确了"反现代者"应有的"靶向"即"技术即正义"的规则，这依然比海德格尔批判"技术"而不赋予技术的本质以任何政治意义走得更远；同时，"重构"古代政治哲学的合理性，并且"逐一击破"其他政治哲学与政治科学主张也将"何为正义"问题的答案引回了苏格拉底、色拉叙马霍斯、格老孔等人的论辩之内，施特劳斯的"回返之路"与"救渡之路"的确构成了言辞上的自洽。也即他在对柏拉图的"哲人王言辞"的复述方面，已经将"正义的生活"与"哲学的生活"统一起来，而如同柏拉图一样，施特劳斯在"下降"方面的困境或许不应归咎于其理论素养和政治理性，"苏格拉底之死"宣告的是"回返"的终点是"无"或"不—存在"。古代政治哲学的与"思"的隐遁，恰恰在于回返之路在初始就已经与"苏格拉底"的死亡、虚无关联，而成为一种至少有待丰富的现代性救赎之路。

《城邦与人》向我们展示的是一个在"古典"二字尚未消解的情况

---

① 〔美〕特洛尼森：《荷尔德林："时间之神"》，徐戬译，载刘小枫、陈少明主编《荷尔德林的新神话》，华夏出版社，2004，第72页。

下,已然萌芽的"政治技术"与古典政治哲学的智慧倾向的差异。这一差异决定了只有共和制才是施特劳斯意义上既具有可能性也具有现实性的政制。即便如此,"共和制"在现代性背景下也不意味着豁免于"技术统治"。在上一个区分中,后者意味着"哲人王政制"不仅是"可欲""可能"的,而且是"善""好"的。而前者则认为,"技术即正义"而非"知识即美德"是统治城邦的第一秩序,它与"现代性"主题下民主政治、去精英化、政党制度、法律主义等观念遥相呼应,并且在长期的发酵之中将"哲人王"和独裁政治、精英政治、寡头政治等价为少数人对多数人的暴政。然而,虽然施特劳斯对上述问题具有清晰的认同,但是他并未指出,"技术即正义"是如何发展出政治科学的现代样态并造成"现代性危机"的。他也并未阐明,"正义"或"技术"在政治哲学的历史演历之中发生了何种异化,以至于连被斥为野蛮、粗俗如野兽一般的色拉叙马霍斯在霍布斯式的"源初状态"之中也无法"物竞天择,适者生存"。也就是说,虽然我们将"超克技术统治"视为"古典政治哲学回归"的问题意识渊源以及最终的批判对象,但对于"超克技术统治"这个论题,施特劳斯并未给出充足的讨论。他甚至并未言明技术究竟是何种意义和形态,古代的技术、统治的技术、修辞的技术与现代的科学技术有何种不同,并未言明"哲学王"的降临或再生将根本化解哪一种"人类的天命",因此也就未言明施特劳斯本人与"现代性的不满者"有何共识以及如何借此豁免于保守主义的指控。本文也就要去思考,在《城邦与人》所要完成的唤回古代政治哲学、重提"哲人王政治"之前,要进行哪些知识储备,并且如何把苏格拉底与柏拉图的智慧思考和现代性症候对接起来。也就是说,我们需要将施特劳斯—柏拉图—苏格拉底的思考以鲜明的政治智慧所启发与澄明的古典政治哲学领域之外的幽暗之处启明出来,进而搭建"哲人王"去而复返的"渊基"。

人物访谈

中外物文主义民法观之系列批判

——徐国栋教授访谈

徐国栋[*] 夏纪森[**]

徐国栋教授简介：

徐国栋，男，1961年5月生，湖南益阳市人。别号东海闲人。法学博士，厦门大学南强重点岗位教授、博士生导师，国务院政府特殊津贴专家，2017年被评选为"影响中国法治进程的百位法学家"。曾先后访学于意大利罗马第二大学、美国哥伦比亚大学以及意大利米兰大学。现任全国外国法制史研究会副会长、中国法学会民法研究会常务理事。通晓意大利语、拉丁语、英语、西班牙语、葡萄牙语等外语，意大利著名罗马法刊物 Roma e America. Diritto Romano Comune 编委、波兰著名法学刊物 Zeszyty Prawnicze 编委以及十二表法国际委员会委员。苏州大学、西南大学、辽宁大学兼职教授。主要研究领域包括民法哲学、罗马私法、罗马公法等。已出版《中国民法典争鸣：徐国栋卷》《民法基本原则解释——诚信原则的历史、实务、法理研究》《民法总论》《民法对象研究》《民法哲学》《民法的人文精神》《认真地对待民法典》《世界民法典编纂研究》《人性论与市民法》《罗马私法要论——文本与分析》《罗马公法要论》《优士丁尼〈法学阶梯〉评注》《〈十二表法〉研究》《地方论研究：从西塞罗到当代》《罗马的第三次征服：罗马法规则对现代公私法的影响》《中国民法典与罗马法》《罗马法与现代意识形态》《在法学与文学之间的30年》《西口闲笔》等20余部著作，并翻译优士丁尼《法学阶梯》、《法律行为》（再版为：《法的一般规范Ⅰ》）和《债·私法之债（Ⅱ）和犯罪》等多部作品，《民法基本原则解释——诚信原则的历史、实务、法理研究》一书被译成日文在日本出版。主编《绿色民法典草案》，并主编"外国民法典译丛"，组织翻译出版《巴西新民法典》《路易斯安那民法典》《魁北克

---

[*] 徐国栋，法学博士，厦门大学南强重点岗位教授、博士生导师。
[**] 夏纪森，常州大学史良法学院教授。

民法典》《菲律宾民法典》《马耳他民法典》《埃塞俄比亚民法典》《阿尔及利亚民法典》《土库曼斯坦民法典》等多部民法典，创立《罗马法与现代民法》年刊。在《中国社会科学》《中国法学》《法学研究》等中外学术刊物发表论文 280 余篇。

徐师者，名国栋，号武汉蛮人，东海闲人是也。辽宁北票人氏，生于资水之阳，自幼霞骞致远，爱德崇法。舞象之年入西政，颖悟绝人，怡然得取法本。壬戌盛才入洪都，传道授业，始开从教之龄。两度春秋向北去，法大社科，朝乾夕惕，执硕扪博。时民法四博士之一者，后民法四巨头之一也。继而把退帝都，南下江城扬法，开民哲之先，传罗法之精。庚辰年转会鹭岛白城，招博育学之栋梁，立说助国之法典。汲取拉丁法族之华，成就民法意学之派。瑰意琦行，刮垢拔邪，文章长存，瑟僩于学界；解惑答疑，阅生心脑，登崇俊良，赫喧乎教域。徐师执教，年近四十，仍修于寒玉之床，常学问与梦境归一，此乃为学之至境。以跨民法与罗法之力，居共和国百位法学家之席。蠋浊流清，业聪遐迩。有诗云："绿色诚信入民典，人文性论化物文。权利能力不平等，无主先占乃情实。民法哲学对象论，文法卅载罗征服。罗私罗公法阶梯，十二表法地方论。罗大米大与哥大，大陆英美皆精通。多国语言贯民罗，西口闲笔话情长。"（西太湖男爵）

被采访者：徐国栋（以下简称"徐"）
采访者：夏纪森（以下简称"夏"）

夏：徐老师，您好！非常感谢您能够接受我的采访。众所周知，2017 年您被《今日中国》杂志社评为"影响中国法治建设进程的百位法学家"之一，以民商法学家的身份，被称为"穿越于民法与罗马法之间的学者"。请问，在您从事学术志业之初，是什么机缘让您研究民法和罗马法的呢？

徐：西方法谚有云："欲治法学，必先治民法；欲治民法，必先治罗马法。"现代民法的很多问题都可以在古罗马法中找到其渊源，想要搞清楚现代民法的问题，必须深入研究民事制度的法史流变，罗马法（特别是优士丁尼《法学阶梯》）几乎包括了全部的民法问题域。20 世纪 80 年代，戴逸先生说法学幼稚，引起中国法学界震动，法学学者愤愤然又无话可说。实际上，说那时的中国法学幼稚是可以的（对于今天的中国法学就不能这么说了），说罗马法学幼稚则不可以，稍通历史我们就知道，在人文诸学科中，法学是历史最悠久的学科之一，它代表了一种属种层层递进的科学思维方法，给包括哲学和经济学在内的其他学科提供过范式，这种范式主要是通过盖尤斯—优士丁尼《法学阶梯》提供的。优士丁尼《法学阶梯》（至今已有1490年的历史）为人类的法治进步作出了巨大贡献，奠定了近代以来所有民法教科书和民法典的基本问题域，并提供了合理的解决方案，它是人类历史影响仅次于《圣经》的书，被誉为"西方文化的基础设施"。它值得我们认真学习。我学习它的方式就是翻译它，并为其作评注，出版《法学阶梯》（拉汉对照）、《优士丁尼〈法学阶梯〉评注》。到目前为止，我已经读烂了两本优士丁尼《法学阶梯》。我的经验是，建议逢此书（《优士丁尼〈法学阶梯〉评注》）至少买两本，以便读坏一本很快能接上另一本。若买三本则更佳，作为朋友，可送志同道合者分享；作为老师，遇到可造之学生，不妨送他一本提升其境界。你们编辑部的小周，当年在厦大跟我读博士期间，我就赠送过他这本书。我以《法学阶梯》为依托，提出人前物后的民法调整对象理论并为我国《民法典》第2条采纳，同时冷眼批评立法、学说的这个那个错误，底气十足。希望更多人以它为后台少犯或不犯错误。罗马法就是这么牛，特别是《法学阶梯》，它是万"民"之母呢！这里的"民"，指各国民法典。时常有人问我如何快速地掌握民法并达到高境界，我的建议就是读《法学阶梯》，当然，最好是伴随我的评注，因为我日常地挖掘此书。最近几年我自号"优士丁尼《法学阶梯》矿工"。为何自称矿工？因为我把《法学阶梯》理解为一个矿，此乃因为它具有无穷性的可得与否及得多少的不确定性。与矿工相对的词是"读者"，例如你们常州人周枏先生的《罗马法原论》的读者。这个阅读对象是有穷的，可得与否及得多少是确定的。所以，矿工相对于读者，是一个更有挑战性的工作。经过意大利留学的洗礼，我早已完成从读者到矿工的转型。

夏：徐老师，罗马法博大精深，在您曾经主持的《绿色民法典草案》中，主张民法调整对象的"人前物后"理论，可谓对民法的去财产化作出了重要贡献。在当年的民法典起草过程中，您主张的新人文主义，目前已经为我国《民法典》所采纳。能否请您对"人前物后"的新人文主义民法观具体阐释一下？

徐：说起"人前物后"这个问题，得提及物文主义和人文主义的民法编纂观。梁慧星教授在《中外法学》2001年第1期发表了《当前关于民法典编纂的三条思路》一文。严格来说，民法典起草只有"理想主义"

和"现实主义"两种思路。梁老师主张的是现实主义,我主张的被称为理想主义。我所称的理想主义,指最大化利用法典编纂的立法性充分改造我国民事立法的结构和思想基础,与法律汇编拉开距离,实现我国民事立法的现代化。我主要基于以下四种理由提出这一主张。其一,遵循继受法国家制定民法典的普遍规律。众所周知,现代民法非我国固有法,而是自清末继受大陆法系后引进的。我国制定民法典应遵循继受法国家的一般做法,即制定比较理想而暂时不易实施的先进民法典作为法治宣言,待各种配套制度和实施条件渐次具备后,逐渐地把民法典变成活法。其二,为了中华民族的荣光。在民法典风起云涌的时代,我们处在第三次法典编纂运动的洪流之中,中华民族正好可以一显身手,向世界奉献一部值得称道的民法典。其三,制定民法典的政治条件的有利变化。其四,学者从理想出发考虑问题的权利。我的理想主义方案与梁老师现实主义的方案的区别不仅是形式上的,更加是实质上的。坦率地说,梁老师介绍其方案的文章及著述透露着浓烈的物文主义气息,与我的民法典草案的新人文主义精神形成对立。

所谓的人文主义,不过是强调人是世界的中心的主张,它产生于文艺复兴的意大利,是对中世纪以神为中心的世界观的否定。由此,人开始为自己感到自豪,悦纳自己的一切属性,不再为自己的存在感到惭愧。在这种意义上,人文主义的"文"可以理解为"中心"的意思,它最初反对的那种主义称为"神文主义",它现在应反对的以物为中心的世界观称为"物文主义"。人文主义不过赋予了人自身以这个世界的中心的荣耀。民法的基本问题和哲学的基本问题极为一致,都是主体与客体的关系问题。人法和物法的二分,是主观世界与客观世界的二分的法律化。人文主义的民法——大陆法系的所有民法,除了德国法族的以外,都属于这一类型——认为主体是第一性的、客体是第二性的,因为人是这个世界的出发点,外在的物质世界存在于与人的关系中,是人化了的。但是人在走向外部世界开展各种活动之前,首先得整理自己,犹如一支队伍在出征前要把自己编成层次分明、分工明确、服从统一号令的各个单位,这种整理的成果就是所谓的人法,物法是人的意志投射于外部世界的表现,是人的活动作用于此等世界的结果。出于人的本质是意识的考虑,民法还极为强调意思自治原则。而物文主义者反对二元论的世界观,主张人法和物法划分没有严格依据,都是人法。即所有的法都被物文主义者宣称为"人法",但值得注意的是,这并非出于对人法的张扬,而是把人理解为物质世界的一部分的结果，即主张一元论，即人法不过是一种物质法，人与物在物的基础上统一起来。但我们知道，人的意志活动如果是由几类化学反应决定的，人的意志自由就荡然无存了，法律将失去作用，因此，只有承认意识独立于物质，换言之，承认二元论，包括民法在内的法律才有存在的空间。

从历史渊源来看，人文主义是一种文艺复兴后产生的古老思潮，它是第一次法典编纂运动的思想基础之一。在法国，人文主义学派的研究成果成了该国的法典编纂的学术基础。严格来说，没有人文主义思潮就不会有市民法的法典编纂，因为市民法不过是世俗法的意思，在神文主义的背景下，一切社会关系都交给教会法调整。然而，相距第二次法典编纂运动，历史已前进200多年，把人文主义这样的老古董当作第三次法典编纂运动中的一部杰出民法典的思想基础，可乎？当然不可。因为时代发展了，旧思想难以与新时代相适应。所以，我们必须扬弃老人文主义，创立新人文主义作为我国民法典的思想基础。那么，新老人文主义的区别何在？两种人文主义都强调人的中心地位，但有两点不同。第一，认识论上的区别。如果说老人文主义的认识论特点是绝对主义，即对人类认识能力的狂信，那么，新人文主义的认识论特点就是对人类认识能力持有所知和有所不知的评价，基于后一种可能，应允许民法典保持开放性结构，赋予法官广泛的自由裁量权发展法律。第二，对人的地位的认识区别。老人文主义认为人是世界的唯一中心，强调征服自然；新人文主义认识到人与环境的依赖关系以及与其他生灵的伙伴关系，强调人与自然的和谐，尊重下一代人的权利、动物的权利。概言之，老人文主义是乐观取向的，新人文主义是悲观取向的。

我主张的理想主义路线，即遵循新人文主义民法观，就是突出人的地位，在民法的调整对象上，先规定人身关系，再规定财产关系，改变以往的"物前人后"的结构，代之以"人前物后"结构。当然，这种思潮的旗手是中国政法大学已故去的张俊浩教授，在他主编的《民法学原理》中，旗帜鲜明地将民法定义为"调整社会普通成员之间人身关系和财产关系的法律规范系统"。在彭万林主编的《民法学》中，我在自己写的总论部分也毫不含糊地将民法定义为"对平等主体间的人身关系和财产关系加以调整的法律部门"，后来，我的《民法哲学》一书继续发展新人文主义的民法观，将民法定义为"民法确定人、财产并调整人之间的关系。此等人之间的关系包括亲属关系、继承关系、物权关系、知识产权关系、债权关系"。我与张老师一起把人文主义思潮引入民法，在学说上完成了民法从"物前人后"到"人前物后"的转变。在 20 年前看来，我这种观点更多的是面对同行们的批判，吊诡的是，现在多为学者们赞同，甚至反对者也如此主张了。在立法实践上，我国《民法典》第 2 条也确实采纳了我这样的新人文主义民法观，将人身关系规定于财产关系之前，摈弃了物文主义的民法观。可以说，以把被颠倒的人法与物法的关系再颠倒过来为标志，已经形成了中国的人文主义民法学派，它与过去被称为"商品经济的民法观"、现在被称为物文主义的民法学派形成对立。

夏：能否请徐老师阐述一下您所反对的物文主义的民法观？

徐：在我的《民法哲学》一书中，我对这种民法观进行了考证和论述。所谓的物文主义，就是一种民法调整对象理论和立法实践。作为一种理论，它基于以物为世界之中心的观点，强调民法的首要功能是调整市场经济关系，把民法解释成经济法，忽略民法的社会组织功能，并且要把民法的一切与财产法无关的内容都排除出去。它在意大利、俄罗斯及受其影响的国家、日本、伊斯兰国家都存在，在中国表现为商品经济的民法观，此说把民法的一切制度都解释为以商品为核心的存在，如主体是商品所有人、客体是商品所有权、行为是商品交换，为此，它要把不能以商品解释的制度——如亲属法和继承法——排除出民法。作为一种立法实践，它把民法调整的两大关系中的财产关系置于人身关系之前，即采用所谓的"物前人后"的民法对象定义，典型的例子是已被废除的《民法通则》第 2 条："中华人民共和国民法调整平等主体的公民之间、法人之间、公民和法人之间的财产关系和人身关系。"过去，我把物文主义的起源仅仅追溯到 19 世纪的德国潘德克吞学派，经进一步的研究，我发现物文主义民法观最早的系统提出者是西塞罗。用孟德斯鸠的话来说，西塞罗所主张的市民法放弃一切美丽的观念，它只是一种财政的法律。但晚近民法的发展史，就是不断吸收"美丽的观念"（如人格权的观念）到民法中的历史。其实，我的《民法哲学》一书 40 多万字，一言以蔽之，批评萨维尼等大师开创的潘德克吞法学，特别是其物文主义的民法对象理论。

物文主义与一些既有的理论如商品拜物教、商品经济的民法观和旧唯物主义都有关联。商品经济的民法观流行于 20 世纪 80 年代的中国，中国人民大学的佟柔教授是它的旗手，它诞生在有计划的商品经济模式的体制环境中，浑身披满与坚持计划经济体制的经济法学派进行论战的硝烟。它把市民法的复杂背景单一化，化成商品经济，正如我前面所说的那样，该种学派主张民法的一切制度都被解释为以商品为核心的存在。这种主张为守望民法作出过巨大贡献，但它漠视了民法对人的保护和关怀，随着人文主义的兴起，尤其因市场经济模式对商品经济的取代而偃旗息鼓，后面又以物文主义的面目复活。

夏： 民法去财产化是新人文主义民法观的体现，对商品经济的民法观的错误进行纠正。商品经济的民法观有何特殊的法史流变或变种吗？

徐： 商品经济的民法观理论影响巨大，它萌芽于德国，成熟于苏联，影响了包括我国在内的所有现实社会主义国家，这种影响甚至在许多后发社会主义国家并不衰减。尽管如此，它是一种不符合民法史的理论，到目前，作为其基础的哲学观念和经济体制都已时过境迁，它本来的命运应该是灭亡。我曾不断发文主张对这种错误的理论进行"清算"。首先，商品经济的民法观不能解释非劳动产品的市场配置问题；其次，商品经济的民法观不可能承认无体物，因为它不能解释某些交易无体物的等价交换问题，而现实生活中，无体物的交易大量出现；最后，商品经济的民法观不能解释非劳动产品和无体物的价值来源问题。商品经济的民法观铸造了等价有偿的民法原则，这是一个只能适用于劳动产品的交换原则。商品经济的民法观以变形的物文主义形式出现。即梁慧星教授认为，民法是调整民事生活关系的基本法。他理解的民事生活分为两个领域，一个是经济生活，另一个是家庭生活，因此民法调整财产关系和家庭关系。必须承认，这种观点比商品经济的民法观有所进步，因为它已经承认家庭关系被纳入民法的调整对象范围内。但它否认了人格关系是民法的调整对象，把经济生活强调为民法的第一位的调整对象，仍然是商品经济的民法观的变种。梁教授对这种界说提出的唯一正面论据是："一个毫无财产、一文不名的人，连生存都难以维持，能算是真正的人吗？"此语活脱脱地表现出论者对财产、对商品的崇拜。总之，回到我前面所谈到的民法的调整对象，民法应该先调整人身关系，再调整财产关系。在《民法典》颁布之前，我在不同场合多次主张，既然2019年《民法典（草案）》第2条已经完成"人前物后"的转变，《民法典》各编均应以人文主义方向编序。应该将"人前物后"进行到底，即独立成编的人格权编应该放在物权编之前，这是完全的体系重构，对属于德国法族的中国民法学和立法来说，应该是一场革命。很遗憾，最终的《民法典》没有走好"人前物后"逻辑的最后一里路，将人格权编置于第三编合同编的后面。

其实，民法的去财产化也伴随着对商品经济的民法观和物文主义的摈弃。商品经济的民法观的最初来源是政治经济学的民法观。《法国民法典》诞生后不久，意大利兴起了结合民法与政治经济学的思潮，次第产生了这方面的德国学派、荷兰学派、法国学派、沙俄学派。马克思属于德国学派的成员，提出了民法调整生产关系的著名观点。沙俄学派直接受德国学派影响，但也有自己的发展，表现为把德国学者针对民法的某个分支的局部结论放大为针对整个民法的结论，为此要把民法变成单纯的财产法，把家庭法和非物质利益保护从民法中剔除出去。列宁实行新经济政策后，要在三个月的时间内制定出1922年《苏俄民法典》，起草者利用了马克思的上述观点以及沙俄学派留下的理论资源进行工作，产生的民法典排除了家庭法和对非物质利益的保护，由此基本把《苏俄民法典》政治经济学化，尽管保留经过压缩的继承法，但那是不得已而为之。20世纪80年代，意大利学者多西尼（Carmine Donisi, 1941 – 2018）揭示民法中有一个去财产化运动，旨在清算把民法过度财产化的不利后果，体现了民法财产法化运动发源国学者的反思。从1964年《苏俄民法典》开始，苏联—俄罗斯的民事立法也完成了去财产化过程。在苏联的影响下，我国民法理论和立法曾深受政治经济学的渗透，但2020年《民法典》在去财产化上取得长足的进步。

夏：徐老师，这种政治经济学的民法观是如何影响到我国的民法典编纂呢？民法调整经济关系的基本法的观念是如何被纠偏，从而实现民法去财产化的呢？

徐：1964年，我国在第二次起草民法典的过程中，力图摆脱苏联的控制和影响，从民法调整财产关系入手，采用财产关系就是生产关系的核心逻辑，找到了民法与政治经济学的切合点，即两者的规制对象都是生产关系。在此背景下，按照政治经济学理论起草的民法典草案，遵循了政治经济学的生产资料所有制、价值规律、按劳分配规律等基本理论框架，但因为缺少法技术要素而最终宣告失败。其实，1964年全国人大常委会办公厅发布的《民法草案试拟稿》并未摆脱苏联的影响。1979年，我国进行了第三次民法典起草，借助于翻译1964年《苏俄民法典》以及其他的学术资源，1982年的《民法典草案》基本实现了去政治经济学化。该草案也成为我国现行《民法典》的基础，但其中少量的政治经济学条款仍以隐含的形式保留在现行《民法典》中，大致而言，《民法典》包括"民事主体在民事活动中的法律地位一律平等"和按所有制规定不同类型的所有权（国家所有权、集体所有权和个人所有权）两组政治经济学条款。

民法是调整经济关系的基本法的观念流行于我国，导致人们认为民法与经济的关系历来如此密切。佟柔和方流芳两位先生是表述这一观念的典型学者。他们在1986年《民法通则》颁布后不久说：民法体系犹如一条源远流长的巨川，它的流域贯穿了简单商品社会、资本主义商品社会和社会主义商品社会三个不同的历史阶段。此语在我国民法学界具有代表性，它把民法当作商品社会的伴生物，简单商品社会伴随罗马法，资本主义商品社会伴随《法国民法典》等现代民法典，社会主义商品社会伴随《苏俄民法典》和《民法通则》等公有制国家的民法典。此论的别样表述为民法是调整经济关系的基本法，我本人曾是持论者之一，直到2001年觉醒，写下《商品经济的民法观源流考》这一反思性论文，认为这样的民法观重物轻人，应以新人文主义的民法观取代之。当年我认为佟、方两位老师的观点存在认知角度问题，未怀疑过该观点存在史实问题。22年后，我的认识深化，发现该观点存在严重的史实问题。首先，罗马法是否与简单商品社会相伴随的论断存在论而无据问题，罗马私法从无自己是调整经济的法律工具的意识；其次，资本主义商品社会并非《法国民法典》的基础，《法国民法典》以重农学派的学说为基础，如果其起草者有调整经济关系的意识，他们想调整的也不是商品经济而是自然经济。由此，我开始了对欧洲的物文主义民法观的来龙去脉的探询。

实际上，在《法国民法典》之后，结合民法与政治经济学的思潮才萌发于意大利，后传播到欧洲主要国家，其中的沙俄—苏联学派对我国影响最大，是我国的商品经济的民法观的母本，导致我们把家庭法剥离出民法。正如我前面所提到的，1980年意大利兴起民法的去财产化的思潮，人们发现，把民法单纯作为调整经济生活的工具是一个错误并开始纠偏，承认民法具有广泛的非经济功能。与这种时代精神共振，我在《商品经济的民法观源流考》一文之后，又写下以《两种民法典起草思路：新人文主义对物文主义》为代表的系列论文，提出以新人文主义统御我国民法典制定的方案。从此，人文主义的民法观逐渐在我国发展乃至于影响立法。2020年后，我国在《民法典》中新设人格权编，迎归婚姻家庭编，基本告别了民法调整经济关系工具论（尽管不少人由于思维的惯性仍到处张扬此论）。这标志着我国摆脱了从苏联继受的物文主义民法传统，像当代欧陆国家一样，完成了民法的去财产化。

夏：2020年《民法典》颁布后，民法学界的一些学者对《民法典》的内外体系进行了研究，例如王利明教授的民事权利体系说以证立《民法典》的外在体系，方新军教授的基本原则体系说以证立《民法典》的内在体系，不过苏永钦教授则提出《民法典》体系化失败论。能否请您谈一下这个问题？

徐：我认为，我国《民法典》采用的是新法学阶梯体系，体系化是基本成功的。体系具有价值宣示和橱窗等功能，法学阶梯体系在人文主义价值宣示方面较优，潘德克吞体系在橱窗功能方面较优。《民法典》采用的新法学阶梯体系兼采这两种体系的优点。未采潘德克吞体系，是因为该体系的债编等方面存在"把手"设置过高的逻辑问题，所以，从20世纪30年代起，它就遭到了德国人和日本人的批判和摈弃。苏教授深谙潘德克吞体系的缺陷，建议设置一个六编制的财产法典体系，但该体系只考虑财产法，具有跛足性，而且他只承认公因式提取的成果为体系，选用的意定、法定的公因式过于偏狭，造成各编内容的异质性大于同质性，且不能包纳兼具意定性和法定性的对象。苏教授对民法典的纯粹私法要求与行为经济学对理论人性的研究成果不合，且增加了当事人寻法的难度。我国《民法典》的新法学阶梯体系有其多重优点：首先从价值宣示的角度看，该体系张扬了人文主义，摈弃了物文主义的民法观，代表了我国学界对民法认识的进步；其次从橱窗功能看，它向法的操作者、学习者和遵守者展示民法的基本内容，一望而知，但可惜各编的排列未与其对象条款一致；再次从划界功能的角度看，它宣示着家庭法的回归以及对政治经济学民法观的抛弃和与国际私法的划界；最后从整体上看，它是去过度公因式提取的，这尤其体现在把债法打散上。

夏：徐老师，您前面反复提及家庭法的回归，能否请您谈一下家庭法与民法典的关系如何演变，以及家庭法与民法去财产化有何关联？

徐：罗马法开创的民法包括人法和物法两个板块，前者包括主体法和家庭法，后者包括客体法和主体对客体的取得法。民法的这样的二元结构一直被视为理所当然，但从伊斯兰世界被迫采用基督教世界的民法，民法被经济法化、社会法化后，它遭到了挑战。在人类民法典编纂史上，第一个把民法典中的婚姻家庭部分独立出去的立法例是1876年的《奥斯曼帝国民法典》，它是一部单纯的财产法典。奥斯曼帝国于1917年制定了《家庭权利法》，理由是婚姻家庭法调整的是人的生活世界，不可以与调整人的职业活动世界的民法典混同。第二个立法例是1888年的《黑山公国普通财产法典》。第三个立法例是1975年《玻利维亚民法典》，它不包括家庭法，因为在它之前，《玻利维亚家庭法典》已于1972年单独制定。2014年，出于更新和名实相副的目的，《玻利维亚家庭法和家事诉讼法典》颁布并取代了1972年《玻利维亚家庭法典》，该法典本来就包括家事诉讼内容。关于家庭法是否需要独立，学界存在不少争论。赞成家庭法独立的观点认为，家庭法既非公法也非私法，而属于第三法律部门——社会法。否认家庭法独立的观点认为家庭法属于私法中的一个分支，在拉丁美洲家庭法学界影响巨大的意大利法学家安托钮·奇库（Antonio Cicu，1879-1962）在1955年改变了自己关于家庭法独立的观点，在他与梅西内奥（Francesco Messineo，1886-1974）合写的《民商法论》的家庭法部分中，他不再坚持家庭法独立于公法和私法论，而是认为家庭法是私法中的一个相对独立的分支。

家庭法独立于民法是一种历史悠久的世界性思潮和立法实践。民法曾以抽象的Persona筛除人的个别性保障平等，此等人是所谓的"平均人"，但这样的平等对于弱者不真实，所以，家庭法基本上是人的具体性还原，抽象的人变成了妇女、儿童和老人。家庭法成了弱者保护法。与上述拉丁美洲的家庭法独立运动形成对立的是我国民法典收编家庭法行动。奇怪的是，我国大部分婚姻法学者赞同家庭法回归民法典，只有巫若枝例外。大家普遍认为家庭法是私法，顶多认为它是特别的私法而已。这反映我国家庭法学者对国外有关理论动态的陌生。要强调的是，既然独立出去的家庭法是弱者保护法，在我国这样的民法典包纳家庭法的国家，再讲民法调整平等主体之间的关系，显然在逻辑上很不融洽。

我认为家庭法独立说是一个错误。不同的独立理由构成不同的错误。例如，家庭法公法说假定民法的财产法部分无公法性，这完全不成立，例如权利能力制度的公法性得到耶利内克（Jelinek，1851-1911）的承认。一旦消除了家庭法的独立理由，物文主义的民法观就塌底了，因为其存在是以"开除"家庭法为依据的。物文主义民法观的重要伴生物平等原则也塌底了，因为我们从拉丁美洲国家和地区的家庭法典内容来看，它们基本上都属于弱者保护法，面对这样的新局面，以团结原则取代或至少是补充平等原则是一个明智的选择。

夏：徐老师，可否请您阐释一下新人文主义与绿色原则这两者的关联以及其对民法去财产化的影响？

徐：确实是有关联的。新人文主义认识到人与环境的依赖关系，强调人与自然的和谐。这就是新人文主义的绿色原则的体现。在我们的时代，"绿色"成为追求人与资源的关系之平衡的代名词。所有权是民法和一切法的核心。从本质上讲，所有权是人与资源的紧张关系以及由此而来的人与人之间的紧张关系的表现，因此，人与资源的紧张关系是任何法律的基本课题。一些国家已经比较清楚地意识到这一点，从而把保护环境、节约资源当作法律的原则。在中国这样的人口大国，人与资源的关系更加紧张，因而以法律维持人与资源的平衡关系的任务更加迫切。当年我就主张应把"节约资源，保护环境"作为基本原则和所有权的义务加以规定，我的民法典思路也可以称为"绿色民法典"思路，所以我当年主持的私家民法典草案称为《绿色民法典草案》。现行《民法典》第9条确实规定了绿色原则，现在看来，我20年前的主张被现行法采纳了。

我在《中国法学》2023年第2期上发表的一篇关于民法典整体贯彻绿色理念的论文就谈到了这方面。考察世界主要民法典可知，各国民法典整体贯彻绿色理念的模式有三种：一是1993年《苏联和各加盟共和国民事立法纲要》创立的大生态法模式，它以对象条款贯彻绿色理念，把民法典的相关内容看作广义生态法的一部分；二是2014年《阿根廷国家民商法典》所创立的权利行使方式模式，其第14条把有害环境的权利行使看作对包括环境权在内的集体关联权的侵害；三是我国《民法总则》所创立之民法基本原则模式，它将节约资源、保护生态环境两项要求作为民事活动的基本原则。我国采取的基本原则模式处在后发的地位，有自己的创新和优点。我国《民法典》至少有28个绿色规定。依其所属体系，大致可分为人身法上的和财产法上的、明的和暗的。落实绿色原则，要求改变我国长期采用的来自萨维尼的一切法律关系均为人与人之关系的理论，因为绿色原则已把"生态环境"当作某些法律关系的消极主体予以保护。绿色原则的确立，对民法是调整经济关系的基本法的我国传统观念是个打击，因为绿色原则保护的是生命健康权、文化财富、风景、环境要素，这些都不可以经济价值衡量。民法的生态化是对民法的去财产化，是清算物文主义的民法观。我国《民法典》对绿色原则的确立，具有去物文主义民法观的功能。

书评

《大国宪制》的社会学论证

——从自创生系统理论切入[*]

骆正言[**]

摘　要：苏力教授的《大国宪制》重构了我们对中国古代法律制度，比如恋爱婚姻、区域划分、国家统一等的理解，但也引出了某种正当性和合法性的质疑，而社会学上的自创生系统理论可以为该书提供伦理上的论证。根据系统和自创生理论，任何具有系统特征的事物都和环境存在清晰的区分，其总是采取一种封闭的运作方式，独立处理外界环境信息。只有在遭遇严重危机的时刻，它才会启动变革，如同基因变异一样。《大国宪制》描述的中国古代法治实践也有这一特征。中国古代法治虽不同于西方现代为解决内部冲突而设计的宪制制度，但也是一种以自身所独有的运作方式解决内部冲突、防范外部威胁而逐渐演化出来的制度形式，其本身就具有正当性和合法性。需要注意的是，自创生系统理论基于一种进化论的思考，多以社会整体的立场来看问题，与现代法学理论尊奉个人本位确有不同。

关键词：大国宪制　系统　演化　自创生　自组织

一　问题的提出：中国古代法治的是与非

苏力教授前些年出版的《大国宪制》[①]，从发生学的视角分析了中国古代婚姻、家庭、宗族、国家各项制度的演变逻辑，指出这些制度具有独

---

[*] 本文为2019年国家社会科学基金一般项目"《资本论》中的法理及其现代意义研究"（项目编号：19BFX002）的阶段性研究成果。

[**] 骆正言，江苏开放大学公共管理学院教授，江苏开放大学"江苏基层社会治理研究协同创新基地"研究人员，研究方向为法哲学、宪法学。

[①] 苏力：《大国宪制：历史中国的制度构成》，北京大学出版社，2018。本文简称为《大国宪制》。

创性和实用性。① 比如在谈到中国古代宪制的由来时，苏力教授指出军事斗争在宪制（相当于国家政治和法律制度）发展中的重要意义，他说，"天下"是"打"下来的，而不是谈出来的，"军事塑造宪制"，"枪杆子里面出政权"；② 他还指出古代中国的婚姻家庭制度，比如男女授受不亲，不单纯是为了培养高贵品格，而是担心情感纠葛引发社会冲突。③

这些观点刷新了法学界对于中国传统法政制度的认知。人们以往一般认为中国旧的法律传统是过时的、缺乏民主法治精神的。正因为此，苏力教授的看法也遭到许多学术上的质疑。有学者认为相关理论"潜藏着侵犯人权的风险"④，"由于偏执地捍卫本土因素，多少陷入了'存在即合理'的错误逻辑中"⑤，以及缺乏贯穿其中的核心理论⑥。所以，要想让苏力教授的观点更具说服力，就必须为其提供更坚实的理论基础，也即说明苏力教授以什么样的标准来判断古代中国的社会制度的优劣，以及为什么要用这一标准来判断它们的优劣。

上述想法一直在笔者头脑中萦绕，直到接触到德国著名社会学家卢曼的系统理论，特别是系统的自创生特性，笔者才茅塞顿开。笔者认为自创生系统理论可以作为我们观察中国社会制度的重要理论基础，有助于避免学者们对苏力教授的许多误解。⑦ 下面展开论述，会谈三个问题：一是自

---

① 苏力老师的其他著作也具有同样的特色，如苏力《法治及其本土资源》，中国政法大学出版社，2004。相关研究还有于明《中国何以发生——〈大国宪制〉的问题意识》，《法治现代化研究》2019年第4期。
② 苏力：《大国宪制：历史中国的制度构成》，北京大学出版社，2018，第184页。
③ 参见苏力《大国宪制：历史中国的制度构成》，北京大学出版社，2018，第149~157页。
④ 王世涛：《被误读的宪制——评苏力〈大国宪制〉》，《中国法律评论》2021年第4期；顾培东：《"苏力问题"中的问题》，《武汉大学学报》（哲学社会科学版）2017年第1期。
⑤ 顾培东：《"苏力问题"中的问题》，《武汉大学学报》（哲学社会科学版）2017年第1期。
⑥ 参见于明《中国何以发生——〈大国宪制〉的问题意识》，《法治现代化研究》2019年第4期。该文认为，尽管苏力教授将大国宪制概括为齐家、治国、平天下三个层次的共同体的构建，但他仍然没有很好地总结贯穿其中的核心理论究竟是什么。从总体上说，全书的叙事还是比较零散的，虽然对家族、伦理、军事、地缘、经济、文化等各方面的宪制都作了精到的分析，但仍然缺少最后的理论总结与提升，或者说缺少令人兴奋的理论命题或"关键词"。
⑦ 比如苏力提出："《大国宪制》关注促成历史中国发生发展的那些最基本的制度，从促成中国构成的角度去看中国古代的某些制度，筛选那些我认为最重要的制度，然后把这些对中国制度构成、国家构成、民族构成和文明构成等重要的制度的关系写出来。"（苏力、于明：《基于中国经验的学术创造——苏力教授访谈》，《学术月刊》2020年第3期。）这里所谓的构成，在苏力教授那里就是制度，他的意思是要将这些国家制度的来龙去脉进行说明，但是他说的是这个所谓的过程、解决问题的过程。我们有什么目的，到底解决什么事情，这是一个过程，但是他却没有说，这个过程是自我生成的、自我组织的、发展的，这一点需要注意。

创生系统的内涵，二是自创生系统的运作机制，三是从自创生系统看国家治理以及中国特色国家治理模式。

二 自创生系统理论及其特点

说起自创生系统的概念，首先要从系统的概念说起。系统与非系统相对，是指拥有"自我组织"能力，不与外部环境相一致，依靠递回、封闭的"自我指涉"运作建立内部复杂性，自主调节与环境的物质、能量交换的事物。[1] 简单说，系统就是那些不被外部环境左右，能独立决定是否以及如何跟外界打交道的事物。我们可以用生物体、人体、社会来说明，这些事物都是一个个独立的系统，都具有自我复制、自我生产、自我组织的能力，遵循一套独特的、封闭的运作方式，可以排斥外界（环境）的任意干预。

系统的最大特点是"自创生"，这一点国内法学界也有介绍，[2] 但关于"自创生"的确切含义，学术界的介绍还不够细致。具体来说，"自创生"这个词源于希腊语，在希腊语中它的写法是 autopoietic，英语的写法是 autopoiesis。这个词有两个部分组成，autos 相当于英文中的 self（自我），poiesis 的词根是 poiein，相当于英文中的 produce（生产）。所以在英文中，autopoiesis 的解释就是 self-(re)production（自我生产）。

在卢曼看来，自我生产就是指组织的结构不像结构主义认为的那样，是被事先决定的，而是自己生产出来的，是自我决定、自我组织的。[3] 这样看来，该理论不难理解，但由于德国思想艰涩难懂，国内学者容易牵强附会，为此我们需要厘清以下几个问题。

第一，"自创生"理论其实就是自组织（self-organization）理论。所谓自组织理论，法学界讨论的不多，但在社会学、政治学、管理学甚至计算机

---

[1] 参见陆宇峰《"自创生"系统论法学：一种理解现代法律的新思路》，《政法论坛》2014年第4期。
[2] 参见张翠梅、赵若瑜《卢曼自创生法律系统视阈下的系统与环境》，《江汉论坛》2019年第4期。
[3] 参见 David Seidl, "Luhmann's Theory of Autopoietic Social Systems," *Münchner betriebswirtschaftliche Beiträge Munich Business Research*, vol. 2, 2004。也可以参见李恒威、徐怡《从生物自创生到社会自创生》，《自然辩证法研究》2014年第4期。

科学领域非常常见，不过"自组织"最早是物理学和生物学的概念。① 社会学研究者这样来定义自组织，它与"他组织或者被组织"（organized）相对，是"系统"基于其本身的内在组织而驱动的自行创生、自行演化、从无序走向有序的组织过程。②

关于自创生和自组织的相同点，在法学界也有学者提到过。比如宾凯教授指出："从社会系统论的决策理论出发研究司法裁判活动，……是尊重具有法律属性的司法沟通的自组织属性，致力于回答支撑司法决策自我指涉、自我观察的可能性条件。"③ 陈运生教授在评论系统论法学时也指出："系统论宪法学将法律理解为一个自组织系统。"④ 但两位教授并没有说明这种联系的确切内涵。如果自创生和自组织是一回事，那么我们就可以运用自组织的一些理论来理解系统及其自创生性。

谈到自组织理论，人们常常会通过一个蚂蚁实验加以介绍。实验的目的是考察蚂蚁在没有指挥的情况下，如何靠相互协调完成极其复杂的工作。研究者准备两个水槽，一个放蚁群，另一个放食物，两个水槽之间搭了两座桥，一座桥的长度是另一座的两倍，研究者想观察蚂蚁是否可以以及如何快速找到更短的一座桥。

研究者发现蚁群一开始并不知道两座桥的长短，不同的蚂蚁选择不同的路径。但是当选择较短路线的 A 蚂蚁已经到达食槽时，走较长路线的 B 蚂蚁还在过桥，A 蚂蚁取到食物已经回到家时，B 蚂蚁才刚刚抵达食槽。因为 A 蚂蚁一来一回两次经过较短的"桥梁"之后，"桥梁"上就留下来 A 蚂蚁更浓的味道。所以当第三只蚂蚁 C 蚂蚁在选择路径时，就容易通过气味选择出较短的路线。随着蚂蚁的活动越来越多，两条路的味道差别也越来越明显，蚂蚁通过不断"强化"最初的成功，轻松解决了最佳路径的

---

① Scott Camazine, Jean-Louis Deneubourg, Nigel R. Franks, James Sneyd, Guy Theraula Eric Bonabeau, *Self-Organization in Biological Systems*, Princeton University Press, 2003, p. 8. 参见孙新波、李金柱《数据治理：酷特智能管理演化新物种的实践》，机械工业出版社，2020，第47页。另见于振华、张发编著《大规模复杂系统认知分析与构建》，国防工业出版社，2019，第41页；陈恩《基层社会治理的参与动员》，中国经济出版社，2020，第44页；唐子惠编著《医学人工智能导论》，上海科学技术出版社，2020，第3页。

② 徐永平：《中国社会自组织功能构建与社会治理成本化解初探》，《云南行政学院学报》2013年第5期。类似的研究还有陈恩《失独者自组织的形成及其社会治理功能》，《社会工作与管理》2016年第4期；樊瑛、狄增如《创新社会治理的系统思维》，《系统科学学报》2017年第1期。

③ 宾凯：《从决策的观点看司法裁判活动》，《清华法学》2011年第6期。

④ 陈运生：《对中国系统论宪法学的反思》，《法学研究》2021年第2期。

选择问题。①

这就是所谓的"自组织"现象。由此可见，自组织不仅仅指向个体，比如植物、动物乃至人，甚至群体也具有自组织性质。所以有社会学家指出："像家庭、公司、国家、宗教团体、文化等一类的社会系统也展示了这个特征，因为尽管它们的环境及其内部的成员或结构会发生巨大变化（结构开放），但却展示了某种同一性的持续（组织闭合）。系统的组织闭合和结构决定可以很好地刻画不同层次的社会系统共有的自治性。"② 这是第一个要说明的问题。

第二，对于自组织体与非自组织体之间的区别，也需要深入分析。这一点可以从哲学家那里找到详细的分析，比如有学者提到对自组织特点进行充分讨论的学者是德国思想家康德："当我们说一个物体具有一定的目的时，是指这个物体能够产生一定的效果且是为了这个效果的实现才得以存在。换句话说，这个物体的目的是这个物体存在的原因。比如一个红酒开瓶器的目的是把红酒的木塞起开，人们设计、生产这个开瓶器的原因是为了打开红酒。……与开瓶器这样的人工物不同的是，生命具有的目的性是内在目的（intrinsic purposiveness）或自然目的（natural purpose）。"③

因此，对于社会上的一些机构，也有学者认为，其不是自组织体。比如有学者认为，有些"系统是由其他系统设计的，是由外界力量推动的，是非自发产生的，例如，集中营、监狱、指挥层级（command hierarchies）、极权秩序，等等。这类社会系统不能被视为自创生的，因为一旦外部力量消失，这些系统也就不存在了"④。从这些分析中可以看出，不是任何东西都可看作自组织，有些物体因为不符合一定的条件，不能算是自组织体。

第三，学界对于自组织理论的质疑，也需要重视。在社会学的研究中，虽然已有许多学者，比如马克思、塔尔科特·帕森斯、尼古拉斯·卢曼，将社会的组织结构（自组织）作为社会发展的动力；但也有学者，比如马克斯·韦伯、安东尼·吉登斯，认为社会中活动的个人才是社会发展

---

① 参见〔美〕彼得·米勒《群的智慧——向蚂蚁、蜜蜂、飞鸟学习组织运作绝技》，林俊宏译，天下远见出版股份有限公司，2010，第2页。
② 李恒威、徐怡：《从生物自创生到社会自创生》，《自然辩证法研究》2014年第4期。
③ 转引自周理乾《自创生、现象学与强连续性》，《科学技术哲学研究》2021年第6期。
④ 李恒威、肖云龙：《自创生理论40年：回顾和思考》，《西北师大学报》（社会科学版）2018年第1期。

的决定因素。① 如果人的作用比系统的作用更具决定性，那么之前所说的自创生或自组织理论的意义就大可怀疑了。

而且即便在那些主张以组织结构角度看待社会发展的学者中，也有学者反对将社会看作一个自组织体。比如有学者认为自组织体主要是那些生物体，比如动物、植物、人体。因为生物体的边界很清楚，哪部分是生物体本身，哪部分是生物体的外部环境，很容易准确地划分。但是，社会作为一个客体，其边界很难划定，哪个部分在社会之内，哪个部分属于社会之外，很难讲清楚。所以很多学者认为"社会自创生"只能算是一种隐喻，而不能作为一个准确的概念。②

不过，虽然如此，大部分学者还是认为，将社会当作自组织来研究是有意义的。他们认为，即便是隐喻，也会给我们认识社会带来许多洞见，就如同在经济学中引入生物学上的基因概念一样。③ 以上是对系统及其自创生特性的介绍。下面我们来说说系统的运作特点。

三 自创生系统的运作机制

1. 系统的自创生性：运作封闭和结构开放

关于系统的运作机制，我们先要把握两个方面：一是系统的组织封闭性，一是系统的结构开放性。对此学术界已有一定的介绍，但总体上还比较晦涩，需要进一步简化，以下笔者谈谈自己的理解。

所谓组织封闭性，也又学者翻译为运作封闭（operativ geschlossen）④或者结构决定（structure determined）⑤。简单说就是，自组织系统（如一个生物体）和其环境是区分开来的，不是融为一体的，比如细胞膜使细胞具有了物理意义上的个体性，使之区别于外部环境。

卢曼的说法更加准确："组织的封闭并不意味着自创生的系统我行我

---

① Loet Leydesdorff, *A Sociological Theory of Communication: The Self-Organization of the Knowledge-Based Society*, Universal Publishers, 2001, p. 2.
② 参见李恒威、徐怡《从生物自创生到社会自创生》，《自然辩证法研究》2014年第4期。
③ 参见李恒威、徐怡《从生物自创生到社会自创生》，《自然辩证法研究》2014年第4期。
④ 参见陆宇峰《"自创生"系统论法学：一种理解现代法律的新思路》，《政法论坛》2014年第4期。
⑤ 比如李恒威等认为自组织具有结构决定和结构耦合（structural coupling）的特点，并认为"结构决定这个概念揭示了：生命是一个意义建构系统，它不仅被动地接受刺激，它也主动地解释刺激"。李恒威、徐怡：《从生物自创生到社会自创生》，《自然辩证法研究》2014年第4期。

素，毫不关心外部世界；它只是意味着系统将拒绝接受那些完全没有意义的信息。"① 这就像人类的耳朵，只对外界一定的频率的声音有所识别，这不仅是耳朵的能力问题，而且也是它"主动"忽略这一频率之外的各种声音的结果，因为它们并不重要，这样做也可以节约能量。②

而所谓结构开放性，也有学者翻译为结构耦合，或者认知开放（kognitiv offen），对此也有法学研究者提到过。③ 该理论的意思是自组织系统（如一个生物体）也会和外部环境相互交流。然而由于系统具有封闭性，外部环境信息要进入该系统，必须先将其转化（翻译）为内部可以理解的符码（语言）。不同的系统有不同的符码，"政治系统的符码为有权/无权，经济系统的符码为支付/不支付，科学系统的符码为真理/非真理，教育系统的符码为成绩好/成绩差，大众传媒的符码为信息/非信息，医疗系统的符码为疾病/健康，法律系统的符码为合法/非法"④。如果外部环境信息无法翻译成系统可以识别的符码，系统就不会理解和吸纳该信息，就像生物体对自己无法消化的物体，即便吃进去也会原封不动地排出来一样。

总而言之，系统和非系统的最大不同就在于，系统不完全被环境所左右，而是自己决定如何和外部联系，如何吸收外部信息，如何采取行动，是对外部的刺激作出反应还是保持不变。以上说的是系统的自创生的特征，那么系统又是如何演化的呢？我们下面还要继续分析。

2. 系统的演化和迭代

系统的演化，也有人称为迭代，它指的是系统经过环境的筛选，逐渐向前发展。就如同病毒的变异，病毒本来有很多的变体，但不是每一种变体都能存续下去，有一些与环境不适应就消失了，与环境相适应的才能保存下来了。

关于这一点，法学界研究的不多，我们还得借用社会学家的思考。我国社会学家李强认为，根据卢曼的系统论，系统发生演化或迭代的时机就在系统内部或系统之间出现严重的冲突，无法通过自身的力量解决时，此

---

① Niklas Luhmann, *Die Politik der Gesellschaft*, Suhrkamp Verlag Frankfurt am Main, 2000, S. 372.
② Niklas Luhmann, *Die Politik der Gesellschaft*, Suhrkamp Verlag Frankfurt am Main, 2000, S. 374.
③ 参见陆宇峰《"自创生"系统论法学：一种理解现代法律的新思路》，《政法论坛》2014年第4期。
④ 陆宇峰：《"自创生"系统论法学：一种理解现代法律的新思路》，《政法论坛》2014年第4期。

时系统就会积极引入外部力量介入。① 我们可以用生物体打一个比方，生物体缺乏食物或者受到细菌和病毒的攻击时，会发生系统的演化或迭代。

用这种观点来看待国家，情况也是一样的。国家只有在遭遇内部分崩离析或外敌入侵时，才会发生演化或迭代。比如近代中国受到极大的外部威胁，才会大量吸收外国思想，引入"德先生"和"赛先生"。所以只有内外交困、山穷水尽，才会穷则思变、力求改革。但是要做到这一点，有两个前提必不可少：一个前提是系统能够发现危险，另一个是系统能够重视该危险。

对于第一个前提，卢曼认为系统对外界刺激（irritieren），更多的是排斥，而不是吸收（viel mehr ausschließen als einschließen），环境不能直接决定系统的变化（determinieren），而只能通过系统的内部组织作用于系统。② 困难在于如果系统无法看到环境所蕴含的危机，它就不可能作出反应。所以卢曼指出，系统"必须在内部为此做好准备，因为如果人们没有在期待着刺激的话，那么即使有刺激也不可能被认同为刺激"③。就这一点来说，人类比其他生物具有更强的感知外界变化的能力，人类可以使用各种先进设备，比如显微镜、望远镜、雷达，但人类认识能力毕竟是有限的，而外界的信息也不够充分，所以人类对外界的认识总是不完全的。

对于第二个前提，系统要对风险大小进行评估和排序，主要原因在于系统面对的危险是纷繁复杂的，而它所能调用的资源又是有限的（在资源约束），它可能要优先处理某些风险，而忽略其他风险。关于这一点我们可以参考一些个人时间（精力）管理的论述，英国管理学家麦吉沃恩主张要学会"取舍——做有意义的少数"④，因为每个人的精力有限，不可能面面俱到，必须学会抓大放小，以达到四两拨千斤的效果。

不仅个人管理如此，行政管理也是一样，美国学者罗森布鲁姆等人在《公共行政学——管理、政治和法律的途径》一书指出："在现代美国，无论学术界还是实务界都承认行政机关在执行法律和命令时需要做出政策

---

① 李强教授指出："当其他系统无法解决，甚至导致一个系统内部或系统之间明确的冲突时，政治系统才应该介入。"这里虽然说的是其他系统发生问题需要政治系统干预，但其实也适用于政治系统需要其他系统干预的情况。参见李强《卢曼政治系统理论述评》，《政治学研究》2021年第2期。

② Niklas Luhmann, *Die Politik der Gesellschaft*, Suhrkamp Verlag Frankfurt am Main, 2000, S. 372.

③ 〔德〕卢曼：《社会的法律》，郑伊倩译，人民出版社，2009，第234页。

④ 〔英〕格雷戈·麦吉沃恩：《精要主义》，邵信芳译，浙江人民出版社，2016，第15页。

选择（policy choice）。他们常常具有相当大的裁量权，因为立法机关的授权是一般的（而不是具体的），还因为行政资源的稀缺导致行政机关必须选择性地执行法律。"①

总结以上两方面内容，我们认为由于认识能力不足（信息不足）和可用资源有限（资源稀缺），不能苛求决策者作出最佳选择。对此，宾凯教授在一篇谈"紧急状态"的论文中指出："决策不同于计算。……计算是借助演绎逻辑，根据明确的标准，经过或简单或复杂的步骤，求取最终结果的过程；而决策则是在缺乏明确的优先顺位的前提下，或者说在信息不充分的条件下，在诸多待选项中做出挑选。因此，决策面临着一个悖论：决定就是对不可决定的事项进行决定；如果已经可以决定，那么就无须决定。"②

紧急状态如此，通常状态下的治理也相差不远。凡做决定就意味着冒险，难以做到万无一失。对此，卢曼说道："因为（政治决定需要考虑的）原则经常会被抽象为价值，而（政治家的）决定又常常蕴含着价值冲突，所以将政治家的行为评价为错误是很容易的。"③ 换句话说，我们应该对政治家的决定保持尊重，不该任意指责。就像父母教育孩子，他们并不能保证某一种方法一定能够得到某一种结果，选择就意味着冒险。

当然，这么说会引出一个问题：如果系统面对风险来不及作出调整，而导致自身崩溃怎么办？按照进化（演化）论的思维，该问题的答案只能是物竞天择、适者生存，谁适应了环境，谁就得以保存，而且保存下来的，也不一定是优秀的。所以，宾凯教授认为，政治决定总是奉行"以结果论英雄"④。李强教授也说："卢曼的理论总体而言是典型的以价值中立为特征的社会学理论。事实上，卢曼经常明确表达对规范性政治理论的批评，强调社会科学的实证特征。"⑤ 就是说在政治决定中追求结果的最佳，往往比手段的合法更具有紧迫性。

---

① 〔美〕戴维·H. 罗森布鲁姆、罗伯特·S. 克拉夫丘克、理查德·M. 克勒肯：《公共行政学——管理、政治和法律的途径》（第七版），中国人民大学出版社，2013，第12页。
② 宾凯：《系统论观察下的紧急权：例行化与决断》，《法学家》2021年第4期。
③ Niklas Luhmann, *Die Politik der Gesellschaft*, Suhrkamp Verlag Frankfurt am Main, 2000, S. 381.
④ 宾凯：《系统论观察下的紧急权：例行化与决断》，《法学家》2021年第4期。
⑤ 李强：《卢曼政治系统理论述评》，《政治学研究》2021年第2期。另参见秦明瑞《系统的逻辑——卢曼思想研究》，商务印书馆，2019，第231页。其中第六章的标题为"道德无涉的社会理论"。

四 作为系统的国家的治理
——《大国宪制》的是非对错

1. 已有学者用自组织理论分析法院的地位

以上我们介绍了系统的自创生特性以及应对外界威胁的方法。下面我们用这一理论来考察国家的治理。必须承认,将该理论用于研究国家治理的例子还不多,只有宾凯教授在研究司法裁判活动时运用了这一方法。下面先来看看宾凯教授的思考,再考察一下如何将该理论迁移到整个国家治理的研究中。

首先,宾凯教授认为从系统的"组织封闭"特性来看,法院在审判中不应该过多考虑外部的政治经济目标。"法官不是在搞维稳政治,也不是为经济增长服务,而是为整个社会提供稳定期望的规范。"

其次,宾凯教授认为这么做的原因是,法院有义务(被强迫)"在信息不全、充满不确定性的条件下"紧急作出裁决,它只能像施密特所说的那样,在理由不足的情况下作出决断,然后以一种虚假的真理包裹住一个真实的无知。

最后,宾凯教授还提出,即便时间充裕,法院也无法找到一个最优的裁判结论,任何决策或判决都是在冒险,只有概率上的更好安排,没有绝对的对错之分。就像人生的决定都是一种冒险,决定之后只能等待命运的安排。[①]

总结来说,宾凯教授认为,包括法院在内的任何系统,都是组织封闭的,都有自己独特的运行逻辑,并不总是倾向于学习其他系统的方法、策略。宾凯教授的问题如下。第一,他只提及作为一个系统的法院的组织封闭性,却没有涉及系统对外部环境的适应性(结构耦合),也就是系统如何回应外界环境的刺激。第二,他的分析结果过于悲观了。其实,虽然法院无法获得全部的信息,也没有能力做全面的计算,但这并不代表它所作出的决定就一定没有理性,总体上法院的决定肯定会比非专业人士更为理性。就像医生虽不能让每个人起死回生,但他在治病救人上面的决定大概率比普通人更优。下面我们看看,自创生系统的理论如何运用到法院之外的国家治理中。

[①] 参见宾凯《从决策的观点看司法裁判活动》,《清华法学》2011年第6期。

2. 国家如何以自创生方式生存和发展

作为一个系统，国家也有自创生性，它会通过自我复制、自我生产、自我迭代的方式应对外界的刺激。它对于外来文化，也总会倾向于先将其转化为自己的符码（语言），然后才加以消化吸收，而不是完全亦步亦趋的。所以，一个国家总是会（也必须要）以本民族的文化为根基来建构自己的政治、经济和社会系统，外来的文化不可能居于最高的地位。

关于这一点，许多历史学家有清楚的论述。比如陈寅恪先生就认为西方的学术思想再发达，碰到中国的文化也一定会居于次要地位："窃遗中国自今日以来，即使能忠实输入北美或东欧之思想，其结局当亦等于玄奘唯识之学，在吾国思想史上，既不能居最高之地位，且亦终归于歇绝者。其真能于思想上自成系统，有所创获者，必须一方面吸收输入外来之学说，一方面不忘本来民族之地位。此二种相反而适相成之态度，乃道教之真精神，新儒家之旧途径，而二千年吾民族与他民族思想接触史之所昭示者也。"[1] 类似的观点在钱穆先生[2]等那里都有论述。

此外，中国近现代的革命史的研究也印证了自组织理论的正确性。比如有学者谈道："中国共产党在大革命时期组织了上百次的城市暴动和以夺取城市为目的的军事行动都失败了，反倒是毛泽东从实际出发，在敌人统治力量较弱的井冈山建立革命根据地站住了脚……开辟了以农村包围城市、最后夺取全国胜利的革命道路。"[3] 习近平总书记也指出："中国特色社会主义进入新时代……意味着中国特色社会主义道路、理论、制度、文化不断发展，拓展了发展中国家走向现代化的途径，给世界上那些既希望

---

[1] 陈寅恪：《冯友兰中国哲学史下册审查报告》，载《金明馆丛稿二编·陈寅恪集》，生活·读书·新知三联书店，2015，第282~285页。最新研究可参见孟庆延《思想、风俗与制度：陈寅恪史学研究的社会学意涵》，《社会》2020年第5期。

[2] 参见钱穆《中国传统文化与国运》，载《钱穆先生全集：中国文化丛谈》新校本，九州出版社，2011，第73页。"中国民族在秦汉大一统以前，也并非纯一血统，在秦汉大一统以后，依然有不少相异的血统继续羼入。何以西方文化始终局限于许多小民族各自分峙，各自对立，不易融凝成一大民族，而中国文化却特易于大民族之抟成？"最新研究可参见刘保刚《钱穆对中国天下观的诠释与解析》，《史学月刊》2022年第4期。

[3] 辛鸣：《论中国共产党的独立自主》，《中国特色社会主义研究》2021年第6期。新中国建设时期也是如此，毛泽东主席在谈到我们的工业化道路上时说："先在农业合作化问题上考虑怎样把合作社办得又多又快又好，后来又在建设上考虑能否不用或者少用苏联的拐杖，不像第一个五年计划那样搬苏联的一套，自己根据中国的国情，建设得又多又快又好又省。"《毛泽东年谱（一九四九——一九七六）》第二卷，中央文献出版社，2013，第557页。

加快发展又希望保持自身独立性的国家和民族提供了全新选择,为解决人类问题贡献了中国智慧和中国方案。"①

有学者总结的中国国家治理模式是"政策主导的治理",与之相对的是"法治主导的治理""民主主导的治理"。② 还有学者指出中国社会目前采取的是国家中心主义模式,区别于西方国家的个人中心主义模式,以及发展中国家的社会中心主义模式。③ 也有学者提出:"中国治理模式在应对复杂矛盾与变动环境中表现出高度的制度韧性和调适能力,呈现出'开放型吸纳'和'适应性改革'的整体特征。"④

3. 以自创生系统的理论来理解《大国宪制》

既然国家也是以这样一种自我创生的方式生成发展的,那么苏力教授的《大国宪制》也就具有了坚实的理论基础。笔者认为该书在写作时也潜藏着这样一种意识,那就是,国家是自我组织、自我创生、自我演化的结果,外部环境的影响只能居于次要的地位。

我们来看看苏力教授的论述:"古老华夏治理黄河以及与游牧民族生存竞争造就了中国宪制的创新方向和规模。如果要活下去,就必须基于稳定的农耕区域及其广大民众,通过强有力的政治架构和组织动员构成一个大国。它必须是一个传统农耕经济可能支撑还能逐步有效整合和统合多元为一体的文明/国家的宪制。"⑤ 因此,"中国自秦汉以来即使和平时期都保存一支强大的军队,保存一支时刻准备打仗的军队,是中国宪制之必需"。

这里的意思是,农耕经济和军事斗争是国家(宪制)存在的基础,为了治理黄河泛滥和防御外敌入侵,中国必须要建立大一统的国家和强

---

① 习近平:《决胜全面建成小康社会 夺取新时代中国特色社会主义伟大胜利——在中国共产党第十九次全国代表大会上的报告》,人民出版社,2017,第10页。另外,张明教授也说:"当代中国现代性建构的探索性实践(坚持社会主义与民族特色的结合、在具体实践中透视中国实践环境与解决现实问题),确实为反对资本现代性的霸权提供了一种真实的手段,为开启后发民族国家独立自主建构自身现代性方案提供了一种真正的载体。"张明:《现代性的"中国方案"及其哲学审视》,《贵州社会科学》2018年第9期。
② 张明军:《新时期中国共产党国家治理模式的现代化选择》,《中国浦东干部学院学报》2014年第5期,第16~17页。
③ 参见马德普《简析近代以来国家治理模式的变迁——兼论中国国家治理模式的变革》,《行政科学论坛》2014年第5期。
④ 薛澜、关婷:《多元国家治理模式下的全球治理——理想与现实》,《政治学研究》2021年第3期。
⑤ 苏力:《大国宪制:历史中国的制度构成》,北京大学出版社,2018,第18~20页。

有力的军队，这也体现了系统的、演化的思维。① 因为按照系统论，系统要想持续存在，必须克服"熵增"。"熵"是系统混乱（解体）的程度，"熵增"是系统会随着时间的变化越来越趋于混乱（解体），系统要想维持不变，必须克服"熵增"。生物体如此，社会和国家也是如此。国家面临的最大危机就是崩溃和解体，它当然会尽可能地调用一切资源（比如军队）。

对于苏力教授"枪杆子里面出政权"的论述，王世涛教授提出了批评，"枪杆子里面出政权"有关立国，解决的是前国家的问题，而"宪制"作为制度设计，解决的则是后国家的问题；前者诉诸武力，后者则基于商谈。王教授以英国宪制的经验为例指出，在一国之内，宪制作为一种政治制度文明，其价值恰恰在于用协商克制武力，用理性取代战争，用选票而不是军队赢得政权。英国人发明的议会为政治协商提供了制度平台，人类也自此实质性地告别以强凌弱、以大欺小的野蛮的"动物世界"。②

从系统论来看，这种观点只说对了一半。在某种意义上，对国家而言，外部威胁和内部分裂是同等重要的两个问题，国家在设计宪制时都需要考虑。和个人的情况一样，国家的资源也是有限的，现实中哪种威胁更紧急，国家就应该优先将资源"配置"在哪一方面。宪制在某些国家解决的可能是内部的分裂问题，但在中国就变成了外敌的侵略问题，因为后者更为紧迫。无论重心放在何处，都不能说是错误的。从这一点来说，苏力教授和王世涛教授都没有错。苏力教授的问题是，没必要将制度形成的原因完全归结于个别因素，比如对抗侵略，其实文化因素、学术因素在制度形成中也有着至关重要的作用。正如历史学学者任锋指出的："钱穆认为，中国的政治组织受一种相应于中国天然地理环境的学术思想之指导，而早走上和平的大一统之境界。"③ 总之，地理环境、学术思想的因素也不容小觑。

以上说的是苏力教授对国家外部独立如何影响宪制的分析，其实对于国家内部稳定的作用，苏力教授也同样关注，只是关注的焦点不同。苏力

---

① 对此，常安教授也指出："它（宪法）需要将本国人民对于这些重大问题的政治共识，以制宪权的方式，记载于宪法文本之中；并经由宪法文本中的特定记载，来塑造和强化一代代人民对这些重大政治命题的基本认知以及对于政治共同体巩固的宪法忠诚义务。"常安：《中国宪法文本中的"内"与"外"》，《学术月刊》2020年第12期。
② 参见王世涛《被误读的宪制——评苏力〈大国宪制〉》，《中国法律评论》2021年第4期。
③ 任锋：《大一统与政治秩序的基源性问题：钱穆历史思维的理论启示》，《人文杂志》2021年第8期。

教授指出，古代中国强调同姓不婚，男女授受不亲，或者将女性封闭在闺阁之内，这些措施都是为了防止两性关系混乱导致的社会关系紊乱问题，比如防止人们使用暴力争夺配偶。① 他还进一步谈到，历史上中国的疆域管控和行政区划，也是出于地缘政治的考量，而不是为了投票和自治的方便。② 就是说，为了防止地方势力坐大，导致国家分裂，要使不同省份的地界犬牙交错。

这种认识在中国史学界有广泛的讨论，但在法学界却乏人问津。其原因，正如苏力教授所说，乃在于当代中国宪法学话语和想象力主要来自西方，而欧美各国在19世纪民族国家建设基本完成后，很少在国家构成层面思考地缘政治问题。③ 意思是，中国历史上为了确保统一和稳定，按照中国人的社会治理的模式，设计（演化）出来的种种法律制度，虽然和西方现代国家的有所不同，但仍然是合理和公正的。一则双方面对的问题不同，我们的问题是立国（统一和稳定），它们则是经济的增长，个人的致富，它们立国的目标已经实现；二则因为双方实现目标的方式也有不同，中国古代社会（也包括现代）依靠国家的和平和稳定来实现经济社会的发展，而它们则靠的更多是市场的竞争和经济的增长。

这也是从系统和自创生理论的角度来讨论国家法治的。如果一个国家要解决自己的问题，首选的方法还是自身所熟悉的发展路径，不管是婚姻制度，还是其他政治法律制度。就像每个人在生存中要面对各种各样的问题，比如外部的生存压力、内部的身体健康、眼前的人身威胁、长期的精神困扰，个人必须选择最紧迫的问题加以处理，有时候为了解决最棘手的问题，一定程度上允许某些问题的存在也是没有办法的。

从这一点来看，王世涛教授对《大国宪制》的批评失之偏颇。比如王教授说，家庭制度和宪制制度不一样，苏力教授在这里混淆了二者的关系。④ 其实，《大国宪制》中的"宪制"在苏力教授那里是做广义理解的，它指的是整个法律制度，不仅包括国家治理，也包括家庭塑造。笔者认为，苏力教授的问题或许是将婚姻道德完全归结于防止社会内部的纷争，事实上恋爱婚姻制度的设计，从自创生或者演化的角度来看，可能更多出

---

① 参见苏力《大国宪制：历史中国的制度构成》，北京大学出版社，2018，第149~157页。
② 参见苏力《大国宪制：历史中国的制度构成》，北京大学出版社，2018，第149~184页。
③ 参见苏力《大国宪制：历史中国的制度构成》，北京大学出版社，2018，第267页。
④ 参见王世涛《被误读的宪制——评苏力〈大国宪制〉》，《中国法律评论》2021年第4期。

于保证血缘的纯洁性，以确保男性为养育孩子贡献更多的心力。①

五　总结

总而言之，本文认为，苏力教授的《大国宪制》重构了我们对中国古代法律制度，比如恋爱婚姻、区域划分、国家统一等的理解。鉴于有学者针对该书的理论根基提出了疑问，笔者认为卢曼的自创生系统理论，可以为该书的理论推演提供基础的铺垫。

自创生系统理论认为，任何作为系统的物体都和环境存在清晰的区分，其采取封闭的运作方式，处理外界环境的信息，只有在遭遇严重危机的时刻，才会发生变革。按照这种观点，国家也必须以自身特有的编码来应对环境的刺激，比如基于自身独特的地理、历史和文化，演化出解决内部冲突设计的法政制度，在此期间外部的力量是不能越俎代庖的。这些制度虽然从某种角度（比如以康德为代表的道义论）来看，仍存在某些方面的问题，但它们也是一个国家为解决自身冲突和外在威胁所必须付出的代价。

---

① 参见潘绥铭《性的社会史》，河南人民出版社，1998，第90页，转引自李拥军《自私的基因与两性博弈：人类婚姻制度生存机理的生物学解释》，《法律科学（西北政法大学学报）》2012年第3期。

规制：何去何从？

——《规制政治的转轨》述论

陈宇照[*]

摘　要：规制是经济法学乃至法学的常见范畴。现有的研究多聚焦于经济学视野中规制工具的选择和评价问题，而较少在政治学等多学科视野中就规制及其变化进行梳理和反思。探究规制变化的基本载体是规制体制。根据艾斯纳《规制政治的转轨》的论述，美国规制先后经历市场体制、社团体制、社会体制、效率体制这四个交替产生的规制体制时期，反差和延续并存，美国正在迈向全球规制体制时期。不过，艾斯纳宪法意识的缺位及规制变化带来的大众政治的衰落，致使规制政治的转轨呈现"无力感"。在这个意义上，"规制将会如何变化"实际上依旧是一个开放性问题。

关键词：规制　规制体制　专业性

引　言

"规制"一词，在各种场合被频繁使用，早已成为社会各界人士耳熟能详的词语。[①] 不过，在使用过程中，不可避免存在一些误用乃至滥用之情形。现象学哲学认为，"回到事物本身"是区别现象与本质和准确认识事物的重要方式。"回到事物本身"的重要途径便是"看清回去的路"，即弄清事物的源与流。因此，相应地，对"规制是如何变化"这一问题的回答自然是重要的。回答这一问题需要结合规制变化的"载体"以及"历程"，继而在时代变迁的基础上得出"规制如何变化"的可能答案，并从中获得关于未来发展趋势的一些启示或建议。马克·艾伦·艾斯纳

---

[*] 陈宇照，上海财经大学法学院经济法学博士研究生。
[①] 值得说明的是，在《规制政治的转轨》一书中，"regulation"被翻译为"规管"，并出现"监管""规制"等词。为适应国内通常用法，在保留书中原有用词的基础上，以"xx（规制）"形式注明。

（Marc Allen Eisner）认为，监管（规制）的历史就是国家—经济关系和制度变化的历史。① 艾斯纳这一观点对于讨论"规制变化的展开"是有启发的。此外，艾斯纳认识到，规管（规制）变化通常都是以政策变化和制度改革的独特结合形式出现的。② 可以这么说，艾斯纳准确地找到了观察规制变化的合适视角，并敏锐地意识到规制和政治之间的密切关系，但由于他谨慎的研究态度和时代局限，他并未对"规制变化的未来"及其所面临的问题给出明确的答案。当然，这种谨慎的研究态度和重事实与描述的研究方法也是学者们应当具有的基本素养。因此，我们尝试从艾斯纳所描述的美国从1880年至今的历史时期内规管（规制）体制的变化中，探寻"规制是如何变化"这一问题的答案。

一 规制变化的载体：规管（规制）体制框架

政府与市场的关系，是人类历史经久不衰的话题之一。"规制"是政府与市场或国家和经济之间关系的集中反映。当置于更宽泛的历史和社会背景之下，规制并非静止不动的，而是时刻发生变化的。每代人均立足于其所处的特定政治经济环境来阐释规管（规制）政策和国家与经济的关系。③ 规管（规制）体制是政策和制度的历史特定集合，塑造了各经济部门中的社会利益、国家和经济参与者的关系，是理解规制变化的合适载体。

（一）体制形成和变化的根源：经济因素

体制，作为一种制度安排，属于上层建筑这一基本范畴。马克思早已断言，经济基础决定上层建筑。经济基础因变化产生不确定性，与现有的惯例、财产权利和财富分配与经济力量分配的集合体——体制——会产生抵牾之处。受经济基础变化影响的经济参与者，自然会为某种利益或价值追求，寻求调整体制。不过，由于社会逐渐趋向多元化，不同经济参与者的要求难以统一，并且时常不明确，这就要求政策制定者要创造性地提出尽可能兼容多元化需求的方案，而这就需要借助专业知识。当各方多元化

---

① 参见〔美〕马克·艾伦·艾斯纳《规制政治的转轨》，尹灿译，钱俞均校，中国人民大学出版社，2015，第253页。
② 参见〔美〕马克·艾伦·艾斯纳《规制政治的转轨》，尹灿译，钱俞均校，中国人民大学出版社，2015，"引言"第3页。
③ 参见〔美〕马克·艾伦·艾斯纳《规制政治的转轨》，尹灿译，钱俞均校，中国人民大学出版社，2015，第1页。

的诉求产生冲突,或存有重大分歧时,牺牲立法准确性并抽象阐述政策目标以形成广泛的联盟有其必要性,这还会造成向行政机构广泛授权的情况。① 任何体制的正常运转都需要一个具有较高能力的官僚组织和体系,而这又取决于既有官僚体系、政策专业知识的供给、特定政策组合的经验和已确立的与利益集团间的关系的有效组合。简单来说,经济变化产生政策需求,政策再与重大性制度变革相结合,推动体制形成及其变化,反过来,体制及支持其正常运转的行政程序经常服务于经济利益。因此,艾斯纳认为,美国自1880年起先后形成的四个规管(规制)体制均是回应影响到各团体自身利益的经济变化而产生的。②

(二)规管(规制)体制及其变化的要素:政策和制度、观念、利益

艾斯纳并未明确凸显规管(规制)体制的特殊之处,而是将其置于一般性体制的语境中加以思考。不过,本文认为,规管(规制)体制的最大特殊之处在于它与国家和经济关系的直接相关性。或许,正是因为艾斯纳对体制形成及其变化的讨论基本上是立足于经济基础的,所以不必格外强调规管(规制)体制的特殊性。规管(规制)体制的形成和发展变化往往取决于政策、制度、观念和利益的组合。观念和利益集团塑造体制内的政治和政策,它们决定着体制变化的周期,(观念和利益)一旦体现为新政策和新制度,观念和利益就获得了一定的持久性。③ 因此,有必要对规管(规制)体制及其变化的要素进行仔细的考察。

制度是规管(规制)体制的直接面向。制度本质上是规则,包括正式与非正式的规则。艾斯纳出于研究的需要,对制度进行了较为狭窄的界定,认为制度是指在政策制定过程中决定公共组织内部运作和公共组织与私人组织间关系的一套角色、规则和决策程序,并特别强调塑造监管政策行为方式的制度性安排。④ 由此可见制度和政策之间的密切关系,即制度

---

① 参见〔美〕马克·艾伦·艾斯纳《规制政治的转轨》,尹灿译,钱俞均校,中国人民大学出版社,2015,第2页。
② 参见〔美〕马克·艾伦·艾斯纳《规制政治的转轨》,尹灿译,钱俞均校,中国人民大学出版社,2015,第3页。
③ 参见〔美〕马克·艾伦·艾斯纳《规制政治的转轨》,尹灿译,钱俞均校,中国人民大学出版社,2015,第7~8页。
④ 参见〔美〕马克·艾伦·艾斯纳《规制政治的转轨》,尹灿译,钱俞均校,中国人民大学出版社,2015,第8页。

进化和政策变化不可避免地联系在一起。① 艾斯纳据此对以往关于监管的经济学著作进行批判,认为它们只是一味沿袭公共选择传统,过分关注监管者所面临的激励结构,忽视监管需要置于足够丰富的制度语境之中。艾斯纳更为认可詹姆斯·马奇(James G. March)和约翰·奥尔森(Johan P. Olsen)所提出的两种监管逻辑——结果性逻辑和适当性逻辑,前者主要指以往有关监管的经济学著作所持的逻辑,即基于理性经济人假设而认为监管者将政策或公共权力视为实现自身利益的工具,后者则是艾斯纳等人较为认可的一种新的监管逻辑,即认为监管者基于制度语境决定何种行为是适当的制度角色、规则和惯例所要求的必要行为。实际上,这两种逻辑在一定程度上体现了经济学思维和法学思维的不同之处:经济学思维更重视偏好、效益导向,轻视规则约束;法学思维更重视规则意识。因此,艾斯纳不认为监管者只是一味简单追求自我利益实现的理性经济人,其往往会受到规则系统的影响。正如他所说,尽管官僚们可能无法将自身利益与其行政职能分离,但他们在一个组织中的行为能力将会在很大程度上由他们遵守现有规则、角色和惯例的意愿所决定。②

艾斯纳认为,制度通常在政治体制的两个层面被考量,包括最高层面的国会、总统和司法机构与较低层面的各行政机构界定和执行的政策。③事实上,通过美国漫长规管(规制)历史的梳理,可以清晰地发现国会、总统、司法机构、各行政机构和专业监管机构对规管(规制)体制形成和变化产生的重大影响。国会时常需要回应利益集团的诉求和地方选民的关注,并通过立法授权等方式界定规管(规制)权力、尝试影响执行活动,再加上美国的联邦制,时常造就双层监管体系,联邦监管立法和州级监管立法的关系十分微妙。总统对规管(规制)体制的影响则更为直接和重大,因为美国在过去近百年时间内,逐渐从议会政治转向总统政治。不仅个别总统在明确新规管(规制)体制的基本原则方面发挥决定性作用,总统还可以通过行使任命权并选择赞成其政策纲要的行政官员来架构规管政策。④

---

① 参见〔美〕马克·艾伦·艾斯纳《规制政治的转轨》,尹灿译,钱俞均校,中国人民大学出版社,2015,第9页。
② 参见〔美〕马克·艾伦·艾斯纳《规制政治的转轨》,尹灿译,钱俞均校,中国人民大学出版社,2015,第10~11页。
③ 参见〔美〕马克·艾伦·艾斯纳《规制政治的转轨》,尹灿译,钱俞均校,中国人民大学出版社,2015,第11页。
④ 参见〔美〕马克·艾伦·艾斯纳《规制政治的转轨》,尹灿译,钱俞均校,中国人民大学出版社,2015,第11页。

司法机构在界定规管权力方面的作用不可忽视，法院可以援用美国宪法中州际商务条款的保守性解释和美国宪法第十四修正案的正当程序条款判决监管法规违宪，也可以基于所有监管决定均可在法院提起上诉的理由而对所有监管决定和主要规则进行司法审查，其影响被一些学者誉为"对美国行政法律的一次重塑"。与规管（规制）体制关联性最强的机构便是监管机构，与一般的行政机构不同的是，监管机构因需要时常执行具有目的导向的公共政策而需要匹配相应的行政能力，即政策和行政（能力）不能轻易分离，这也决定了监管机构需要具有官僚组织专业知识、利益集团参与政策制定和监管机构独立自主及拥有较为广泛的自由裁量权等特征。

　　观念构成规管（规制）体制的深层次面向。按照黑格尔的说法，现实世界不过是绝对理念逐渐展开的产物，由此可见观念的重要性。艾斯纳认为，观念既包括形成国家在经济中预期的角色的主流政治经济观念，也包括界定适当行政模式的行政原则，观念可以塑造公共权威及政治需求。[1]在美国历史上，曾先后流行不同的观念。首先便是以私有产权和市场为两大支柱的市场自由主义观念，这一观念强调只有存在对国家权威的约束，私人产权才能得到保障。因此，市场自由主义观念意味着有限行政。不过，艾斯纳清晰地认识到，即便市场自由主义一直在施加其意识形态的影响，但人们一直希望国家在经济中直接发挥强大作用并且联邦政府事实上以为经济增长提供积极的法律环境和投入资本等各种方式介入经济。[2] 事实上，按照市场自由主义观念鼻祖亚当·斯密的看法，市场自由主义观念并非意味着政府完全退出市场，政府还需要履行提供公共物品、治安、国防等必要职责。在市场自由主义观念的影响下，艾斯纳所言道的美国历史上第一个规管（规制）体制即市场体制出现。伴随着20世纪30年代的大萧条和大衰退，市场自由主义观念逐渐得到调整，并产生有关合作式行政的社团主义理论，这为第二个规管（规制）体制提供了基础模型。20世纪70年代的新社会监管观念为第三个规管（规制）体制提供了思想启迪，再到20世纪七八十年代旨在扩大经济学在监管审查中的作用的改革理论在再一次的规管（规制）体制变化中发挥了重要作用。以上种种充分说明观念和规管（规制）体制之间复杂的关系。实际上，在规管（规制）体

---

[1] 参见〔美〕马克·艾伦·艾斯纳《规制政治的转轨》，尹灿译，钱俞均校，中国人民大学出版社，2015，第21页。

[2] 参见〔美〕马克·艾伦·艾斯纳《规制政治的转轨》，尹灿译，钱俞均校，中国人民大学出版社，2015，第22页。

制变化历程中，由于监管机构中专业人员及其专业知识的重要性与日俱增，观念自然进入政策制定过程并发挥着越来越重要的作用。

所有的个人和社会团体均有受到经济变化影响的利益。① 利益自然成为规管（规制）体制不可忽视的重要因素。由于利益往往需要通过成立组织和协会等方式表现，艾斯纳更为重视组织化的利益，正如他所说，组织化的利益能对规管政治发挥更大的作用。② 组织化的利益进一步表现为利益集团和社会运动。美国利益集团体系具有大规模、分散性和多元化的特点，并具有一定的专业性，往往可以有效参与到规管（规制）政治之中，影响规管（规制）体制的形成和发展。

一个体制由政治—经济环境、主要目标、制度和政策创新、专业知识角色以及利益整合进入政策制定过程的方式所决定。③ 这些是制度、政策、观念和利益四要素的具体展开，构成考察规管（规制）体制的重要维度和基本模式。总的来说，艾斯纳对规管（规制）及其变化的重要创见在于将规管（规制）从单一的经济学思维中解放出来，置于更为广阔的政治学、社会学、法学等其他学科中进行思考。

二 规制变化的历程：反差和延续

很显然，艾斯纳的理论让我们能够更加便捷地考察规制变化的历程：在制度、政策、观念和利益四要素的基础上，从政治—经济环境、主要目标、制度和政策创新、专业知识角色及利益整合进入政策制定过程的方式等维度考察美国自1880年以后的不同历史时期的规管（规制）体制。按照这一基本模式，接下来的问题就是如何理解美国不同历史时期内规制的变化。按照艾斯纳的看法，美国在进步时代（1880~1920年）、新政时期（1933年~20世纪50年代）和20世纪60年代后的时期这三大历史时期，先后出现市场体制、社团体制、社会体制和效率体制四种规管（规制）体制。在这四种规管（规制）体制形成和发展过程中，规制始终保持着一定的反差和延续。

---

① 参见〔美〕马克·艾伦·艾斯纳《规制政治的转轨》，尹灿译，钱俞均校，中国人民大学出版社，2015，第25页。
② 参见〔美〕马克·艾伦·艾斯纳《规制政治的转轨》，尹灿译，钱俞均校，中国人民大学出版社，2015，第25页。
③ 参见〔美〕马克·艾伦·艾斯纳《规制政治的转轨》，尹灿译，钱俞均校，中国人民大学出版社，2015，第239页。

（一）规制变化中的反差：规管（规制）体制的反差

尽管美国宪法因其适用历史悠久而著称于世，但不可否认的是，不少学者依旧认为美国宪法发生了巨大变化，这在一定程度上反映出美国建国以后两百多年政治经济和社会生活一直在发生某种变化。因此，美国的规制政策和规制体制在不同历史时期内必然存在巨大的反差。

1. 市场体制：纠正市场失灵或弥补市场空缺

美国历史上首个重要联邦监管立法浪潮和首个完整规管（规制）体制是在19世纪末20世纪初出现和确立的，典型的例证便是世界上第一部反垄断法或经济法——1890年《谢尔曼法》——的出台。这一时期，美国经济经历了巨大的结构变化，尤其是伴随着美国南北战争结束所带来的资本主义大一统市场的形成和发展，美国经济高速增长，带来生产组织和行业结构的巨大变化，公司逐渐采用上下层级和多部门的组织结构来协调、指导和监督其活动，并积极进行合并以实现更强的规模经济效应，这严重威胁到美国曾经盛行的高度分散化地方经济。在此期间，经济变化的最大特征就是集中化和组织化，核心公司、外围企业、工人运动、农场主等不同经济参与者纷纷进行相应联合并建立相应组织。经济结构的剧烈变化与新利益的动员和组织化结合在一起，对立法议程和政治性质的影响产生了引人注目的效果。① 上述种种经济变化催生了**市场体制**。

对市场体制形成和发展影响较大的便是美国在19世纪末兴起的进步主义观念。这一观念对美国经济变化问题和贫富差距拉大、政治腐败等社会问题进行回应。进步主义之所以与早前的改革运动相区别，是因为它把理念与改革议程独特地联系在一起，相信自然科学和社会科学知识可以被建设性地运用以解决诸多社会问题，并认为制度可以被理性地设计，以限制、控制或引导这个国家所面临的社会和经济变化，从而改善生活条件。② 这意味着进步主义观念要求采取新的法律形式来强制资本分散和禁止各种行为从而解决垄断和腐败，加强监管立法和赋予联邦政府更大的监管权限是其应有之义。不过，由于进步主义的主流不过是一种对重新恢复被新兴

---

① 参见〔美〕马克·艾伦·艾斯纳《规制政治的转轨》，尹灿译，钱俞均校，中国人民大学出版社，2015，第34页。
② 参见〔美〕马克·艾伦·艾斯纳《规制政治的转轨》，尹灿译，钱俞均校，中国人民大学出版社，2015，第36页。

公司秩序威胁的个人自由和机会的市场基础氛围的尝试，[①] 因此，这一时期美国联邦政府对经济进行的更多干预，并没有真正挑战公司或既有经济体系的合法性，其干预更多是基于市场和市场纠错进行监管。这因新自由主义观念的持有者威尔逊总统的当选而进一步得到强化，即认为消除垄断及其运行方式是对自由的恢复。

进步主义者更加推崇制度设计的重要性，而行政原则又在制度设计中发挥着核心作用。受此影响，市场体制在规制组织体系方面有所创新，给后世留下的最大遗产则是独立监管委员会。独立监管委员会在形式上独立于行政分支，在其职权内集中了立法、行政和司法的功能，配备了具有相当技术技能的专业行政人员，这使其成为美国政府组织体系中的"另类"，典例就是监督铁路的州际商务委员会和监督公司竞争的联邦贸易委员会，这两个独立委员会所制定和调整的铁路监管政策和反托拉斯政策是市场体制的两大核心组成部分。从其设立到之后的调整过程中，各利益群体和集团、国会、总统、法院、州级监管机构运用各种方式参与和影响具体监管政策的制定和执行，并形成生动的利益博弈实践图景。不过，这更多地集中在立法层面。

简单来说，市场体制是对美国19世纪末20世纪初经济集中化和组织化带来的一系列经济问题和社会问题的回应，基本目标是通过立法和行政等手段纠正市场失灵或弥补市场空缺，重大的制度创新在于独立监管委员会的设立，重点监管领域是铁路和公司竞争。不过，在这一过程中，独立监管委员会不断面临来自法院的抵抗并受监管利益的侵蚀和俘获，这使得市场体制存在局限性。

2. 社团体制：政府监管下的行业自治推进经济稳定

20世纪30年代的大萧条深刻影响了美国历史进程。因应20世纪30年代大萧条而采取的罗斯福新政促进新规制体制的形式发展。罗斯福新政背离了市场体制的核心原则，要求联邦政府在经济中发挥更大的作用并要求利益协会在监管过程扮演新角色，并保障被监管者在政策制定中发挥重要作用。[②] 这个新规制体制就是社团体制。

社团体制的形成仍然受到进步主义观念的影响。不过，与市场体制不同

[①] 参见〔美〕马克·艾伦·艾斯纳《规制政治的转轨》，尹灿译，钱俞均校，中国人民大学出版社，2015，第50页。

[②] 参见〔美〕马克·艾伦·艾斯纳《规制政治的转轨》，尹灿译，钱俞均校，中国人民大学出版社，2015，第91页。

的是，社团体制更多受到进步主义中的以西奥多·罗斯福为代表的新国家主义观念的影响，这一观念包含许多福利国家特色的经济和社会政策建议，主张理性看待行业兼并，而非一刀切地阻止行业兼并。对社团体制形成和发展产生重大影响的社团主义和进步主义中的新国家主义观念有着千丝万缕的联系。不论从哪个角度理解社团主义，共同体都由不同利益团体构成，与共同体利益相关的重大问题都应依靠团体之间的谈判或协商方式来解决，这是不同派别学者公认的社团主义的核心特征。① 社团主义认为应避免进步时代的对抗关系，进而寻求国家资助的合作式协会和理事会来管理竞争和增长。② 合作式行政自然成为社团主义实现的应有之义。在这一时期，经常可见监管机构中有不同利益团体及其代表，比如1934年富兰克林·罗斯福将国家复兴局置于一个由劳工、企业和消费者代表组成的七人委员会的领导下，由其负责审查复兴局的行为并修改守则。

　　组成社团体制的共同要素包括对专家机构、经济利益集团组织化和政府监督下的行业自治的依赖，以及将其作为推动经济稳定和创建不同于市场条件下的收入分配模式的方法。③ 在相关要素中，有两个相较于市场体制的反差值得重视。

　　第一个是社团体制格外重视行业自治，即通过被监管利益组织的代表来制定和执行政策。实质上，利益协会作为半公共机构制定和执行政策，成为社团体制的核心和关键环节，这也是社团体制的重大制度创新之处。行业自治被解释为政府支持的卡特尔，为垄断权力的滥用提供了结构基础。④ 以《农业调整法》为例，该法赋予农业调整管理局通过限制种植面积或产量和销量的合同来控制农产品供给的权力，这意味着农业调整管理局需要依赖农场协会等行业自治组织实现自愿国内分配计划。因此，垄断行为在某种情况下是合法的。通过行业自治模式，利益集团得以有更多的渠道参与到行政层面的监管过程中并进行相应的利益整合，而不再限于市场体制中利益集团单一立法层面的参与渠道。

---

① 参见荣艳红、傅修远《德国社团主义传统及其对职业教育立法影响》，《比较教育研究》2021年第10期。
② 参见〔美〕马克·艾伦·艾斯纳《规制政治的转轨》，尹灿译，钱俞均校，中国人民大学出版社，2015，第79页。
③ 参见〔美〕马克·艾伦·艾斯纳《规制政治的转轨》，尹灿译，钱俞均校，中国人民大学出版社，2015，第129~130页。
④ 参见〔美〕马克·艾伦·艾斯纳《规制政治的转轨》，尹灿译，钱俞均校，中国人民大学出版社，2015，第130页。

第二个是社团体制倾向于促进工业稳定和重新分配。艾斯纳认为，社团体制的目标不是重建市场，而是弥补其不稳定的效果并取代压迫某些经济关键部分以市场为基础的收入分配方法。① 社团体制下规制政策的侧重点主要面向市场竞争中的弱势群体和产业，以最大限度减弱经济不稳定因素。在罗斯福新政时期，美国先后通过《全国工业复兴法》、《全国劳资关系法》（《瓦格纳法》）等法律，明确禁止劳动领域中的不公正行为并赋予劳工通过多数表决规则选举自己的独家代表进行劳资关系谈判的权利，以促进和监督被监管利益组织化的方式推动经济发展。

不过，社团体制依旧存在一些局限性，其中最严重的莫过于监管机构和行业协会实施培育垄断权力、提高价格和限制新竞争者进入等反竞争监管政策从而危害消费大众。

3. 社会体制：从经济监管到社会监管

二战后的美国经济迎来一个再次高速发展的时期，实际收入持续增长。这得益于凯恩斯主义指导下活跃的国家经济干预，经济周期的波动变得更加温和。不过，伴随着美国工业化进程的结束和后工业化时代的到来，工业经济对人类健康、生命和环境产生的威胁及其带来的副作用逐渐显现，成为影响经济发展和社会安全的巨大隐患。再加上声势浩大的环境保护运动、消费者保护运动和职业健康安全保护运动等社会运动此起彼伏，它们不断进行组织和动员，推动监管政策的转向。以上种种都要求国家在经济中扮演新角色，对新型利益进行组织和动员，进而形成新规制体制——社会体制。

社会体制与前述市场体制和社团体制的根本反差在于监管焦点从经济监管转向社会监管。艾斯纳指出，进步时代和新政时期的经济监管将政府管制延伸至价格和商品供给以及某些被监管行业的参与者数量与行业的进入条件，政策制定者不是基于行业固有的特点所带来的市场失灵，就是基于市场竞争过于不稳定，而赋予其提议正当性。与经济监管不同，社会监管聚焦于生产过程的基本面和负外部性、社会监管政策处理所提供产品和服务的质量，与工业经济对人类健康、生命和环境产生的威胁及其带来的副作用。社会监管不保护公司，而是对公司活动施以限制以保护大众；社会监管不保证竞争条件或保护竞争者，但是可能涉及限制小型

---

① 参见〔美〕马克·艾伦·艾斯纳《规制政治的转轨》，尹灿译，钱俞均校，中国人民大学出版社，2015，第 97 页。

公司的合规成本。① 当然，市场体制和社团体制时期并非不存在社会监管，比如国会在市场体制时期通过了5项关于消费者保护和健康的立法，社团体制时期类似立法的数量是11项，不同的是，社会体制时期社会监管的立法数量和重要性远远超过前两个规制体制时期。社会体制下国家扮演着一个本质不同的角色，即政府必须承担防止或减少对人类健康和环境的危险的责任，这意味着大幅削减公司自治，因为社会监管立法要求监管者将控制延伸至许多之前属于公司自治范畴的经营管理决策，典型就是要求将环境保护和职工健康安全保护等社会责任的承担纳入公司决策范围之内。

当然，此过程离不开新左派对资本主义的一系列批判所形成的思想观念的影响。新左派反对韦伯所认可的科层制、个人主义和民主参与，对监管委员会进行激烈批判。在行政批判领域，洛伊（Lowi）认为，授权、缺乏明确立法标准以及支持利益团体参与行政过程的公共哲学三者之间的互动关系产生了相当大的问题……私人利益可以成功地通过在执行阶段操纵政策的方式推翻多数主义的政治。② 受此影响，社会体制下的监管立法呈现两个新特征：一是新立法过于具体，比如一些环境立法相当精确地描述环保局将要监管的物质以及具体的执行时间表；二是利益集团在政策制定过程中势力不断扩张并发挥更大的作用，比如一些监管立法不仅规定远比《行政程序法》复杂的规则制定程序来保证集团参与的充足机会，还给予利益集团参与机构决策所缺乏的充足资金，甚至还授予公民起诉机构未能尽职的权利。在社会体制时期，强制作为的规定、扩大化规则制定过程和通过对公众诉讼的推动来强迫机构行使非自由裁量的职能，为迫使机构履行社会责任和迅速作出反应提供了方法。③ 同时，高度专业化监管机构的自治受到总统所建立的行政复查程序、国会预算分配的决定、法院迫使监管机构扩大的监管焦点等方面的限制。

艾斯纳认为，社会体制在其发展过程中，呈现出三大局限性：一是与科学不确定性相关的困难和额外的协调纠结在一起；二是制度设计方面的漏洞，比如强制作为的规定往往建立在空洞的假设、不完整的分析和不充分的内部审查基础之上，以及对听证会与诉讼资源过度投入；三是对机构

---

① 参见〔美〕马克·艾伦·艾斯纳《规制政治的转轨》，尹灿译，钱俞均校，中国人民大学出版社，2015，第131~132页。
② 参见〔美〕马克·艾伦·艾斯纳《规制政治的转轨》，尹灿译，钱俞均校，中国人民大学出版社，2015，第141页。
③ 参见〔美〕马克·艾伦·艾斯纳《规制政治的转轨》，尹灿译，钱俞均校，中国人民大学出版社，2015，第190页。

活动的一些外部限制不合理，比如有限司法能力与社会监管复杂性的不协调性和司法体系分散性与机构职权的协调性。① 以上种种局限性随着社会经济的变化而逐渐得到解决并促进了下一个新规制体制的形成。

4. 效率体制：经济判断标准被引入监管决策

20世纪70年代美国经济面临滞胀困境，导致社会公众对监管普遍持怀疑态度。不过，并未找到民众反对监管的确凿证据，甚至在一些民调中出现公众对监管的高支持率，这意味着很难再说新规制体制的形成是民主政治的产物。对此，艾斯纳认为，监管的成本与生产率的降低和日渐增加的与外国制造商的竞争结合在一起，足以刺激一波新的企业组织和动员，公司对竞选活动的资助更加积极，政客们不断重复滞胀和监管的密切联系，监管机构层面新的行政实践和人事安排带来的经济分析在监管层面系统运用，再加上公众意见作为政策变化的来源事实上并没有经实际动员的利益集团的意见重要，② 这些因素均促进了新规制体制的形成。

从20世纪70年代开始，美国选举产生了一系列温和、保守的总统，保守主义思想观念抬头。受此影响，监管改革和去监管化成为这一时期的主题词。艾斯纳清晰地指出二者的区别：监管改革指的是那些通过考虑替代的经济成本和收益来改进监管机构内部管理的常识，与高额合规成本会减少利润与再投资激励的担忧相联系；去监管化则是指取消那些"不必要"或"沉重"的监管。二者通常可以并列运行。③ 无论是监管改革所指向的"考虑替代的经济成本和收益进行改革"，还是去监管化所指向的"去除不必要监管"，都意味着经济判断标准被引入监管决策之中，这或许就是新规制体制被命名为"效率体制"的重要原因。

艾斯纳认为，效率体制有四个典型特征：一是将监管权力史无前例地集中于预算办公室和白宫的审查机构；二是要求监管提议必须经过经济分析的论证；三是将市场作为评估政策需要和设计新政策的基准；四是监管改革和去监管化措施都是由对公司合规成本的普遍担忧驱动的，而很难量

---

① 参见〔美〕马克·艾伦·艾斯纳《规制政治的转轨》，尹灿译，钱俞均校，中国人民大学出版社，2015，第190~191页。
② 参见〔美〕马克·艾伦·艾斯纳《规制政治的转轨》，尹灿译，钱俞均校，中国人民大学出版社，2015，第196~199页。
③ 参见〔美〕马克·艾伦·艾斯纳《规制政治的转轨》，尹灿译，钱俞均校，中国人民大学出版社，2015，第193、199页。

化的社会收益被用来与公司承担的成本相比较。① 仔细审视效率体制，会发现效率体制与前述三个规制体制形成鲜明的反差：与市场体制相比，市场体制寻求重新激活或保护易于失灵的市场体制，效率体制则歌颂市场的力量，相信市场力量足以解决很多监管所要解决的问题；与社团体制相比，社团体制不仅注重经济参与者的自我监管能力，也相信政府监管，效率体制则质疑政府监管；与社会体制相比，社会体制注重社会监管并关注公众健康，效率体制则注重公司合规成本和监管负担。

效率体制出现两点重要变化。一是监管审查和批准的权限集中在总统行政办公室和行政管理及预算办公室，这迫使监管机构重视其自身政策规划和对员工的评估并进行内部审查，尤其增加经济学家比重，从而应对其他机构和利益组织的挑战，比如司法部反垄断局于1973年组建经济政策办公室，联邦贸易委员会建立政策计划和评估办公室，联邦通信委员会建立由经济学家控制的计划和政策办公室，民用航空委员会于1977年建立经济分析办公室。二是监管机构日益重视运用激励手段解决监管问题，监管日益具有效率和灵活性，典型例证就是1980年《灵活监管法》的出台。这一时期，再造政府监管成为监管改革的主攻方向，传统的"命令控制型"监管手段因不太考虑成本收益的平衡等时常受到批判和攻击，一些监管机构逐渐采取旨在减少合规成本并增强灵活性的监管手段，比如环保局推进与公司利益相关者的合作及各利益参与方讨论新项目设计以寻求建立伙伴关系，采取诸如泡泡、抵消和排放指标银行的激励方法执行《清洁空气法》。

简言之，效率体制的最大特征就是经济判断标准被引入监管决策之中，这带来不少监管手段和行政组织的创新，使得不少监管机构的活动很大程度上由经济学家所塑造，产生去监管化和监管改革的效果。合规初登舞台，市场再度回归。

（二）规制变化中的延续：对专业性的信仰

尽管美国近百年规制历程先后发生了巨大的变化，并形成了四个交替产生的规制体制，但其同时保持着一定的延续性。在美国规制变化历程中，对专业性的信仰是贯穿美国规制变化的主旋律。

市场体制时期的进步主义观点认为雇用专才比通才更为优先，行政官

---

① 参见〔美〕马克·艾伦·艾斯纳《规制政治的转轨》，尹灿译，钱俞均校，中国人民大学出版社，2015，第194页。

员必须是掌握关于其职责的专业知识的专业人士。当时设立的独立监管委员会的职员均是具备相当技能的专业行政人员，因为估算铁路资本、确定充足的回报率以及决定什么构成不正当竞争手段最好由受过经济学和会计学专业训练的人员来进行。①

专家行政的理念继续在社团体制时期发挥作用。对于罗斯福当局中作为关键成员的詹姆斯·兰德斯和其他新政时期人士而言，专业知识的运用恰好为一个有效行政的国家提供了基础。② 在社团体制中，监管机构专业性得以彰显，比如农业部与农业专业院校和主要政府土地机构的农业经济学部门保持紧密联系，并在政府服务和大学间持续地进行人员交流。③ 新政时期的美国农业部、劳资委和证监会是高度专业化的机构，并迅速获得了专业性声誉，不仅如此，作为社团体制核心的行业协会也带有较强的专业性，比如证券交易所委员会就由大量的专业员工辅助，以避免场内成员重走以前操纵市场的老路。④

社会监管机构所解决的问题，远比经济监管机构解决的问题复杂，决定合理的投资回报率比起决定化学毒性、辐射强度和可接受的风险程度要相对简单。⑤ 因此，即便社会体制时期有一些学者出于对授权的批判而主张严格限制监管机构的专业行政人员，但不少立法还是赋予机构中的社会科学和自然科学专家职权和职责，不少监管决定也高度仰仗于科学假设和研究质量，基础研究和数据是否充分成为这一时期规制政治的争议焦点之一。社会体制时期科学家发挥重要作用的典例是环保局，在环保局里有负责空气污染、水污染、固体废物、农药和有毒物质的项目办公室，其中空气污染办公室包括为数不少的化学家、气象学家和环境科学家，空气和水污染立法也迫使环保局严重依赖科学专业知识和许多研究项目的结论。⑥

---

① 参见〔美〕马克·艾伦·艾斯纳《规制政治的转轨》，尹灿译，钱俞均校，中国人民大学出版社，2015，第47页。
② 参见〔美〕马克·艾伦·艾斯纳《规制政治的转轨》，尹灿译，钱俞均校，中国人民大学出版社，2015，第91页。
③ 参见〔美〕马克·艾伦·艾斯纳《规制政治的转轨》，尹灿译，钱俞均校，中国人民大学出版社，2015，第106页。
④ 参见〔美〕马克·艾伦·艾斯纳《规制政治的转轨》，尹灿译，钱俞均校，中国人民大学出版社，2015，第121页。
⑤ 参见〔美〕马克·艾伦·艾斯纳《规制政治的转轨》，尹灿译，钱俞均校，中国人民大学出版社，2015，第144页。
⑥ 参见〔美〕马克·艾伦·艾斯纳《规制政治的转轨》，尹灿译，钱俞均校，中国人民大学出版社，2015，第156~157页。

在效率体制下，专家尤其是经济学家在其中发挥着更为突出的作用。经济监管机构的专业化进程贯穿整个20世纪六七十年代，许多曾经拥有大批律师的机构，招募具有经济背景的员工并建立经济部门以进行经济计划制定和政策评估。[1] 这一时期的反垄断局和环保局的活动在很大程度上由经济学家所塑造，经济指标被整合进反垄断局政策制定过程之中，环保局官员们在寻求调整监管以迎接新的挑战时则借鉴当代经济学理论。[2] 可以这么说，效率体制中监管的正当性在很大程度上取决于经济学家的成本收益分析结论，这也是这一时期法经济学兴起的重要原因。

三 规制变化的余声：规制政治转轨的"无力"

艾斯纳主要描述的是美国历史上规制变化的历程，但也对当前美国正在经历的规制变化尽可能进行描述和预测，尤其注意到经济全球化对规制的挑战和塑造。尽管于早期很难确定其在完全形成时的主要构成，但有证据显示，一个全球规制体制正在呈现。[3] 即便艾斯纳对全球规管（规制）体制的到来持乐观看法，甚至套用前述四个规制体制的模型，试图对全球监管体制的构成作一个描述，以确定全球监管体制的核心目标和制度创新，但他也十分清醒地认识到全球规管（规制）体制面临着四个阻碍因素：目标多元化、搭便车问题、缺乏可信的制度和惩罚以及缺乏允许参与并强制问责的机制。[4] 他还一针见血地指出规制长期以来存在的巨大缺憾。不过由于艾斯纳的时代局限性，他始终无法完整而系统地描绘美国规制的"未来"，由此可见下一轮规制政治转轨的"无力感"。

（一）宪法意识的缺位

艾斯纳论述的不周延性体现在其格外突出规制变化的政治因素，同时又忽视宪法这一最大的政治事实。艾斯纳的论述虽时常提及总统、国会、法院即美国宪法机关与规制机关之间的关系，但忽视宪法变迁和规制变化

---

[1] 参见〔美〕马克·艾伦·艾斯纳《规制政治的转轨》，尹灿译，钱俞均校，中国人民大学出版社，2015，第148页。
[2] 参见〔美〕马克·艾伦·艾斯纳《规制政治的转轨》，尹灿译，钱俞均校，中国人民大学出版社，2015，第216页。
[3] 参见〔美〕马克·艾伦·艾斯纳《规制政治的转轨》，尹灿译，钱俞均校，中国人民大学出版社，2015，第230页。
[4] 参见〔美〕马克·艾伦·艾斯纳《规制政治的转轨》，尹灿译，钱俞均校，中国人民大学出版社，2015，第234~238页。

之间的密切关系，甚至遗忘宪法基本精神。宪法的最大奥义是约束最高公权力和保障公民基本权利。从人类政治思想史来看，政治理论只有回归到"人"本身才能永葆生命力。从规制的起源来看，桑斯坦教授认为，众多联邦规制方案的产生一定程度上是为了实现新政和罗斯福总统于1944年明确提出的第二权利法案。[①] 即便一般认为美国规制自国会于1887年设立第一个现代规制机构即州际贸易委员会来规制铁路开始，但此时的规制最终也是为了实现美国宪法确认和保障的合同自由、私有财产不受侵犯等个人基本权利和自由。

而规制意味着对失灵市场的纠正和对个人自由的限制，即便"规制"常被理解为"依规则限制"，其中法律层面意义上的"规则"更多是指行政法，这也使得"规制"与"经济行政法"极易混淆。与中国传统行政法格外突出控权功能不同的是，"规制"语境中的行政法往往是积极行政法，通过制度建构来保障行政权有效行使、提升行政效率和促进公共利益实现，而这正是目前中国行政法学者较为青睐的新行政法范式。尽管这种新行政法范式对于解决中国现实问题和完善政府治理具有重要的积极意义，但因缺乏宪法—行政法联动的视角，"规制失灵"现象时有发生，个人合法权益时常受损，规制正当性危机凸显，这恰恰是当前经济法学面临的最大危机。

艾斯纳最后提出的美国规制将转向全球规管（规制）体制的设想，说服力不足。艾斯纳将规制体制视为理解规制变化的载体，不过规制体制具有强烈的国别性，试图以具有国别性的载体来理解和预测全球性规制变化，不免逻辑上难以自洽。更为重要的是，规制体制往往依托于一国宪法体制，在未论证世界宪法体制趋向一致这个前提成立之前，就直接论证全球规管（规制）体制的成立，不免有逻辑跳跃之嫌。之所以会出现这些逻辑漏洞，根由在于艾斯纳宪法意识的缺乏。宪法不仅是公民权利保障书，更是政治共同体组织规则和最高客观价值秩序宣言书。面对全球化的挑战，德国思想家米勒提出宪法爱国主义思想，试图将政治忠诚纳入宪法的规范、价值和程序之中，构建了在自由民族主义与世界主义的中心地带最具吸引力的道德直觉，这能在一定程度上维持政治体制。[②] 姑且不论该论成立与否，但值得肯定的是，其清晰地认识到宪法在应对经济全球化中的

---

① 参见〔美〕凯斯·R. 桑斯坦《权利革命之后：重塑规制国》，钟瑞华译，李洪雷校，中国人民大学出版社，2008，"序"第1页。
② 参见〔德〕米勒《宪政爱国主义》，邓晓菁译，商务印书馆，2012，"导言"第1~9页。

巨大价值。正如托依布纳认为在全球化带来的法律片段化中追求法律的统一性是徒劳的一样,[①] 若是宪法和法律处于缺位状态,所谓的全球规制体系的形成恐怕也不会十分顺利。

(二) 大众政治的衰落

艾斯纳通过对美国规制变化历程的梳理清醒地意识到规制对社会科学和自然科学专业知识的依赖性不断加强。对此种现象,艾斯纳的看法十分理性,一方面,他认为专业化有助于提高和增强规制机构的行政能力和监管决策的科学性;但另一方面,他又认为专业化制造了社会大众参与规制政治的巨大障碍并将政策和机构决策与大众政治相隔绝,再加上随着企业自我规制的兴起,曾经处于中心位置的大众力量就被排除在外。[②] 实际上,这正是当前规制所面临的最大问题:科学与民主二分问题,即对于一些监管决定事项,是在科学和专门知识的范围内进行,还是诉诸最广泛的民主过程。这一问题从来不是新问题,早在美国社会体制时期,新左派主要基于民主立场对规制机构持批评态度,这使公众参与和保障诉权等机制得以建构,但不少规制立法依旧支持增强规制机构的专业性。

柏拉图早在2000多年前就提出由哲学王统治的国家就是理想国家的主张,专家或精英治国的观念时常见于不少伟大思想家的著述中。雅典民主政治失败的教训使欧美国家在较长时间内视"民主"为洪水猛兽,这点在美国建国之父所著的《联邦党人文集》中依旧可见。随着经济社会的发展变化,社会大众政治参与意识不断觉醒,社会契约学说、人民主权学说等政治哲学逐渐深入人心,社会大众参与政治程度不断提高。不过,由于人类社会经济生活日益复杂和各种风险层出不穷,专家的作用逐渐凸显,且因专业知识等因素,他们与社会大众的距离越来越遥远,普通社会大众的权利日益形式化和泡沫化。简言之,社会精英与社会大众之间出现隔阂和冲突。这正是当代世界"民粹主义"兴起的重要原因,也是当代政治发展面临的巨大困境,同时是未来规制政治转轨必须要解决的"拦路虎"。

---

① 参见〔德〕贡塔·托依布纳《魔阵·剥削·异化——托依布纳法律社会学文集》,泮伟江、高鸿钧等译,清华大学出版社,2012,第61~117页。
② 参见〔美〕马克·艾伦·艾斯纳《规制政治的转轨》,尹灿译,钱俞均校,中国人民大学出版社,2015,第258页。

结　语

规制如何变化需要以稳定性、长期性和整体性的规制体制视角来进行观察，这并不是说在一时之中不存在规制，而是说还没确定好"规制变化"的整体主义视角。如果考虑到规制体制的不同要素和多重维度，实际上规制在发生变化的同时也保持着一定的延续性，它只是在不同国家的不同时期可能有不同表现。虽然当下中国的规制体制难以与美国历史上存在过的某一规制体制完全一致，但有必要吸取其规制变化过程中的经验与教训。当然，中国规制体制应当立足于本国国情，根据宪法，不仅要重视对市场主体微观规制实践的总结，更要重视对市场经济秩序宏观规制经验的提炼，毕竟我国自从建立社会主义市场经济体制以来，尚未出现过波及范围广、持续时间长和破坏性大的经济危机，这与我国政府强大的宏观调控能力有着莫大关系，更与我国民众对政府规制的高度认同、支持和配合密切相关。可以说，在我国，大众政治不但没有衰落，反而正在不断实现全过程人民民主。可以预见的是，我国会不断创新规制手段，构建中国自主规制话语体系。

Abstract

On the Innovative Development of Mao Zedong's Thought on the Rule of Law in the New Era
— A Framed Review of the Legal Philosophy

Yao Xuanmin

Abstract: Historically, Xi Jinping Thought on the Rule of Law, namely the Thought of the Rule of Law in the New Era, is not created simply. It benefits from the great theory and practical tradition of the Marxism Theory of the Rule of Law, and is also the creative transformation and innovative development of Mao Zedong's Thought on the Rule of Law to a certain extent. Mao Zedong's Thought on the Rule of Law is based on the realistic needs of the times to defend the great achievements of the revolution and construction, and has had a profound historical influence and effect in the history of the rule of law in new China. In the great tradition of Marxist Theory of the Rule of Law, Xi Jinping Thought on the Rule of Law, as the latest achievement of the sinicization of Marxist Theory of the Rule of Law, has carried out a series of innovative development of MAO Zedong's Thought on the Rule of Law, and formed a series of important enlightenment.

Keywords: Xi Jinping Thought on the Rule of Law; Mao Zedong's Thought on the Rule of Law; The Marxist Theory of the Rule of Law

Natural Law Theories

Written by [Aus] Jonathan Crowe, Translated by Liu Yiyao, Edited by Yang Tianjiang

Abstract: This article considers natural law perspectives on the nature of law. Natural law theories are united by what Mark Murphy calls the natural law thesis: law is necessarily a rational standard for conduct. The natural law position comes in strong and weak versions: the strong view holds that a rational defect in a norm renders it legally invalid, while the weak view holds that a rational defect in a legal norm renders it legally defective. The article explores the motivations for the natural law position, before considering three lines of natural law argument found in the literature. I conclude by examining the arguments offered by John Finnis and Murphy in support of the weak natural law view. I suggest that these arguments fail to impugn the strong natural law thesis. Indeed, the functional argument outlined by Murphy provides a plausible route to a hybrid natural law view that incorporates both weak and strong claims.

Keywords: Natural Law Theories; Legal Positivism; Strong Natural Law; Weak Natural Law

Natural Rights and Social Rights
—Debate on the Relationship Between Government Power and Individual Rights

Nie Yuechao

Abstract: Upholding the tradition established by *Magna Carta* of respecting basic human rights, the classical law-of-nature school elaborated in length on the topic of "natural rights", which are the inherent individual rights, shared by every human being back in the state of nature where there was no governmental power. Conventionally they comprise life, liberty, and property, of which liberty, through development, ultimately covers the wide range of things done according to one's free will, excluding those that would infringe upon others' natural rights. The government can only recognize and protect natural rights. Due to the positive social effects brought by the extended usage of governmental power, rather than restricting it to guarding natural rights, as advocated by those of the classical law-of-nature school, people grant it the function of setting up new "social rights", which are contrary to natural rights, conferring upon individuals the power to change, as long as some particular conditions are met, their legal status in accordance with their will. However, this act of establishing rights should be within the redline of not violating people's three conventional natural rights, and treating different social groups justly and equally. It is both of jurisprudential and practical importance to carefully examine these complex relationships.

Keywords: Natural Right; Liberty; Social Right; Governmental Power

Ethical Defense for the Right of Suicide, Euthanasia and Physician-Assisted Suicide

Shen Zheliang

Abstract: Implicit logic among right to suicide, euthanasia and physician-assisted suicide is that, right to suicide is fundament of right, and euthanasia and physician-assisted suicide is approach in practice. Ethical debates involved by them are related but differentiated, putting obstacle on justification and achievement of above-mentioned rights in practice. Beginning with a defense for the right to suicide and based on its justification, this paper makes a defense for euthanasia and physician-assisted suicide. The fundament of the later is the former which bases itself on the ownership of life and autonomy of disposal of life, which is also the presence of dignity of life. The meaning of euthanasia and physician-assisted suicide is an exploit of a way to maintain both the right to suicide and the dignity of death for those who pursue it. Specifically, they could dispose their own life on their purpose simply and autonomically, without plague and with dignity. In this way, they will no longer have to suffer from either pain in the process of ordinary suicide or risk of being cheated and death without dignity. Ethical defense could provide theoretical fundament of legitimate to the right of suicide, euthanasia and physician-assisted suicide, and provide guidance to controls on developmental orientation and avoidance of various troubles in practice.

Keywords: Right to Suicide; Euthanasia; Physician-Assisted Suicide; Dignity; Autonomy

An Ethical Framework for the Use of Artificial Intelligence in the Justice System: The European Experience and China's Context

Duan Zhuozhen

Abstract: The key values of traditional judicial process, such as open justice and fairness, are challenged by the use of artificial intelligence. Chinese scholarship has achieved the consensus that artificial intelligence should only be used for the purpose of assisting judges; however, the scope of 'assisting judges' is still to be clarified. This article analyzes the differences between the nature of algorithm and traditional judicial process, and in this context, it articulates the different challenges brought by the nature of artificial intelligence and the current development of technology. This article discusses how to regulate the use of artificial intelligence in judicial process through an ethical framework, in order to safeguard human rights and strengthen the rule of law. This ethical framework takes into account that whether the use of artificial intelligence will substantively affect the parties' rights and duties. It is questioned that how far artificial intelligence can ensure likely cases are treated alike. The excessive standardization of judicial decisions should also be avoided as it would have a negative impact on fairness. Artificial intelligence should be used to improve rather than diminish the openness of justice system, and therefore, the quantities and qualities of the open data of the justice system is also to be improved.

Keywords: Artificial Intelligence; Smart Court; Open Justice; Technology Ethics

Research on Several Basic Issues in the Construction of Legal Ethics Curriculum System

Liu Kunlun   Wang Shuwen

Abstract: With legal ethics becoming a mandatory core course for undergraduate law majors, universities such as China University of Political Science and Law have established secondary disciplines of legal ethics, and the development of legal ethics has shown a preliminary prosperity. However, there is still no consensus in the academic community on how to offer courses in the undergraduate and graduate stages of legal ethics, and what the main content should be taught. The major is the basic unit of higher education, the discipline is the knowledge system of a specific major, and the curriculum is the carrier of professional education and the basis for the inheritance of the discipline. For legal ethics, completing the construction of the curriculum system is crucial for the development of this discipline. The construction of the legal ethics curriculum system should clarify the basic positioning of its legal courses, implement the curriculum characteristics of both theoretical and practical courses into the curriculum construction, complete the reasonable start of the necessary and elective course modules, and achieve the combination of theory and practice, the combination of compulsory and elective courses, and the balanced setting of general and sub topics.

Keywords: Legal Ethics; Course Attributes; Curriculum System; "Integrating Learning and Training"

Fiscal and Tax Patriotism Manifesto

— Discussing the Challenges and Countermeasures China Must Confront Directly

Yao Xuange

Abstract: The strengths and weaknesses of fiscal and tax systems are closely related to the extent and magnitude of national patriotism. A robust and sustainable sense of patriotism is an indispensable spiritual driving force for modern state governance, and optimizing fiscal and tax systems is a fundamental approach to nurturing a collective sense of patriotism among the citizens. The more advanced a country's fiscal and tax system is, the more solid the material foundation for its citizens' patriotism becomes. This leads to a higher overall level of patriotic consciousness, stronger patriotic sentiments, and firmer patriotic will, resulting in fewer social conflicts and contradictions and sustained national prosperity. Conversely, in countries with outdated fiscal and tax systems, the material basis for citizens' patriotism is weak, leading to a generally lower level of patriotic awareness, diluted patriotic emotions, and easily wavering patriotic determination. Consequently, such countries tend to have more social conflicts and contradictions, leading to a decline in national fortunes. Therefore, the significance of optimizing fiscal and tax systems in activating and nurturing citizens' patriotism lies in the sustainable provision of cost-effective economic, political, moral, and cultural institutional public goods for the entire population. Additionally, the role of education and personal cultivation in fostering individual patriotic sentiment among the citizens should also be emphasized.

Keywords: Fiscal and Tax; Patriotism; Public Goods; Challenges; Countermeasures

Secondary Risk in Sustainable Development of Digital Economy: Framework of Cognition, Mechanism of Generation, and Strategy of Rule of Law

Tang Jianhua

Abstract: As a new form of Chinese economical development, digital economy brings many chances for Chinese Economical development but it is also accompanied by some secondary risks constantly, which may further make some bad effects on sustainable development of Chinese digital economy. In the present, the major forms of secondary risks in Chinese digital economy are the security risk of data sovereignty in country level, the monopoly risk of digital market in market level, and the invasive risk of data right in individual level. The security risk of national data sovereignty is caused by the setbacks of development of Chinese data technology and the defective supervising system of cross-national digital platform, etc. ; the monopoly risk of digital market is caused by vague standards of anti-monopoly system for Chinese digital economy and tensions of anti-monopoly purpose, etc. ; and the invasive risk of data right is caused by non-neutrality of algorithm, algorithmic black box, and interference of financial capital, etc. To systematically avoid the secondary risk of digital economy, the research and investment for data technology should be strengthened, the supervising system of cross-national digital platform should be improved, the detection and warning system for risk and the periodic review system should be established, the supervising mode for legal technology should be perfected, the legislation of the indemnity for right of individual privacy should be enhanced, the national responsibility for saving civil data right should be clarified, and so on. Finally, the development of Chinese digital economy could be integrated into the track of rule of law.

Keywords: Digital Economy; Secondary Risk; Supervision; Rule of Law

Practical Exploration and Reflection on the "Outside" Areas of Administrative Public Interest Litigation Cases
— Taking the Cases Handled by M District Prosecutor's Office in 2021 as a Sample for Analysis

He Bangwu　Wen Jiazhu　Wang Xufang

Abstract: The exploration of administrative public interest litigation cases in the field of "outside" is a natural institutional logic for procuratorial organs to fulfil the right of legal supervision, which is in line with the purpose of administrative public interest litigation to protect national interests and social public interests. By analysing the public interest litigation cases handled by M District Procuratorate in 2021, it can be found that since the system has not been in operation for a long time in China, there are such problems as insufficient norms, single source of case clues, lack of professional support, and significant but incomplete effect. On the basis of exploring the logic of legal governance of the public interest litigation system in the field of "outside", the existing concept of public power should be changed, and the top-level design and relevant systems should be improved, so as to change the function of procuratorate from governance of the source of lawsuit to governance of the society.

Keywords: Public Interest Litigation "Outside" Field; Scope of Administrative Public Interest Litigation; Digital Legal Supervision

Normative Reflection and Legal Response to the Expansion of Misdemeanours in China

Huang Hai

Abstract: China is entering an era of active criminal legislation, with misdemeanours gradually taking a dominant position in both the legislative and judicial spheres. The introduction of the Criminal Law Amendment (XI) further confirms the trend of misdemeanour expansion, and the advent of the misdemeanour era has become a reality. However, in the context of the expansion of misdemeanours, China's unique criminal legislation model, the judicial mechanism lacking a mechanism for criminalization and the harsh accompanying consequences of crime have affected the effective functioning of misdemeanour governance, rendering the vision of misdemeanour legislation to promote the tightening of the legal net and the lightening of penalties ineffective, instead leading to the normative structure of criminal law becoming "strict and harsh". However, it is inappropriate to reject the call for misdemeanour legislation, as the development of misdemeanours is in line with the security needs of criminal law in modern society, and is a reflection of the implementation of the criminal policy of leniency and severity. The deficiencies in the current misdemeanour system should be addressed through a concerted effort at the legislative, judicial and policy levels to promote the optimisation of the misdemeanour governance system through the systematic improvement of various fields, so as to promote the modern criminal law structure of "strict but not harsh" in China's crime and punishment system.

Keywords: Misdemeanour Governance System; Misdemeanours; Criminal Governance; Structure of Crime and Punishment; Positive Criminal Law Perspective

Rawls' Constitutional Philosophy: Problems and Arguments

Deng Yi

Abstract: Rawls' theory of justice, in terms of its grand intent or theoretical concern, is a constitutional philosophy that takes the fundamental questions of liberal constitutional democracy as its object of study. Rawls' constitutional philosophy focuses on three fundamental questions of constitutional democracy: Why should constitutional democracy defend the primacy of individual liberty? How should constitutional democracies realize the ideals of freedom and equality? Can a constitutional democratic society achieve stability for the right reasons and exist over time? Rawls proposes two principles of justice to address the theoretical and moral foundations of constitutional democracy in one fell swoop. Rawls provided the most powerful, profound, and systematic argument in the West since Mill on the theoretical and moral foundations of constitutional democracy in his works. Criticizing Rawls' constitutional philosophy is to criticize Western constitutional democracy, and criticizing Rawls' constitutional philosophy is also beneficial for Chinese constitutional scholars to expand their new territories of constitutional philosophy.

Keywords: Liberalism; Constitutional Democracy; The Two Principles of Justice; Constitutional Philosophy

A Theoretical Review of Western Rhetoric and Legal Rhetoric

Zhong Linyan

Abstract: Western classical rhetoric originated from court speeches in ancient Greece, and its essence was the integration of law and rhetoric. However, there was no systematic and complete judicial system in ancient Greece, and the success of court debates depended on who could better apply rhetorical skills to court speeches, thus gaining the support and affirmation of more judges. The study of western rhetoric completed the development of classical rhetoric in the 19th century, and after the interweaving of contemporary rhetoric and philosophical thought in the 20th century, it entered the new rhetoric stage in 1950s and beyond. The theoretical foundation of new rhetoric research is the linguistic turn of philosophy. Wittgenstein's linguistic philosophy theory encourages and advocates the use of daily language to analyze and solve philosophical problems, and has an important influence on the semantic analysis school represented by British jurist Hart in the future, which opens the study of linguistic turn of law and provides fertile ground for the development of legal rhetoric. Therefore, the development of western rhetoric to legal rhetoric has mainly gone through three periods: firstly, the inheritance and evolution of classical rhetoric, secondly, the change from classical rhetoric to new rhetoric, and finally, the development from new rhetoric to legal rhetoric.

Keywords: Western Rhetoric; Classical Rhetoric; New Rhetoric; Legal Rhetoric

The Retuning of Classical Political Philosophy After the Critique Towards Techno-politics: The Words and Conditions of Strauss' "Philosopher-King"

Hu Zongliang　Huang Enhao

Abstract: Leo Strauss's discussion of the philosopher's king has been regarded as the supreme conception in his theory system. He believes that "the rule of philosopher king" is equivalent to the best government, which promises the unity of justice and wisdom. In The City and Man, Strauss clarified that the philosopher king's rule directed against techno-politics of modernity. The fact that "technology" evolved from the "technology is justice" speech of Salaxumahos, and became the ontological situation of the destiny has been firstly revealed by Heidegger's critique of technology, and constituted the conditions for Strauss to further deduce to the "returning to Classical political philosophy", that is, "technology" and "nature" have the same enlightenment effect in the genesis of theory, and because of the artificial and imitation properties of technology, they should be derived from a good city that was generated by nature; The crisis of modernity lies in the fact that "technocracy is self-evidently the premise of political society, resulting in a profound sense of nihilism. Strauss also believes that it is necessary to resolutely return to classical political philosophy, clearly disproves other best political concepts that substituted or degraded the philosopher's king politics, and then establishes a distinct "contrast between Classical and modern", opening up the "accenting and returning" of the philosopher king to Plato's words in the same route. However, due to the identical image of "idea", "philosopher king", and "Socrates" in Plato's words, it cannot be converted into a philosopher king's politics, and cannot directly cure the human destiny of modernity and overcome the technocracy and therefore return to classical political philosophy based on the foundation (Abgrund) of "Socrates' death", thus causing the way of returning should be reflected on.

Keywords: Rule of Technology; Classical Political Philosophy; Rule of the Philosopher King; Critique on the Modernity; L. Strauss and M. Heidegger.

Sociological Argument of *Constitutional System of China*
—From the Theory of Autopoietic Systems

Luo Zhengyan

Abstract: Professor Su li's *Constitutional System of China* reconstructs our understanding of ancient Chinese legal institutions, such as love and marriage, regional division, and national unification, but it has aroused controversy over rationality and legality. According to the system and autopoietic theory popular in recent years, any object as a system is clearly distinguished from the environment. It operates in a closed way and processes the information of the external environment. . According to the system and autopoietic theory popular in recent years, any object as a system is clearly distinguished from the environment. It operates in a closed way and processes the information of the external environment. Only when it encounters a serious crisis will it change, just like the mutation of genes. The practice of rule of law in ancient China introduced in *Constitution System of China* is quite reasonable. Although it is different from the western constitutional system designed to solve internal conflicts, it is also a form of system gradually evolved to solve internal conflicts and guard against external threats in its own unique way of operation. However, the autopoietic system theory is a kind of evolutionary thinking and looks at the problem from the standpoint of society as a whole, which is quite different from modern legal theory in respecting individual standard and needs to be paid attention to.

Keywords: Constitution System of China; System; Evolution; Self-creation; Self-organization

Regulation: Where to Go?
—A Review of *Regulatory Politics in Transition*

Chen Yuzhao

Abstract: Regulation is a common category of economic jurisprudence and even jurisprudence. Existing research mostly focuses on the selection and evaluation of regulatory tools from the perspective of economics, while less combing and reflection on regulation and its changes from a multidisciplinary perspective such as political science. The basic carrier for exploring regulatory changes is the regulatory system. According to Eisner's *Regulatory Politics in Transition*, American regulation has experienced four alternate regulatory regimes, namely the market system, the community system, the social system, and the efficiency regime. Contrast and continuity coexist, and it is moving towards a global regulatory regime. However, the absence of Eisner's constitutional awareness, coupled with the decline of popular politics brought about by changes in regulation, resulted in a "feeling of powerlessness" in the transition of regulatory politics. In this sense, "how will regulation change" is actually still an open question.

Keywords: Regulation; Regulation System; Professionalism

稿　约

《法律与伦理》是由常州大学史良法学院创办、社会科学文献出版社出版的集刊。每年出版两期（1月和7月）。现面向海内外专家、学者真诚约稿。

一　刊物栏目设置

本刊主要栏目有：
（1）自然法专题；
（2）法律与环境伦理专题；
（3）法律、科技与伦理研究专题；
（4）法律与人性关系研究专题；
（5）法政治学研究专题；
（6）法律职业道德研究专题；
（7）部门法学研究专题；
（8）书评；
（9）人物访谈；
（10）学术通信。

二　注释体例

（一）本集刊提倡引用正式出版物，根据被引资料性质，在作者姓名后加"主编""编译""编著""编选"等字样。

（二）文中注释一律采用脚注，每页单独注码，注码样式为：①②③等。

（三）非直接引用原文时，注释前加"参见"；非引用原始资料时，应注明"转引自"。

（四）数个注释引自同一资料时，体例与第一个注释相同。

（五）引用自己的作品时，请直接标明作者姓名，不要使用"拙文"等自谦辞。

（六）具体注释举例：

1. 著作类

①王泽鉴：《民法总则》，北京大学出版社，2009，第80页。

2. 论文类

①朱庆育：《法律行为概念疏证》，《中外法学》2008年第3期。

3. 文集类

①〔美〕杰里米·沃尔德伦：《立法者的意图和无意图的立法》，〔美〕安德雷·马默主编《法律与解释：法哲学论文集》，张卓明等译，法律出版社，2006，第115页。

4. 译作类

①〔德〕维尔纳·弗卢梅：《法律行为论》，迟颖译，法律出版社，2013，第155页。

5. 报纸类

①刘树德：《增强裁判说理的当下意义》，《人民法院报》2013年12月27日，第5版。

6. 古籍类

①《汉书·刑法志》。

7. 辞书类

①《元照英美法词典》，法律出版社，2003，第124页。

8. 外文注释基本格式为：

author, *book name*, edn., trans., place: press name, year, pages.

author, "article name," *journal name*, vol., no., year, pages.

三　审稿期限

集刊实行审稿制，审稿期限为两个月。谢绝一稿多投。

四　投稿邮箱

投稿邮箱：lawethics@sina.com。

《法律与伦理》编辑部

图书在版编目（CIP）数据

法律与伦理. 第十一辑 / 侯欣一主编；夏纪森执行主编. -- 北京：社会科学文献出版社，2023.10
ISBN 978-7-5228-2449-9

Ⅰ.①法⋯ Ⅱ.①侯⋯ ②夏⋯ Ⅲ.①法律-伦理学-研究 Ⅳ.①D90-053

中国国家版本馆CIP数据核字（2023）第165069号

法律与伦理 第十一辑

| 主　　编 / 侯欣一 |
| 执行主编 / 夏纪森 |

| 出 版 人 / 冀祥德 |
| 组稿编辑 / 刘骁军 |
| 责任编辑 / 易　卉 |
| 文稿编辑 / 齐栾玉 |
| 责任印制 / 王京美 |

| 出　　版 / 社会科学文献出版社·集刊分社（010）59367161 |
| 　　　　　地址：北京市北三环中路甲29号院华龙大厦　邮编：100029 |
| 　　　　　网址：www.ssap.com.cn |
| 发　　行 / 社会科学文献出版社（010）59367028 |
| 印　　装 / 三河市龙林印务有限公司 |

| 规　　格 / 开　本：787mm×1092mm　1/16 |
| 　　　　　印　张：22　字　数：374千字 |
| 版　　次 / 2023年10月第1版　2023年10月第1次印刷 |
| 书　　号 / ISBN 978-7-5228-2449-9 |
| 定　　价 / 128.00元 |

读者服务电话：4008918866

版权所有 翻印必究